| 부산교통공사 | 대구교통공사 | 인천교통공사 | 광주교통공사 | 대전교통공사 |

공기업
(교통공사)
통신일반

적중예상문제집

서울고시각

**Stand by
Strategy
Satisfaction**

새로운 출제경향에 맞춘 수험서의 완벽서

머리말

취업난으로 젊은 세대들이 많은 어려움을 겪고 있다. 대부분 공채에 합격하거나 공무원이 되는 것이 안정된 취업이라고 하지만 경쟁률이 높은 만큼 합격에 어려움이 많다. 특히 공채 기술직인 통신일반에 대한 시험대비는 분야도 넓고 새로운 용어들이 많아서 큰 어려움을 겪는 경우가 많다. 때문에 본 저자는 전자, 통신분야에서 20년 이상의 강의를 통해 얻은 지식과 경험을 바탕으로 수험생들이 좀더 쉽게 합격할 수 있도록 도움을 주고자 노력하였다.

본 수험서는 『통신이론, 신기술, 네트워크 프로토콜, 급전선 및 안테나』로 구성되어 있으며 특징은 다음과 같다.

〈이 책의 특징〉
1. 기초적인 부분과 중간 수준의 내용을 중점적으로 다루어 문제풀이를 하는 데 쉽게 이해하며 접근할 수 있도록 구성하였다.
2. 기초이론에서부터 응용까지 모두 포함하되 시험에 직결되는 핵심내용을 중점적으로 재구성하였다.
3. 혼자서도 쉽게 이해할 수 있도록 핵심 요약과 기본 또는 응용문제풀이를 상세한 설명으로 구성하였다.
4. 문제마다 난이도를 제시하여 수준별 학습이 가능하도록 구성하였다.
5. 통신일반 분야는 내용도 많고 어려운 학문이라서 수험생들이 공부하는 데 어려움을 겪고 있다. 따라서 좀 더 쉽게 접근하기 위해 기술된 문제를 통해 시험대비를 할 수 있도록 하였다.
6. 본서는 수험생들을 위하는 입장에서 학습하는 자세로 내용을 쉽게 전달하도록 구성하였다.

끝으로 이 책을 출간하기 위해 애써주신 서울고시각 사장님과 편집자 그리고 관계자 분들의 노고에 감사드리며 많은 시간을 들여 발간한 만큼 본서가 공부하는 수험생들에게 많은 도움이 되었으면 한다.

편저자 씀

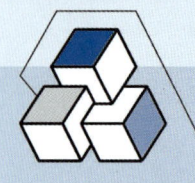

시험안내

이하에 제시된 시험안내는 시험에 응시하는 수험생들의 편의를 위하여 지역별 교통공사에서 최근에 공고한 채용공고문을 기준으로 중요부분을 발췌하여 수록한 것이니 기타 자세한 세부사항(일정, 선발인원 등)은 수시로 해당 교통공사 홈페이지에 접속하여 확인하시기 바랍니다.

1. 부산교통공사(2024년 상반기 채용공고 기준)

(1) 채용절차

채용공고 및 원서접수 ▶ 필기시험 ▶ 인성검사 ▶ 면접시험 ▶ 서류심사(적격여부) ▶ 신체검사, 결격사유 조회 ▶ 최종발표

(2) 공통 응시자격과 거주지 제한사항
① 연령 : 만 18세 이상(2006. 12. 31. 이전 출생), 공사 정년(만 60세) 범위 내
② 학력 : 제한 없음
③ 결격사유 : 공사 인사규정 제21조의 결격사유에 해당하는 자
④ 근무조건 : 공사가 지정한 날에 출근하거나 교육에 참가하여야 하며, 직무특성에 따라 주·야간 교대(교번)근무 및 초과근로가 가능한 자
⑤ 지역제한

> 아래 요건 중 하나를 충족하여야 함
> Ⅰ. 2023. 12. 31. 이전부터 면접시험 최종일까지 부산광역시, 울산광역시, 경상남도에 주민등록상 거주하는 자로서 동 기간 중 주민등록의 말소 및 거주 불명으로 등록된 사실이 없는 자
> Ⅱ. 2023. 12. 31. 이전까지 부산광역시, 울산광역시, 경상남도에 주민등록상 주소지를 두고 있었던 기간을 모두 합산하여 총 3년(36개월) 이상인 자

(3) 시험과목

직렬	시험과목		총점
	전공과목(문항)	공통과목(문항)	
운영직	행정학(50), 경영학(50), 경제학(50) 법학(50), 회계학(50)	NCS 직업기초능력평가(50) **NCS 5개 영역** ① 의사소통능력 ② 수리능력 ③ 문제해결능력 ④ 자원관리능력 ⑤ 정보능력	100점 *문항당 1점
운전직	기계·전기일반(50)		
토목직	토목일반(50)		
건축직	건축일반(50)		
기계직	기계일반(50)		
전기직	전기일반(50)		
신호직	전기일반(50), 통신일반(50) 중 택 1 ※ 조정점수제 적용		
통신직	통신일반(50)		

※ [장애인], [2종면허], [보훈일반]전형은 [일반]전형의 직렬별 시험과목과 동일
※ 시험시간은 100분(과목별 구분 없음)

GUIDE

(4) 채용시험 가산점

항목	가산대상	가산비율	비고
취업지원 대상자	법률에 의한 취업지원대상자 • 「국가유공자법」 제29조 • 「독립유공자법」 제16조 • 「보훈보상자법」 제33조 • 「고엽제법」 제7조의9 • 「5·18유공자법」 제20조 • 「특수임무유공자법」 제19조	전형별 만점의 5% 또는 10%	가점비율은 국가보훈부 발급증명서로 확인
장애인	「장애인고용법 시행령」 제3조에 의한 장애인	필기시험 만점의 5%	
자격증	변호사, 변리사, 공인회계사, 공인노무사, 세무사, 법무사	필기시험 만점의 5%	직렬별 적용 자격증이 상이
	기술사, 기능장	필기시험 만점의 5%	
	기사, 산업기사	필기시험 만점의 3%	
	철도교통관제사, 컴퓨터활용능력(1급)	필기시험 만점의 3%	

① 모든 가산점 대상은 원서접수 마감일까지 유효하게 취득·결정되어야 함
② 필기시험 가산점은 각 과목 4할 이상 득점자에 한해 적용
③ 취업지원대상자는 가점합격률 상한제(30%)를 적용하나, [보훈일반]전형은 미적용
④ 가산점 항목 간 및 동일 항목 내 가산대상 간 중복 불가(가장 유리한 하나만 적용). 단, 취업지원대상자가 [자격증] 항목과 중복될 경우 합산 적용
⑤ 응시자격에 해당하는 항목 또는 가산대상은 가산점 미부여. 단, [보훈일반]전형은 취업지원대상자가 응시자격이라도 관련법령에 의거하여 가점 적용

시험안내

2. 인천교통공사(2023년 하반기 채용공고 기준)

(1) 채용절차

채용공고 및 원서접수 ▶ 필기시험 ▶ 인성검사 ▶ 면접시험 ▶ 서류심사(적격여부) ▶ 신체검사, 결격사유 조회 ▶ 최종발표

(2) 공통 응시자격과 거주지 제한사항
① 연령 : 18세 이상자(2005.12.31. 이전 출생자), 공사 정년 범위 내
② 학력 : 제한 없음
③ 모집단위 : 인천과 전국 단위로 구분하여 응모
  - 인천지역을 대상으로 지원하는 응시자는 아래 요건을 충족 요함

> 아래 요건 중 하나를 충족하여야 함
> Ⅰ. 2023. 1. 1. 이전부터 면접시험 최종일까지 계속하여 인천광역시에 주민등록상 주소지를 갖고 있는 자
> Ⅱ. 2023. 1. 1. 이전까지 인천광역시에 주민등록상 주소지를 두고 있었던 기간을 모두 합산하여 3년 이상인 자

(3) 시험과목

채용분야		시험과목과 배점(2과목 200점, 80문항)	
		선택 1과목(100점, 40문항)	필수 1과목 (100점, 40문항)
사무(사무, 역무안전)		행정학원론, 경영학원론, 경제학원론, 법학개론, 통계학개론, 전산학개론, 전자일반 중 택 1	직업기초 능력평가
전기 전자	전기	전기이론	
	신호	전기이론, 전자일반, 통신일반 중 택 1	
	통신	통신일반	
시설 환경	토목	토목일반(궤도일반 포함)	
	건축	건축일반	
	기계설비	기계일반, 전기이론 중 택 1	
차량		기계일반, 전기이론 중 택 1	
승무		기계일반, 전기이론, 전자일반 중 택 1	

※ 사무(보건관리자)는 필수과목(직업기초능력평가) 시험만 실시

- 직업기초능력평가 채용분야별 평가영역

채용분야	직업기초능력평가 평가영역
사무(사무, 역무안전, 보건관리자)	의사소통능력, 문제해결능력, 대인관계능력, 정보능력
전기전자(전기, 신호, 통신), 시설환경(토목, 건축, 기계설비), 차량	의사소통능력, 수리능력, 문제해결능력, 기술능력
승무	의사소통능력, 문제해결능력, 대인관계능력, 기술능력

(4) 채용시험 가산점
  ① 취업지원대상자
    ㉠ 가산대상 : 국가보훈처(지방보훈지청)에서 발급한 취업지원대상자 증명서 제출자
    ㉡ 가산방법
      ⓐ 1차 필기시험 및 3차 면접시험에 적용
      ⓑ 각 시험(과목) 만점의 40% 이상 득점자에게 만점의 일정비율(5% 또는 10%)에 해당하는 점수 가산
      ⓒ 취업지원대상자 가점을 받아 합격하는 사람은 선발예정 인원의 30% 이내 제한 다만, 응시인원이 선발 예정인원과 같거나 그보다 적은 경우에는 그러하지 않음
  ② 자격증 소지자

자격증	가산비율
공인회계사, 공인노무사, 변호사, 법무사, 세무사, 감정평가사	선택과목 만점의 5%
산업기사 이상	선택과목 만점의 5%
기능사, 컴퓨터활용능력 1급, 철도교통관제사, 제2종 전기차량운전면허	선택과목 만점의 3%

    ㉠ 가산대상 : 채용분야 가산대상 자격증 소지자로서 해당하는 채용분야에 응시하는 자
    ㉡ 가산방법
      ⓐ 1차 필기시험(선택과목)만 가산을 적용하되 선택과목 만점의 40% 이상 득점자에 한해 일정비율(위 표)에 해당하는 점수를 가산
      ⓑ 자격증 중복시 상위등급 1개만 적용
      ⓒ 컴퓨터활용능력 1급 자격증은 사무(사무, 역무안전)분야에 한하여 가산
      ⓓ 제2종 전기차량운전면허는 전기, 신호, 토목, 차량분야에 한하여 가산

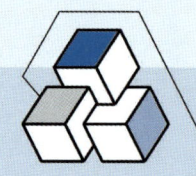
시험안내

ⓒ 유의사항
  ⓐ 취업지원대상자 가산과 자격증 소지자 가산은 중복 적용
  ⓑ 제2종 전기차량운전면허, 철도교통관제사 소지자 가산은 타 자격증 소지자 가산과 중복 적용하되, 제2종 전기차량운전면허와 철도교통관제사 소지자 간의 가산은 중복 적용 불가
  ⓒ 취업지원대상자 및 자격증 소지자 가산점은 응시원서 접수마감일 현재까지 취득(결정)된 것에 한함

3. 대구교통공사(2024년 하반기 채용공고 기준)

(1) 채용절차

채용공고 및 원서접수 ▶ 필기시험 ▶ 인성검사 ▶ 면접시험 ▶ 서류심사(적격여부) ▶ 신체검사, 결격사유 조회 ▶ 최종발표

(2) 공통 응시자격과 거주지 제한사항
① 연령 : 18세 이상 60세 미만(1965. 1. 1. ~ 2006. 12. 31. 출생자)
② 학력 : 제한 없음
③ 지역제한

> 아래 요건 중 하나를 충족하여야 함
> Ⅰ. 2024. 1. 1. 이전부터 면접시험 최종일까지 계속하여 대구·경북에 주민등록상 주소지를 갖고 있는 자
> Ⅱ. 2024. 1. 1. 이전까지 대구·경북에 주민등록상 주소지를 두고 있었던 기간을 모두 합산하여 3년 이상인 자

(3) 시험과목

직종		시험과목	
		필수과목	선택과목(40문항, 200점)
사무	일반	NCS 직업기초능력평가 (40문항, 200점)	행정학개론, 경영학개론, 회계학개론, 법학개론, 교통공학 중 택 1
	전산		전산학개론
차량검수			기계일반, 전기일반, 전자일반 중 택 1
차량운영			기계일반, 전기일반, 전자일반, 교통공학, 도시철도시스템일반 중 택 1
전기			전기일반
기계			기계일반, 전기일반, 전자일반 중 택 1
신호			철도신호일반, 전기일반, 전자일반 중 택 1
통신			통신일반
전자			전자일반
토목			토목일반(궤도일반 포함), 교통공학 중 택 1
건축			건축일반

시험안내

① **직업기초능력평가**
   (사무직) 의사소통능력, 문제해결능력, 대인관계능력, 정보능력, 직업윤리
   (사무직 외) 의사소통능력, 문제해결능력, 대인관계능력, 기술능력, 직업윤리
② 기능인재 분야는 필수과목 시험만 실시하고(선택과목 면제), 공개경쟁 사무직 전산 분야는 필수과목과 전산학개론 시험을 실시

(4) **채용시험 가산점**
   ① **가점대상**
      ㉠ 국가(기술)자격증 소지자

직종	자격증 구분	가점비율
공통	기술사, 기능장, 기사	과목별 만점의 5%
	산업기사, 기능사	과목별 만점의 3%
사무	공인회계사, 세무사, 공인노무사, 법무사, 변호사	과목별 만점의 5%
	기록물관리 전문요원, 간호사, 정신보건간호사	과목별 만점의 5%
	컴퓨터활용능력1급	과목별 만점의 3%
차량검수, 차량운영, 신호	철도교통관제사	과목별 만점의 5%

   ㉡ 취업지원대상자

가점대상자	가점비율
「국가유공자 등 예우 및 지원에 관한 법률」 등 이를 준용하는 법률에 의한 취업지원대상자 ※ 가점비율은 취업지원대상자 증명서로 확인	과목별 만점의 5~10%

   ② **가점방법**
      ㉠ 가점대상자 중 과목별 만점의 40% 이상 득점자에게만 적용
      ㉡ 국가(기술)자격증 가산점과 취업지원 가산점이 중복될 경우 합산하여 적용하며, 자격증이 둘 이상일 경우에는 유리한 것 하나만 적용

4. 대전교통공사(2024년 상반기 채용공고 기준)

(1) 채용절차

(2) 공통 응시자격과 거주지 제한사항
  ① 연령 : 만 18세 이상 60세 미만(2006년~1965년 출생자)인 경우 응시 가능
    ※ 다만, 공무직 미화 일반전형은 고령자 친화직종으로 50세 이상 60세 미만
      (1974년~1965년 출생자) 응시 가능
      (공무직 미화 분야 보훈·새터민전형은 만 18세 이상 60세 미만 연령 기준 적용)
  ② 학력 : 제한 없음(※ 일반직 경력경쟁 사무7급(교통/도시계획)은 학력제한)
  ③ 지역제한

  > 아래 요건 중 하나를 충족하여야 함
  > Ⅰ. 2024년 1월 1일 이전부터 최종시험일(면접시험)까지 계속하여 대전광역시에 주민등록상 거주하는 사람
  > Ⅱ. 2024년 1월 1일 이전까지 대전광역시의 주민등록상 주소지를 두고 있었던 기간을 모두 합산하여 총 3년 이상인 사람
  > Ⅲ. 공고일 이전까지 대전 소재 지방대학 또는 고등학교를 졸업한 사람
  > ※ 일반직 경력경쟁 사무7급(교통/도시계획)은 지역제한 제외

(3) 시험과목
  ① 일반직
    ㉠ 공통과목 : 인성검사(210문항 30분), NCS직업기초능력평가(50문항 50분)
    ㉡ 전공과목 : 전공과목 ⓐ, 전공과목 ⓑ (과목별 20문항 20분)
    [일반직 필기시험과목]

채용분야	직급	시험과목(문항수)			비고
		공통과목	전공과목 ⓐ	전공과목 ⓑ	
사무	9급	인성검사(210), NCS직업기초능력평가(50)	행정학개론	행정법총론	
사무(기록물)			행정학개론	기록관리학개론	
전산			컴퓨터일반	정보보호개론	

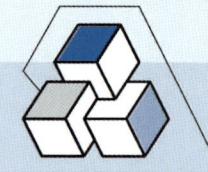
시험안내

승무차량		㉮ 기계일반(20), 기계설계(20)	㉮, ㉯, ㉰ 중 택1
		㉯ 전기일반(20), 전기기기(20)	
		㉰ 전자일반(20), 전자기기(20)	
전기		전기일반	전기기기
통신		통신일반	정보통신기기
전자		전자일반	전자기기

※ 일반직 7급 사무(교통/도시계획, 노무사)는 필기시험은 면제하되 인성검사는 적용
※ NCS직업기초능력평가는 의사소통·문제해결·수리·대인관계·정보능력의 5개 영역 평가

② 공무직
인성검사(210문항 30분), 일반상식(20문항 20분, 100점 만점)
※ 공무직 미화 분야는 필기시험(일반상식)을 면제하되 인성검사는 적용

(4) 채용시험 가산점
① 가산대상 및 비율

구분	가산대상 자격	가산비율	
취업지원 대상자	• 국가유공자 등 예우 및 지원에 관한 법률과 이를 준용하는 법률에 의한 취업지원대상자 • 국가보훈부 장관이 발급한 취업지원대상자 증명서를 제출한 경우에 한함	필기 및 면접시험의 과목별 만점의 5% 또는 10%	
자격증 소지자	• 변호사, 변리사, 공인회계사, 공인노무사, 세무사, 법무사(일반직 사무 분야에 한함) • 기술사, 기능장, 기사	5%	필기시험의 만점비율에 적용
	• 산업기사	3%	

② 가산점 적용 방법
㉠ 가산점은 필기시험 시행 전일까지 유효하게 등록된 경우에만 적용하며, 응시원서 가산 특전란에 표기하지 않은 경우 가산점 미반영
㉡ 취업지원 가산점은 일반직 승무의 일반전형에 적용되며, 이 경우 취업지원대상자 합격률은 채용인원의 30%를 초과할 수 없음
※ 국가보훈부 발급 '취업지원대상자 증명서'에 표기된 가점 적용
㉢ 취업지원 가산점과 국가(기술)자격 가산점이 중복될 경우 합산 적용
㉣ 국가(기술)자격증이 둘 이상인 경우에는 유리한 것 하나만을 적용
㉤ 필기시험은 한 개 과목이라도 40점 미만인 경우 가산점 미부여(과락)
※ 다만, 인성검사는 가산점 부여 대상에서 제외 / 합격(과락) 판단 기준으로만 활용
㉥ 면접시험은 60점 미만인 경우 가산점 미부여(과락)

5. 광주교통공사(2023년 하반기 채용공고 기준)

(1) 채용절차

채용공고 및 원서접수 ▶ 필기시험 ▶ 인성검사 ▶ 면접시험 ▶ 서류심사(적격여부) ▶ 신체검사, 결격사유 조회 ▶ 최종발표

(2) 공통 응시자격과 거주지 제한사항

① 연령 : 18세 이상 60세 미만
② 학력 : 제한 없음
③ 지역제한

> 아래 요건 중 하나를 충족하여야 함
> Ⅰ. 공고일 전일부터 면접시험일까지 계속하여 주민등록상 주소지 또는 국내거소신고(재외국민에 한함)가 광주광역시로 되어 있는 자(동 기간 중 주민등록의 말소 및 거주 불명으로 등록된 사실이 없어야 함)
> Ⅱ. 공고일 전일까지 주민등록상 주소지 또는 국내거소신고(재외국민에 한함)가 광주광역시로 되어 있었던 기간을 모두 합산하여 총 3년 이상인 자
> ※ 거주지 요건 확인은 '개인별 주민등록표'를 기준으로 함

(3) 시험과목

구분		필기시험과목(문항수) ※ 각 과목 100점	비고
일반직 9급 (시험시간 총 100분)	사무	일반상식(20문항), 영어(20문항), NCS평가(60문항)	※ 일반상식(20) - 국어(6), 한국사(6), 시사경제문화(8) ※ NCS(60) - 의사소통(15), 문제해결(15), 대인관계(15) 조직이해(15)
	승무		
	전기	영어(20문항), 전기일반(20문항), NCS평가(60문항)	
	차량		
	신호	영어(20문항), 통신일반(20문항), NCS평가(60문항)	
	기계	영어(20문항), 기계일반(20문항), NCS평가(60문항)	
공무직 (시험시간 총 20분)	역무(사무포함)	일반상식(20문항)	
	미화		
	시설		

※ 과목별 100점 만점, 객관식 4지 택 1형
※ 일반직 : 100문항, 공무직: 20문항

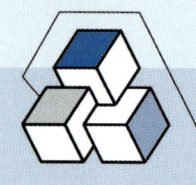

시험안내

(4) 채용시험 가산점

① 대상 : 취업지원대상자(응시원서 접수마감일까지 지정된 경우에 한함)

- 「국가유공자 등 예우 및 지원에 관한 법률」 제29조에 의한 취업지원대상자
- 「독립유공자 예우에 관한 법률」 제16조에 의한 취업지원대상자
- 「보훈보상대상자 지원에 관한 법률」 제33조에 의한 취업지원대상자
- 「5·18민주유공자 예우 및 단체설립에 관한 법률」 제20조에 의한 취업지원대상자
- 「특수임무유공자 예우 및 단체설립에 관한 법률」 제19조에 의한 취업지원대상자
- 「고엽제후유의증 등 환자지원 및 단체설립에 관한 법률」 제7조의9에 의한 취업지원대상자

㉠ 과목별 만점의 40% 이상 득점자에 한하여 만점의 5% 또는 10% 가산

㉡ 4명 이상 채용분야(구분모집 기준)만 취업지원 가산점 적용(가점을 받아 합격하는 사람은 채용직무분야별 선발예정인원의 30%를 초과할 수 없으나, 응시인원이 선발예정인원과 같거나 그보다 적은 경우에는 그러하지 않고, 가점에 의한 선발인원 산정 시 소수점 이하는 버림)

② **자격증 소지자** : 응시원서 접수마감일까지 취득(결정)된 것에 한함

㉠ 아래의 국가공인자격증 소지자 또는 공사가 정한 응시분야와 관련된 국가기술자격법에 의한 자격증 소지자에 대하여는 각 과목 만점의 40% 이상 득점한 자에 한하여 필기시험의 과목별 득점에 그 시험 과목별 만점의 일정비율(아래 표에서 정한 가산비율)에 해당하는 점수를 가산함

㉡ 일반직 응시자에 한해 1인 1종만 적용

가산대상	가산비율
변호사, 법무사, 공인회계사, 감정평가사, 공인노무사, 세무사 ※ 사무분야에 한함	필기시험 각 과목 만점의 5%
기술사, 기능장, 기사	필기시험 각 과목 만점의 5%
산업기사	필기시험 각 과목 만점의 3%
철도교통관제사	필기시험 각 과목 만점의 3%

※ 폐지된 자격증으로서 국가기술자격법령 등에 따라 그 자격이 계속 인정되는 자격증(통폐합 포함)은 가산대상 자격으로 인정됨

출제 키워드

구분	내용
1장 신호 및 시스템	기본주파수, 섀논의 정리, 감쇠량, 임펄스함수, 힐버트변환, 저역통과필터, 주기함수, 퓨리에급수, 시간지연, 신호전력 대 잡음전력비, 정합필터, 시불변시스템, 전달함수
2장 아날로그 변복조	DSB-LC의 대역폭, 변조도, SSB방식, 포락선검출기, 대역폭 크기, 잡음 여유도, 나이키스트 공식
3장 아날로그의 디지털화	표본화율, PNM, PPM, DM
4장 랜덤변수와 랜덤과정	2차모멘트, 분산계산, 기댓값, 확률밀도함수, 오류확률, 통계적 독립, 자기상관함수, 열잡음전력
5장 정보이론과 부호화	엔트로피, 채널용량, 부호어
6장 디지털 변복조	진폭변조, PSK와 DPSK방식, 전송용량
7장 다중화(CDMA, OFDM)	DS-SS방식, 처리이득, OFDM
8장 이동통신	이동통신시스템
9장 무선통신과 위성통신	변조방식, 다원접속, 주파수대역
10장 네트워크와 프로토콜	네트워크계층, 서브넷
11장 무선 LAN과 신기술	표준규격, 신기술
12장 급전선 및 안테나	전송선로(급선전), 안테나 일반특성 및 종류

CONTENTS

My Study Note(핵심내용정리) / 1

Chapter 01   신호 및 시스템 / 97

제1절 신호 및 시스템의 기초 ·· 99
제2절 푸리에 급수와 변환 ·· 120
제3절 통신 시스템 및 잡음 ·· 152

Chapter 02   아날로그 변복조 / 167

제1절 AM ··· 169
제2절 FM과 PM ··· 193

Chapter 03   아날로그의 디지털화 / 215

제1절 펄스변조 ·· 217
제2절 PCM과 응용 ··· 223
제3절 베이스밴드 전송과 디지털 논리 ···························· 245

Chapter 04   랜덤변수와 랜덤과정 / 253

제1절 확률의 기본 ··· 255
제2절 랜덤변수 ·· 265
제3절 랜덤 프로세서 ·· 273

Chapter 05 정보이론과 부호화 / 281

제1절 정보이론 ··· 283
제2절 부호화 ·· 291

Chapter 06 디지털 변복조 / 303

제1절 디지털 변조방식 ·· 305
제2절 디지털 복조방식 ·· 321
제3절 비트 전송률과 디지털방식 비교 ································ 329

Chapter 07 다중화(CDMA, OFDM) / 337

제1절 FDMA, TDMA, CDMA ·· 339
제2절 OFDM ·· 348

Chapter 08 이동통신 / 357

제1절 이동통신의 기본이론 ··· 359
제2절 이동통신 시스템 ·· 375

Chapter 09 무선통신과 위성통신 / 383

제1절 무선통신 ··· 385
제2절 위성통신 ··· 393
제3절 광통신 ·· 404

CONTENTS

Chapter 10 네트워크와 프로토콜 / 411
  제1절 네트워크 ·· 413
  제2절 프로토콜 ·· 436

Chapter 11 무선 LAN과 신기술 / 451
  제1절 무선 LAN ·· 453
  제2절 신기술 ·· 460

Chapter 12 급전선 및 안테나 / 473
  제1절 급전선의 일반적인 특성 ······································· 475
  제2절 안테나의 종류 ··· 482
  제3절 극초단파 안테나의 특성 ······································· 501

My Study Note

핵심내용정리

시험직전 고사장에서
반드시 확인해야 될

Key Point

공기업(교통공사)
통신일반
적중예상문제집

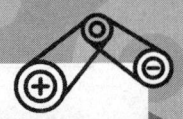

My Study Note 핵심내용정리

[신호 및 시스템]

1 신호와 시스템

(1) 에너지 신호와 전력 신호

　① 에너지 신호
　　에너지가 0보다 크고 유한하면 에너지 신호라고 하고, 이때 전력은 0이다.

　　에너지 : $E = \int_{-\infty}^{\infty} |x(t)|^2 \, dt$

　　전력 : $P = \lim_{T \to \infty} \frac{1}{2T} \int_{-T}^{T} |x(t)|^2 \, dt$

　　㉠ 신호 $x(t)$가 $0 < E < \infty$이면 에너지 신호이므로 $P = 0$이다.
　　㉡ 신호 $x(t)$가 $0 < P < \infty$이면 전력 신호이므로 $E = \infty$이다.

　② 전력 신호
　　㉠ 시간 구간 (t_1, t_2)에서 소모되는 평균 전력

　　$P = \overline{f^2}(t) = \frac{1}{T} \int_0^T |f(t)|^2 dt = \frac{1}{t_2 - t_1} \int_{t_1}^{t_2} |f(t)|^2 \, dt$

　　㉡ 시간 구간이 무한대일 경우

　　$P = \lim_{T \to \infty} \frac{1}{T} \int_{-T/2}^{T/2} |f(t)|^2 \, dt$

　　㉢ 전력 P가 $0 < E < \infty$이면서 에너지 E가 ∞가 되는 신호를 전력 신호라고 한다.
　　㉣ 전력이 0보다 크고, 유한한 신호를 말한다.

　　$P = \lim_{T > \infty} \frac{1}{T} \int_{-T/2}^{T/2} |f(t)|^2 \, dt = \frac{A^2}{T} \int_0^{T/2} dt = \frac{A^2}{T} [t]_0^{T/2} = \frac{1}{2} A^2 < \infty$

(2) 주기적 신호와 비주기적 신호

　① 주기적 신호(periodic signal)
　　일정한 주기 T마다 동일한 파형을 무한히 반복하는 함수
　　$f(t) = f(t + nT) \ (n = 1, 2, 3 \ldots), \ -\infty < t < \infty$

② 비주기적 신호(nonperiodic signal)

일정한 주기 T가 존재하지 않는 신호로, 예를 들면 $f(t) = \sin t + \sin \sqrt{2}\, t$는 비주기적 신호이다.

③ Random 신호와 결정 신호

㉠ Random 신호(통계적 신호) : 실제로 발생하기 전에는 어느 정도 불확실한 신호이다. 즉, 신호가 발생하기 전에는 전혀 그 신호를 예측할 수 없는 신호로서 모든 양이 통계적 성질(확률)에 의해서 결정되는 신호이다.

㉡ 결정 신호(deterministic signal) : 정의역 전체에 대하여 그 함수의 값이 해석적으로 정확히 알려지는 신호로 일반적인 신호의 model로 자주 사용된다.

2 시스템의 정의와 분류

(1) 선형 시스템(linear system)

집중 정수 회로에 의해서 구성된 시스템처럼 중첩(superposition)의 원리가 성립되는 시스템을 말한다. 선형 시스템은 1차 함수이다.

(2) 비선형 시스템(non-linear system)

파라메트릭 회로, 대수 증폭기 등과 같이 중첩의 원리가 성립되지 않는 시스템을 말한다.

(3) 시불변 시스템(time-invariant system)

입력에서의 시간 지연이 출력에서도 같은 시간 지연으로 나타나는 시스템을 말한다.
$x(t-t_o) \longrightarrow y(t-t_o)$

(4) 시변 시스템(time-variant system)

$x(t-t_o) \longrightarrow\!\!\!\!\!\!\!\times\!\!\!\!\longrightarrow y(t-t_o)$

예를 들면, $y(t) = x(t/2)$는 선형이며 시변이고, 인과관계(casual)를 모두 만족한다.

(5) 실현 시스템(casual system)

① 물리적으로 실현 가능한 시스템, 즉, $t \leq t_0$인 입력에 의해서만 $t = t_0$에서 출력 응답 $y(t_0)$가 존재하는 시스템으로 예를 들면 수동 필터, 능동 필터 등을 들 수 있다.

② 즉, 현재의 출력이 현재 및 과거의 입력에 따라 결정되는 시스템이다.
  예 $y(t) = 5x(t)$, $y(t) = x(t) + 2x(t-1)$

③ 시스템에 입력을 인가하기 전에 응답이 나타나지 않으면 이를 인과 시스템이라고 한다.

(6) 비실현 시스템(non-casual system)
  ① 실현 시스템의 성질을 갖지 않는 시스템
  ② 입력을 가하지 않았는데도 출력을 나타내는 시스템

3 특이함수

(1) 계단함수(step function)
계단함수 중에서 크기가 1인 신호를 단위계단함수, $u(t)$라고 한다.
($u(t)$는 순수한 직류 신호라고 볼 수 없다.)

(2) 델타함수($\delta(t)$)
① 델타(delta)함수의 정의
$$\delta(t) = \begin{cases} \infty, & t=0 \\ 0, & t \neq 0 \end{cases}, \quad \int_{-\infty}^{\infty} \delta(t)\,dt = 1$$

② 델타함수의 성질
  ㉠ 델타함수는 우함수이다.
  $$\delta(t) = \delta(-t)$$
  ㉡ 충격파함수의 천이성
  $$\int_a^b f(t)\delta(t-t_0)dt = \begin{cases} f(t_0), & a < t_0 < b \\ 0, & \text{나머지 구간} \end{cases}$$
  ㉢ $\delta(t)$의 면적은 1이다. 따라서 $A\delta(t)$는 면적 A임을 나타낸다.
  ㉣ 단위계단함수 $u(t)$를 미분한 결과이다.
  $$\frac{d}{dt}u(t) = \delta(t)$$
  ㉤ 시간 비례성
  $$\delta(at) = \frac{1}{|a|}\delta(t)$$

(3) 램프(ramp)함수, $r(t)$
① 램프함수의 정의
램프함수 $r(t)$는 $r(t) = at$로서 원점을 통과하지만, 원점을 통과하지 않더라도 일정한 기울기를 갖는 직선을 모두 램프함수라고 할 수 있다.

② 램프함수의 특징
램프함수는 단위계단함수 $u(t)$에 대한 적분 결과이다.

(4) 시그넘(signum)함수, $\text{sgn}(t)$)

$$\text{sgn}(t) = \frac{|t|}{t} = \begin{cases} 1, & t > 0 \\ 0, & t = 0 \\ -1, & t < 0 \end{cases}$$

$$\text{sgn}(t) = 2u(t) - 1$$

$$u(t) = \frac{1}{2}[1 + \text{sgn}(t)]$$

4 푸리에 급수(Fourier Series)

(1) 고조파

고조파(harmonic's)는 신호를 왜곡시키는 일종의 왜곡파로 기준 주파수에 대해 정수 배로 증가하는 주파수를 말한다.

(2) 비정현파 교류

① 비정현파 교류의 성분

일반적으로 비정현파 교류 신호는 직류분, 기본파, 고조파의 합으로 나타난다.

비정현파 = 직류분(상수, 평균값) + 기본파 + 고조파

② 비정현파 신호에 대한 주기식

푸리에 급수(Fourier series)의 정의식

$$f(t) = a_0 + \sum_{n=1}^{\infty}[a_n \cos 2\pi n f_0 t + b_n \sin 2\pi n f_0 t]$$

푸리에 급수의 계수(a_0, a_n, b_n)를 표현하면 다음과 같다.

$$a_0 = \frac{1}{T}\int_0^T f(t)\,dt, \quad a_n = \frac{2}{T}\int_0^T f(t)\cos n\omega_0 t\,dt, \quad b_n = \frac{2}{T}\int_0^T f(t)\sin n\omega_0 t\,dt$$

(3) 비정현파의 대칭

비정현 신호에 대한 푸리에 분석을 행하는 과정에서 대칭성을 알게 되면 0이 되는 급수 (a_0, a_n, b_n 중에) 형태를 알 수 있어 분석이 용이하다. 대칭성을 구별하는 요인으로는 우함수, 기함수를 들 수 있다.

① 반파 대칭

신호 $f(t)$를 $T/2$만큼 이동했을 경우 수평축에 대하여 반회전한 파형과 일치하는 것으로 $f(t) = -f(t+T/2)$의 조건을 만족하며 $a_0 = 0$이고, 기수차의 $\sin$, $\cos$항만 존재한다.

② 여현 대칭(우수파)

$f(t) = f(-t)$ 관계에 있으며 수직선에 대칭인 신호이다. 즉, 수직축에 대하여 반회전할 때 일치하는 파형으로, 예를 들면 $f(t) = \cos\omega t$, $f(t) = t^2$ 등을 들 수 있다. $b_n = 0$이고 a_0, a_n만 존재한다.

③ 정현 대칭(기수파)

$f(t) = -f(-t)$ 관계가 성립하며 원점에 대해 대칭인 신호 파형이다. 즉, 수직축에 대하여 반회전하고 다시 수평축에 대하여 반회전할 때 일치하는 파형으로, 예를 들면 $f(t) = \sin\omega t$, $f(t) = t^3$ 등을 들 수 있다. 기함수인 경우에는 퓨리에 급수의 계수 중 $a_n = 0$이고 계수 a_0, b_n만 존재한다.

$$f(t) = a_0 + \sum_{n=1}^{\infty}[a_n \cos\omega t + b_n \sin\omega t]$$

㉠ 반파 대칭일 때는 n이 홀수인 $\cos$항과 $\sin$항이 존재한다.
㉡ 반파 여현 대칭일 때는 n이 홀수인 $\cos$항만 존재한다.
㉢ 반파 정현 대칭일 때는 n이 홀수인 $\sin$항만 존재한다.

④ 우함수, 기함수의 산술 관계

㉠ 우함수 × 우함수 = 우함수
㉡ 우함수 ÷ 우함수 = 우함수
㉢ 우함수 × 기함수 = 기함수
㉣ 우함수 ÷ 기함수 = 기함수
㉤ 기함수 × 기함수 = 우함수
㉥ 기함수 ÷ 기함수 = 우함수
㉦ $\int_{-T}^{T}(우함수)dt = 2\int_{0}^{T}(우함수)dt$
㉧ $\int_{-T}^{T}(기함수)dt = 0$

(4) 진폭 스펙트럼과 위상 스펙트럼

주파수 스펙트럼은 일반적으로 선(line) 스펙트럼과 위상 스펙트럼을 의미하는데, 주로 선 스펙트럼을 말한다. 퓨리에 급수의 삼각함수 급수 표현에서

$$c_n = \frac{1}{2}(a_n \pm jb_n)$$

이라고 하면 이에 대한 크기와 위상으로 나타낼 수 있다.

① 진폭 스펙트럼(amplitude spectrum), $|c_n|$

선 스펙트럼이라고도 하며, c_n 절댓값으로 우수 대칭 성질을 갖는다. 즉 진폭 스펙트럼은 대상으로 하고 있는 신호 안에 각 주파수의 성분이 어느 정도 포함되어 있는가를 나타내는 것이다.

$$|c_n| = \frac{1}{2}\sqrt{a_n^2 + b_n^2}$$

② 위상 스펙트럼(phasor spectrum), $\angle c_n$

c_n의 편각을 말하며 기수 대칭(원점) 성질을 갖는다.

$$\angle c_n = \tan^{-1}\frac{b_n}{a_n}$$

③ 전력 스펙트럼(power spectrum), $|c_n|^2$

c_n의 전력을 말한다.

$$|c_n|^2 = \frac{a_n^2 + b_n^2}{4}$$

5 푸리에 급수 전개의 중요 성질

(1) 파시벌(Parseval) 정리

신호의 시간평균 전력은 각각의 주파수 성분의 전력의 합과 같다는 것을 의미한다.

$$\frac{1}{T}\int_{-T/2}^{T/2} f^2(t)\,dt = a_0^2 + \frac{1}{2}\sum_{n=1}^{\infty}(a_n^2 + b_n^2) = \sum_{n=-\infty}^{\infty}|c_n|^2$$

6 푸리에 변환

(1) 디리클레(Dirichlet) 조건

① 정의

㉠ 비주기적인 신호도 주기가 ∞인 주기적인 신호로 가정한다. 이와 같은 문제를 해결하기 위한 충분조건으로 디리클레 조건을 이용한다.

㉡ 주기함수 $f(t)$가 한 주기에 유한개의 최댓값, 최솟값, 불연속점을 갖고 있고, 또한 $f(t)$가 절대 적분 가능하며, 유한한 면적을 가질 때 푸리에 급수가 존재한다.

② 조건 : 주기적인 함수에 대하여 푸리에 급수를 쓸 수 있는 조건
㉠ 불연속이 유한이어야 한다.
㉡ 최대점, 최소점이 유한개이어야 한다.
   유한한 시간 구간 동안 최대, 최소점 및 불연속점이 유한개이어야 한다.
㉢ 절대 수렴해야 한다.
   $\int_0^T f(t)dt < \infty$, 비주기적인 신호 $f(t)$는 유한한 에너지를 가져야 한다.

(2) 푸리에 변환(Fourier Transform)의 정의
비주기 함수를 해석하는 데 이용되는 것으로, 여기서 해석이라 함은 시간 영역의 함수를 주파수 영역의 함수로 변환하는 것을 의미한다.
① 변환 목적
   시간 영역에서 함수의 특징을 해석하는 데 많은 시간이 걸리거나 해석이 곤란한 경우 이를 해결하는 방법으로 변환을 행한다.
② 정의

$$F(\omega) = \mathcal{F}[f(t)] = \int_{-\infty}^{\infty} f(t)\,e^{-j\omega t}\,dt$$

$$F(f) = \mathcal{F}[f(t)] = \int_{-\infty}^{\infty} f(t)\,e^{-j2\pi ft}\,dt$$

(3) 푸리에 역변환
주파수 영역의 함수를 다시 시간 영역의 함수로 재변환하는 것을 의미하는 것으로 $F(\omega)$에 대한 역변환 정의는 다음과 같다.

$$f(t) = \mathcal{F}^{-1}[F(\omega)] = \frac{1}{2\pi}\int_{-\infty}^{\infty} F(\omega)\,e^{j\omega t}\,d\omega$$

$$f(t) = \mathcal{F}^{-1}[F(f)] = \int_{-\infty}^{\infty} F(f)\,e^{j2\pi ft}\,df$$

(4) 푸리에 변환의 중요 성질
통신에서 이용되는 디지털 펄스, sine, cosine파를 들 수 있는데 이들의 신호폭을 변화시키든지, 주기를 변화시켜서 사용하는 경우가 많다. 이와 같이 새로운 신호를 주파수 변환해야 하는 번거로움이 있다.

① 선형성
$$a_1 f_1(t) \pm a_2 f_2(t) \longrightarrow a_1 F_1(\omega) \pm a_2 F_2(\omega)$$

② 쌍대성
$$F(t) \longleftrightarrow 2\pi f(-\omega)$$
$$F(t) \longleftrightarrow f(-f)$$

③ 시간 천이성

시간 영역에서 t_0 만큼 천이시킨 시간함수 $f(t)$에 대한 퓨리에 변환은 시간함수 $f(t)$의 퓨리에 변환에 복소지수함수 $e^{-j\omega t_0}$를 곱한 결과와 같다.
$$f(t-t_0) \longleftrightarrow F(\omega) e^{-j\omega t_0}$$

④ 주파수 천이성

주파수 영역에서 ω_0 만큼 천이된 주파수함수 $F(\omega)$의 퓨리에 역변환은 주파수함수 $F(\omega)$의 퓨리에 역변환에 복소지수함수 $e^{j\omega_0 t}$를 곱한 결과와 같다.

⑤ 시간 미분 : $\dfrac{d}{dt} f(t) \longleftrightarrow j\omega F(\omega)$

⑥ 시간 적분 : $\int f(t)\, dt \longleftrightarrow \dfrac{F(\omega)}{j\omega}$

⑦ 척도 변환

　㉠ 주파수 척도 변환 : $\dfrac{1}{a} f\left(\dfrac{t}{a}\right) \longleftrightarrow F(a\omega)$

　㉡ 시간 척도 변환 : $f(at) \longleftrightarrow \dfrac{1}{|a|} F\left(\dfrac{\omega}{a}\right)$

a가 1보다 작으면 팽창, a가 1보다 크면 압축

⑧ 주파수 중첩

$F_1(\omega)$와 $F_2(\omega)$를 주파수 영역에서의 컨볼루션 시킨 다음, 퓨리에 역변환을 행하면 $F_1(\omega)$, $F_2(\omega)$를 각각 역변환한 $f_1(t)$, $f_2(t)$를 시간 영역에서 곱한 것과 같다.
$$\dfrac{1}{2\pi}[F_1(\omega) * F_2(\omega)] \longleftrightarrow f_1(t) f_2(t),\ F_1(f) * F_2(f) \longleftrightarrow f_1(t) f_2(t)$$

⑨ 우함수, 기함수의 퓨리에 변환

　㉠ 우함수에 대한 퓨리에 변환 결과는 우함수이다.
　㉡ 기함수에 대한 퓨리에 변환 결과는 기함수이다.

⑩ 파시벌 정리
$$\int_{-\infty}^{\infty} |f(t)|^2\, dt = \int_{-\infty}^{\infty} |F(\omega)|^2\, d\omega$$

(5) 유용한 함수의 퓨리에 변환 예

① $f(t) = \sin(\omega_0 t) \longleftrightarrow j\pi[\delta(\omega+\omega_0) - \delta(\omega-\omega_0)],$

$f(t) = \sin(2\pi f_0 t) \longleftrightarrow \dfrac{j}{2}[\delta(f+f_0) - \delta(f-f_0)]$

② $f(t) = \cos\omega_0 t \longleftrightarrow \pi[\delta(\omega-\omega_0) + \delta(\omega+\omega_0)]$

$f(t) = \cos 2\pi f_0 t \longleftrightarrow \dfrac{1}{2}[\delta(f-f_0) + \delta(f+f_0)]$

③ $f(t) = A\,\text{rect}(t/\tau) \longleftrightarrow A\tau\,\text{sinc}(f\tau)$

정의식

$\text{rect}(t/\tau) = \begin{cases} 1, & |t| < \dfrac{\tau}{2} \\ 0, & |t| > \dfrac{\tau}{2} \end{cases}$

$\text{Sa}(\omega\tau/2) = \dfrac{\sin(\omega\tau/2)}{\omega\tau/2}$

$\text{sinc}(t) = \dfrac{\sin(\pi t)}{\pi t}$

④ $f(t) \propto$ 삼각파 $\longleftrightarrow F(f) \propto \text{sinc}^2$

⑤ $f(t) = A\tau\,\text{sinc}(\tau t) \longleftrightarrow F(f) = A\,\text{rect}(f/\tau)$

⑥ $f(t) = \delta(t) \longleftrightarrow F(\omega) = 1,\ F(f) = 1$

⑦ $f(t) = \text{sgn}(t) \longleftrightarrow F(\omega) = \dfrac{2}{j\omega},\ F(f) = \dfrac{1}{j\pi f}$

⑧ $f(t) = u(t) \longleftrightarrow F(\omega) = \pi\delta(\omega) + \dfrac{1}{j\omega},\ F(f) = \dfrac{1}{2}\delta(f) + \dfrac{1}{j2\pi f}$

7 컨볼루션(convolution)

시간 영역에서 두 신호 $f_1(t)$와 $f_2(t)$의 중첩 적분, 상승 적분 혹은 합성 적분을 의미한다.

$$f_1(t) * f_2(t) = f_2(t) * f_1(t) = \int_{-\infty}^{\infty} f_1(\tau) f_2(t-\tau)\, d\tau$$

$$= \int_{-\infty}^{\infty} f_1(t-\tau) f_2(\tau)\, d\tau$$

8 임펄스 응답 및 전달함수

(1) 임펄스 응답(impulse response)

임의의 회로 혹은 시스템에 단위 임펄스 $\delta(t)$를 인가했을 경우 출력을 임펄스 응답이라고 하며, 시간 영역에서 시스템을 시험하기 위해 사용된다.

(2) 전달함수

회로망 등 시스템의 전달 특성 해석에서 시스템의 전달함수를 알면 convolution 연산을 이용하여 입력에 대한 출력을 구할 수 있다. 시간 영역에서의 시스템 출력식 $y(t)$는

$$y(t) = h(t) * x(t) = \int_{-\infty}^{\infty} h(\tau) x(t-\tau) d\tau$$

9 선형 시스템의 필터 특성

(1) 무왜곡 전송 조건

입력 신호 $x(t)$를 왜곡 없이 전송을 하려는 경우 필요로 하는 출력 신호 $y(t)$는

$$y(t) = K x(t-t_0) \longleftrightarrow Y(\omega) = K e^{-j\omega t_0} \cdot X(\omega)$$

(2) 이상적인 필터(ideal filter)

주파수 $|\omega|$ 이하의 주파수성분은 왜곡없이 전송하지만 그 이상의 주파수성분은 완전히 감쇠시키는 능력을 갖는 필터를 이상적인 필터라고 한다.

> 전달함수, $H(\omega)$
> $H(\omega) = |H(\omega)| e^{j\theta(\omega)}$

① $|H(\omega)| = |H(2\pi f)| = 1$

주파수 f에 따라서 변화를 보이면 진폭 왜곡이 발생

② $\theta(\omega) = -2\pi f t_0$

주파수 f에 따라 선형적으로 변하지 않으면 위상 왜곡이 발생

[아날로그 변조]

1 진폭 변조

(1) 변조의 필요성

① 변조의 정의
  저주파 신호인 신호파를 고주파인 반송파에 실어서 전송하는 내용을 변조라고 한다.

② 변조의 목적
  ㉠ 잡음, 간섭을 줄이기 위해서, 즉, 전송 대역폭을 넓게 한 광대역 변조방식은 복조 단계에서 잡음을 억제할 수 있다.
  ㉡ 복사(Radiation)를 용이하게 하기 위해서
  ㉢ 전송매체에 정합하기 위해서
  ㉣ 주파수 할당을 위해서(상호 간섭 배제)
  ㉤ 다중화 : 기저대역 전송의 경우는 하나의 전송로에 1회선밖에 구성할 수 없지만 다수의 반송파를 사용하여 각각의 신호로 변조하면 하나의 전송로에 다수의 회선 구성이 가능하다.
    - FAM : 반송파가 정현파인 경우
    - TAM : 반송파가 펄스열인 경우
  ㉥ 전송손실의 보상을 위해서
  ㉦ 장비제한의 극복을 위해서

(2) 진폭 변조(AM, DSB-LC)

$$V_{AM} = (V_c + V_s \cos \omega_s t) \cos \omega_c t = V_c \left(1 + \frac{V_s}{V_c} \cos \omega_s t\right) \cos \omega_c t$$

여기서 $m_a = \dfrac{V_s}{V_c}$ (m_a : 변조도, 변조지수, 변조율)

① $m_a < 1$, 정상변조
② $m_a = 1$, 완전변조, 100[%] 변조
③ $m_a > 1$, 과변조(신호의 왜곡에 의한 정보 손실이 생긴다.)

(3) AM의 대역폭

AM 피변조파의 성분은 2개 측파로 나타나므로 대역폭 B는

$$\text{BW} = (상측파) - (하측파) = 2f_s$$

(4) AM 피변조파의 전력, P_m

AM 피변조파의 전력(= 반송파 전력 + 상측파 전력 + 하측파 전력)

$$P_m = P_C + P_{USB} + P_{LSB} = P_C\left(1 + \frac{m^2}{4} + \frac{m^2}{4}\right) = P_C\left(1 + \frac{m^2}{2}\right)$$

① 반송파 전력

$$P_c = \frac{(V_c/\sqrt{2})^2}{R} = \frac{1}{2R}V_c^2$$

② 상측파 전력

$$P_{USB} = \frac{\left(\frac{m}{2}V_c/\sqrt{2}\right)^2}{R} = \frac{1}{8R}m^2 V_c^2 = \frac{1}{2R}V_c^2 \cdot \frac{m^2}{4} = \frac{m^2}{4}P_c$$

③ 하측파 전력

$$P_{LSB} = \frac{\left(\frac{m}{2}V_c/\sqrt{2}\right)^2}{R} = \frac{1}{8R}m^2 V_c^2 = \frac{1}{2R}V_c^2 \cdot \frac{m^2}{4} = \frac{m^2}{4}P_c$$

(5) AM 통신 방식에 따른 전력의 관계

구분	무 변조 시($m=0$)	완전 변조 시($m=1$)
DSB-LC	$P_m = P_c$	$P_m = 1.5 P_c$
DSB-SC	$P_m = 0$	$P_m = 0.5 P_c$
SSB-SC	$P_m = 0$	$P_m = 0.25 P_c$

(6) SSB 통신 방식의 특징

① 장점
  ㉠ 점유 주파수 대역폭이 1/2로 축소된다.
  ㉡ 송신기의 소비 전력이 작다.
  ㉢ S/N비가 개선된다.
  ㉣ 적은 송신 전력으로 양질의 통신이 가능하다.
  ㉤ 선택성 페이딩의 영향이 작다(선택성 페이딩은 대역폭이 넓으면 심하다).
  ㉥ 비화 통신(비밀 통신)이 가능하다.

② 단점
  ㉠ 회로 구성이 복잡하다.
  ㉡ 가격이 고가이다.
  ㉢ 높은 주파수 안정도를 필요로 한다.

(7) 잔류 측파대 변조(VSB)

① VSB 전송 방식의 특징
  ㉠ VSB(Vestigial Side Band)는 SSB와 DSB의 모든 장점을 취한 통신 방식으로 실제에 있어서 VSB는 SSB의 주파수 대역폭과 동일한 주파수 대역폭을 필요하므로 완만한 차단 특성을 가진 간단한 필터를 사용하여 DSB 신호로부터 얻을 수 있다.
  ㉡ 선택성 페이딩의 영향을 비교적 덜 받는다.
  ㉢ 잔류측파대에 진폭이 큰 반송파를 같이 보내면 수신측에서 포락선 검파 방식으로 검파가 가능하다.
  ㉣ TV 방송에서 영상 신호를 전송하는 데 사용하고 있다.
    ⓐ VSB를 사용함으로써 DSB의 경우 주파수 대역폭 8[MHz]를 5[MHz]로 줄이는 것이 가능하다.
    ⓑ TV 방송 신호에는 잔류 측파대 신호와 같이 매우 큰 반송파 신호가 들어 있으므로 TV 수상기에서 포락선 검파로 영상 신호를 복조할 수 있다.

2 슈퍼헤테로다인 수신기의 구성과 영상주파수

(1) 영상(혼신) 주파수(image frequency)

영상 혼신은 주파수 변환에 의한 것으로 슈퍼헤테로다인 수신기에만 존재한다.

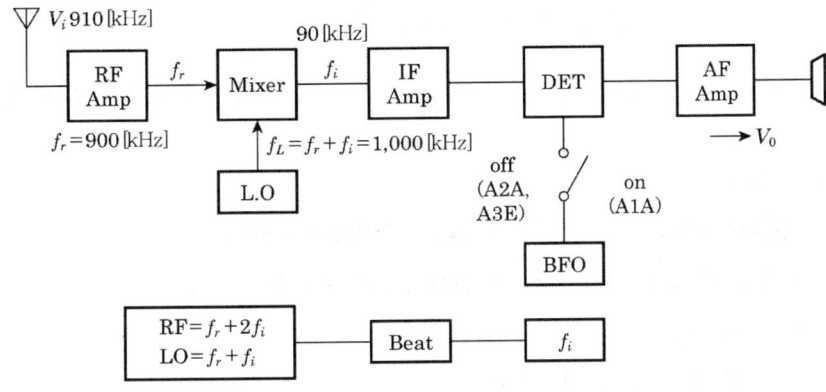

[슈퍼헤테로다인 수신기]

RF에 기본 수신신호인 f_r이 아닌 $f_r \pm 2f_i$(영상주파수)가 수신되어 국부발진주파수(LO)와 혼합되면 중간주파수(f_i)가 나오게 된다.

① 영상 주파수 = 수신 주파수 + (2 × 중간 주파수)
② 국부 발진 주파수 = 수신 주파수 - 중간 주파수
③ 혼신 주파수 = 영상 주파수 - 국부 발진 주파수

3. 비동기 검파(Incoherent detector)

① 포락선 검파(envelope detection)

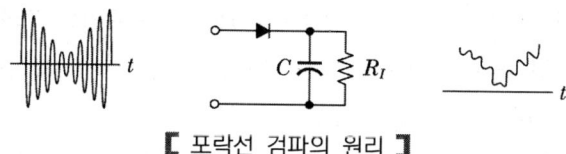

【 포락선 검파의 원리 】

4. 각변조

(1) FM(Frequency Modulation : 주파수 변조)

신호파 : $e_s(t) = E_s \cos \omega_s t$,

반송파 : $e_c(t) = E_c \cos \omega_c t \quad (\omega_c \gg \omega_s)$

피변조파 : $e_{FM}(t) = E_c \cos \left(\omega_c t + k_f \int_0^t e_s(\tau) d\tau \right)$

$$= E_c \cos \left(\omega_c t + k_f E_s \int_0^t \cos \omega_s \tau \, d\tau \right)$$

$$= E_c \cos \left(\omega_c t + \frac{\Delta \omega}{\omega_s} \sin \omega_s t \right)$$

$$= E_c \cos (\omega_c t + m_f \sin \omega_s t)$$

$\Delta f = k_f E_s, \ \Delta \omega = 2\pi k_f E_s, \ m_f = \dfrac{\Delta f}{f_s} = \dfrac{\Delta \omega}{\omega_s}, \ BW = 2(f_s + \Delta f) = 2f_s(1 + m_f)$

순시주파수는

- m_f : FM변조지수
- k : 주파수감도계수
- Δf : 최대주파수편이
- BW : 점유대역폭

순시주파수 $f_i(t)$는

$$f_i(t) = \frac{1}{2\pi} \frac{d\phi(t)}{dt} = f_c + \frac{1}{2\pi} \frac{d\theta(t)}{dt}$$

FM 평균 전력(P) $= \left(\dfrac{E_c}{\sqrt{2}} \right)^2 = \dfrac{1}{2} E_c^2$

→ FM파의 순시위상은 변조 신호의 적분 값에 비례하고, 순시주파수는 변조 신호에 비례한다.

(2) FM 변조

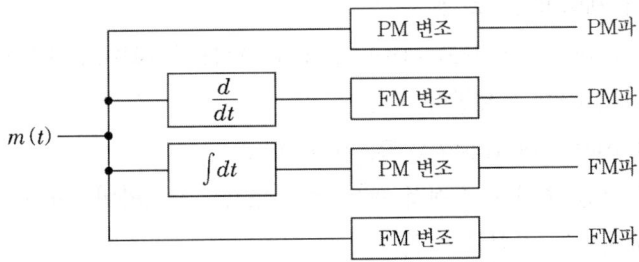

(3) PM(Phase Modulation : 위상 변조)

신호파 : $e_s(t) = E_s \sin \omega_s t$,

반송파 : $e_c = E_c \sin \omega_c t \quad (\omega_c \gg \omega_s)$

피변조파 : $e_{PM} = E_c \sin(\omega_c t + k_p e_s(t))$
$= E_c \sin(\omega_c t + k_p E_s \sin \omega_s t)$
$= E_c \sin(\omega_c + \triangle \theta \sin \omega_s t)$
$= E_c \sin(\omega_c t + m_p \sin \omega_s t)$

$\triangle f = k_p E_s f_s, \ m_p = \triangle \theta = k_p E_s$

Carson의 법칙 $BW = 2(f_s + \triangle f)$

- m_p : PM변조지수
- $\triangle \theta$: 최대위상편이
- $\triangle f$: 최대주파수편이
- k_p : 위상감도계수
- BW : 점유대역폭

→ PM파의 순시위상은 변조 신호에 비례하고, 순시주파수는 변조 신호의 미분 값에 비례한다.

(4) FM과 PM의 특징

① 최대 위상편이($\triangle \theta$)와 최대 주파수편이($\triangle f$)는 모두 신호파의 진폭에 비례하지만, PM인 경우 $\triangle f$는 신호 주파수(f_s)에도 비례한다.

② FM 변조지수(m_f)는 신호 주파수(f_s)에 반비례하지만, PM 변조지수(m_p)는 f_s와 무관하다.

③ FM과 PM은 각 변조라 하며 PM파를 전치 보상기라는 적분기에 넣으면 FM파를 얻을 수 있다.

④ 위상변조와 주파수변조의 진폭은 일정하다.

(5) 송신단 부속회로

① 순시 편이 제어(IDC) 회로

IDC(Instantaneous Deviation Control)회로는 최대주파수편이가 규정값을 넘지 않게 하기 위하여 사용한다.

② AFC(Automatic Frequency Control) 회로

발진기의 발진 조건을 기계적 또는 전기적으로 제어하며, 발진 주파수를 항상 일정한 값으로 유지하는 장치를 말한다.

③ 전치 보상 회로(pre-distorter)
  ㉠ 주파수에 역비례하는 출력을 사용하는 일종의 적분 회로로, 위상 변조파로서 등가적으로 주파수 변조파를 얻는 데 이용한다.
  ㉡ 출력은 주파수에 반비례하고 입출력 위상은 90°이며, 간접 FM 송신기에 사용한다.

④ 프리엠퍼시스(pre-emphasis)

프리엠퍼시스 회로는 FM 송신기에서 고주파 성분을 강조하여 S/N비를 개선할 목적으로 사용한다. 고역일수록 S/N이 나쁘고 FM의 고충실도 전송이 곤란하게 되는데, 이를 개선하기 위해 변조하기 전에 신호파의 특정 주파수, 예를 들면 1[kHz] 이상의 주파수에 있어서 레벨을 강하게 하는 역할을 한다.
  ㉠ 미분 회로로 구성
  ㉡ 신호의 고역 부분을 강화시키는 역할을 수행
  ㉢ FM 변조기 전단에 붙여 사용
  ㉣ 전압이득이 주파수에 비례

(6) 수신단 부속회로

① 디엠퍼시스(de-emphasis) : 수신측에서 FM파를 수신하면 고역이 강조된 신호가 얻어지기 때문에 검파 후 고역을 약하게 하는 회로이다.
  ㉠ 적분 회로
  ㉡ FM 복조기 후단에 붙여 사용
  ㉢ S/N비를 개선할 목적으로 이용

② 스캘치(squelch) 회로

FM 수신기는 도래 전파가 없을 때 진폭 제한기가 동작하지 않아 큰 잡음이 발생하므로 도래 전파가 없을 때는 저주파 증폭단을 개방하고 도래하는 전파가 있을 때는 다시 닫혀지게 함으로써 잡음 출력을 억제시키는 회로이다.

③ 진폭제한기 : 수신된 신호의 진폭을 제한시킨다.

(7) PLL(Phase Locked Loop) 검파기

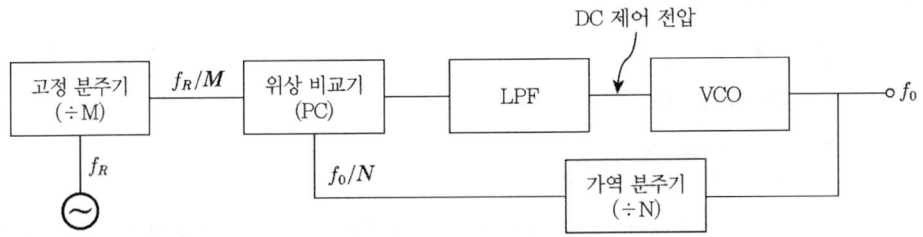

① 위상 비교기(PC)

위상 검출기(PD)라고도 하며, 가역 분주기의 출력 f_o/N과 기준 주파수로부터의 출력 f_R/N에 대한 위상차를 비교해서 위상차 주파수를 출력한다.

② 저역 여파기(LPF)

위상 비교기에서 출력된 고조파 성분을 필터링하고, 위상차 출력을 적분해서 직류 제어 전압으로 바꾸어 준다.

③ 전압 제어 발진기(VCO)

직류 제어 전압에 따라 가변 용량 다이오드의 역바이어스 전압을 변화시켜 발진 주파수를 바꾸어 주게 된다. 위상 비교기에 인가된 2개의 신호 주파수가 같으면 loop(VCO → 분주기 → PC → LPF → VCO)는 phase lock되었다고 한다.

$$\frac{f_R}{M} = \frac{f_o}{N}, \quad f_o = \frac{N}{M} f_R \text{(N에 따라 f_o가 가변된다.)}$$

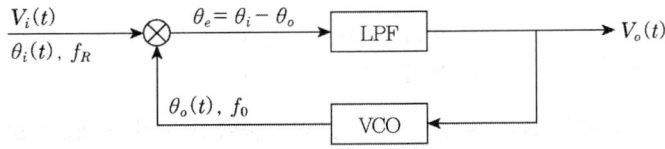

【 PLL을 이용한 FM 신호의 복조 】

(8) PLL의 용도

① AM 송신기의 국부 발진 회로
② 주파수합성기
③ AM, FM 검파
④ 각종 전자 장비의 제어 회로

(9) 아날로그 시스템 성능 분석

① 신호 대 잡음비와 잡음지수

㉠ 신호 대 잡음비(S/N)

ⓐ S/N의 정의와 개념

$$\frac{S}{N} = \frac{\text{평균 신호 전력}}{\text{평균 잡음 전력}}$$

아날로그 신호의 전송 과정에서 부가되는 잡음 전력과 신호의 평균 전력의 비를 신호 대 잡음비(signal to noise ratio)라고 하며, S/N비는 아날로그 통신 시스템의 성능을 판단하는 중요 파라미터로 언제나 S/N 값이 클수록 바람직하다.

ⓑ S/N비의 평가

- 0[dB] : 통화 불능 상태
- 30[dB] : 잡음이 약간 존재하면서 통화 가능한 상태
- 60[dB] : 무잡음 상태(잡음지수, $F=1$)

㉡ 잡음 지수(noise factor)

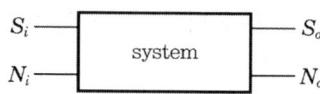

【 신호 전력 대 잡음 전력비 】

시스템에는 항상 잡음이 첨가되므로 입력의 S/N은 출력의 S/N보다 크다. 열화(degradation)을 표시하기 위해서

$$\text{잡음 지수}(F) = \frac{\text{입력의 } S/N}{\text{출력의 } S/N} = \frac{S_i/N_i}{S_o/N_o}$$

으로 나타낸다. 잡음 지수는 입력 S/N과 출력 S/N의 비례값으로 정의되며, 시스템의 S/N비의 개선도를 나타내는 기준이다. 잡음 지수(F)는 그 값이 작을수록 잡음에 대한 성능이 우수함을 알 수 있다.

② 각 변조 방식에 대한 특징

㉠ 진폭 변조의 신호 대 잡음비와 잡음 지수

ⓐ DSB-SC

$$F = \frac{S_i/N_i}{S_o/N_o} = 2 \text{(SNR이 2배 개선되었음을 의미)}$$

ⓑ DSB-LC

$$F = \frac{S_i/N_i}{S_o/N_o} = \frac{2m^2}{2+m^2} \,(m=1, \text{ SNR의 최댓값 개선이 2/3이다)}$$

ⓛ 각 변조의 신호 대 잡음비와 잡음 지수
  ⓐ FM의 경우
    • 잡음 지수
    $$F = \frac{S_i/N_i}{S_o/N_o} = \frac{3}{2}m_f^2$$
    • S/N 개선 방법
      – 주파수 대역폭을 크게 한다.
      – pre-emphasis 회로를 사용한다.
      – 변조 지수 m_f를 크게 한다.
  ⓑ PM의 경우
    • 잡음 지수
    $$F = \frac{S_i/N_i}{S_o/N_o} = \frac{(\triangle\theta)^2}{2}$$
    • S/N 개선 방법
      – 최대 위상 편이를 크게 한다.
      – 변조 신호의 진폭을 크게 한다.
  ⓒ AM과 FM의 관계
    • 광대역 FM의 신호 대 잡음비는 AM에 비하여 $3m_f^2$배만큼 개선된다.
    $$\left[\frac{S_o}{N_o}\right]_{FM} = 3m_f^2 \left[\frac{S_o}{N_o}\right]_{AM}$$
    따라서 FM이 AM보다 잡음이 감소되는 효과는 변조 지수가 클수록 잡음이 적게 된다.
    • 신호 대 잡음의 전력비
    $$\frac{(S_o/N_o)_{FM}}{(S_o/N_o)_{AM}} = 3m_f^2$$
    • 신호 대 잡음의 실효 전압비
    $$\frac{(S_o/N_o)_{FM}}{(S_o/N_o)_{AM}} = \sqrt{3}\,m_f$$
    • 광역대 FM의 대역폭 $= (m_f+1) \cdot$ AM 대역폭

[아날로그 신호의 디지털화]

1. 아날로그 펄스변조

① PAM(Pulse Amplitude Modulation : 펄스 진폭 변조)
② PFM(Pulse Frequency Modulation : 펄스 주파수 변조)
③ PWM(Pulse Width Modulation : 펄스 폭 변조)
④ PPM(Pulse Position Modulation : 펄스 위치 변조)
⑤ PWM, PPM을 PTM(PDM)이라고도 함

2. 디지털 펄스변조

① PCM(Pulse Code Modulation : 펄스부호변조) : 8비트
② DM(Delta Modulation : 델타변조) : 1비트
③ DPCM(Differential Pulse Code Modulation : 차동펄스부호변조) : 4~5비트
④ ADM(Adaptive Delta Modulation : 적응형델타변조) : 1비트
⑤ ADPCM(Adaptive Differential Pulse Code Modulation : 적응형 차동펄스부호변조) : 3~4비트

3. PCM

(1) 등간격 표본화 정리

신호가 갖는 최고 주파수를 f_m이라고 할 때 f_m으로 대역 제한된 신호 $f(t)$를 $T_s (=1/2f_m)$ 이하의 균등한 시간간격으로 표본화하여 전송하여도 연속적으로 전송할 경우와 동일한 효과를 얻게 된다. 이를 표본화 정리(sampling theorem)라고 한다.

$T_s \leq \dfrac{1}{2f_m}\ (f_s \geq 2f_m)$

① Nyquist 간격

$T_s \leq \dfrac{1}{2f_m}\ (f_s \geq 2f_m)$ (표본화 주기)

② Nyquist 주파수

$f_s = 2f_m$ (표본화 주파수)

전송하려는 원신호의 상한 주파수를 f_m이라 하면, $2f_m$에 해당되는 주기$\left(T_s \leq \dfrac{1}{2f_m}\right)$ 이하로 표본화하면 표본화된 신호만 전송하여도 원신호를 그대로 재생하는 것이 가능하다. 따라서 연속적인 신호를 재생할 수 있는 최소 표본화 주기를 Nyquist 주기라고 한다.

(2) 표본화 오차
① 앨리어싱(aliasing) 오차
② 절단(truncation) 오차
③ 반올림 오차

(3) 엘리이싱 오차의 방지책
① 신호를 대역제한시킨다(LPF).
② $f_s \geq 2f_m$의 주파수로 샘플링한다.

(4) PCM 과정
대역제한(LPF) - 표본화(PAM) - 압축 - 양자화 - 부호화 - 전송 - 복호화(PAM) - 신장 - LPF

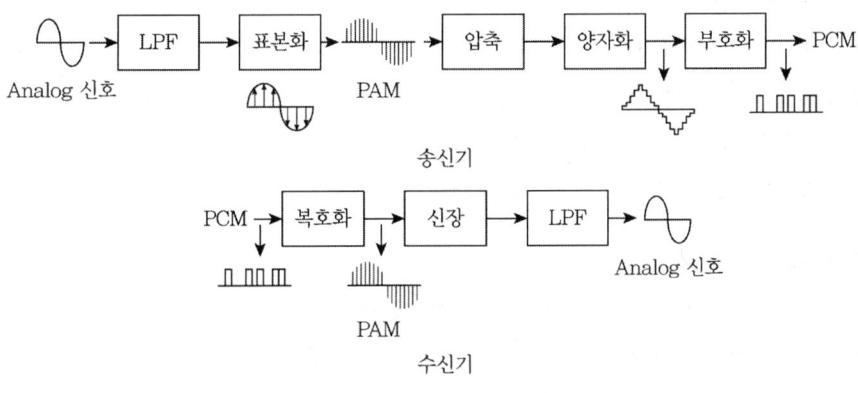

【 PCM 계통도 】

① 비선형 양자화 : 압축 + 선형양자화
 ㉠ 압축 : 낮은 레벨의 진폭을 증폭시킨다(송신기).
 ㉡ 신장 : 낮은 레벨의 진폭을 감소시킨다(수신기).
 ㉢ 압축+신장＝압신기(S/N비 개선)

② 예측기의 사용 여부에 따른 구분
　㉠ 예측 양자화 : 예측기를 통해 예측된 값과 양자화기에서 입력되는 순시 진폭값과의 차이만을 양자화하는 방법으로 DPCM, DM 등에서 이용하고 있다.
　㉡ 비예측 양자화 : 예측기를 사용하지 않고 입력되는 순시 진폭값 크기 그 자체를 양자화하는 방법으로 직렬 양자화, 병렬 양자화 그리고 카운팅 양자화 등이 있으며, PCM에서 적용하고 있다.

③ 양자화 step 간격에 따른 구분
　㉠ 선형(균일) 양자화(linear quantization)
　㉡ 비선형 양자화(non-linear quantization)
　㉢ 적응형 양자화(adaptive quantization)

④ 양자화 잡음 개선책
　㉠ 양자화 Step 수를 증가시킨다.
　㉡ 비선형 양자화를 한다.
　㉢ 압축과 신장(압신기)을 사용한다.

⑤ 양자화 잡음 전력(P)
　$P = \dfrac{S^2}{12}$　여기서 S는 Step의 크기를 나타낸다.

⑥ 신호 전력과 양자화 잡음 전력의 비(S/N_q)
　$S/N_q[\text{dB}] = 6n + 1.8$　(n : 양자화 시 사용되는 bit 수)

⑦ 양자화 압축과 신장(companding)
　㉠ A법칙 : 유럽 PCM 방식에서는 $A = 87.6$
　㉡ μ법칙 : 북미, T1 디지털 시스템에 $\mu = 225$

(5) TDM의 특징
① 한 전송로를 일정한 시간폭으로 나누어 사용한다.
② 신호들을 겹치지 않게 하기 위해서는 표본화 속도가 커야 한다.
③ 비트 삽입식과 문자 삽입식이 있다.
④ 송수신 간의 동기를 맞추는 동기 방식을 필요로 한다.
⑤ 통신망 형태를 PTP(Point-To-Point) 시스템에 사용한다.
⑥ 장거리 전화 통신에 이용한다.
⑦ 주파수 할당 대역폭이 좁을 때 사용한다.
⑧ 가입자(각각의 채널)가 증가하면 시간적 지연(delay)이 생긴다.
⑨ 동기를 맞춰 주어야 한다(동기식 방식에 사용).
⑩ 전체 회로 구성은 FDM에 비해 복잡하다.

(6) PCM-24(북미) 방식과 PCM-32(유럽) 방식의 비교

구분 / 방식			북미 방식(NAS)		유럽 방식(CEPT)	
클록 주파수			193[bit]×8[kHz] =1.544[MHz]		256[bit]×8[kHz] =2.048[MHz]	
프레임 당 bit 수			24[ch]×8[bit]+ 1Framing[bit]=193		32[ch]×8[bit]=256	
표본화 주파수 (sampling rate)			8[kHz]		8[kHz]	
프레임 당 channel 수	음성 전송 ch수	24	24	32	30	
	신호용 ch수		0		1(16번 time-slot)	
	동기용 ch수		0		1(0번 time-slot)	
time-slot			5.2[μs]		3.9[μs]	
multi-frame	frame 수		12		16	
	주기		125[μs]×12=1.5[ms]		125[μs]×16=2[ms]	
companding(encoding) law			μ-law, $\mu=255$		A-law, $A=87.6$	
데이터 전송 속도			56[kbps]		64[kbps]	
bit/sample			8		8	
전송 부호	1 계위		AMI(Bipolar)		HDB3	
	2 계위		B6ZS		HDB3	
	3 계위		B3ZS		HDB3	
	4 계위		B3ZS		CMI	
	5 계위		B3ZS		CMI	
공통선 신호 방식(CCS) 적용 여부			• No.6 신호 방식은 적용 가능 • No.7 신호 방식은 신호용 채널이 없기 때문에 적용 불가능		16번째 time-slot을 신호 전용 채널로 이용하므로 적용 가능	
채널의 투명성			없다.		있다.	

(7) 재생 중계기의 3R 기능

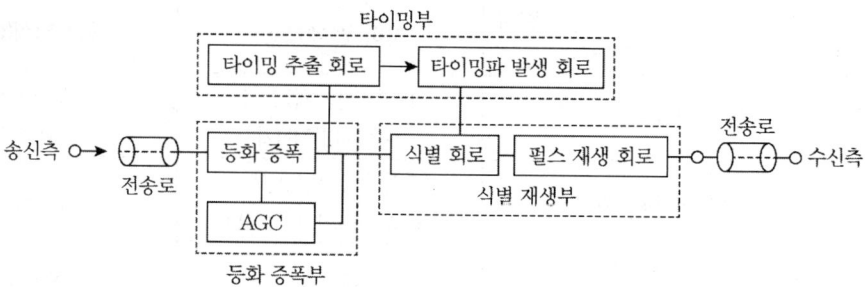

- 재생 중계기의 3R 기능
  ① Reshaping(등화 증폭)
  ② Regenerating(식별 재생)
  ③ Retiming(위상 재생)

(8) PCM 방식의 특징과 잡음
① PCM 방식의 장점
  ㉠ 전송로에 의한 레벨 변동이 적다.
  ㉡ 전송로에 존재하는 잡음, 누화 등의 각종 방해 잡음에 강하므로 저질의 전송로에도 사용할 수 있다. 즉, S/N비가 양호하여 디지털 전송에 가장 적합하다.
  ㉢ 디지털 신호의 전송에는 능률이 없으며 고가의 여파기가 불필요하므로, 단국 장치의 가격이 저하되고 소형화된다.
  ㉣ 회선 전환과 경로(route) 변경 등이 용이하며, 시내 음성 케이블의 다중화에 유리하다.
  ㉤ 전송 도중 들어오는 잡음 및 누화는 보통 중계 방식과는 달리 가산되지 않는다.
  ㉥ 시내 음성 케이블의 다중화에 유리하다.
② PCM 방식의 단점
  ㉠ 점유 주파수 대역폭이 넓다.
  ㉡ PCM 고유의 잡음이 있다(표본화 잡음, 양자화 잡음).

4 PCM, DPCM, DM 비교

(1) DPCM(Differential PCM) : 예측기 사용, 4~5비트

(2) DM(Delta Modulation) : 예측기 사용, 1비트

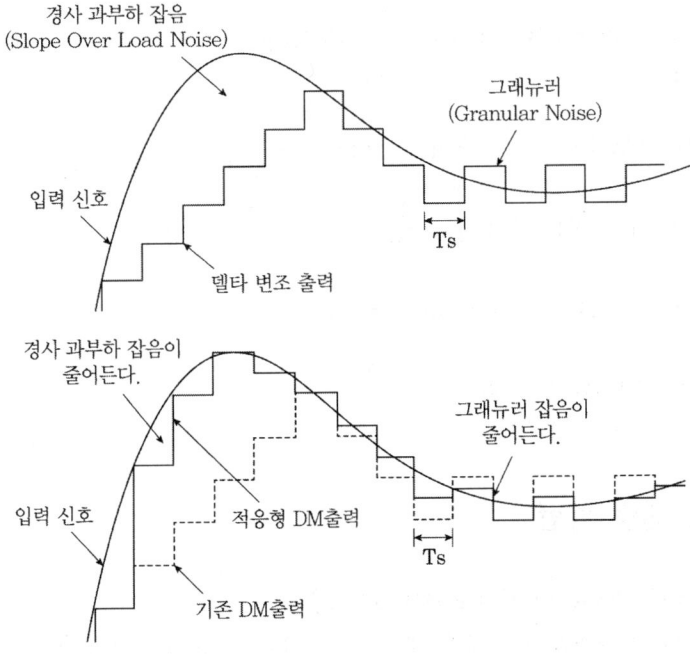

- DM에서 발생하는 추가 잡음 형태

형태	내용
경사 과부하 잡음	입력 신호의 기울기 $> \dfrac{\Delta}{T}$
양자화 잡음(granular)	입력 신호의 기울기 $< \dfrac{\Delta}{T}$

(3) S/N 비교

PCM > DPCM > DM

(4) 전송 대역폭 비교

PCM > DPCM > DM

5 전송량의 단위

① 데시벨(Decibel) 단위 : $[dB] = 10 \log_{10} \dfrac{P_2}{P_1}$

② 네퍼(neper) 단위 : $[\text{Nep}] = \dfrac{1}{2} \log_e \dfrac{P_2}{P_1}$

$1[\text{Nep}] ≒ 8.686[\text{dB}]$, $1[\text{dB}] ≒ 0.115[\text{Nep}]$

③ dB의 종류

㉠ 절대 레벨 [dBm] : $[\text{dBm}] = 10\log_{10} \dfrac{P}{1[\text{mW}]}$

㉡ dBW : $[\text{dBW}] = 10\log_{10} \dfrac{P}{1[\text{W}]}$

㉢ dBmV : $[\text{dBmV}] = 20\log_{10} \dfrac{V}{1[\text{mV}]}$

㉣ dBμV : $[\text{dB}\mu\text{V}] = 20\log_{10} \dfrac{V}{1[\mu\text{V}]}$

6 데이터 전송 방법

(1) 기저대역 전송(baseband transmission)

기저대역 신호가 존재하는 주파수 대역을 기저대역(baseband)이라고 한다. 여기서 기저대역 신호는 아날로그 신호나 디지털 신호 모두에 대해 변조되지 않은 저주파 신호를 말한다.

① 무변조 방식으로 디지털 신호 파형을 그대로 전송하는 방법이다.
② 디지털화된 정보나 데이터를 그대로 또는 전송로에 적합한 펄스파형으로 변환시켜 전송하는 것을 말한다.
③ 변조 없는 상태, 즉, 직류 펄스 형태로 전송하는 것으로 직류 또는 비교적 저주파에서 큰 비대역의 회선에 적합한 전송 방식이다. 여기서 비대역은 최고 통과 주파수와 최저 통과 주파수의 비를 말한다.

(2) 기저대역 전송의 조건

변조되기 이전의 컴퓨터나 단말기의 출력 정보인 0과 1을 그대로 보내거나 전송로의 특성에 알맞은 부호로 변환시켜 전송하는 방식으로 전송에 필요한 조건은 다음과 같다.

① 전송 부호는 직류 성분이 포함되지 않아야 한다.
② 타이밍 정보가 충분히 포함되어야 한다.
③ 저주파 및 고주파 성분이 제한되어야 한다.
④ 전송로상에서 발생한 에러 검출 및 정정이 가능해야 한다.
⑤ 전송에 필요로 하는 전송 대역폭이 적어야 한다.

7 기저대역 신호의 종류

단류 NRZ		가장 간단한 형태로 단거리 통신에 이용
단류 RZ		RZ는 매 비트마다 구별이 가능한 값이 존재하므로 별도의 sampling이 필요하지 않다.
복류 NRZ		단류 방식보다 많이 사용되며, 신호 세력이 강하기 때문에 신호 검출이 용이하다.
복류 RZ		고속 통신에 유리하며. 동기가 용이하다. 파형 왜곡이 적고 송수신 간에 특별한 timing을 필요로 하지 않는 것으로 자기 clock 신호로 하는 전송 방식이다.
bipolar (AMI)		직류 성분이 포함되지 않아 직류 차단 특성(교류 통과) 선로에 유리하다.
diphase		평균값이 0으로 충돌 검사에 적합하며, 직류 성분 차단이 우수하다.
차등 맨체스터		1일 때마다 반전

8 반송대역 전송(bandpass transmission)

반송대역 전송은 디지털 신호에 따라 반송파의 진폭, 주파수 그리고 위상 중 어느 하나를 변조해서 전송하는 방식으로 적은 비대역을 갖는 회선에 적합하다.
① ASK(Amplitude Shift Keying : 진폭 편이 변조)
   정현파의 진폭에 정보를 싣는 방식으로 반송파의 유·무로 표현된다.
② FSK(Frequency Shift Keying : 주파수 편이 변조)
   정현파의 주파수에 정보를 싣는 방식으로 2가지(고주파, 저주파) 주파수를 이용한다.
③ PSK(Phase Shift Keying : 위상 편이 변조)
   정현파의 위상에 정보를 싣는 방식으로 2, 4, 8 위상 편이 방식이 있다.

④ QAM(Quadrature Amplitude Modulation)

　　APK(Amplitude Phase Keying)이라고도 하며, 반송파의 진폭과 위상을 동시에 변조하는 방식이다.

⑤ MSK(Minimum Shift Keying)

　　CPFSK(Continuous Phase FSK)라고 한다.

⑥ GMSK(Gaussian low pass filtered MSK)

9 정보량

(1) (자기) 정보량

정보량이라고 하는 것은 정보가 지니고 있는 양을 확률을 이용해서 나타내는 불확실성을 갖는 정도를 나타내는 것으로 예를 들어 i번째 메시지를 전송하는 확률이 P_i인 경우에 사건이 발생해서 얻게 되는 정보량을 I_i라고 하면 $I_i \propto \dfrac{1}{P_i}$으로 나타낼 수 있다. 정보량과 발생확률 관계를 수량화로 나타내면

$$I_i = \log_2 \frac{1}{P_i} = -\log_2 P_i \,[\text{bit}]$$

으로 정의된다. 즉, 어떤 사건이 발생함으로써 얻게 되는 정보량은 그 사건이 발생할 확률과 역비례 관계에 있음을 알 수 있다.

① 만일에 사건의 발생이 확실하다면($P_i = 1$), 이 사건이 발생하는 경우 전달되는 정보량은 0이다.

② 사건의 발생 가능성이 없다면($P_i = 0$), 이 사건이 발생할 경우에 전달되는 정보량은 무한대(∞)이다.

한편 n개의 동일한 확률을 갖는 메시지 중에서 발생할 확률은 $P_i = \dfrac{1}{n}$이므로, 각 메시지와 관련된 정보량은

$$I_i = \log_2 \frac{1}{P_i} = -\log_2 n \,[\text{bit}]$$

으로 표현된다. 그리고 합성 메시지가 갖는 경우에 대한 정보량을 구하기 위하여 m_i와 m_j로 정의되는 메시지에 대해 합성 메시지 확률은 P_i, P_j라고 하면 정보량 I_{ij}는 다음과 같다.

$$I_{ij} = \log_2 \frac{1}{P_i P_j} = \log_2 \frac{1}{P_i} + \log_2 \frac{1}{P_j} = I_i + I_j$$

(2) 정보량의 단위

정보량의 단위는 정보량의 관계에서 이용되는 대수의 밑수(Base)에 의해 결정된다. 일반적으로 정보량의 단위는 [bit]를 이용하는데 이외에 하틀리[Hartley] 혹은 내트[nat]로 나타내기도 한다. 즉, 정보량을 나타내는 log의 밑수에 따라 단위가 다르게 된다.

① $\log_2$: 밑수가 2인 경우에는 [bit]

② $\log_{10}$: 밑수가 10인 경우에는 [Hartley], [decit]

③ $\log_e$, ln : 밑수가 e인 경우에는 [nat]

여기서 이들의 관계를 고려하면 다음과 같다.

1[nat] = $\log_2 e$[bit] = 1.44[bit]

1[Hartley] = $\log_2 10$[bit] = 3.32[bit]

[디지털 변조방식]

1 디지털 변조부

(1) 디지털 변조부

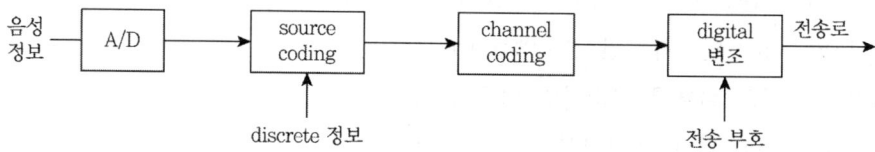

① A/D 변환

　Analog 신호를 digital 신호로 변환하는 기능을 수행

② 음성 부호화(source coding)

　통신 시스템의 이용 효율을 높게 할 목적으로 압축 부호화를 행하는 것으로 음성의 분석에 따라 다음과 같이 분류할 수 있다.

　㉠ 음성의 파형을 변조하는 방식인 파형 부호화기
　　ⓐ PCM(Pulse Code Modulation)
　　ⓑ DM(Delta Modulation)
　　ⓒ ADPCM(Adaptive Difference PCM)

　㉡ 음원 부호화기(Voice Coding, Vocoder)
　　음성 모델을 분석하여 분석된 데이터를 변조하는 방식

　㉢ 혼성 부호화기
　　파형 부호화기와 음원 부호화기의 장점을 결합한 방식
　　ⓐ RELP(Residual Excited Linear Prediction)
　　ⓑ CELP(Code Excited Linear Prediction)
　　ⓒ VSELP(Vector Sum Excited Linear Prediction)

③ 채널 부호화(channel coding)

　무선 채널을 통해 수신기에 도달하는 동안에 신호가 약해지거나 변형된 결과에 의해 복조 후에 데이터에 오류가 발생하게 되는데 이를 개선(극복)하기 위해 채널 부호화를 행한다. 채널 부호화를 위해 이용되는 부호로 CRC 부호, convolution 부호 등이 있다.

④ Digital 변조

　부호화된 신호로 다시 반송파의 진폭, 주파수, 위상의 변화를 일으키는 ASK, FSK, PSK 등을 행한다.

(2) 디지털 복조부

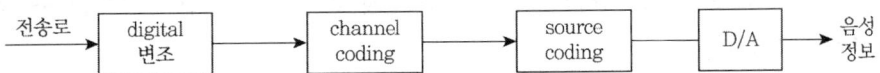

① 디지털 복조
전송로를 통해 수신된 신호에 대해 원래의 정보를 추출하기 위해 동기 검파 및 비동기 검파를 행한다.
② 채널 복호화(channel decoding)
송신측에서 이용한 오류 부호에 대해 오류 검출 및 정정을 수행한다.
③ 음성 복호화(source decoding)
송신측에서 압축해서 송신한 정보에 대해 압축의 반대과정인 신장을 통해 원래 신호크기를 재생하는 기능을 수행한다.
④ D/A 변환
디지털 신호를 음성 신호인 아날로그 신호를 변환하는 기능을 수행한다.

2 디지털 변조

2진 변조(binary modulation)는 하나의 데이터 비트(1 또는 0)을 전송하기 위하여 두 개의 이산적 상태를 사용하는 변조 방식으로 2진 ASK(BASK), 2진 FSK(BFSK), 2진 PSK(BPSK) 등을 예로 들 수 있다. 다원 변조(multi level modulation) 방식은 다수의 비트를 한번에 전송하기 위하여 많은 이산적 상태를 사용하는 변조이고, M-Level의 파형이 만들어지며 다음과 같은 관계가 성립한다.
$m = 2^n, \ n = \log_2 M$
여기서 n은 메시지 비트이며, QPSK, 8PSK 등이 다원 변조 방식에 해당한다.
디지털 통신 시스템 설계 시 유의 사항은 먼저 데이터 전송률이 최대이어야 하며, 심볼 에러율이 최소이어야 한다. 채널 대역폭이 작으며($\frac{R_b}{2W} = \log_2 M$ (전송률)이 최대가 되기 위해서는 채널 대역폭(W)이 작아야 한다) 방해 신호에 강하여야 한다. 그리고 회로 구성이 간단해야 하며, 최소의 전력으로도 전송이 가능해야 한다.

3 2진 ASK(Binary Amplitude Shift Keying)

디지털 신호(1, 0)의 정보 내용에 따라서 반송파의 진폭을 변화시키는 방식으로, 단극

NRZ 형태의 2진 데이터에 대응하여 반송파를 On 시키거나 Off 시키는 방식이라 해서 OOK(On-Off Keying)이라고도 한다. 즉, 2진 데이터가 1이면 반송파를 송출하고 0이면 송출하지 않는다.

4 2진 FSK(BFSK : Binary Frequency Shift Keying)

2진 FSK는 디지털 신호 0 또는 1에 따라 반송파의 주파수를 달리 대응시키는 방식이다.

5 2진 PSK(Binary Phase Shift Keying)

2진 PSK는 디지털 신호 0 또는 1에 따라 반송파의 위상을 변화시키는 방식으로 입력되는 단극성 신호는 먼저 이극성 형식으로 변환한 후 국부 발진기의 출력 $cos\omega t$와 곱해져 0° 혹은 180° 위상 편이를 일으킨다.

6 차동 PSK(DPSK, Differential PSK) : 부호화와 신호화가 결합된 변조 방식

① PSK 방식의 동기 검파 문제를 해결하기 위해서 PSK 신호를 기준파로 사용하여 검파하는 차동 위상 검파 방식을 사용하는 PSK를 DPSK라고 한다.
② 바로 앞에 전송된 위상을 기준으로 하여 위상 편이를 주어 정보를 전송하고 수신된 신호는 고정된 위상을 이용하여 비교함으로써 원래의 신호로 복조하는 방식이다.

7 QAM(Quadrature Amplitude Modulation)

서로 직교하는 2개의 반송파를 별도로 변조하여 2종류의 data를 동일한 대역으로 보내는 방식이다.

QAM 방식은 제한된 전송 대역을 이용한 데이터의 전송 효율을 향상시키기 위해 반송파의 진폭과 위상을 동시에 변조하는 방식으로 PSK에서는 I, Q채널의 각 데이터 신호값의 합성은 일정하기 때문에 독립적이지 않다. 그러나 2개의 채널(I채널, Q채널)이 독립이 되도록 한 것을 직교 진폭 변조라고 한다. 디지털 신호(2진 데이터)의 전송 효율 향상, 대역폭의 효율적 이용, 낮은 에러율, 복조의 용이성을 얻기 위한 ASK와 PSK의 결합 방식으로 APK(Amplitude Phase Keying)방식이라고도 한다.

8 각 변조 방식에 대한 오류 확률 관계

ASK 변조	FSK 변조	DPSK 변조	PSK 변조	QAM 변조	
ASK (2진 ASK)	FSK (2진 FSK)	2진 DPSK	2진 PSK	QAM	오류 확률 증가 ↓
		4진 DPSK	4진 PSK	4진 QAM	
		8진 DPSK	8진 PSK		
			16진 PSK	16진 QAM	
		M진 DPSK	M진 PSK	M진 QAM	

오류 확률 감소 →

[이동통신]

1. 이동통신전파의 특성

이동통신시스템에서는 주변의 형태에 따라 전파의 반사, 회절, 산란 등이 발생하여 기존의 고정통신과는 다른 특성을 보이게 된다.

(1) 페이딩(fading)

페이딩 현상은 전파의 전송 경로가 각기 다른 경로로 들어오는 신호들 간에 상호 간섭을 일으켜 이동체의 움직임에 따라 수신 신호 레벨이 변화하는 현상을 말한다. 특히 이동통신 환경에서 발생하는 페이딩으로는 다음과 같다.

① 느린 페이딩(slow fading) : 지형, 건물 등에 의해서 발생하며, 수신 신호 세기가 느린 변화를 일으키는 페이딩 현상

② 빠른 페이딩(fast fading) : 이동전화의 micro-cell에서 발생하는 것으로 수신기 100 이내에 존재하는 건물 등의 반사체에 의해 발생하는 페이딩 현상

③ 라이시안 페이딩(rician fading)
　㉠ 직접파와 반사파가 동시에 존재할 경우에 발생한다.
　㉡ 직접파가 없는 경우는 레일리(Rayleigh)와 동일하다.
　㉢ 위성통신이나 micro-cell에서 발생한다.

(2) 도플러(Doffler) 효과

이동체가 움직임에 따라 수신 신호 주파수가 변할 수 있는데 이것으로 인해 수신 신호에 rumbling을 일으킨다.

(3) 지연 확산(delay spread)

전파 경로의 다중으로 신호가 수신기에 동시에 도달하지 않고 도달 시간의 차이를 보이는 것을 지연 확산이라고 하며, 이로 인해 수신 데이터 심벌 간의 간섭이 일어나 수신측에서 신호를 정확하게 복원하는 것이 어렵다.

(4) 경로 손실(path loss)

전파가 수신측까지 도달하는 데 발생하는 손실로 거리가 2배가 되면 6[dB]씩 경로 손실이 발생한다.

(5) 동일 채널 간 간섭(cochannel interference)

주파수 재사용 시 동일 채널 간섭이 발생한다.

$$D = \sqrt{3K}\, R$$

에서 K가 적을수록 주파수 재사용 거리가 짧아져서 채널수가 증가한다.

예를 들면 CDMA의 경우 $K = 1$이 되어 용량이 증가하지만, 재사용 거리 D가 감소하면 K의 감소와 주파수 재사용 효율 개선, 간섭의 증가가 발생한다.

동일 채널 간섭은 서로 다른 셀 간에서 발생하는데 이는 주파수 재사용 거리(D)를 크게 하면 충분히 감소시킬 수가 있다

통화 가능한 채널 간 간섭의 크기를 C/I(Carrier to Interference ratio)로 나타낸다.

① FDMA에서의 C/I는 페이딩을 고려하여 18[dB] 이상이면 된다.

② TDMA의 경우 C/I는 9.5[dB] 이상이면 된다.

(6) 인접 채널 간섭(adjacent channel interference)

인접 채널 간섭은 동일 셀 내에서 발생하는 간섭 현상을 말한다. 인접 채널 간섭을 개선하기 위한 방법은 다음과 같다.

① 동일 셀에 할당된 무선 주파수 그룹의 채널 사이의 간격을 5개 채널 이상 분리시킨다.

② 채널 할당, 필터 특성, 그리고 원근 비율 감소 등을 이용하는 방법이 있다.

③ 안테나의 높이를 조정한다.

④ 송신 출력 제어를 한다.

⑤ 다이버시티 수신기를 사용한다.

⑥ 지향성 안테나 시스템을 사용한다.

⑦ 다단 디스콘 안테나를 사용하여 우산형 복사패턴을 이용한다.

2. 통화채널전환

(1) 하드핸드오프(Hard Hand off)

일명 break and make 방식이라고 하는데 서로 다른 주파수를 사용하는 기지국 상호간의 통화절환기능을 말한다. 셀 간의 채널전환방식이다.

(2) 소프트핸드오프(Soft Hand off)

일명 make and break 방식이라고 하는데 서로 다른 주파수를 사용하는 기지국 상호간의 통화의 단절 없는 통화절환기능을 말한다. 셀 간의 채널전환방식이다.

(3) 소프터핸드오프(Softer Hand off)
동일 주파수를 사용하는 동일 기지국 내에서 섹터 간 핸드오프를 말한다.

(4) Intersystem hand-off(roaming)
① 미국과 같이 전국을 여러 개의 사업자로 분할하여 서비스를 행하는 곳에 적용하는 사업자 간의 hand-off로 타 사업자의 관리 지역에서도 동일한 서비스를 중단없이 이용할 수 있다.
② 다른 사업자의 MTSO와도 이동국 가입자가 통화가 가능한 기능, 즉, 다른 시스템 간의 hand-off이다.

3 이동통신시스템의 기능

(1) 이동국(MS, Mobile Station)
① 이동국은 서비스 영역 내에서 이동하는 가입자 단말기로서 기지국과 무선 채널을 통하여 통신을 행한다.
② 제어 장치(control unit), 송수신 장치(transceiver) 및 안테나 장치(antenna system) 등으로 구성된다.
③ 무선채널 선택 능력
④ 기지국과 무선채널 구성
⑤ Call set up을 위한 호 처리
⑥ 기능위치등록정보의 송출

(2) 기지국(BTS, Base-station Transceiver Sub-system, cell site)
① 이동국과 이동전화교환국 사이에 위치하며, 이동국과의 무선 전송과 교환국과의 유선 전송에 적합하도록 신호를 변환시켜주는 역할을 한다.
② 이동전화교환국이 이동국의 이동 상황을 파악하는 데 도움을 준다.
③ Cell site라고 불리우며 제어 장치, 라디오 캐비닛(radio cabinet), 전원 장치(power plant), data 단말기(data terminal) 등으로 구성된다.
④ Mobile 위치 확인
⑤ MTSO(Mobile Telephone Switching Office)와 Mobile 간의 중계
⑥ 이동국과 RF 송·수신
⑦ 통화로 구성 호 처리(Page & Access)
⑧ 통화 중 Hand-off를 위한 정보 MTSO에 제공
⑨ 자동제어 및 신호채널 구성(채널지정 및 감시)

(3) 이동전화교환국(MTSO, Mobile Telephone Switching Office)
   ① 이동전화교환국은 공중교환 전화망과 이동통신망 간의 인터페이스 역할을 하고 각 기지국에 할당된 채널을 관리, 통제하는 중앙 제어 역할을 수행한다.
   ② 요금 계산 및 이동국 감시와 신호 처리 기능을 수행한다.
      ㉠ HLR(Home Locate Register) : 가입자의 상세한 프로파일과 가입자 위치 정보를 관리하는 시스템으로 가입자별로 고정되어 있는 가입자 정보를 저장하고 있다.
      ㉡ VLR(Visitor Locate Register) : 현재 관할 교환기 영역에 있는 가입자에 대한 필요 정보를 관리하며 해당 가입자가 타 VLR 영역으로 이동 시 관리 정보도 변경되는, 즉, 가입자 정보를 일시적으로 저장하는 데이터베이스이다.
      ㉢ 자동차 전화 상호 접속
      ㉣ 일반전화망과의 접속
      ㉤ 통화절체 기능(Hand Off=Hand over) : 통화 중 이동국이 이동하더라도 통화를 유지시켜주는 기능
      ㉥ 통화 상대 번호, 가입자정보, 과금 등과 관련된 정보의 기록 저장 기능
      ㉦ 위치검출, 등록기능
      ㉧ Roaming : 이동가입자가 등록한 시스템 이외의 다른 시스템이 관리하는 지역으로 이동하는 경우 연속적으로 시스템을 사용할 수 있도록 하는 기능

(4) 이동통신시스템의 설계요소
   ① 동일 채널 간섭 경감대책
   ② 주파수 재사용 채널개념
   ③ 통화 채널 전환 기법
   ④ 셀 분할에 대한 고려
   ⑤ 반송파대 간섭비

4 다이버시티 기법

이동전화시스템에서는 전파 경로상의 건물이나 지형 등에 의한 반사 때문에 다중경로 현상이 생겨 수신 신호의 진폭이 커졌다 작아졌다 하는 Fading 상태가 나타난다. 이러한 현상을 극복하기 위하여 다이버시티 방식을 사용한다.
① 공간 다이버시티
② 주파수 다이버시티
③ 시간 다이버시티

④ 편파 다이버시티
⑤ 각도 다이버시티

5 제4세대 이동통신시스템

(1) 4G의 특성

4G 이동통신에 대한 정의는 하나의 단말기로 인터넷, 무선 LAN, 위성 네트워크를 모두 사용할 수 있는 서비스라고 할 수 있다. 4G 이동통신서비스는 이동 중에는 100[Mbps] 정지 상태에서는 1[Gbps] 정도의 전송 속도를 제공하기 위한 무선 통신기술이다. 전송 속도가 14[Mbps]인 3G HSDPA(High Speed Downlink Packet Access)에 비해 10~100배까지 빠른 속도로 무선 인터넷이 가능하기 때문에 기존의 유선에 비해 저속이었던 것을 해결할 수 있게 되었다. 4G는 공중파상에서 100[Mbps]보다 높은 전송률, 서비스 통합 네트워크, 완벽한 글로벌 로밍이 구현되며, ALL IP 기반의 이동통신네트워크를 말한다.

(2) 핵심 기술

① OFDM(Orthogonal Frequency Division Multiplexing) 기술 : OFDM 전송 방식 기술은 주파수 사이에서 발생하는 간섭을 최소화하기 위해서 중심 주파수가 직교하는 부 채널로 분할하고 각 부 채널을 이용하여 병렬로 전송함으로써 고속으로 신호를 전송하는 기술이다.

② SDR(Software Defined Radio) 기술 : SDR은 하나의 공통 하드웨어 플랫폼에 응용 소프트웨어적인 재구성이 가능하도록 한 개방형 이동통신 기술로 무선 기지국과 단말기에서 하드웨어로 고주파(RF)를 지원하던 방식을 소프트웨어 형태로 바꿔주면 무선 장치 및 서비스를 제공하는 기술이라고 할 수 있다.

③ Smart Antenna 기술 : 배열된 안테나의 위상을 제어하여 원하는 방향으로 특정 신호를 송수신하는 안테나로 필요한 이상으로 기지국을 증설하지 않고 진보된 안테나 기술을 적용해 통신용량을 대폭 증가시키고 통화 품질을 향상시키기 위한 기술이라고 할 수 있다. Smart Antenna 기술은 전 방향(Omni direction)으로 방사 Beam을 형성하는 대신 해당 가입자에게만 지향성의 Beam을 방사하도록 하여 섹터에서 활동하고 있는 모든 가입자에게 신호에서의 간섭을 최소화하여 통신품질과 시스템 채널 용량을 높일 수 있도록 한다. 즉, 원하는 가입자의 방향으로 전파를 집중시키고 타 가입자의 간섭 신호를 저하시켜 송수신함으로써 기존의 이동통신시스템의 성능을 크게 향상시킬 수 있는 기술이다.

④ All IP 기술 : All IP는 IP를 기반으로 하는 다른 망 상호간을 통합한 구조를 보이는 망으로 All IP망에서는 기존의 PSTN, IMT-2000망, 무선망, 패킷 데이터망 등과 같은 통신망 모두를 하나의 IP 기반망으로 통합하여 음성, 데이터 그리고 멀티미디어 등을 처리할 수 있도록 하는 패킷망과 인터넷 전화방식(IP Telephony)을 기반으로 하는 망 구조를 말한다.

(3) 핵심 무선 접속망 기술

① 다중 접속(Multiple Access)

시간, 주파수, 부호 등 제한된 무선 자원을 다수의 사용자가 공유, 분할하여 사용하는 개념으로서 고려해야 할 사항으로는 Duplexing 방법(TDD, FDD), MAC 계층, 물리 계층 기술 등을 들 수 있다. 3G의 경우에서는 대칭적인 FDD 방식을 사용하며, 4G에서는 상향, 하향 비대칭 데이터 전송을 위하여 유연한 구조의 TDD 방식을 선호하고 있다.

② 안테나 기술

4G시스템에서는 높은 주파수 효율성을 위한 다중 안테나 기술이 필수적이다. 3G에서 사용하였던 전송 다이버시티, Beam Forming 기술을 보다 발전시킨 것으로 MIMO 방식의 기술을 도입한 형태라고 할 수 있다. 다중 안테나 사용으로 배열이득, 간섭 제거 이득, 다이버시티이득, 다중화이득을 얻을 수 있어 고속 데이터 전송이 가능하게 된다.

③ 코딩 및 변조 기술

기존의 디지털 무선 전송시스템에서는 주로 사용하는 PSK 방식을 적용함으로써 일정한 진폭을 보이는 변조 특성으로 전력 효율이 우수하고 비선형 증폭기를 사용하는 것이 가능하게 된다. QAM 방식의 경우는 PSK보다 주파수 효율이 높지만 선형 증폭기가 필요하게 되며, 위상과 진폭에서 왜곡을 보이는 다중 경로 페이딩 채널에서 신호 처리가 복잡해지기 때문에 3G에서는 사용하지 않지만 회로 성능의 개선, RF 수신기의 소형화, 고속 데이터 전송의 요구를 필요로 하는 4G에서는 사용하게 된다.

④ 무선 자원 관리 기술

시스템 측면에서 보면 주파수 효율과 시스템 용량의 증가를 들 수 있으며, 사용자 측면 에서 보면 원하는 서비스를 최적의 상태가 되도록 하는 것이다. 따라서 한정된 자원을 효율적으로 운용하면서 QoS의 보장을 위해서는 트래픽의 종류나 사용자 내력 그리고 현재의 트래픽, 움직임 등의 상황에 효과적으로 적응해야 한다. 무선 자원 관리 기술의 대상은 무선 채널 할당, 무선 접속 제어, 전력 제어, Hand off자원 관리, 다중접속 방식 등을 들 수 있다.

[CDMA와 OFDMA]

1. CDMA

(1) 스펙트럼 확산 통신의 목적
  ① 전송되는 정보가 비우호적인 제3자에게 전송되는 것을 방지하고 악의적인 전파 방해로부터 간섭을 제거하는 통신을 말한다.
  ② 무선 채널을 통해 전송되는 정보를 제3자(원하지 않는 자)가 수신하는 것을 방지할 수 있다.

(2) 스펙트럼 확산 통신의 기능
  ① 특성이 나쁜 경우에도 최소한의 통신을 할 수가 있다.
  ② 전파의 다중 경로에 의한 페이딩 현상을 극복할 수 있다.
  ③ 원거리 정밀 거리 측정 레이더에 적합한 기술이다.
  ④ 복수의 사용자에 의한 불규칙한 다원 접속이 가능하다.

(3) PN 코드
  PN 코드는 암호의 난수표에 해당하므로 송신 부호를 모르면 통신 내용을 전혀 알 수가 없어 비밀 효과가 있다.
  - PN 코드 발생기가 가져야 할 특성
  ① balance 특성 : 전체 PN sequence동안 1과 0의 전체 개수의 차이가 2개 이상 되지 않아야 한다. 여기서 PN sequence란 송신측에서는 데이터로 반송파를 직접 고속의 확산 부호를 이용하여 재변조 후 스펙트럼 대역을 확산시켜 전송하고, 수신측에서는 송신측에서 사용했던 확산 부호와 동기되고 통일한 역확산 부호를 사용하여 원래의 스펙트럼 대역으로 환원시킨 다음 복조하는 방식을 말한다.
  ② correlation 특성 : 전체 PN sequence를 bit 단위로 shift시켜 일치되는 bit 쌍과 일치되지 않는 bit 쌍의 개수차가 1개이어야 한다.
  ③ run 특성 : PN 코드 발생기에서 동일한 숫자가 연속되는 형태
  ④ 예리한 자기상관특성 : 송수신 PN 코드가 동일하고 시간적 관계가 정확히 일치해야 한다.
  ⑤ 낮은 상호상관특성 : 사용자들에게 할당된 임의의 두 PN 코드 사이에 상호상관특성이 작아야 한다.
  ⑥ 통계적 균형성 : 한 주기코드에 '0'과 '1'의 개수가 균형적으로 되어야 한다.

⑦ 편이와 가산성 : 특정 PN 코드를 시간 지연시켜 모듈러-2 연산하여 생긴 시퀀스는 본래 코드를 단지 시간지연시킨 코드와 동일한 코드가 되어야 한다.

⑧ 런(Run) 특성 : 한 주기 안에 있는 심볼이 연속적으로 이어져 나오는 시퀀스를 의미한다.

⑨ 발생의 용이성 : PN 발생기에서 긴 시퀀스를 쉽게 발생시킬 수 있어야 한다.

(4) 처리이득, G_p : 유한한 전력을 갖는 간섭 신호를 제거할 수 있는 능력

$$G_p = \frac{R_c}{R} = \frac{T_b}{T_c}$$

여기서, R은 정보 데이터의 최소 대역폭 또는 전송속도로, $R = 1/T_b$의 관계를 갖는다.

(5) CDMA 방식

① CDMA의 특징(장점)
  ㉠ 잡음이나 간섭 등 방해전파(jamming)에 대한 저항성이 강함
  ㉡ 사용자마다 고유한 코드를 사용해 암호화하므로 통화비밀을 유지
  ㉢ 전파의 강도가 시간적으로 변동되는 이른바 페이딩(fading) 채널 전파 환경에서 받는 영향이 적음
  ㉣ 직교하는 다른 코드 사이에는 시간변동의 영향을 받지 않아 TDMA에 비해 정확한 전송시간 조정이 필요하지 않음
  ㉤ 사용자마다 고유한 PN(Pseudo random Noise) 코드 ⇒ 변복조과정에서 동일한 코드를 사용
  ㉥ 주파수 대역확산(spread spectrum) 특성으로 인해 잡음, 간섭에 강하고 도청방지 등 보안성이 장점

(6) CDMA의 채널구조

CDMA의 채널구조는 크게 기지국에서 이동국으로 순방향 채널과 반대의 역방향 채널로 구분할 수 있다. 순방향 채널의 종류 4가지와 역방향 채널의 종류 2가지가 있다.

순방향 채널(기지국 → 단말기)	역방향 채널(단말기 → 기지국)
• Sync 채널(동기 채널) • Pilot 채널(파일럿 채널) • Paging 채널(페이징 채널) • Traffic 채널(순방향통화 채널)	• Access 채널(접속 채널) • Traffic 채널(역방향통화 채널)

(7) 대역확산방식의 종류
① 직접도약방식(DS)
② 주파수도약방식(FH)
③ 시간도약방식(TH)
④ 첩(chirp)방식

(8) CDMA의 방법[직접확산방법(direct spread method)] : DS/SS(Direct Sequence/Spread Spectrum)
① 반송파(carrier)를 하나만 사용한다.
② PN코드(Pseudo random Noise Code)라는 정보코드보다 속도가 **빠른** 특정 코드열을 사용한다.
③ 전송속도는 빨라지고, 주파수대역폭은 늘어난다.
④ PN코드는 신호를 전송하기 위해 사용되는 일종의 의사잡음(가짜잡음)이다.

(9) 주파수 도약방법(frequency hopping method) : FH/SS(Frequency Hopping/Spread Spectrum)
① 여러 개의 반송파주파수(multi carrier)를 사용한다.
② 송수신단이 미리 정한 동일한 주파수 도약 패턴

2 OFDM

(1) OFDM 방식의 특징
OFDM 방식은 고속의 직렬 데이터를 저속의 심벌로 병렬 전송하기 때문에 다중 경로에서 발생하는 주파수 선택성 페이딩을 효과적으로 극복할 수 있게 되는 이유로 IEEE 802.11a, IEEE 802. 11g 등의 고속 무선 LAN, IEEE 802.16의 광대역 무선 액세스(BWA, Broadband Wireless Access)의 표준 방식으로 이용하고 있는 것을 들 수 있다.
① 멀티캐리어 변조방식의 일종으로 고스트 등과 같은 페이딩에 매우 강한 특성을 보인다.
② 심벌의 확장으로 Single Carrier보다 심벌 상호간 간섭(ISI)에 강하다.
③ 지연 확산의 영향(심벌 간 간섭)이 감소된다.
④ 상호 변조에 의한 특성 열화 현상이 발생할 우려가 있어 개선 방안으로 충분한 선형 영역에서의 이용을 필요로 한다.
⑤ 지상계 디지털 TV 방송이나 디지털 음성방송에 적합한 변조 방식으로 유럽에서 널리 사용되는 방식이다.

⑥ 낮은 속도의 채널에서도 정보를 전송할 수 있다.
⑦ 간섭에 강하기 때문에 수신단을 비교적 간단히 구성할 수 있다.
⑧ 고속 퓨리에 변환(FFT)에 의해 고속 전송 구현이 가능하며, 전송로에 비선형 특성이 존재하게 된다.
⑨ 송신 신호는 다수의 아날로그 변조파를 더해 합친 것이다.
⑩ 협대역 간섭이 일부 반송파에만 영향을 주기 때문에 협대역 간섭에 강하다.
⑪ 데이터 전송률을 적응적으로 조절할 수 있어 전송 용량을 크게 향상시킬 수 있다.
⑫ 송·수신간 반송파 주파수의 offset이 존재하는 경우 신호 대 잡음비(S/N)가 크게 감소한다.

(2) OFDM의 전송

① 송·수신 과정에서 다수 개의 반송파를 이용하는 변조(IFFT: Inverse Fast Fourier Transform) 및 복조(FFT: Fast Fourier Transform)의 과정으로 고속 전송률을 갖는 직렬 데이터 열(Data Stream)을 여러 개의 낮은 전송 속도를 갖는 병렬 데이터 열로 나누고 이를 다수의 협대역 부반송파를 사용하여 동시에 심벌단위로 전송하는 것이다.
② 각각의 저속 채널은 멀티 패스의 영향을 적게 받으므로 저속의 신호를 전송, 수신 후에 다시 합치는 방법을 이용해서 고속의 데이터를 얻는 방식이다. Transform와 FFT를 이용하여 간단하게 고속으로 실현하는 것이 가능하게 된다.

(3) OFDM 방식의 장점

높은 주파수 이용 효율과 대용량 정보의 전송이 가능하며, 혼신에 대해 강하고, 낮은 전송 속도의 다중 채널에 정보를 전송할 수 있어, 스펙트럼 대역의 사용 효율을 최대한 높일 수 있다.
① OFDM은 협대역 간섭이 일부 부 반송파에만 영향을 주므로 협대역 간섭에 강하다.
② OFDM은 다중 경로에 대해 효율적으로 대처할 수 있다.
③ OFDM은 시변 채널에 대해 부 반송파에 대한 데이터 전송률을 적응적으로 조절할 수 있어 전송 용량을 크게 향상시킬 수 있다.
④ 보호 구간(Guard Interval)의 사용으로 다중 경로 채널에서 문제가 될 수 있는 심벌간 간섭(ISI) 문제를 제거할 수 있다.
⑤ 적은 전력을 필요로 하는 많은 송신국을 이용하여 단일 주파수로 서비스 영역을 커버할 수 있는 SFN(Single Frequency Network)를 구성하는 것이 가능하다.
⑥ 각 부 채널의 등화기를 주파수 영역에서 단일 탭으로 구현하는 것이 가능하며, 각 부 채널별로 적응 변조 방식(AMC)의 적용이 가능하게 된다.

⑦ OFDM은 다중의 채널로 다중의 반송파에 분할하여 동시 전송하는 다중화 기술이며 반송파의 주파수 오프셋과 위상 잡음에 민감하다.

(4) OFDM 방식의 단점

반송파가 동일한 주파수 간격으로 정렬된 다중 반송파를 이용하는 방식이므로 전송로에 비선형 특성이 존재하는 경우에는 상호 변조에 의한 특성열화가 발생하기 쉽기 때문에 가능하면 선형 영역에서 사용하도록 하여야 한다.

여기서 상호 변조(cross modulation, intermodulation)는 어떤 주파수의 기본파 또는 고조파 성분이 비 직선 회로에 인가되는 경우 주파수의 합 또는 차의 다른 주파수를 발생시켜 다른 통신로에 대하여 잡음 방해를 주는 현상을 말한다.

① 상대적으로 매우 큰 최대 평균 전력비(PAR, Peak to Average Ratio)를 가지며, RF 증폭기의 전력효율을 떨어지게 한다.

② 다중 반송파를 사용하는 OFDM 전송 방식을 단일 반송파 전송 방식과 비교하는 경우 송, 수신단 사이에 반송파 주파수 오프 셋(Carrier Frequency Offset)이 존재하게 되면 주파수 스펙트럼상에서 수신 신호의 부반송파 간의 직교성을 잃게 되어 오히려 신호 대 잡음비(S/N)가 크게 감소하게 된다.

(5) IEEE 802 위원회에 대한 관련 규격

① IEEE 802.2 : 링크 계층의 서브계층인 논리 링크 제어(LLC) 계층의 이행에 관해 명기한 표준 프로토콜이다.

② IEEE 802.3 : 물리계층과 링크계층의 서브계층인 매체접근제어(MAC) 계층의 이행에 관해 명기한 표준 프로토콜이다. 802.3은 각종 물리적 매체에 걸쳐 다양한 속도에서 CSMA/CD 액세스를 사용한다.

③ IEEE 802.4 : 물리계층과 링크계층의 서브계층인 MAC 계층의 이행에 관해 명기한 표준 프로토콜이다. Token Ring

④ IEEE 802.5 : 물리계층과 링크계층의 서브계층인 MAC 계층의 이행에 관해 명기한 표준 프로토콜이다. Token Bus

⑤ IEEE 802.6 : DQDB 기술기반의 도시권 통신망(MAN) 규격이다. 1.5~155[Mbps]의 속도와 데이터 패킷, 회선 교환을 모두 지원한다.

⑥ IEEE 802.9 : 음성 및 데이터 통합

⑦ IEEE 802.10 : LAN/MAN 보안

⑧ IEEE 802.11 : 무선 LAN

⑨ IEEE 802.12 : 유선 100[Mbps] 고속 근거리 통신망(LAN)의 표준

⑩ IEEE 802.14 : Cable Modem
⑪ IEEE 802.15 : PAN(Personal Area Network) 표준화
  - IEEE 802.15.1 : 블루투스
  - IEEE 802.15.4 : ZigBee, 통합 리모콘
⑫ IEEE 802.16 : 광대역 무선 액세스(IEEE 802.16e : WiBro)
  - IEEE 802.16e(Mobile WiMAX) : 이동성과 비가시거리 통신을 지원하여 공간 제약 없는 무선 초고속 인터넷 서비스 제공
⑬ IEEE 802.17 : Broadband Wireless Access

(6) OFDM 활용분야
① 무선 LAN 분야 : 802.11a, 802.11g, 802.16 등
② 디지털 방송 분야 : 유럽식(DVB), 미국식(ATSC) 등에서 OFDM 채택
③ 이동전화 분야 : IMT-advanced(4G)
④ 기타 분야 : HDSL, ADSL 그리고 무선 ATM 방식

3 신기술 비교

구분	WLAN	Bluetooth	ZigBee	UWB
표준	802.11	802.15.1	802.15.4	802.15.3a
주파수	2.4[GHz]	2.4[GHz]	2.4[GHz]	4.1~10.6[GHz]
변조	DS-SS	FH-SS	DS-SS	Baseband
속도	1[Mbps] 이상	1~10[Mbps]	20~250[kbps]	100~500[Mbps]
거리	50~100[m]	10[m]	10~100[m]	20[m]

4 5G 시나리오(초고속, 초지연, 초연결)

① eMBB(enhanced Mobile BroadBand) : 가상현실, 증강현실 분야에 활용
② mMTC(massive Machine Type Communications) : IoT기반 공장제어 분야 등 다양한 산업융합에 활용
③ URLLC(Ultra-Reliable and Low Latency Communications) : 원격수술, 커넥티드카 분야에 활용

[마이크로파 통신과 위성통신]

마이크로파(Microwave) 통신이란 UHF(300~3000MHz)주파수 대와 SHF(3~30GHz)의 주파수 대역의 전자파를 이용하여 주로 가시거리 통신을 수행하는 통신으로 좁은 의미로는 전파의 창의 원리에 의해 주로 1GHz~10GHz대를 마이크로파라고 한다.

주파수의 분류	통용어	주파수의 범위	통용어
VLF(Very Low Frequency)	초장파	30[kHz] 이하	10[km] 이상
LF(Low Frequency)	장파	30~300[kHz]	1~10[km]
MF(Medium Frequency)	중파	300~3,000[kHz]	100~1,000[m]
HF(High Frequency)	단파	3~30[MHz]	10~100[m]
VHF(Very High Frequency)	초단파	30~300[MHz]	1~10[m]
UHF(Ultra High Frequency)	극초단파	300~3,000[MHz]	10~100[cm]
SHF(Super High Frequency)	센티미터파	3~30[GHz]	1~10[cm]
EHF(Extremely High Frequency)	밀리(미터)파	30~300[GHz]	1~10[mm]

1. Microwave 통신

(1) Microwave 통신방식의 특징

① 주파수가 높아 외부 잡음의 영향이 적다.
   - 일반적인 잡음은 마이크로파대 이하에서 발생하므로 잡음의 영향이 적다.
② 가시거리 통신이 가능하다.
   - 마이크로파대는 주파수가 높아 빛의 성질과 유사하게 직진성이 강하며, 회절은 거의 일어나지 않는다. 따라서 전파가 도달할 수 있는 거리는 대류권 산란이나 산악회절 등 특수한 경우를 제외하고는 거의 다 가시거리 내 범위이기 때문에 장거리 통신을 위해서는 일정구간마다 중계기가 필요하다.
③ 파장이 짧아 고이득, 예리한 지향성을 갖는 안테나를 사용해야 한다.
④ 주파수가 높아 전파 손실이 적다.
   - 대기권을 전파하는 전파는 비, 눈, 구름, 안개 등에 의해 감쇠되지만 Microwave파는 전파의 창의 원리에 의해 강우감쇠가 적다.
⑤ 안정한 전파 특성을 가진다.
   - 마이크로파는 가시거리 내에서 전파거리나 지점과 지점 간의 높이와 지형 등의 선정이 알맞으면 매우 안정한 전파 특성을 가진다. 따라서 가시거리 내에 일정 구간마다

중계소를 설치하면 장거리 통신에서도 양질의 통신이 가능하다.
⑥ 전리층을 통과하여 전파하므로 우주 통신도 가능하다.
- 마이크로파는 주파수가 높고 파장이 짧아 전리층을 통과하기 때문에 위성통신이나 우주통신처럼 전리층을 통과하여 통신을 행하는 것이 가능하다.
⑦ 광대역 다중 통신이 가능하다.
- 마이크로파는 주파수가 높아서 마이크로파를 반송파로 사용하게 되면 넓은 주파수 대역을 가질 수 있다. 따라서 통신 회선의 수를 늘려 광대역 신호를 쉽게 전송할 수 있다.
⑧ S/N비 개선을 크게 할 수 있다.
- 마이크로파는 전송 대역폭이 넓어서 주파수 변조 방식을 사용할 수 있어 이득이 큰 광대역으로 할 수 있다.
⑨ 회선건설 기간이 짧고, 통신망의 구성이 용이하며 재해 등의 영향이 적다.

(2) 지상마이크로웨이브 중계방식
① 직접 중계방식 : 수신M/W파 증폭 후 전송 중계방식
㉠ 장치가 간단하고 가격이 저렴
㉡ 전파손실 보상 및 잡음 방지기능이 없어 원거리 전송에 부적합
㉢ 통화로 삽입 및 분기가 곤란(P-to-P방식에 운용)
② 헤테로다인 중계방식 : 수신 M/W파를 증폭하기 좋은 중간주파수(IF)로 변환 후 증폭하여 다시 M/W파로 변환 중계하는 방식
㉠ 수신파를 국부 발진기의 고주파 신호와 혼합하여 중간 주파수로 변환한 뒤에 전력을 증폭하는 방식이다.
㉡ 변복조를 하지 않으므로 열화특성이 낮아 장거리 전송에 적합하다(열화특성 변복조에 의한 신호파형의 변형).
㉢ 통화로의 삽입 및 분기가 어렵다.
㉣ 변복조 장치가 없어 장치구조가 간단하다.
㉤ 장거리 전송이 가능하다.
③ 검파 중계방식 : 수신된 신호를 복조하여 원 신호를 회복시킨 다음 에러 수정 및 증폭하고 다시 변조하여 전송하는 중계방식
㉠ 변복조를 많이 하므로 신호 파형의 변형이 생겨 장거리 전송에 부적합하다.
㉡ 통화로의 삽입 및 분기가 간단하다.
㉢ 변복조 장치가 있어 장치구조가 복잡하다.
㉣ 근거리 통신에 사용한다.

④ 무급전 중계방식 반사판을 설치하여 각도를 조절해서 전파의 진행방향을 바꾸어 주는 방식
  ㉠ 중계소 간 거리가 멀지 않은 구간에 사용한다.
  ㉡ 중계소 간 거리가 가까울수록, 반사판의 크기가 클수록 손실이 적다.
  ㉢ 반사각도가 직각에 가까울수록 손실이 적다.

2 위성통신

(1) 위성통신의 원리
  ① 주로 SHF 주파수를 이용하여 통신위성의 중계를 거쳐 통신을 하는 방식으로 지구의 정지 궤도에 떠 있는 통신위성이 중계소 역할을 한다.
  ② 마이크로 웨이브 통신 방식에서 사용하는 주파수를 이용한 가시거리 통신이 특징이며, 지상의 지구국으로부터 발사된 전파를 수신 증폭하여 다시 지상으로 전파를 발사하여 통신하는 형태를 말한다.

(2) 위성통신의 장점
  ① 동보성 : 복수 지점에서 동일한 정보를 동일한 시간에 동시에 수신할 수 있다.
  ② 회선 구성의 융통성 : 유연한 회선의 설정이 가능하고 구성이 용이하다.
  ③ 신뢰성 : 기상변화나 자연재해의 영향을 받지 않아 통신 품질이 균일하고 에러율이 적어 신뢰성 있는 통신이 가능하다.
  ④ 고속성 : 원거리 전송에서 별도의 많은 중계기를 거치지 않아도 되므로 통신 속도가 빠르다.
  ⑤ 광대역성 : 사용 주파수 대역이 (3)z대를 이용하므로 주파수 대역이 넓어 대용량 데이터 전달이 가능하다.
  ⑥ 광역성 : 3개의 정지궤도 위성으로 지구 전역 통신이 가능하므로 통신 가능 범위가 넓다.

(3) 위성통신의 단점
  ① 위성체 고장 시 수리가 어렵다.
    위성이 고장이 났을 경우 유지보수가 불가능하고, 위성체가 상당한 고가의 장비이다.
  ② 수명이 짧다.
    위성의 경우 수명이 약 10년 이내로 짧다.

③ 암호화 장비가 필요하다.

통신의 비밀보장이 어렵고 비밀을 요하는 통신은 따로 스크램블 신호를 삽입하여 통신을 행해야 한다.

④ 전파지연이 발생한다.

정지궤도 위성체의 경우 지구국과의 고도가 높아 약 0.25초 정도의 전파 지연이 발생한다.

(4) 전파의 창

위성통신을 위한 최적의 주파수 대역으로 비나 안개 등에 잘 흡수되지 않고 전리층을 통과하는 성능이 우수한 1~10[GHz]의 주파수 대역을 전파의 창이라 한다.

(5) 전파의 창 결정 요소

① 정보 전송량의 문제
② 송·수신계의 문제
③ 잡음의 영향
④ 전리층 영향
⑤ 대류권 영향

(6) 궤도에 따른 위성

① 저궤도(LEO, Low Earth Orbit) 위성 : 지상에서 수백~수천[km]의 상공에 쏘아올려서 일정 시간마다 지구를 일주하도록 한 위성을 저궤도 위성이라고 하고, 극도 지구에 근접하여 사진 촬영을 하거나 정밀 지도 작성 등 군사적 목적에 주로 사용된다. 특히 저궤도 위성은 90분 주기로 동기되고 15분 지속 관측하며 60개 이상 위성이 소요된다.

② 중궤도 위성(MEO, Medium Earth Orbit) : 중궤도 위성은 위성이 태양이 떠 있을 때 출현하도록 하므로 태양 동기 위성이라고도 하는데 주로 지상에서 10,000~20,000[km] 상공에 쏘아 올려서 지구에 7시간 주기로 동기가 되고 3시간 관측하며 위성 수가 10개 이상 소요된다.

③ 고궤도 위성(GEO) : 고궤도 위성은 지구에 24시간 주기로 동기가 된 약 36,000[km]의 동기 궤도와 지구 적도면 상공 35,860[km]의 정지 궤도로 크게 구별되고, 24시간 관측하며 전 세계를 커버하기 위해서는 3개 위성이 소요된다.

(7) 위성통신 주파수 대역별 명칭

명칭	주파수 대역[GHz]
P—Band	0.23~1
L—Band	1~2
S—Band	2~4
C—Band	4~8
X—Band	8~12.5
Ku—Band	12.5~18
K—Band	18~26.5
Ka—Band	26.5~40

(8) 위성통신 방식

① 랜덤위성 방식(random satellite system)
  ㉠ 초기의 위성통신 방식으로 지구 상공 수백~수천[km]의 궤도상을 수 시간의 주기로 선회하는 위성을 이용하는 방식이다.
  ㉡ 통신을 행하는 지구국 사이에 위성이 존재하는 기간만 사용할 수 있으므로 항상 통신회선을 확보하기 위해서는 많은 위성을 사용하여야 한다.
  ㉢ 지구국에서도 2~3개의 안테나를 설치하여 위성을 추미해야 하기 때문에 정지위성 방식으로 대체되고 있다.
  ㉣ 이 방식은 건설비가 비싸고 운용 능률이 낮은 결점이 있으므로 각종 관측(기상, 해양 등) 위성에서만 사용되고 있다.

② 위상위성 방식(phased satellite system)
  ㉠ 지구 상공에 등 간격으로 여러 개의 통신위성을 배치하고, 지구국은 안테나를 사용하여 차례로 위성을 추미하여 항상 통신망을 확보하는 방식이다.
  ㉡ 이 방식을 사용하면 정지 위성방식에서 통신 불능인 극지방과의 통신이 가능하게 되며, 정지위성의 경우보다 고도를 낮게 할 수 있기 때문에 전파 지연 시간이 짧은 이점이 있지만 지구국을 포함한 총비용이 크게 되는 것 등의 결점이 있기 때문에 아직 실용화되지 않고 있는 방식이다.
  ㉢ 지구 상공에 등 간격으로 여러 개의 위성을 배치하고 지구국은 안테나를 사용하여 차례로 위성을 추미 상시 통신망을 확보한다.
  ㉣ 정지위성 방식에서 통신 불가능 지역인 극지방과의 통신이 가능하다.
  ㉤ 상시 통신망을 구성하기 위해 많은 양의 위성이 필요하다.
  ㉥ 위성의 전력감소와 안테나의 크기가 감소한다.
  ㉦ 고도가 낮아 지연 시간이 짧다.

③ 정지위성 방식(stationary satellite system)
  ㉠ 현재 주로 사용되고 있는 위성통신 방식으로서, 지구의 적도 상공 35,860[km]의 원 궤도에 쏘아 올려진 3개의 위성에 의하여 항상 통신망을 확보하는 위성통신 방식이다.
  ㉡ 이 위성의 공전 주기는 지구의 자전 주기와 동일하게 제어되어 지구상에서 위성을 바라보면 마치 정지해 있는 것처럼 보이기 때문에 정지위성이라고 한다.

[광통신]

1. 광케이블

(1) 광통신의 원리

빛을 이용한 통신을 하기 위해 빛이라는 신호를 전송시킬 수 있는 케이블로 송신측에서 보내려는 신호를 빛으로 변환하여 빛의 전반사의 원리(전반사성)로 전파하게 된다.

(2) 빛의 전파원리

① 광섬유 케이블은 입사되는 빛(광)을 코어(core) 내부에 반사시켜 전파한다.
② 광섬유에서의 신호원은 빛이다.
③ 빛의 성질 : 직진성, 굴절성, 반사성
④ 광통신은 보내려는 신호의 빛을 임계각과 같거나 크게 하여 굴절률이 높은 매질 내로 입사광을 가두어 전반사가 일어나도록 해서 빛을 전파시키는 방법을 이용한다.
⑤ 코어의 굴절률이 클래드의 굴절률보다 더 높아 코어 속에 빛을 가두어 진행시킬 수 있다.

(3) 광케이블의 구조

광케이블은 코어, 클래드, 자켓(1차 코팅), 2차 코팅으로 구성되어 있다.

(4) 광학적 파라미터

① 광학적 파라미터에 수광각, 개구수, 규격화 주파수가 있다.
② 수광각(Acceptance Angle) : 빛을 받아들일 수 있는 각으로 광을 코어(Core) 내에서 전달하기 위한 최대의 입사각도 = $\sin^{-1}\sqrt{2\frac{n_1^2 - n_2^2}{n_1^2}}$
③ 개구수(NA: Numerical Aperture) : 입사광에 대해 받아들일 수 있는 최대 수광각(광을 모을 수 있는 능력)

　　개구수 $NA = \sqrt{n_1^2 - n_2}$

　　단일모드의 광섬유 : 0.1, 다중모드의 광섬유 : 0.18~0.3
④ 규격화 주파수(Normalized Frequency)
　　㉠ Optical Fiber가 단일모드 인지, 다중모드 인지를 구별하는 요소이다.
　　㉡ 정규화 주파수 또는 Vnumber라고도 한다.
　　㉢ $V = \beta\alpha\sqrt{n_1^2 - n_2^2} = \beta\alpha NA$

② 여기서 위상정수 $\beta = \dfrac{2\pi}{\lambda}$, $\lambda = \dfrac{C}{f}$ ($C = 3 \times 10^8 \text{m/s}$), α = 광케이블의 반지름을 나타낸다.

⑩ $V > 2.405$이면 다중모드이고, $V < 2.405$이면 단일모드이다.

(5) 구조적 파라미터
① 내경 : 코어 직경, 광섬유의 안쪽 지름
② 외경 : 클래드의 직경, 광섬유의 바깥지름
③ 비원률 : 정원(완전한 원)에서 벗어난 정도로 코어의 비원률과 클래드의 비원률이 있다.
④ 편심률 : 코어의 중심과 클래드의 중심 간의 차

(6) 케이블의 종류
① 전송되는 모드에 따른 분류
㉠ 광케이블은 전송되는 모드에 따라 단일모드와 다중모드 광섬유로 구분한다.
㉡ 단일모드 광섬유(SMF, single mode fiber) 케이블
ⓐ 신호(광)를 코어 내에 적당한 임계각으로 하나만 보내는 것
ⓑ 코어(core)의 지름이 작다.
ⓒ 빛의 산란이 작다.
ⓓ 고속 대용량 전송에 적합하다.
ⓔ 광대역 전송이 가능하다.
ⓕ 장거리 대용량 시스템에 주로 사용된다.
ⓖ 색분산이 존재한다.
ⓗ 모드 간 간섭이 없다.
ⓘ 코어 내를 전파하는 모드가 한 개(HEu)만 존재한다.
ⓙ 코어의 직경이 3~10[μm]로 작아 제조 및 접속이 어렵다.
ⓚ ITU-T의 규격에 광통신에서 사용되는 단일모드 광섬유의 코어와 클래딩의 직경은 10[μm], 125[μm]이다.

㉢ 다중모드 광섬유(MMF, Multi Mode Fiber) 케이블
ⓐ 코어 내를 전파하는 모드가 여러 개다(HE11, TEmn, TMmn).
ⓑ 모드 간 간섭이 존재한다.
ⓒ 고속 대용량 전송에 부적합하다.
ⓓ 근거리 전송에 사용된다.
ⓔ core의 직경이 비교적 크기 때문에(30~90[μm]) 제조 및 접속이 용이하다.

(7) 굴절률에 따른 분류
    ① 계단형 광섬유(SIF, Step Index Fiber)
        ㉠ 코어의 굴절률과 클래드의 굴절률의 차이가 코어와 클래드의 경계면에서 급격하게 변하는 형태의 광섬유
        ㉡ 모드 분산에 의해 전송속도가 제한되며, 전송 대역폭도 수십[MHz]으로 비교적 좁다.
        ㉢ 주로 근거리 단파장용으로 사용된다.
        ㉣ 제조가 용이하며 가격이 저렴하다.
    ② 언덕형 광섬유(GIF, Graded Index Fiber)
        ㉠ 코어 중심의 굴절률이 가장 크고 클래드 쪽으로 갈수록 굴절률이 완만하게 줄어드는 형태
        ㉡ 모드 간 전파속도 차가 적어 모드분산을 줄이기 위해 사용한다.
        ㉢ 모드분산이 적어 전송속도가 증가하고, 광대역 전송이 가능하다.
        ㉣ 제조가 어렵고 가격이 비싸다.
    ③ 삼각형 광섬유(TIF, Triangular Index Fiber)
        언덕형과 비슷한 형태로 코어 중심의 굴절률이 가장 크고 클래드 쪽으로 갈수록 굴절률이 비례적으로 줄어드는 형태

(8) 광케이블의 종류
    ① 스트랜드(Stranded)형, 리본형, Loose Tube형, Light Pack형, 슬롯트(Slot)형/V-Groove형, Tight Bound형, Spacer형, Mini-Bundle형이 있다.
    ② 광섬유 케이블 커넥터 다중접속은 리본형이나 스트랜드형보다 슬롯트형이 용이하다.

2 광케이블 손실

(1) 광섬유의 분산
    ① 분산(Dispersion)
        ㉠ 분산은 광섬유에서 광펄스를 입사하면 광섬유를 통과하면서 빛이 퍼지는 현상이다.
        ㉡ 광섬유가 전송 중에 광펄스의 파형이 퍼져 이웃하는 광펄스와 서로 겹침으로써 광섬유의 대역폭이 제한되는 현상이다.
        ㉢ 파장 및 모드에 따른 전파속도의 차이 때문에 발생한다.
        ㉣ 다중모드 광섬유에서는 색분산보다 모드분산 비중이 더 크다.
        ㉤ GIF 광섬유를 사용하면 모드분산을 줄일 수 있다.
        ㉥ 일반적인 광섬유에서 분산은 1,310[nm] 파장대에 존재한다.

ⓢ 장거리 전송을 위해서는 분산이 0일 때 최적이다.
ⓞ 광섬유 분산 특성에는 색분산과 형태분산이 있다.
② 색분산(모드 내 분산) : 인입각도에 따라 달라지는 파장에 의한 전파속도 차이로 생기는 분산으로 단일모드, 다중모드 모두에 존재한다.
㉠ 색분산에는 재료분산과 구조분산(도파로분산)이 있다.
㉡ 재료분산은 광파이버의 굴절율이 전파하는 광의 파장에 따라 변화함으로써 생기는 파형의 분산이다.
㉢ 모드 간 분산 : 다중모드 광섬유에만 존재하는 것으로 입사된 빛의 모드 사이의 전파 속도 차 때문에 생기는 분산으로 색분산보다 더 안 좋은 현상이다.
㉣ 이를 줄이기 위해 언덕형(GIF) 광섬유 케이블을 사용한다.
㉤ 단일모드 광섬유는 색분산만 존재한다.
㉥ 다중모드 광섬유는 색분산과 모드 간 분산 모두 존재한다.

(2) 광섬유의 전송손실
① 광파이버 손실의 직접적인 원인
㉠ 코어와 클래드의 경계면이 매끄럽지 않을 때
㉡ 광섬유의 마이크로 밴딩이 있을 경우
㉢ 광섬유 접속 시 접속 단면이 평행하지 않을 때(축 어긋남이 생길 때)

(3) 광섬유의 전송 손실의 원인별 구분
① 구조손실
㉠ 구조 불안전(기하학적 영향)에 의한 손실이다.
㉡ 마이크로 밴딩(micro bending) 손실이다.
㉢ 계면손실 코어와 클래드의 경계면이 매끄럽지 않아 생기는 손실이다.
② 재료손실
㉠ 산란손실(레일리 산란손실)
㉡ 흡수손실(적외선 흡수손실)
③ 회선손실
㉠ 광섬유를 접속 시 발생하는 접속손실과 결합손실이 있다.
㉡ 접속손실의 원인으로는
ⓐ 광섬유 심선 접속 부위의 간격
ⓑ 광섬유 심선 단면의 경사(기울기)
ⓒ 광섬유 코어의 직경 및 모양의 상이

(4) 광섬유의 전송손실의 종류

① 레일리 산란(Rayleigh scattering)손실
   ㉠ 산란체의 크기가 입사되는 빛의 파장에 비해 매우 작은 경우의 산란을 나타낸다.
   ㉡ 파장의 4승(λ^4)에 반비례한다.
   ㉢ 재료손실로서 고유손실에 해당된다.
   ㉣ 파장이 길수록 레일리 산란손실은 적다.
   ㉤ 광섬유 유리 중 파장보다도 미소한 굴절률의 흔들림에 의해 일어나는 것이다.
   ㉥ 광섬유 재료의 밀도 및 성분이 국소적으로 불균일하게 변화하는 데서 발생한 불가피한 손실이다.
   ㉦ 전송되는 모드 및 코어의 직경과 무관하다.
   ㉧ 광섬유 제조 시 광섬유가 굳을 때 그 밀도나 조성이 빛의 파장보다 작은 주기로 변화하는 열 요동현상으로 광의 산란이 생기는 불가피한 손실이다.

② 미산란(Mie Scattering)
   ㉠ 입자의 크기가 파장에 비해 매우 작다는 근사가 성립하지 않는 영역에서의 산란특성으로 빛의 파장과 비슷할 경우의 산란을 나타내는 것이다.
   ㉡ 입자의 크기에 따라 산란광의 색이 결정된다.
   ㉢ 전파하는 파장이 산란체에 의하여 산란되는 것으로 공진산란이라고도 한다.

③ 흡수손실
   ㉠ 재료손실로서 고유손실에 해당된다.
   ㉡ 불순물 이온에 의해 생기는 광손실이다.
   ㉢ 광섬유의 유리 중에 포함된 Fe나 Cu 등의 천이 금속이나 수분 등의 불순물에 의하여 일어나는 전송손실이다.
   ㉣ 광섬유의 재료 자체(불순물)에 흡수되어 열로 변환됨으로써 발생하는 손실이다.
   ㉤ 광파이버를 만드는 데 있어 철, 구리, 수분 등의 불순물 이온이 첨가됨으로써 만든 후에 여기에 광을 전송시키게 되면 광 에너지 흡수가 일어나 손실되는 것을 말한다.

④ 구조 불안전에 의한 손실
   코어와 클래드의 경계면의 구조 불안전(불균일)에 의한 산란 및 복사로 발생하는 손실

⑤ 마이크로 밴딩(Micro bending) 손실
   만드는 과정에서 측면에 힘이 가해져 광심선의 도파로 불균등으로 모드분산에 의해 일어나는 손실

⑥ 광섬유 측압에 의해 코어와 클래드 경계면 불균일로 인하여 광축이 미세하게 굽어지면서 발생하는 손실

3 광섬유의 특징

(1) 장점
　① 무유도성으로 전기적인 잡음에 영향을 받지 않는다(전자파 유도에 의한 영향을 받지 않는다).
　② 광대역성 광케이블(broadband optical fiber cable)이 전송로 가운데 가장 광대역이다(대역폭이 넓어 채널당 경제성이 있고 비용이 저렴하다).
　③ 저손실, 장거리 전송이 용이하다.
　④ 고속성, 대용량성
　⑤ 경제성 : 크기가 적고 가벼워서 설치비용이 적게 든다.
　⑥ 세경성 : 미세가공이 가능, 적은 부피로 많은 회선구성이 가능하다.
　⑦ 경량성 : 가볍고, 코어의 굵기가 가늘고 경량이다.
　⑧ 보안성이 우수하다.

(2) 단점
　① 제조가 어렵다.
　② 접속과 유지보수 하기가 어렵다.
　③ 가요성(유연성) 동선에 비해 유연성이 떨어진다.

4 광통신시스템

광통신시스템은 정보전송에 광케이블을 이용하며 특유의 잡음에는 모드분배잡음이 있다.

(1) 광통신 구성요소
　① 광원(발광소자) : 전기 신호를 광 신호로 변환시켜 주는 전광소자
　　㉠ 발광 다이오드(LED : Light Emitting Diode) : 저속전송(100[Mbps] 이하)
　　㉡ 레이저 다이오드(LD : Laser Diode) : 고속전송(Gbps)
　② 광 검출기(수광소자) : 광 신호를 전기 신호로 변환시켜 주는 광전소자
　　㉠ PD(Photo Diode) : 소용량 저속의 간단한 시스템에 적합
　　㉡ APD(Avalanche Photo Diode, 에벌런치 광검출기) 장거리 및 대용량 고속전송
　　㉢ PIN Photo 다이오드
　③ 광 커플러(Optical Coupler) : 광 신호를 분배, 결합하는 광통신부품
　　㉠ 하나의 광섬유에 다수의 광 신호를 전송하기 위해 광 신호를 결합하는 소자이다.

　　㉡ 광섬유로 전파되는 광 신호를 2개 이상의 광섬유에 분배하거나 반대로 2개 이상의 광섬유를 통해 전송되어온 광 신호를 하나의 광섬유에 결합하는 기능을 수행하는 광수동소자이다.

④ 광 isolator(절연체)의 요구되는 성능
　㉠ 광을 한쪽 방향으로만 진행시키기 위하여 순방향 손실은 적고 역방향 손실은 크게 한 광소자이다.
　㉡ 순방향 손실이 작은 것(역방향 손실은 크게 한다)
　㉢ 역방향의 광을 저지할 것
　㉣ 온도변화에 강하고 경량으로 가격이 저렴한 것

⑤ 레이저광선의 특징
　㉠ 단색광이다.
　㉡ 파장은 약 1[μm](0.85~1.55) 정도이다.
　㉢ 열이 없는 냉광이다.
　㉣ 고휘도(高雄度), 지향성(指向性), 편광현상(偏光現想)
　㉤ 가시광선에서 근적외선 영역에 속한다.

5 광변조 방식

(1) IM(Intensity Modulation) - incoherent 방식 광원을 on/off하여 광펄스 전송
　① 1과 0의 신호에 따라 광원을 on, off시켜 1의 경우에는 광펄스가 전송되게 하고 0의 경우엔 광펄스가 전송되지 않는 방식이다.
　② 현재 광통신에서 주로 사용하는 변조 방식이다.
　③ 동기(coherent) 방식 : 광파의 위상이나 주파수를 변화시켜 전송

(2) 광검출 방식
　DD(Direct Detection) : 광 신호의 크기를 직접 검출

[네트워크와 프로토콜]

1 데이터 교환방식

데이터 교환이란 단말기간 데이터를 교환하는 방식으로 회선 교환방식, 축척 교환방식이 있고, 축적 교환방식에는 메시지 교환방식과 패킷 교환방식으로 나눈다.

(1) 회선 교환방식
① 일반적인 전화 교환방식
② 먼저 요청된 단말에 하나의 회선을 선택하여 일대일 통신을 수행하는 형태
③ 통신 시도 시 매번 통신경로를 설정, 데이터 전송 후에는 경로를 해제한다.
④ 속도는 빠르나 가입자 수용에 한계가 있다.
⑤ 접속률이 회선 수에 따라 결정된다. 예 전화 교환기

(2) 축적 교환방식
① 메시지(Massage) 교환방식
  ㉠ 축적 교환방식이다.
  ㉡ 전송되는 데이터를 일련의 메시지 단위로 분할하여 하는 방식
  ㉢ 메시지 단위마다 헤더부분에 목적지 주소를 부여하여 비어있는 회선을 선택하여 전송
  ㉣ 송·수신 단말 간 통신을 위한 경로를 미리 설정하지 않는다.
② 패킷(Packet) 교환방식
  ㉠ 회선 교환방식과 메시지 교환방식의 장점을 혼합하여 만든 방식
  ㉡ 전송할 데이터를 작은 패킷 단위로 일정하게 나누어서 전송하는 방식
  ㉢ 헤더 부분에 목적지 주소를 부여, 교환기 내의 버퍼에 저장하였다가 전송
  ㉣ 전송경로의 설정에 따라 가상회선 방식과 데이터그램 방식으로 나눈다.
    ⓐ 가상회선 교환방식(Virtual Circuit)
      • 운용방법
        - 데이터 패킷을 전송하기 전 미리 두 스테이션 간에 전송할 경로를 논리적으로 확립
        - 정보전송을 시작하기 전에 두 지점의 논리적인 전송로를 설정하고 VCI(Virtual Channel Identifier, 가상채널식별자)를 이용하여 전송하는 방식
          * VCI : ATM 셀의 헤드에 위치하며 스위치를 통과할 때 그 셀의 다음 수신 장치를 알아내기 위한 식별자이다.

- 상대 교환기에게 호출 요구(Call Request)를 보내어 상대 교환기로의 연결을 요구
- 상대 교환기로부터 이에 대한 응답을 받으면 논리적 접속으로 간주하고 패킷을 전송한다(논리적 접속을 가상회선이라고 한다).
- 동일한 경로를 이용해서 전송되므로 패킷의 도착은 순서대로 이루어진다.

ⓑ 데이터그램(Datagram) 방식
- 운용방법
  - 패킷마다 주소를 넣어 패킷을 구성한다.
  - 데이터 패킷을 미리 정해진 경로 없이 독립적으로 처리하여 전송하는 방식이다.
  - 각각의 패킷들은 독립적으로 각기 다른 경로를 통해 목적지로 전송된다.
  - 경로를 설정하지 않으므로 경로 설정에 따른 전송지연시간이 없다.
  - 전송통신망이 혼잡하면 혼잡을 피해 우회하여 전송이 가능하다.
  - 네트워크 운용에 있어서 보다 높은 유연성을 제공한다.
  - 수신지의 마지막 노드에서는 송신지에서 송신한 순서와 다르게 패킷이 도착할 수 있다.
  - 목적지에서는 패킷의 순서 바로잡기(sequencing)가 필요하다.

2 OSI 7 계층

(1) 제1계층(물리계층 : Physical Layer)
① 최하위 계층
② 전송매체를 통해 비트열을 전송하기 위한 회선의 전기적 규약을 정의
③ OSI 7계층에서 기계적, 전기적, 기능적, 절차적 특성을 갖는 구조화되지 않은 비트스트림을 전송하는 계층
④ 전송매체에 관한 표준 및 물리적인 인터페이스, 전압레벨, 각종 제어 신호의 이름과 기능 등을 결정
  ㉠ 물리계층의 주요기능
    ⓐ 통신장치와 전송매체 간의 인터페이스 특성과 전송매체 유형 규정
    ⓑ 장치와 전송매체 간의 인터페이스 규격(전기적, 기계적, 기능적, 절차적)을 제공
    ⓒ 노드와 노드 사이에 비트 스트림을 전송
    ⓓ 전기적인 신호의 형식(아날로그 신호, 디지털 신호) 및 디지털 전송에서의 비트

표현 방법
ⓔ 데이터의 전송속도 결정
ⓒ 물리계층의 프로토콜
ⓐ Ethernet/IEEE 802.3, Token Ring/1EEE 802.5, FDD1, V.21, V.24, X.21
ⓑ 물리계층의 네트워크 접속장치는 리피터가 있다.

(2) 제2계층(데이터링크 계층 : Data Link Layer)
① 인접 시스템 간 데이터를 프레임(Frame) 단위로 만들어 전송한다.
② 신뢰성 있는 데이터 전송을 위한 전송제어를 수행한다.
③ 송·수신 단말 간 정확한 데이터 전송을 위하여 물리적인 어드레싱(Physical Address, 회선사용규칙, 프레임 전달) 등에 대한 정의이다.
④ LAN프로토콜 중 논리링크 제어 및 매체 액세스 제어를 기술하고 있는 계층과 같다.
  ㉠ 데이터링크 계층의 전송제어 기능
    ⓐ 입출력 제어
    ⓑ 회선 제어(흐름 제어)
    ⓒ 동기 제어(동기화)
    ⓓ 오류 제어
  ㉡ 데이터링크 계층의 프로토콜
    ⓐ LLC(Logical Link Control), MAC(Media Access Control), HDLC, SDLC, ADCCP, X.25, SLIP, PPP, Frame Relay
    ⓑ 데이터링크 프로토콜은 프레임 동기 유지 접근 방식 프로토콜
      • 문자 지향형(character oriented) protocol : BAS1C
      • 비트 지향형(bit oriented) protocol : HDLC
      • 카운트 지향형(counter oriented) protocol : DDCMP이며 데이터링크 계층의 네트워크 접속장치는 브리지가 있다.

(3) 제3계층(네트워크 계층 : Network Layer)
① 종단 시스템 간 데이터 전송을 보증하는 계층(패킷(Packet) 단위 전송)
② 통신망 내 및 통신망 사이의 경로 선택과 중계 기능
③ 발신지에서 목적지까지 최적의 경로 선택과 네트워크 연결성 제공
④ 데이터의 전송과 교환을 수행한다.
  ㉠ 네트워크 계층의 주요기능
    ⓐ 논리적인 주소(IP Address) 설정, 목적지까지 정확한 데이터 전달 책임

ⓑ 패킷이 목적지에 도달할 수 있도록 경로 설정 및 교환, 중계기능 제공
ⓒ 논리주소(IP Address)와 물리주소(Physical Address) 변환기능(ARP, RARP)을 제공하며 네트워크 계층의 프로토콜
ⓓ IP, IPX, Apple, Talk, ICMP, ARP, RARP
ⓛ 네트워크 계층의 네트워크 접속장치는 라우터가 있다.

(4) 제4계층(전송 계층 : Transport Layer)
① 종단 시스템 간 신뢰성 있는 데이터 전달을 담당하는 계층
② 데이터를 전달 가능한 크기(Segment)로 세분화 또는 재조립
③ 종단 상호간의 에러 검출 및 서비스 품질 감시
④ 회선에서 발생하는 데이터 에러 복구를 수행
⑤ 하위 3계층에서 발생한 데이터 분실 등의 오류를 회복시키는 기능을 수행한다.
㉠ 전송 계층의 주요 기능
ⓐ 전달시킬 데이터의 분할과 수신된 데이터의 재조립 기능
ⓑ 전송에러의 검출과 회복 기능(오류 제어)
ⓒ 흐름 제어
ⓓ 연결 제어
㉡ 전송 계층의 프로토콜
- TCP(Transmission Control Protocol), UDP(User Datagram Protocol)

(5) 제5계층(세션 계층 : Session Layer)
① 응용 프로그램 간의 연결을 설정, 유지, 종결하는 기능을 위해 대화를 담당하는 계층
② 통신 시스템 간의 대화를 제어하는 기능을 담당
③ 동기화 및 데이터(메시지) 교환을 관리
④ 통신 도중에 발생할 수 있는 세션의 이상 상태를 복구
⑤ 응용 프로세스 간 통신 서비스와 호환성을 제공
㉠ 세션계층의 주요 기능
ⓐ 응용 프로그램 간 연결 설정 및 유지 종결기능
ⓑ 대화 링크 동기화 기능
- 회화관리 및 동기기능 수행
ⓒ 자원 접근에 대한 인증역할 담당(비밀번호가 맞지 않으면 연결을 끊고, 접속을 차단)

ⓛ 세션계층의 프로토콜
- NFS, SQL, RPC, ASP, DECnet, ASP, SCP

(6) 제6계층(표현 계층 : Presentation Layer)
① OSI 참조모델에서 구문(syntax)의 협상 및 재협상, 문맥(context) 제어기능, 암호화 및 데이터 압축기능 등을 수행하는 계층
② 응용계층 간의 통신을 도와주는 계층이다.
③ 전달되는 데이터 처리에 관련된 사항들을 정의
④ 시스템 간 서로 상이한 데이터 표현방식 및 부호체계를 서로 변환
⑤ 데이터 형식, 코드 변환 등의 역할 수행
⑥ 표현 계층의 데이터 단위 메시지
　㉠ 표현 계층의 주요 기능
　　ⓐ 통신망을 통해 전달되는 데이터의 형식 변환 기능
　　ⓑ 데이터의 압축 및 압축 해제 기능
　　ⓒ 데이터의 보안을 위한 암호화 및 복호화 기능
　㉡ 표현 계층의 프로토콜
　　- ASCII, EBCDIC, JPEG, MPEG, TIFF, GIF, AVI, MIDI

(7) 제7계층(응용 계층 : Application Layer)
① 최상위 계층, 사용자가 다양한 프로그램을 이용할 수 있도록 도와주는 계층
② 응용 계층 데이터 단위 : 메시지
　㉠ 응용 계층의 주요 기능
　　ⓐ 원격지 시스템에 접근할 수 있도록 네트워크 가상 터미널 기능
　　ⓑ 파일 전송 및 통신망 관리기능
　　ⓒ 전자우편 서비스
　㉡ 응용 계층의 프로토콜
　　ⓐ Remote Access Service : Telnet, SSH, VNC
　　ⓑ File Transfer Service : FTP, TFTP
　　ⓒ E-mail Service : SMTP, POP3, IMAP
　　ⓓ Network Management Service : SNMP
　　ⓔ Domain Management Service : DNS
　　ⓕ Web Service : HTTP, HTTPS, NNTP

3 인터넷 프로토콜

(1) TCP/IP 기술

가정과 대학 캠퍼스, 학교, 기업, 정부 연구기관 등을 서로 연결하여 전 세계적 규모의 인터넷을 구성하는 기반을 만듦

(2) 4계층(네트워크 접근 계층, 인터넷 계층, 전송 계층, 응용 계층)으로 구성

① 제1계층(네트워크 접근 계층)
　㉠ OSI 7계층의 1, 2계층(물리 계층, 데이터링크 계층)에 해당한다.
　㉡ 논리링크 제어 및 매체 엑세스 제어를 기술하고 있다.

② 제2계층(인터넷 계층)
　㉠ OSI 7계층의 3계층(네트워크 계층)에 해당한다.
　㉡ 인터넷 계층의 프로토콜에는 IP가 해당된다.

③ 제3계층(전송 계층)
　㉠ OSI 7계층의 4계층(전송 계층)에 해당한다.
　㉡ 전송 계층의 프로토콜에는 TCP, UDP가 있다.

④ 제4계층(응용 계층)
　- OSI 7계층 5~7계층(세션 계층, 표현 계층, 응용 계층)에 해당한다.

(3) 계층별 메시지 데이터의 형식

① 제1계층인 네트워크 접근 계층(OSI 7계층의 데이터링크 계층) : 프레임
② 제2계층인 인터넷 계층 : 데이터그램
③ 제3계층인 전송 계층 : 세그먼트
④ 제4계층인 응용 계층 : 메시지

4 네트워크 주소체계

(1) IP 분류 및 특성

① IP(Internet Protocol)
　㉠ 인터넷 계층에서 가장 중요한 프로토콜이라고 할 수 있다.
　㉡ 패킷 교환 네트워크상에서 데이터를 교환하기 위한 프로토콜이다.
　㉢ 다양한 네트워크로 구성된 인터넷을 통하여 발신지에서 목적지까지 데이터그램을 전송할 수 있도록 라우팅 기능을 수행한다.

② IP 주소의 개념
　㉠ IP 주소는 IPv4를 사용하며 고갈로 IPv6로 전환 중이다.
　㉡ 10진수 12자리로 3자리 4개 그룹과 .(점)으로 표현하며, 실제로 32비트로 구성된다.
　㉢ 8비트 4그룹과 그룹 사이에 .(점)으로 구분하여 전체 32비트로 표현한다.
　㉣ 각 그룹은 8비트로 십진수 3자리로 0에서 255까지 나타낼 수 있다.
　㉤ 0.0.0.0에서부터 255.255.255.255까지 표현할 수 있다.
　㉥ 각 10진수 숫자는 0~255까지 사용할 수 있으며 숫자가 256개인 8비트가 필요하므로 전체적으로 32비트가 필요하다.

(2) 서브넷 마스크
① 서브넷 주소
　㉠ IP 주소를 네트워크 번호와 호스트 번호로만 구분하여 나누지 않고 호스트 번호 부분을 서브넷 번호와 호스트 번호로 더욱 세분하는 방식이다.
　㉡ IP 주소의 비트를 더욱 효율적으로 사용하는 방법이라고 할 수 있다.
② 서브넷 주소를 이용하는 이유
　㉠ 외부 라우터가 내부 네트워크 조직을 모르게 하고, 라우팅 테이블 크기를 줄이는 효과가 있다.
　㉡ 클래스 B 주소 193.055일 때 서브넷 주소를 사용하면 IP 주소가 193.055로 시작하는 호스트에 접근하려는 외부 라우터는 IP 주소의 경로만 알면 된다.
　㉢ 외부 라우터에서는 모든 IP 주소를 라우팅 테이블로 갖고 있을 필요없이 193.055 주소만 알면 된다.

(3) IPv4와 IPv6
① IPv4
　㉠ IPv4 주소 체계
　　ⓐ IP 주소는 네트워크 번호와 그 네트워크에 접속되어 부여되는 호스트 번호로 구성된다.
　　ⓑ IP 주소 체계는 클래스 A - E까지 5종류이며, 첫 번째부터 세 번째 비트까지 번호를 할당하여 클래스를 구분한다.
　　ⓒ A 클래스
　　　- 첫 번째 비트가 0인 주소로, 범위는 0.0.0.0~127.255.255.255이다.

ⓓ B 클래스
- 첫 번째와 두 번째 비트가 각각 1, 0인 주소로, 범위는 128.0.0.0~191.255.255.255
- 하나의 네트워크에서 수용할 수 있는 최대 호스트 수는 16비트로 $2^{16} = 65,5367$이다.

ⓔ C 클래스
- 첫 번째~세 번째 비트가 각각 1,1,0인 주소로, 범위는 192.0.0.0~223.255.255.255이다.

ⓕ D 클래스
- 첫 번째~네 번째 비트가 각각 1,1,1,0인 주소로, 나머지 28비트를 멀티캐스트용으로 사용
- 주소범위는 224.0.0.0~239.255.255.255

ⓖ E 클래스
- 첫 번째~네 번째 비트가 각각 1,1,1,1인 주소로 향후 사용하려고 남겨둔 예비/실험용
- 주소 범위는 240.0.0.0~255.255.255.255

ⓛ 클래스 단위 주소지정 방법의 특징
ⓐ 라우팅이 용이하다.
ⓑ 선택할 수 있는 클래스가 몇 개밖에 되지 않아 주소분리 기준을 이해하는 것이 쉽다.
ⓒ 일부 주소는 특수 목적으로 예약되어 있다.

② IPv6 주소체계
㉠ IPv4의 한계와 IPv6의 출현 배경
ⓐ IPv4는 지난 약 30년 동안 가장 광범위하게 사용해 온 주소 체계이다.
ⓑ 주소의 표현 범위가 32[bit]이기 때문에 인터넷 사용자의 급속한 증가에 비해 주소의 표현에 있어서 한계에 도달했다.
ⓒ 주소 할당 공간이 부족하고, 주소 설정이 어려우며, 보안 대책 등이 미흡한 실정이다.

㉡ IPv6의 주소 공간
ⓐ 128[bit]이며, 32[bit]인 IPv4보다 주소 공간이 많이 확대된다.
ⓑ 16[bit] 8개 그룹과 그룹 사이에 .(점)으로 구분하여 전체 128[bit]로 표현한다.

ⓒ 각 그룹의 16[bit]는 4[bit]씩 16진수로 0000에서부터 FFFF까지 나타낸다.

예 3122 : FFAB : 1234 : 3120 : 1111 : DCDD : 2241 : 0099

ⓒ IPv6의 특징

ⓐ 주소 공간은 128[bit]이며, 32[bit]인 IPv4의 주소 공간보다 많이 확대된다.

ⓑ IPv4에 있는 헤더 길이 항목을 포함하지 않으며, 헤더 길이는 40바이트로 고정되어 있으므로 헤더를 처리하는 소프트웨어를 최적화하기 쉽다.

ⓒ 유니캐스트, 애니캐스트, 멀티캐스트 세 가지 형태에 관한 주소 규칙이 있다.

ⓔ IPv4에서 IPv6로 전환 시 개선되는 점

ⓐ IP 주소 용량 증가

ⓑ 용량의 획기적 증가로 전자가전 등에도 IP를 부여할 수 있게 된다.

ⓒ 서비스 품질(QoS) 개선

ⓓ Mobile IP 기능 개선

(4) TCP(Transmission Control Protocol)

두 종단 간에 연결을 설정한 후에 데이터를 8[bit]의 바이트 스트림으로 교환하는 연결형 프로토콜이다.

- TCP의 특징

㉠ 상위 계층이 넘겨준 데이터를 세그먼트 단위로 쪼개어 가공한 후 하위층으로 넘겨줌

㉡ 원래 IP에서 동작하도록 설계되었기에 하위층 대부분은 IP가 된다.

㉢ 쪼개진 세그먼트에 순서를 부여한 후 전송·수신하여 순서가 뒤바뀌는 일이 없도록 하는데, 패킷의 순번이 뒤바뀌어도 다시 복구하여 상위층이 신뢰할 수 있는 연결 방식을 제공한다.

㉣ TCP의 연결 지향형 방식을 신뢰성 스트림 서비스(Reliable Stream Service)라고도 한다.

(5) UDP(User Datagram Protocol)

두 종단 간에 연결을 설정하지 않고 데이터를 교환하는 비연결형 프로토콜이다.

① UDP의 특징

㉠ TCP와는 달리 비연결성이라 수신측이 제대로 도착했는지 확인하지 않는 비신뢰성 서비스라고 할 수 있다.

㉡ 사용자 데이터를 데이터그램에 포함하여 전송한다.

(6) 전송제어 5단계(교환망 이용 시)

① 1단계 : 교환망에서의 회선의 접속
   ㉠ 데이터를 전달 가능한 상태로 만드는 단계
   ㉡ 전화기 : 다이얼에 의한 상대방의 호출
   ㉢ 컴퓨터 통신 : 모뎀을 통해 데이터 전송가능 상태로 설정

② 2단계 : 데이터 링크 확립
   ㉠ 상대방의 준비 상태와 송·수신 상태 등을 확인
   ㉡ 입출력장치를 지정하여 회선이나 단말 등이 데이터 전송 가능 상태로 만드는 단계
   ㉢ 송·수신측 간의 데이터 전송을 위한 논리적인 경로를 구성

③ 3단계 : 데이터의 전송
   ㉠ 실제 데이터를 전송하는 단계
   ㉡ 전송되는 데이터의 에러제어, 회선제어, 흐름제어 등을 수행·오류 검출 및 정정

④ 4단계 : 데이터 링크의 해제
   ㉠ 데이터 전송 종료 후 데이터 링크 설정 전의 초기단계로 되돌아가는 단계
   ㉡ 구성된 논리적인 경로를 해제

⑤ 5단계 : 교환망에서의 회선의 절단
   ㉠ 가장 마지막 단계
   ㉡ 상대방과 접속된 회선을 절단

5. 전송제어 프로토콜

- 전송제어 프로토콜은 OSI참조모델 제2계층인 데이터 계층에서 수행하는 기능
- 데이터 전송단위인 프레임(Frame)의 블록형태와 시작과 끝을 구분하는 구조에 따라 분류하며 문자방식 프로토콜, 바이트방식 프로토콜, 비트방식 프로토콜의 3가지로 나누어진다.

(1) 문자방식 프로토콜(Character-Oriented Protocol)

① 프레임의 앞과 뒤에 전송제어 문자를 부가하여 전송하는 방식
② 10가지의 전송제어 문자 사용
③ 프레임의 구성단위가 8비트 문자로 8비트의 정수배의 프레임으로 전송
④ Point-to-Point방식과 Multi-Point통신 방식에 이용
⑤ 대표적인 프로토콜로는 BSC와 BASIC프로토콜이 있다.

(2) BSC(Binary Synchronous Communication) 프로토콜
   ① 1968년 IBM에서 발표
   ② 1973년 IBM의 SLDC프로토콜이 나올 때까지 사용
   ③ 문자 방식의 표준 프로토콜

(3) 전송제어 문자(10 TCC : Transmission Control Character)
   ① 데이터 전송에 필요한 제어를 하거나 데이터 전송을 원활하게 하기 위해 사용
   ② 10가지 문자로 국제적으로 표준화가 되어 있다.

부호	명칭	의미
SYN	Synchronous Idle	문자에 동기를 부여하거나 문자 동기를 유지시키기 위해 사용
SOH	Start Of Heading	헤더 정보의 시작을 나타냄
STX	Start Of Text	헤더 정보의 종료 및 정보 메시지인 텍스트의 시작을 나타냄, 본문의 시작을 나타낸다.
ETX	End Of Text	텍스트의 종료를 나타냄
ETB	End of Transmission Block	전송 블록의 종료를 나타냄
EOT	End Of Transmission	정보 전송의 종료 및 데이터 링크의 초기화
ENQ	Enquire	송수신 간 데이터 링크 확립 및 상대국이 어떤 응답을 요구하기 위해 사용
DLE	Data Link Escape	둘 이상의 문자들의 의미를 변경하거나 전송 제어 기능을 추가할 때 사용
ACK	Acknowledge	수신한 정보 메시지에 대한 긍정적 응답
NAK	Negative Acknowledge	수신한 정보 메시지에 대한 부정적 응답

(4) HDLC(High-Level Data Link Control) 프로토콜
   ① OSI 7계층에서 데이터링크 계층의 제어프로토콜이다.
   ② 비트 중심의 정보 전송을 위한 통신규약이다.
   ③ BA51C 프로토콜의 전송효율과 신뢰성 저하의 기술적인 제약조건을 해결하기 위한 대안으로 출현하였다.
   ④ 에러검출 방식으로 CRC방식을 사용한다.
   ⑤ 긴 전송로나 고속 전송로에서도 높은 전송효율을 가진다.
   ⑥ 수[Mbps] 단위의 데이터 전송이 가능하다.
   ⑦ 고속 데이터 전송이 가능하다.
   ⑧ 비동기 방식보다 전송의 효율이 우수하다.

⑨ Start-Stop 방식에 비해 신뢰성이 높고 전송효율이 향상된다.
⑩ 비트의 투명성이 있다.
⑪ simplex(단방향), half-duplex(반이중), full-duplex(전이중)에서 모두 사용 가능하다.
⑫ 데이터링크 형식은 점대점, 멀티포인트, loop방식에 사용 가능하다.

(5) 비트 채우기(Bit Stuffing)
① 비트 스터핑의 최대 목적은 데이터의 투명도 보장이다.
② 비트동기 방식에서 사용되는 플래그비트열 "01111110" 중에서 1이 6번 반복되는 데이터가 있는 것을 방지하기 위한 조치
③ 프레임 내에 플래그와 동일한 비트열을 가지는 것을 방지하기 위한 것
④ 1이 연속해서 6번 발생할 경우 처음 5개의 1비트 이후에 강제로 0을 삽입하여 전송하고 수신측에서는 플래그를 제외하고 '1'이 연속 5번 나타난 후 그 뒤에 강제 삽입된 "0"을 제거하여 임의의 비트열에 플래그가 나타나는 현상을 방지한다.
⑤ 이러한 것을 데이터 투명성(Data Transparency)이라고 한다.

(6) 폴링(Polling)/셀렉션(Selection) 방식
- Multi-Point방식에서 통신채널을 관리하기 위해 널리 이용되는 방법
- 주국(중앙국)과 부국(단말장치)으로 구성
- 주국에서 송·수신의 제어권을 가지고 부국의 송·수신을 제어하는 방식
- 폴링은 부국이 주국으로 데이터를 전송하기 위해 poll이라는 명령을 사용한다.
- 셀렉션은 주국이 부국으로 데이터를 전달하기 위해 select라는 명령을 사용한다.

① 폴링(Polling) 방식
  ㉠ 부국(단말장치)이 데이터를 전송할 때 이용
  ㉡ 주국이 부국에 데이터의 송신 유·무를 문의하여 전송할 데이터가 있는 단말에 Poll하는 방식이다
  ㉢ 멀티드롭(multi-drop)형 네트워크에서 제어국이 여러 대의 단말기로 구성된 종속국에 차례로 데이터 송신요구가 있는지 묻는 송신권 제어방식이다.
  ㉣ 주국으로부터 폴링을 받은 부국은 송신할 데이터가 있으면 송신한다.
  ㉤ 송신할 데이터가 없으면 NAK(부정적 응답)신호를 발생시켜 전송할 데이터가 없음을 밝힌다.

② 셀렉션(Selection) 방식
  ㉠ 부국(단말장치)이 데이터를 수신할 때 이용하는 것
  ㉡ 주국이 특정 부국으로 전송할 데이터가 있는 경우 그 부국에게 수신할 준비가 되어

있는지를 묻고 준비가 되어 있다면 전송하는 방식이다.
ⓒ 부국이 데이터 수신이 가능하면 ACK(긍정적 응답)신호를 보낸다.
ⓔ 부국이 데이터 수신이 불가능하면 NAK(부정적 응답)신호를 보낸다.
ⓜ 셀렉트-홀드(Select-Hold)방식과 패스트-셀렉트(Fast-Select)방식이 있다.

6 전송오류제어

(1) 오류검출
① 전송오류제어 일반
㉠ 착오제어 평가방법
ⓐ 전달된 데이터 중에서 에러가 발생한 데이터가 얼마나 되는가를 나타내는 척도
ⓑ 문자 에러율은 전신·전화 회선의 품질을 평가하는 기준
ⓒ 비트 에러율과 블록 에러율은 데이터 통신망에서 데이터 전송의 기준 척도
- 비트 에러율
  - 전달되는 전체 비트열 중에 에러가 발생한 비트의 수
  - 비트 에러율(BER)=(에러가 발생한 비트 수)/(전송된 총 비트 수)
- 블록 에러율
  - 전달되는 전체 데이터의 블록 중에 에러가 발생한 데이터의 블록 수
  - 블록 에러율=(에러가 발생한 블록 수)/(전송된 총 블록 수)
ⓓ 문자 에러율 : 전달되는 전체의 문자데이터들 중에 에러가 발생한 문자의 수
- 문자 에러율=(에러가 발생한 문자 수)/(전송된 총 문자 수)
ⓔ 전송효율 : 전송되는 전체 비트열 중에 정보 비트의 수를 나타낸다.
- 전송효율=(전송된 정보 비트 수)/(전송된 총 비트 수)
㉡ 착오제어 방식의 분류
ⓐ 송·수신측 간에 데이터를 전송 시 발생하는 전송에러를 제어
ⓑ 송신측이 데이터를 전송 시 에러 검사용 정보를 부가하여 전송
ⓒ 수신측은 수신 데이터에 부가된 에러 검사용 정보를 이용하여 검사를 수행하고 에러를 검출한 경우 송신측에 재전송을 요구하여 복구하거나 수신한 데이터 내의 에러 제어 정보를 이용, 자체적으로 에러를 복구한다.
ⓓ 에러를 무시하는 방법
- 데이터 전송 시 발생할 수 있는 에러를 전혀 고려하지 않고 단순히 데이터만 전달하는 방식

- 그다지 중요하지 않는 데이터 전송에 적합하다.
ⓒ 반송 및 연송방식
 ⓐ 송신측이 전송한 데이터를 수신측에서 다시 반송시켜 에러를 체크
 ⓑ 송신측에서 데이터를 전송할 때 두 번 전송하여 두 개의 데이터를 비교하여 송신측의 재전송에 의해 에러를 제어하는 방식
ⓔ 에러 검출 후 재전송(ARQ, Automatic Repeat Request)에 의한 방식
 - 에러 검출 부호를 사용하여 에러를 체크한 후 에러 발생 시 송신측에 에러가 발생한 데이터 블록을 재전송 요청함
ⓜ 전진 에러 수정(FEC, FOlWard Error Correction)에 의한 방식
 - 수신측이 에러 검출부호와 정정부호를 이용하여 에러를 검출하고 수정까지 수행하는 방식

② 에러 검출 방식
 ㉠ 송신측이 데이터를 전송할 때 에러를 검사할 수 있는 별도의 잉여 비트를 추가하여 전송
 ㉡ 수신측에서는 에러검사비트를 이용하여 에러를 검출
 ㉢ 가장 보편적인 에러 검출 부호는 패리티 검사(Parity Check), 정 마크 정 스페이스 방식, 순환 잉여도 검사, 그룹 계수 검사
  ⓐ 패리티 검사(Parity Check) 방식
   - 전송된 부호의 오류를 검출하기 위하여 패리티 검사를 한다.
   - 전송되는 데이터의 끝에 에러 검출 비트인 한 비트의 패리티 비트를 추가하여 전송하고 전송되는 데이터 비트들에서 "1"의 개수가 짝수 또는 홀수로 만들기 위해 추가하여 7비트로 구성된 ASCII 코드 형식의 문자 단위 데이터 전송 시 사용
   - 에러 검출이 가장 간단하면서 쉽다.
   - 짝수 개의 비트에서 에러가 발생한 경우나 특정 비트열에서 집단적 에러 발생 시 검출이 불가능하다.
   - 전송할 비트 수가 적은 경우나 오류 발생률이 낮은 경우에 주로 사용하며 비동기식 전송방식에 적합하다.
   - 패리티 비트(parity bit)
    – 패리티 검사방식에서 에러를 검출하기 위해 추가되는 비트로 전송되는 각 문자에 한 비트를 더하여 전송
    – 수신측에서는 추가된 패리티 비트를 이용하여 에러를 검출한다.
   - 수평중복검사 코드는 오류 발생 유무만을 판정하는 오류검출 코드이다.

ⓑ 정 마크 정 스페이스 방식
- 수신측에서는 수신된 문자들 중에 "1" 또는 "0"의 개수가 일정한지 판단하여 에러를 검출하는 방법으로 2 out of 5(Biquinary)부호가 있다.
- 1의 개수를 일정하게 만드는 방식을 정 마크 방식, 0의 개수를 일정하게 만드는 방식은 정 스페이스 방식이라고 한다.

ⓒ 순환 잉여도 검사(CRC : Cyclic Redundancy Check) 방식
- 이진수를 기본으로 해서 모든 연산 동작이 이루어진다.
- 전송할 데이터 비트와 CRC 다항식을 나눗셈하여 나온 나머지를 보낼 데이터의 에러 검출의 잉여 비트로 덧붙여 전송한다.
- 나눗셈 한 결과의 나머지가 FCS(Frame Check Sequence)이며 CRC에서 가장 중요한 부분으로 CRC검사를 할 수 있는 에러 검출용 여분의 비트가 된다.
- 송신측에서 데이터 전송 시각 프레임마다 이 FCS를 포함시켜서 전송한다.
- 수신측에서는 수신된 데이터와 함께 잉여분의 비트를 나누어서 나머지가 0이 되는지 검사하여 에러를 검출한다.
- 데이터 프레임을 생성다항식으로 나누어 나머지가 0이어야 한다.
- 동기식 전송에 이용되는 것 중 가장 효율적인 에러체크 방식이다.
- 동기식 전송에 사용되는 HDLC 프로토콜에서 FCS(Frame Check Sequence) 용으로 16bit CRC를 사용한다.

(2) 오류정정
① 채널코딩(Channel coding)
㉠ 개요
ⓐ 전송매체를 통하여 데이터 전송 시 채널에서 발생하는 잡음에 의한 오류를 수신측이 검출 혹은 정정할 수 있도록 원래의 데이터에 새로운 비트를 덧붙이는 방법이다.
ⓑ 채널코딩이란 채널 부호화(Channel encoding)와 채널 복호화(Channel decoding)를 합한 것을 말한다.
ⓒ 채널에서 발생하는 잡음을 수신측에서 오류로 제어할 수 있도록 조작하는 과정을 말한다.

㉡ 채널코딩의 종류
ⓐ 채널코딩은 블록(Block)코딩과 컨볼루션(Convolution)코딩으로 나눈다.
ⓑ 블록(Block)코드에는 Hamming, BCH, RS, Golay 코드 등이 있다.
ⓒ 컨볼루션(Convolution)코드는 길쌈부호라고도 한다.

ⓒ 에러 정정 방식
　ⓐ 수신측이 에러 검출 방식을 이용하여 에러를 체크한 후 에러가 발생할 경우 송신측에 재전송을 요청하거나 에러 정정부호를 이용하여 자체적으로 에러를 수정할 수 있다.
　ⓑ BEC(Backward Error Correction)방식 : 재전송에 의해서 에러를 정정
　　• ARQ(Automatic Repeat Request)
　ⓒ FEC(Forward Error correction)방식 : 자체적으로 에러 검출 및 정정까지 수행
　　• FEC는 블록부호(Block Code)방식과 컨볼루션 부호(Convolution Code)방식이 있다.
　　• 블록코드 방식으로는 해밍(Hamming)코드와 BCH코드, RS(Reed-Solomon)이 있다.

(3) ARQ(Automatic Repeat Request, 검출 후 재전송)
- ARQ란 에러가 검출된 부분의 데이터를 재전송해 주도록 요구하는 것이다.
- 에러 발생 시 송신측에 에러 발생한 데이터를 다시 전송해 주도록 요청하는 방법이다.
- 재전송에 의해서 에러를 정정하는 BEC(후진 에러 수정)방식 중 가장 대표적인 방식이다.
- 에러가 없을 때는 ACK 신호를, 에러가 발생하면 재전송을 요구하는 NAK 신호를 보내준다.
- 송신측은 이 신호를 통해서 자신이 전송한 데이터의 에러 유·무를 판단한다.
- ARQ의 종류는 데이터 전달 및 재전송 방식에 따라 다음과 같다.
　① Stop and Wait(정지대기) ARQ
　　㉠ 송신측이 하나의 프레임을 전송하면 수신측에서는 해당 프레임의 에러 유·무를 판단하여 에러가 없는 경우 송신측에게 ACK를 전송하고 에러가 있는 경우 NAK를 전송한다.
　　㉡ 수신측에서 데이터를 수신한 뒤 수신데이터에 오류가 없음을 송신측에 알린 후 그 다음 데이터에 대한 송신이 이루어지는 방식
　　㉢ half-duplex 모드로 사용된다.
　　㉣ 통신회선의 품질이 좋을 경우에 많이 사용한다.
　　㉤ 착오 검출 능력이 우수한 부호를 사용해야 한다.
　　㉥ 구현방법이 단순하다.
　　㉦ 매 전송에 수신측의 응답 신호를 기다려야 하므로 전송효율이 떨어진다.

② Continuous(연속적) ARQ
  ㉠ 정지대기 ARQ방식에서 응답시간을 기다려야 하는 단점을 보완한 방식으로 한 블록씩이 아니라 연속적으로 데이터 블록을 보내는 방식
  ㉡ 데이터 블록 재전송 형태에 따라 Go-back-N ARQ와 Selective ARQ가 있다.
    • Go-back-N ARQ
      - 응답 신호를 기다리지 않고 계속해서 데이터 블록을 전송하며 NAK 신호를 수신하면 송신측은 에러가 발생한 데이터 프레임부터 다시 재전송한다.
      - 송신측에서 연속적으로 전송한 데이터 블록에 대해 에러가 검출되면 에러가 발생한 블록 이후의 모든 블록을 재전송하는 에러제어방식이다.
      - 이 방식은 정지대기 ARQ의 단점을 흐름제어 기법인 슬라이딩 윈도 방식을 적용시켜 전송효율을 높였다.
      - 주로 HDLC 등의 통신 프로토콜에 채택되어 사용되고 있다.
    • 선택적(Selective) ARQ, Selective-Repeat ARQ
      - 응답 신호를 기다리지 않고 계속해서 데이터 블록을 전송하며 NAK 신호를 수신하면 에러가 발생한 데이터 프레임만 재전송한다.
      - 정보전송 중 오류가 발생한 데이터 프레임만을 재전송하는 방식이다.
      - 에러 발생 이후의 데이터 모두를 재전송하는 단점을 보완한다.
      - 전송효율이 가장 우수하지만 에러가 발생할 경우 다음단의 데이터 블록을 버퍼에 저장해야 하므로 버퍼 용량이 커야 하며 재전송되어 온 데이터의 위치를 찾아 삽입시켜야 하므로 시스템 구성이 복잡하고 데이터 블록마다 순서번호를 지정해야 한다는 단점이 있다.
    • 적응적(Adaptive) ARQ
      - 전송효율을 최대로 하기 위해서 프레임의 길이를 동적으로 변경시킬 수 있는 방식이다.
      - ARQ 방식 중 에러 발생 비율이 높을 경우 블록의 길이를 작게 하고, 재전송 요청 비율이 작을 경우는 블록을 크게 하는 방식이다.
      - 에러발생 확률에 따라 프레임 길이를 조절할 수 있는 에러제어방식이다.
      - 다른 ARQ에 비해 전송효율이 상당히 높으나 시스템 구성이 복잡하고 블록의 길이에 따라 채널상의 유휴시간이 있을 수 있다는 단점이 있다.
    • Hybrid ARQ(혼성 ARQ)
      - ARQ(Automatic Repeat Request : 검출 후 재전송)와 FEC(전진에러 수정)와의 합성기술
      - 수신측에서 에러 검출 후 자기정정하기 어려운 경우에는 송신측에 재전송

해달라고 하고, 자기정정이 가능한 경우에는 자기정정을 수행하는 방식이다.
- ARQ방식 중에서 망의 상태에 따라 오류제어(에러의 검출 및 정정) 방식을 가변할 수 있는 방식이다.

(4) 전진에러정정(FEC: Forward Error Correction) : 에러정정부호
① 송신측에서 데이터 송신 시 에러를 검출하고 정정까지 할 수 있는 정보비트를 추가하여 전송한다.
② 수신측에서 이 정보비트를 이용하여 데이터의 에러 검출과 정정까지 할 수 있는 방식이다.
③ 정보 비트열에 잉여 비트열을 부가한 부호를 사용한다.
④ 수신장치에서 송신된 데이터의 에러비트를 검출하고 정정할 수 있는 방식이다.
⑤ 연속적인 데이터 전송이 가능하고 역채널이 필요 없다.
⑥ 실제 시스템에서는 거의 사용하지 않고 에러가 발생할 경우 데이터 전체를 재전송하는 방법이 사용된다.
　㉠ FEC는 블록부호(Block Code) 방식과 비블록부호인 컨볼루션(Convolutional Code) 방식이 있다.
　　ⓐ 비블럭코드는 메모리가 있고, 블록코드는 메모리가 없다.
　　ⓑ 블록코드 방식은 정보 데이터를 일정 크기의 블록으로 나누어서 부호화와 복호화를 하며 각각의 블록들 간에는 서로 연관성을 갖지는 않는다.
　　ⓒ 블록코드 방식으로는 해밍(Hamming)코드, CRC코드, BCH코드, RS(Reed Solomon)이 있다.
　　ⓓ 컨볼루션(Convolutional) 부호는 언블록 코드(Unblock Code)라고도 하며 이전의 입력비트에도 영향을 주고받는 부호로서 랜덤(Random)한 에러를 정정하는 데 효과적이다.
　㉡ 해밍(Hamming)코드
　　ⓐ 에러의 체크와 수정까지 할 수 있는 에러 정정코드이다.
　　ⓑ 1bit의 오류정정에 많이 사용된다.

ⓒ 해밍코드의 패리티비트(해밍비트)생성 절차
- 해빙비트는 여러 개의 패리티비트들로 구성되고 데이터 비트열에 따라 다음의 식에 의해 구해진다.

> ※ 해밍비트 수 구하는 식 $2^p \geq n+1 = m+p+1$
> n : 총 비트 수
> p : 패리티 비트 수(해밍비트 수)
> m : 순수 정보비트 수(데이터 비트의 수)

- 해밍비트가 삽입되는 위치는 $2^n (n = 0, 1, 2, 3, \cdots)$에 의해 1, 2, 4, 8, … 자리가 된다.

ⓒ 해밍코드(7, 4)
  ⓐ 전체 전송비트 수가 7비트
  ⓑ 순수한 정보비트 수가 4비트
  ⓒ 패리티비트 수가 3비트(7-4=3)임을 의미한다.
  ⓓ 패리티 검사 행렬(parity check matrix)은 송신측에서 블록 부호화하여 전송한 경우, 수신측에서 (7 ,4) 패리티 검사행렬을 이용해 원래의 정보를 복호화하기 위해 사용된다.

ⓔ 해밍거리(Hamming Distance : d)
  ⓐ 해밍거리란 같은 비트 수를 가지는 2진 부호 사이에 대응되는 비트 값이 일치하지 않는 개수를 의미한다.
  ⓑ 즉, 송신측과 수신측에서의 정보비트 중에서 일치하지 않는 비트 수
  ⓒ 해밍거리는 거리(Distance)의 약자 d로 표시한다.
  ⓓ 오류검출 가능개수 : $t = d - 1$
  ⓔ 오류정정 가능개수 : $a = \dfrac{d-1}{2}$ (d가 홀수일 때)
  $$a = \dfrac{d-2}{2} (d\text{가 짝수일 때})$$

[급전선 및 안테나]

1. 반사계수(m)와 정재파비(SWR)

(1) 반사계수(m) = 반사파 전압(V_r)/입사파 전압(V_i)

$$m = \frac{V_r}{V_i} = \frac{Z_L - Z_o}{Z_L + Z_o}, \quad P_i = \frac{V_i^2}{R}, \quad P_r = \frac{V_r^2}{R}$$

Z_L은 부하임피던스, Z_o는 특성임피던스, P_r : 반사파 전력, P_i는 입사파 전력

(2) 정재파비(SWR : Standing Wave Ratio)

① 정재파비는 전압정재파비(VSWR : Voltage Standing Wave Ratio)와 전류정재파비(ISWR : Current Standing Wave Ratio)로 나뉜다. 일반적인 정재파비는 전압정재파비(VSWR)를 의미한다.

② 전압정재파비는 2가지로 정의한다.

㉠ $VSWR = \dfrac{최대 전압}{최소 전압} = \dfrac{V_i + V_r}{V_i - V_r}$

ⓐ 최대 전압은 입사파 전압과 반사파 전압의 합이다.
ⓑ 최소 전압은 입사파 전압과 반사파 전압의 차이다.

㉡ $VSWR = \dfrac{1 + |m|}{1 - |m|}$

$|m|$은 반사계수의 절댓값(크기), 절댓값은 부호가 없는 수이다.

㉢ 이상적인 급전선은 반사파가 존재하지 않으므로 반사계수는 0이고 정재파비는 1이다.
㉣ 단락회로는 부하가 0이므로 반사계수는 -1이고 정재파비는 ∞ 이다.
㉤ 개방회로는 부하가 ∞ 이므로 반사계수는 1이고 정재파비는 ∞ 이다.

2. 입력임피던스(Z_{in})

(1) 입력임피던스 정의식 : $Z_{in} = Z_o \dfrac{Z_L + Z_0 \tan\beta l}{Z_0 + Z_L \tan\beta l}$

Z_L은 부하임피던스, Z_o는 특성임피던스, β는 위상정수, l는 부하로부터 입력단으로 향하는 길이

(2) 특성임피던스(Z_o) : 부하를 무한대 길이로 했을 때 입력단의 입력임피던스
　① 전송선로의 길이가 유한한 경우 특성임피던스는 다음과 같이 계산된다.
　　특성임피던스(Z_o) $Z_0 = \sqrt{Z_{L(open)} Z_{L(short)}}$
　　$Z_{L(open)}$: 부하가 개방(open)되어 있을 때 입력임피던스
　　$Z_{L(short)}$: 부하가 개방(short)되어 있을 때 입력임피던스

3 전송선로의 특성임피던스(Z_o)

R : 전송선로의 단위길이당 저항[Ω/m]
G : 전송선로의 단위길이당 콘덕턴스[1/(Ω·m)] = [℧/m]
L : 전송선로의 단위길이당 인덕턴스[H/m]
C : 전송선로의 단위길이당 커패시턴스[F/m]

① 전송선로의 특성임피던스의 일반식 : $Z_o = \sqrt{\dfrac{R+j\omega L}{G+j\omega C}}$

② 무손실조건($R = G = 0$), 무손실 전송선로의 특성임피던스(Z_o) $Z_0 = \sqrt{\dfrac{L}{C}}$

③ 무왜곡조건($RC = GL$), 무왜곡 전송선로의 특성임피던스(Z_o) $Z_0 = \sqrt{\dfrac{L}{C}}$

4 λ/4 임피던스 변환기

① Z_o는 전송선로의 특성임피던스[Ω]
② R_L은 전송선로에 연결된 부하임피던스[Ω]
③ Z_T는 λ/4 임피던스 변환기의 임피던스[Ω]
　㉠ 전송선로의 부하로부터 입력단 방향으로 향하도록 길이 λ/4만큼을 삽입한 부분을 λ/4 임피던스 변환기라고 한다.
　㉡ λ/4 임피던스 변환기를 이용하여 최대 전력을 전달할 수 있도록 임피던스의 크기를 정해야 하는데 이를 λ/4 임피던스 변환기 정합이라고 한다.
　㉢ λ/4 임피던스 변환기의 임피던스(Z_T) : $Z_T = \sqrt{Z_O R_L}$

5 최대 전력 전달조건

① $Z_a = R_a + jX_a$, $Z_b = R_b + jX_b$, $Z_b^* = R_b - jX_b$로 정의
② 최대 전력 전달조건 : $Z_a = Z_b^*$ (공액정합), $R_a = R_b$, $X_a = -X_b$
③ 정합을 하는 이유
  ㉠ 최대 전력을 전달하기 위해서이다.
  ㉡ 최대 전력을 전달하기 위해서는 반사파가 0이어야 하므로 반사계수는 0이고 정재파비는 1이다.
  ㉢ 반사파가 0이라는 것은 반사전압이 0이므로 반사전력도 0이다.
  ㉣ 정합되었다는 것은 반사파가 0이므로 반사계수가 0, 정재파비가 1이다.

6 안테나

(1) 안테나 길이
  ① 비접지(무접지)용 안테나 최소길이 $l = \lambda/2$, λ는 사용 주파수의 파장
  ② 접지용 안테나 최소길이 $l = \lambda/4$
  ③ 사용 주파수가 가장 큰 주파수가 파장이 가장 짧다. 또한 안테나 길이는 파장에 비례한다.

(2) 일반적인 주파수 분류

주파수 분류	용어	주파수 대역	파장길이
ELF(extremely low frequency)	초저주파	3[Hz]~30[Hz]	100[km]~1,000[km]
SLF(super low frequency)	초저주파	30[Hz]~300[Hz]	10[km]~100[km]
ULF(ultra-low frequency)	초저빈파	300[Hz]~3,000[Hz]	1[km]~10[km]
VLF(very low frequency)	초장파	3[kHz]~30[kHz]	100[m]~1,000[m]
LF(low frequency)	장파	30[kHz]~300[kHz]	10[m]~100[m]
MF(medium frequency)	중파	300[kHz]~3000[kHz]	1[m]~10[m]
HF(high frequency)	단파	3[MHz]~30[MHz]	100[cm]~1,000[cm]
VHF(very high frequency)	초단파	30[MHz]~300[MHz]	10[cm]~100[cm]
UHF(ultra high frequency)	극초단파	300[MHz]~3,000[MHz]	1[cm]~10[cm]
SHF(super high frequency)	초고주파	3[GHz]~30[GHz]	1[mm]~10[mm]
EHF(extremely high frequency)	밀리미터파	30[GHz]~300[GHz]	0.1[mm]~1[mm]

(3) 위성 통신 주파수 대역

주파수 대역명	주파수 대역	주파수 대역명	주파수 대역
L band	1[GHz] ~ 2[GHz]	Q band	30[GHz] ~ 50[GHz]
S band	2[GHz] ~ 4[GHz]	U band	40[GHz] ~ 60[GHz]
C band	4[GHz] ~ 8[GHz]	V band	50[GHz] ~ 75[GHz]
X band	8[GHz] ~ 12[GHz]	E band	60[GHz] ~ 90[GHz]
Ku band	12[GHz] ~ 18[GHz]	W band	75[GHz] ~ 110[GHz]
K band	18[GHz] ~ 26.5[GHz]	F band	90[GHz] ~ 140[GHz]
Ka band	26.5[GHz] ~ 40[GHz]	D band	110[GHz] ~ 170[GHz]

(4) S(scattering, 산란) 파라미터

V_{i1}은 입력단에서 본 입사파 전압, V_{r1}은 입력단에서 본 반사파 전압

V_{i2}은 출력단에서 본 입사파 전압, V_{r2}은 출력단에서 본 반사파 전압

$V_{r1} = S_{11} V_{i1} + S_{12} V_{i2}$

$V_{r2} = S_{21} V_{i2} + S_{22} V_{i2}$

$S_{11} = V_{r1} / V_{i1}$(출력단락시) : 입력단 반사계수

$S_{12} = V_{r1} / V_{i2}$(입력단락시) : 역방향 전달계수(전압이득) : 출력에서 입력으로 전송

$S_{21} = V_{r2} / V_{i1}$(출력단락시) : 순방향 전달계수(전압이득) : 입력에서 출력으로 전송

$S_{22} = V_{r2} / V_{i2}$(입력단락시) : 출력단 반사계수

(5) 수직 접지 안테나의 구조와 지향성

① 안테나의 Element 중 하나를 접지한 형태의 안테나
② 접지라는 것은 전기적인 위치 에너지가 0이 되도록 만드는 것을 의미
③ 지표면의 전기 에너지는 0이므로 보통 지표면에 연결하여 접지
④ 이렇게 접지를 하게 되면 그 엘리먼트가 존재하지 않아도 존재하는 것과 같은 효과가 발생
⑤ 그러므로 안테나는 파장의 1/4의 길이에 해당하는 엘리먼트 하나로 감소
⑥ 수직 반파장 다이폴 안테나와 동일한 특성을 가짐
⑦ 지구 자계로 인한 감쇄가 적은 수직편파 성분을 이용하여 수평면내 무지향성, 수직면내 쌍반구형의 지향특성을 가짐
⑧ 수직 접지 안테나는 수평면내 무지향성, 수직면내 쌍반구형의 지향성을 가짐

(6) 복사패턴의 예

① 수평면내 무지향성

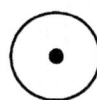

② 수직면내 무지향성

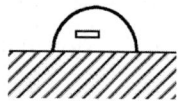

③ 수직면내 지향성

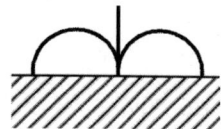

④ 수평면내 지향성

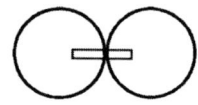

(7) 마이크로파 안테나의 지향성을 높이는 방법
① 마이크로파의 송수신에 사용되는 안테나로, 마이크로파는 파장이 매우 짧고 그 성질이 빛과 비슷하기 때문에 입체형의 포물면 거울이나 렌즈를 응용한 안테나가 사용됨
② 마이크로파 안테나의 종류는 파라볼라 안테나, 혼 리플렉터 안테나, 전자(電磁) 나팔, 전파 렌즈 등이 있음
③ 집중회로로 구성하는 안테나는 주로 낮은 주파수의 안테나에서 사용

(8) 대표 안테나의 예
① 장파, 중파용 : 수직 접지 안테나, 루프 안테나 등
② 단파용 : 반파장 다이폴 안테나, 롬빅 안테나 등
  ㉠ 반파장 다이폴 안테나의 최대 방사효율은 길이가 $\lambda/2$일 때이다.
  ㉡ 다이폴안테나 : 수평면 8자형, 수직면 무지향성 안테나
  ㉢ 반파장 다이폴안테나는 단파, 초단파에서 주로 사용함
③ 초단파용 : 헬리컬 안테나, 야기 안테나 등
④ 극초단파용 : 혼 안테나, 단일 슬롯안테나, 파라볼라 안테나, 반사판 안테나, 카세그레인 안테나, 렌즈 안테나, 혼 리플렉터 안테나 등

⑤ 위성통신용 안테나
  ㉠ 수신용으로 파라볼라 안테나가 주로 사용한다.
  ㉡ 지구국용 안테나는 카세그레인 안테나를 사용한다.

(9) 안테나 로딩
  ① 안테나 로딩 : 안테나를 고유주파수 이외의 주파수에서 효과적으로 사용하기 위하여 안테나의 입력 리액턴스 성분이 0이 되도록 L,C를 넣어 동조시키는 기술을 Loading이라 함
  ② 로딩의 종류 : Base loading, Top loading, Center loading이 있음
  ③ Base loading
    ㉠ 안테나의 기저부에 L이나 C를 삽입하는 기술
    ㉡ Base loading의 종류는 인덕턴스를 넣어 공진시키는 방법, 콘덴서를 넣어 공진시키는 방법, 가변인덕턴스와 가변 용량을 넣어 광대역에 공진시키는 방법이 있다.
    ㉢ 연장 선륜(인덕턴스 삽입) 방법
      ⓐ 기저부에 L을 직렬로 넣으면, 더 낮은 주파수에서 공진시킬 수 있으므로 안테나의 길이가 등가적으로 연장된 것과 같은 효과를 나타내는 것
      ⓑ 연장 선륜이 있는 경우 공진 주파수
      ⓒ 코일의 직렬연결 : 안테나의 연장효과
    ㉣ 단축 용량 삽입방법
      ⓐ 기저부에 C를 직렬로 넣으면, 더 높은 주파수에서 공진시킬 수 있으므로 안테나의 길이가 등가적으로 짧아진 것과 같은 효과를 나타내는 것
      ⓑ 단축 용량이 있는 경우 공진 주파수
      ⓒ 콘덴서 직렬연결 : 안테나의 단축효과
  ④ Top loading
    ㉠ 안테나 선단에 수평도선 또는 정관을 설치하여 정전용량을 크게 하면 등가적으로 연장효과를 나타내며, 공진 주파수를 낮추는 것이 가능
  ⑤ Center loading
    ㉠ 안테나 중간에 연장 선륜을 삽입한 경우를 말함
    ※ $\lambda/4$수직접지 안테나의 길이가 길어지면 공진주파수가 낮아진다.
    ※ 수신감도가 가장 우수한 신호는 사용주파수의 파장이 $\lambda/2$일 때이다.

(10) 모노폴 안테나의 소형화
① Base loading : 급전부에 연장코일을 삽입하는 방법
② Center loading : 연장코일을 안테나의 소자의 중간에 두는 방법
③ 역 L형 : 단파대 이하에서 주로 사용하던 방식, 안테나를 $\lambda/4$만큼 수직으로 모두 설치하지 않고 도중에 구부려서 소형화한 것
④ 선형 역 F형 : 역 L형이 50Ω 급전선에 정합하기가 어렵기 때문에 정합이 용이하도록 개선한 것
⑤ Top loading : 모노폴 안테나의 맨 끝에 원판 모양의 금속판을 붙인 것, 금속판으로 인하여 용량성분이 증가(등가회로에서 실효용량 C_e와 병렬로 삽입된 것)
⑥ Top loading은 금속판 대신에 spiral 사용

> ※ 안테나를 고유주파수 이외의 주파수에서 효과적으로 사용하기 위하여 안테나의 입력 리액턴스 성분이 0이 되도록 L, C를 넣어 동조시키는 기술을 Loading 이라 함

(11) 무지향성 안테나의 특성 및 예
① 특정 방향이 없이 단일 평면상에서 전방향성의 방사 패턴을 보이는 안테나이다.
② 수평면에서는 무지향적 패턴을 보이지만 이에 수직한 면에서는 지향적인 패턴을 보인다.
③ 반사기가 없는 안테나는 무지향성 안테나이다.
④ 종류
　㉠ 턴스타일 안테나, 슈퍼이득 안테나, 나선형(helical), 원통 슬롯, 다단 동축형 등의 안테나가 있다.
　㉡ 루프안테나
　　ⓐ 도선을 삼각형·방형·원형 등으로 감은 안테나로, 전파의 방사자계에 따라 기전력을 유기시켜서 이용하는데, 감는 틀을 사용하는 것과 사용하지 않는 것으로 나뉜다.
　　ⓑ 장·중파의 수신용이나 전계 강도의 측정 및 방향탐지기 등에 쓰이며 루프의 크기가 파장에 비해 충분히 작을 때는 거의 완전한 8자 특성을 가진다.
　　ⓒ 도선(wire)을 정방형, 삼각형, 원형, 타원형 등으로 여러 번 감아서 만든 안테나
　　　• 원형이 구조가 간단하고 해석이 용이하여 가장 많이 사용됨
　　　• 루프 면에서 최대, 루프 면과 수직에서 0(미소 전기 다이폴과 유사)

- 수평면내 8자형, 수직면내 무지향성
- 주로 수신용으로 많이 사용
- 전계검출(전계강도측정), 무선항법 방향탐지기(탐색루프), 무선호출기, UHF TV 수신안테나 등

(12) 야기 안테나

① 야기 안테나의 특성
  ㉠ 일본의 야기 씨가 고안한 지향성이 날카로운 안테나. 반파장 다이폴 안테나의 전방에 약간 짧은 도선(도파기), 후방에 약간 긴 도선(반사기)을 배열하여 단향성의 날카로운 지향성을 갖게 하고 있다.
  ㉡ 야기 안테나는 반사기가 있어 지향성 안테나이다.
  ㉢ 도파기, 반사기, 복사기로 구성된 안테나
    ⓐ 흔히 TV 수신 안테나로 많이 알려진 안테나
    ⓑ 야기, 우노다 두 사람이 1920년대에 개발, 발표한 안테나
    ⓒ VHF, UHF(30MHz~3GHz) 대역에서 많이 사용
    ⓓ 간단하고, 가격이 싸며, 비교적 높은 이득 가능
    ⓔ 구조가 간단하면서도 이득이 큰 편이나, 협대역이라는 단점이 있음
    ⓕ 안테나 전방 축 방향으로 전계강도와 이득이 큰 단일 방향성 안테나
      - 즉, 엔드파이어 안테나 형태
      - 통상, 안테나 절대이득은 7~15[dBi] 정도, 절대이득의 단위는 [dBi]이다.
      - 임피던스는 25Ω

② 야기 안테나의 구성
  ㉠ 복사기(Driven Element, Feeder)
    ⓐ 일반적인 반파장 다이폴 안테나 : 전파는 이 복사기에서 송신 또는 수신
  ㉡ 반사기(Reflector)
    ⓐ 파장의 1/2의 길이보다 긴 도체
      - 복사기에서 발사된 전파를 반사
      - 반사기의 뒤로는 전파가 발사되지 않음
      - 보통, 1개의 반사기를 맨 뒤쪽에 배치 사용
  ㉢ 도파기(Director)
    ⓐ 파장의 1/2의 길이보다 짧은 도체
      - 복사기에서 발사된 전파를 강화시켜줌
      - 따라서, 도파기 방향으로 전파가 진행하게 되며 지향성도 이 방향으로 생성

ⓑ 도파기의 개수가 증가할수록 지향성이 더욱 날카로와지고 이득이 증가
ⓒ 축 방향 일정 간격으로 수직선처럼 배치
※ 야기안테나의 반사기를 λ/2보다 길고, 도파기는 λ/2보다 짧다.

(13) 파라볼로 안테나
① 반사판이 포물선형의 오목거울 형태로 되어 있는 접시형 안테나
  ㉠ 금속판이나 망으로 회전포물면경을 만들고, 그 초점에 주 안테나를 놓았다.
  ㉡ 반사경의 작용이 있으므로, 그 축방향으로 강한 지향성을 가지고 있어, 능률이 좋고 방해를 잘 받지 않는 특징이 있다.
  ㉢ 전파가 한쪽 방향으로 수렴되어 강하게 방사되기 때문에 텔레비전 중계와 같이 한 점에서 다른 점으로 직선적으로 송신할 경우에 적합하다.
  ㉣ 특징
    ⓐ 지향성이 좋은 반사기 구조를 가짐
    ⓑ 30dB 이상의 높은 안테나이득을 가짐
    ⓒ 장거리 위성 안테나, 레이더 용도로 많이 쓰임
    ⓓ 지향성이 가장 날카로운 특성을 가짐

(14) 어레이 안테나
① 어레이 안테나의 특성
  ㉠ 단일 안테나 소자로는 얻을 수 없는 방사 패턴이 요구될 때, 2 이상의 안테나 소자들을 동시에 사용한 배열로 원하는 지향성(방사 패턴)을 얻음
  ㉡ 각 안테나 소자들의 전자기장 벡터들의 중첩
  ㉢ 단일 안테나 경우에는, 일단 주파수가 주어지면, 나머지(방사패턴, 입력 임피던스 등)도 고정되어버리나, 배열 안테나의 경우에는 전기적으로 전류 위상을 변화시키며, 공간적으로 원하는 방사패턴을 얻음
② 배열 안테나의 구현 방식
  ㉠ 방사 소자 배열 : 방사소자들의 집합체를 기하학적(기계적 또는 전기적)으로 배열
    ⓐ 전기적으로 전류, 위상을 변화시킴으로써 공간적으로 원하는 방사패턴을 얻음
  ㉡ 배열 안테나 전체의 방사계 : 각 방사소자의 방사계를 벡터적으로 합한 것
  ㉢ 빔의 모양 : 배열 결합된 진폭 및 위상 분포에 의해 만들어짐
③ 배열 안테나의 특징(주로, 위상 배열 안테나) : 마이크로파대에서 고이득이면서도 빔 조작이 가능
  ㉠ 원하는 방사패턴을 융통성 있게 만들 수 있음

ⓒ 높은 신뢰성, 넓은 대역폭, 뛰어난 부엽 제어 특성
　　　ⓒ 고 지향성 안테나(안테나의 전기적 크기를 크게 함으로써)
　　　　ⓐ 실제 안테나 크기를 늘리지 않더라도, 그 크기가 커진 것과 같은 효과 가능
　　　② 실제 움직이지 않고도, 전기적으로 회전이 가능
　　　　ⓐ 방사패턴이 회전되도록, 각 배열 소자의 위상(시간지연)을 조절하는 등
　　　ⓜ 다수 사용자(목표물)들을 추적 가능
　　　　ⓐ 여러 개의 주빔의 동시 생성도 가능
　④ 단점
　　　ⓐ 급전회로가 복잡해짐
　　　ⓒ 대역폭 제한(급전회로 때문)
　　　ⓒ 가격이 높음

(15) 스마트 안테나
　① 빔 포밍 기술(5세대 이동통신기술)에 국한된 기술 용어이었으나 점차 의미가 확대되어 원하는 안테나 빔 패턴을 형성해주는 배열 안테나(공간처리 능력)와 기저대역상의 디지털신호처리 기술(신호처리 능력)이 결합된 안테나 기술을 총칭한다. 때론, MIMO 용어와 같은 의미로도 쓰임
　② 시간 및 공간 영역에서의 신호처리 기술이 결합된 배열 안테나이다.
　③ 스마트 안테나 특징
　　　㉠ 원하는 가입자가 있는 곳에서는 보강간섭이 일어나도록 함(강화)
　　　　ⓐ 송신측의 공간상 위치에 따라 안테나 빔을 맞추어 형성
　　　　ⓑ 적응적 로브 패턴
　　　　ⓒ 원하는 방향으로 전파가 집중되어 각 단말기가 저전력으로 통화가 가능하므로, 배터리 수명의 연장 가능 등
　　　㉡ 원치 않는 가입자는 간섭신호로 상쇄간섭이 일어나도록 함(소멸)
　　　　ⓐ 통화 채널간 방해 전파(Interfering Noise)를 최소화하여 통화 품질을 향상시키고 가입자 수를 증가시킬 수 있음
　④ 스마트 안테나의 구분
　　　㉠ 스위치 빔 어레이 안테나(Switched Beam Array Antenna)
　　　　ⓐ 미리 정해진 유한개의 안테나 빔 패턴 중에 수신 전력에 따라 최고의 성능을 줄 수 있는 빔 패턴을 선택 수신하는 방식

  ⓒ 적응 어레이 안테나(Adaptive Array Antenna)
   ⓐ 실시간으로 조정되는 무한개의 빔 패턴을 적응적으로 이용
   ⓑ 안테나 배열에서 각 단위 요소별로 입사된 신호들을 특정 기준하에서 결합하여 다른 공간상에 위치한 Co-channel 사용자로부터의 간섭 신호와 원하는 신호를 분리하여 수신하는 방식
⑤ 스마트 안테나는 수신 전력에 따라 최적의 빔 패턴을 선택하여 수신하는 방식이다.
⑥ 스마트 안테나의 일반 특성
  ㉠ 스마트 안테나 시스템은 IEEE 802.11n 표준같은 MIMO 시스템의 특징을 정의하고 있다.
  ㉡ 통상적으로 스마트 안테나는 무선통신 시스템의 일부이고 복수의 안테나로 공간 신호 처리를 수행한다.
  ㉢ 복수의 안테나는 송신기 또는 수신기로 동작하게 된다.
  ㉣ 최근의 기술은 송신과 수신에 모두 복수의 안테나를 사용하도록 확장되었으며, 이를 다중입력-다중출력(MIMO, Multiple-Input Multiple-Output) 시스템이라 부른다.
  ㉤ 스마트 안테나의 최신 연구 경향이 무선 채널에서의 공간 신호 처리를 이용하여 빔포밍 효과를 제공하는 데에 초점을 맞추고 있다는 점에서, MIMO는 공간 정보 처리를 지원한다고 말할 수 있다.
  ㉥ 공간 정보 처리는 빔포밍뿐만 아니라 공간 다중화와 다이버시티 코딩 같은 공간 정보 코딩을 포함한다. 스마트 안테나는 크게 스위치 빔 스마트 안테나와 적응 배열 스마트 안테나로 나뉜다.
  ㉦ 스위치 빔 시스템은 몇 개의 사용가능한 고정 빔패턴을 가지고 있다. 임의 지점에서 시간 안에 어떤 빔을 사용해 접속할지에 관해서는 시스템 요구사항에 근거해 결정된다.
  ㉧ 적응 배열 안테나는 도착방향 예측 기법의 임의의 방향으로 빔을 향하게 할 수 있도록 한다.
  ㉨ 빔포밍(beamforming)은 원하는 이동 단말이나 목표물의 방향에서 신호의 위상을 구조적으로 더하고, 원하지 않거나 방해하는 목표물이나 이동단말의 패턴은 제거하면서 안테나의 방사 패턴을 만드는 기법이다.
  ㉩ 이것은 delay line filter를 이용한 간단한 FIR를 사용해 수행된다. FIR filter의 가중치는 상황에 따라 변경될 수 있고, 이상적인 빔패턴과 실제 형성되는 빔패턴 사이에서 MMSE를 줄여준다는 점에서 최적의 빔포밍을 제공하는 데 사용된다고 할 수 있다.

ⓒ 전형적인 알고리즘은 급강하법 그리고 LMS 알고리즘이다.
ⓣ 스마트 안테나(smart antenna, 또는 어댑티브 배열 안테나, 다중 안테나 그리고 최근에는 MIMO로 알려짐)는 신호의 도착방향(direction of arrival, DOA)과 같은 공간적 신호 특징을 구분하기 위해 사용되는 지능적인 신호 처리 알고리즘을 가지고 있는 안테나 배열이다.
ⓟ 그리고 빔포밍 벡터를 계산하거나 이동 단말 또는 목표물을 추적 또는 안테나 빔을 위치시키기 위해 이 알고리즘을 이용한다.

(16) 기타 안테나
① 휩 안테나 : 초단파용 접지 안테나로, 반파 안테나의 변형이다.
  ㉠ 가요성이 있는 길이 $\lambda/4$(λ : 파장)의 유연한 금속 막대로, 자동차 등의 이동 무선기에 사용된다.
  ㉡ 수직편파용으로 수평면내 무지향성을 갖는다.
② 패치 안테나는 마이크로스트립 안테나의 일종으로 스트립(strip)모양의 도체의 폭을 넓게 하여, 패치(기움 조각) 모양으로 한 도체를 안테나로 한다.

> ※ 참고
> ① 안테나의 크기는 주파수가 높을수록 작아지지만 면적이 클수록 이득이 커진다.
> ② 지향성은 안테나이득이 높을수록 좋다.
> ③ 안테나의 지향성은 안테나의 전력이득이 클수록 좋다.

(17) 위성통신 사용 주파수 대역의 예

대역	주파수 범위	대역	주파수 범위
L 밴드	1~2[GHz]	Q 밴드	30~50[GHz]
S 밴드	2~4[GHz]	U 밴드	40~60[GHz]
C 밴드	4~8[GHz]	V 밴드	50~75[GHz]
X 밴드	8~12[GHz]	E 밴드	60~90[GHz]
Ku 밴드	12~18[GHz]	W 밴드	75~110[GHz]
K 밴드	18~26.5[GHz]	F 밴드	90~140[GHz]
Ka 밴드	26.5~40[GHz]	D 밴드	110~170[GHz]

(18) 안테나이득

① 안테나이득은 안테나 급전 전력을 공간 방사 전력으로 변환하는 능력
  ㉠ 전송선로에서 안테나 급전점으로 공급된 전력을 원하는 공간 방사 전력으로 변환하는 능력을 말하며 안테나를 공간 증폭기(공간 변환기)라고도 함
  ㉡ $G = \dfrac{P}{P_{REF}}$
   = 단위 입체각 당 해당 안테나의 방사 전력(P)/단위 입체각 당 기준 안테나의 방사 전력(P_{REF})
  ㉢ 실제 안테나이득은 $G = D \times \eta$
   ⓐ 복사효율(η) : 안테나 공급 전력과 안테나로부터 복사된 전력과의 비
   ⓑ 지향성(D) : 주어진 방향의 복사세기 대비 전방향의 평균 복사세기와의 비
   ⓒ 안테나이득은 지향성이득 × 방사효율(η)

(19) EIRP와 ERP

① EIRP(Effective Isotropic Radiated Power)는 유효등방성 방사 전력으로 송신 시스템의 출력 성능을 표현하는 기준으로 송신기 출력, 안테나이득, 송신 시스템의 손실 등을 종합한 값이다.
② EIRP = 송신 전력 × 송신 안테나이득
   $\text{EIRP[dBW]} = 10\log \dfrac{1000\text{W}}{1\text{W}} = 30\text{dBW}$
③ 유효복사 전력(ERP) : 무손실 반파장 다이폴 안테나 기준이득
   상대이득(dBd) = 절대이득(dBi) − 2.15

(20) 무선채널에서 경로손실

① 주파수가 2배이면 파장은 1/2배이다. 주파수가 1/2배이면 파장은 2배이다.
② 경로에 따른 전력(P) = $\left(\dfrac{\lambda}{4\pi d}\right)^2$ 과 경로손실 전력은 역수를 의미한다.
③ 경로손실 전력(L) = $\left(\dfrac{4\pi d}{\lambda}\right)^2$ 이다.
④ 손실은 파장의 제곱에 반비례(주파수의 제곱에 비례)하고 거리의 제곱에 비례한다.

(21) 안테나이득의 개요

① 안테나이득은 방향성 안테나라고 하는 논리 안테나와 비교했을 때의 측정값을 말한다. 즉, 주어진 방향의 같은 거리에서 같은 전계 강도를 얻기 위해 주어진 안테나의 입력부에 공급되는 전력과 기준 안테나의 입력부에 필요한 전력의 비율을 뜻한다.

② 안테나이득의 단위는 데시벨(dB)이다. 등방성(Isotropic) 안테나를 기준으로 하는 보통의 경우에는 dBi라는 단위를, 쌍극(diopole) 안테나를 기준으로 이득을 계산할 때는 dBd라는 단위를 사용한다. 안테나이득이 높다는 것은 전자파 전달을 원하는 특정한 방향으로 더욱 강한 전자파를 보낼 수 있다는 의미이다.

③ 별도의 규정이 없을 경우에는 최대 복사방향에서의 이득을 가리킨다. 기준 안테나에 따라 절대이득 또는 등방이득(G_i), 반파장쌍극상대이득(G_d), 단소수직안테나상대이득(G_v) 등으로 나뉜다.

④ 기준 안테나가 공간에 격리된 등방성 안테나인 경우를 등방이득, 기준 안테나가 공간에 격리된 반파장 쌍극으로 격리 공간의 수평 2등분면이 주어진 방향을 포함하면 반파장쌍극상대이득이라고 한다. 단소수직안테나상대이득은 기준 안테나가 파장의 4분의 1보다 짧은 직선도체로서 주어진 방향을 포함하는 완전도체 평면에 수직인 경우에 해당한다.

⑤ 안테나 실효개구면적(유효개구면적, A_e)은 실제 송신하거나, 받아들일 수 있는 전력을, 면적 관점으로 환산한 등가적인 개구 면적이라고 한다.
　㉠ 즉, 실제 전파를 송수신하는 데 사용되는 실효적인 면적
　㉡ 주로, 초단파대 이상의 안테나에서 복사 효과 특성을 표현
　㉢ 효율(η) $\eta = \dfrac{A_e}{A}$, A_e는 실효개구면적, A는 실제 개구면적
　㉣ 이득(G) $G = \eta \dfrac{4\pi A}{\lambda^2} = \dfrac{4\pi A_e}{\lambda^2}$

⑥ 안테나이득은 $G = \eta \dfrac{4\pi A}{\lambda^2} = \dfrac{4\pi A_e}{\lambda^2}$, 즉 유효개구면적이 비례한다.

⑦ 반전력빔폭은 최대이득의 1/2배, 즉 −3dB되는 폭의 각을 말한다.

⑧ 절대이득(G_h)
　㉠ 기준 안테나 : 이론적으로만 가능한 등방성 안테나(Isotropic Antenna)
　　(등방성 안테나 : 상하좌우 사방으로 전력이 똑같이 나오는 안테나)
　㉡ 절대이득 단위 : dBi(i = Isotropic) (대부분, 1GHz 이상에서 사용)
　㉢ 만일, 0dBi이면, 등방성 안테나와 동일한 방사전력(방사패턴)을 가짐을 의미

⑨ 상대이득(G_a)
　㉠ 기준 안테나 : 무손실 $\lambda/2$ 안테나(Half-wave Dipole Antenna)
　　($\lambda/2$ 안테나 : 단일 수평면상에서 똑같은 전력이 나오는 안테나)
　㉡ 상대이득 단위 : dBd(d = Dipole) (대부분, 1GHz 이하에서 사용)

⑩ 안테나이득은 최대이득 × 방사효율이다.

(22) 왜곡

① 왜곡(Distortion) : 원 신호 파형의 찌그러짐
  ㉠ 신호의 진폭 및 위상 스펙트럼이 원신호 스펙트럼으로부터 변화를 겪음
    ⓐ 신호 파형이 주파수에 의존하며 변하는(찌그러지는) 원치 않는 현상이며 이를 주파수 의존성 왜곡(Frequency-dependent Distortion)이라고도 함
    ⓑ 그 원인은 주로, '대역제한 채널' 및 '주파수 간섭원' 등에 의해 많이 발생하며 신호가 있어야만 왜곡도 있음
    ⓒ 왜곡은 항상 존재하는 간섭, 잡음 등과는 달리 신호가 사라지면 왜곡도 사라짐

② 왜곡의 종류
  ㉠ 선형 왜곡(Linear Distortion) : 입력 신호에 존재하는 주파수 성분에 따라 다른 효과를 주어 야기되는 왜곡
  ㉡ 진폭 왜곡 : 주파수 성분에 따른 진폭이득이 일정치 못하여 나타나는 왜곡
  ㉢ 위상 왜곡(또는 지연 왜곡) : 주파수 성분마다 다른 시간지연으로 나타나는 왜곡
    ⓐ 군지연 왜곡 : 2개 이상의 주파수 성분이 겪는 왜곡
    ⓑ 위상지연 왜곡 : 1개 주파수 성분이 겪는 왜곡
    ⓒ 영향 : 시간분산으로 인한 심볼간 간섭(ISI), 직교 옵셋 편차, I/Q 불균형 등 초래
  ㉣ 비선형 왜곡(Nonlinear Distortion) : 입력 신호에 존재하지 않는 주파수 성분에 의한 왜곡이며, 때론, 주파수 왜곡(Frequency Distortion)이라고도 함
    ⓐ 고조파 왜곡(THD) : 기본 주파수 성분의 배수가 되는 고조파로 인해서 겪는 왜곡
    ⓑ 혼변조 왜곡(IMD) : 입력 주파수 성분의 합과 차 성분으로 인해서 겪는 왜곡

(23) 이중상(ghost) 현상

① TV 방송 등에서 화면에 다중상(상이 겹치는 것)이 나타나는 현상
  ㉠ 산이나 큰 건물에 부딪쳐서 발생하는 간섭파에 의함, 케이블로 전송할 경우 반사파에 의해 발생되는 현상이다.
② 임피던스 정합은 선로상에 최대 전력을 전송하기 위한 회로구성방법이다.

(24) 다중 안테나 또는 MIMO 기술

① 송수신 양단 또는 한쪽에 2 이상의 복수의 안테나를 사용
  ㉠ 페이딩 영향 감소, 대용량, 고속, 커버리지 증대 등의 효과를 얻는 다중 안테나 기술로 주파수 대역폭 및 송신 전력을 증가시키지 않아도 채널용량을 크게할 수 있음
  ㉡ 기존의 디지털통신은 주로 시간 차원만의 신호처리 위주였으나, MIMO는 시간 차원뿐만 아니라 공간 차원의 신호처리를 결합한 것

ⓒ 1990년대 초 벨 연구소에서 처음 거론, BLAST(Bell Lab Layered Space Time) MIMO 개발
② 다중 안테나 사용시 얻을 수 있는 성능이득(이점)
　　㉠ 공간 다이버시티이득(Spatial Diversity Gain)
　　㉡ 페이딩 영향 감소, 다이버시티 효과 달성 등 신뢰성 제고됨
　　㉢ 공간 다중화이득(Spatial Multiplexing Gain)
　　　　ⓐ 대역폭 증대 없이도 고속화, 대용량 전송 가능으로 수율 제고
　　㉣ 빔포밍이득(Beamforming Gain) : 어레이이득(Array Gain) 및 간섭 제거이득(Interference Reduction) 등이 있다.
③ 상용 표준 중 사용 가능한 MIMO 안테나 구조의 예
　　㉠ 802.11n(Wi-Fi)　　 : 4×4
　　㉡ 802.16e(WiMAX)　　: 4×4
　　㉢ HSDPA+　　　　　　 : 2×2
　　㉣ LTE　　　　　　　　: 4×4
　　㉤ LTE-Advanced　　　 : 8×8
　　㉥ 802.11ac(Wi-Fi)　　: 8×8
④ MIMO는 다이버시티 기법에 이용된다.
⑤ 다중 안테나 또는 MIMO 기술의 특성
　　㉠ 송수신 양단 또는 한쪽에 2 이상의 복수의 안테나를 사용
　　　　ⓐ 페이딩 영향 감소, 대용량, 고속, 커버리지 증대 등의 효과를 얻는 다중 안테나 기술
　　　　ⓑ 주파수 대역폭 및 송신 전력을 증가시키지 않아도 채널용량을 크게 할 수 있음
　　㉡ 기존의 디지털통신은 주로 시간 차원만의 신호처리 위주였으나, MIMO는 시간 차원뿐만 아니라 공간 차원의 신호처리를 결합한 것
　　㉢ MIMO 기술을 사용하면 병렬전송의 낮은 전송률로 전체적으로 높은 전송률을 얻을 수 있다.
　　㉣ MIMO 기술은 여러 송수신 안테나를 이용하여 다중경로로 전송하는 기술이다.
　　　　ⓐ 공간 다중화 기법에서 복호 가능한 공간 스트림의 최대 개수는 송신기와 수신기 안테나 개수 중 작은 수이다.
　　　　ⓑ 다이버시티 기법에서 페이딩의 영향을 줄일 수 있다.
　　　　ⓒ 빔형성 기법에서 수신신호의 전력이 최대가 되도록 전송한다.

공기업(교통공사) 통신일반
적중예상문제집

01
CHAPTER
신호 및 시스템

공기업(교통공사)
통신일반
적중예상문제집

01 신호 및 시스템

제1절 신호 및 시스템의 기초

01 전파의 속도가 300,000[km/s]라고 가정하면, 파장이 10[cm]인 전파의 주파수는?

① 30[MHz] ② 300[MHz]
③ 3[GHz]   ④ 30[GHz]

해설 주파수는 $f = \dfrac{v}{\lambda} = \dfrac{3 \times 10^8}{10 \times 10^{-2}} = 3 \times 10^9 [\text{Hz}] = 3[\text{GHz}]$
v는 전파의 속도, λ는 파장이다.

02 신호 $x(t) = 10\cos\left(200\pi t + \dfrac{\pi}{2}\right)$의 순시 주파수[Hz]는?

① 100[Hz]   ② 200[Hz]
③ 100π[Hz] ④ 200π[Hz]

해설 신호의 순시 주파수는 각 주파수로부터 구한다.
$x(t) = A_m\cos(\omega t + \theta) = A_m\cos(2\pi f t + \theta) = 10\cos(200\pi t + \pi/2)$
㉠ 최대진폭 : $A_m = 10$
㉡ 순시 주파수 : $f = 100$
㉢ 초기위상 : $\theta = \pi/2[\text{rad}]$

03 자유공간에서 진행하는 신호 $s(t) = \cos(2\pi \times 10^5 t + 10)$가 한 주기 동안 진행하는 거리[km]는? (단, 전파의 속도는 $3 \times 10^8 [\text{m/s}]$이다)

① 1.5[km] ② 3[km]
③ 4.5[km] ④ 6[km]

Answer
01.③ 02.① 03.②

해설 한 주기 동안 진행하는 거리는 파장의 거리를 의미한다.

파장 $\lambda = \dfrac{v}{f}$, $f = 10^5 [\text{Hz}]$, $\lambda = \dfrac{3 \times 10^8}{10^5} = 3 \times 10^3 = 3[\text{km}]$

04 시스템에서 30[dBm]의 출력전력은 몇 와트[W]인가?

① 0.01[W]   ② 0.1[W]
③ 1[W]   ④ 10[W]

해설 $P[\text{dBm}] = 10\log_{10}\left(\dfrac{P}{1\text{mW}}\right)$, $P = 10^{P_{\text{dBm}}/10} \times 10^{-3}[\text{W}]$

$P = 10^{P_{\text{dBm}}/10} \times 10^{-3}[\text{W}] = 10^3 \times 10^{-3} = 1[\text{W}]$

05 복조기 입력단에서 측정된 잡음전력이 −120[dBm]일 때, SNR이 10[dB] 이상이 되기 위한 최소 신호전력[dBm]은?

① −100[dBm]   ② −110[dBm]
③ −120[dBm]   ④ −130[dBm]

해설 $\left(\dfrac{S}{N}\right)_{\text{dB}} = 10\log_{10}\left(\dfrac{S}{N}\right) = S[\text{dB}] - N[\text{dB}] = S[\text{dBm}] - (-120[\text{dBm}]) = 10[\text{dB}]$

$S[\text{dBm}] = -110[\text{dBm}]$

[dB]는 상대적 이득, [dBm]은 절대적 이득

06 전력이 100[W]인 신호가 어떤 회로를 통과하여 전력이 36[dBm]이 되었다고 할 때, 입력 신호와 출력 신호의 전력비는? (단, log2=0.3, log3=0.48로 한다)

① 4 : 1   ② 9 : 1
③ 16 : 1   ④ 25 : 1

해설 $P_t[\text{dBm}] = 10\log_{10}\left(\dfrac{100}{1\text{mW}}\right) = 10\log_{10}10^5 = 50[\text{dBm}]$

$G[\text{dB}] = P_r[\text{dBm}] - P_t[\text{dBm}] = 36[\text{dBm}] - 50[\text{dBm}] = -14[\text{dBm}]$

$G[\text{dB}] = 10\log_{10}\left(\dfrac{P_r}{P_t}\right) = -14[\text{dBm}]$, $\dfrac{P_r}{P_t} = 10^{-1.4} = \dfrac{1}{10^{1.4}} = \dfrac{1}{25.118}$

Answer
04.③ 05.② 06.④

$$P_t : P_r = 25 : 1$$
또 다른 방법, $\log_{10} 2 = 0.3 \Rightarrow 2 \Rightarrow 3[\text{dB}]$
$$\log_{10} 3 = 0.48 \Rightarrow 3 \Rightarrow 4.8[\text{dB}]$$
$$6\text{dBm} = 3\text{dBm} + 3\text{dBm} = 2 \times 2 \times 10^{-3} = 4 \times 10^{-3}$$
$$36[\text{dBm}] = 30\text{dBm} + 6\text{dBm}$$
$$= (10^3 \times 4) \times 10^{-3} = 4, \ P_r = 4$$
또 다른 방법 $36[\text{dBm}] = 10\log_{10} P_r$,
$$P_r = 10^{3.6} \times 10^{-3} = 10^{0.6} = 3.981 \simeq 4$$

07 다음 그림에서 입력전력(P_{in})이 1[W]일 때, 전력이득 ($P_{\text{out}}/P_{\text{in}}$)과 출력전력($P_{\text{out}}$)[dBm]은? (단, $\log_{10} 2 = 0.3$이다)

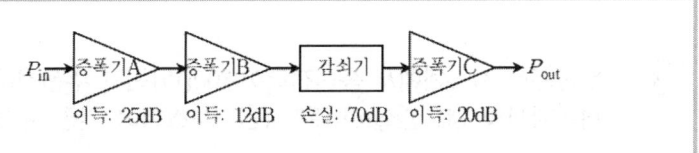

① 0.1, 17
② 0.1, −13
③ 0.05, 17
④ 0.05, −13

해설 전력이득 $G_{P[\text{dB}]} = G_{A[\text{dB}]} + G_{B[\text{dB}]} + G_{\text{감쇠기}[\text{dB}]} + G_{C[\text{dB}]}$
$$= 25[\text{dB}] + 12[\text{dB}] + (-70[\text{dB}]) + 20[\text{dB}]$$
$$= -13[\text{dB}] = -10[\text{dB}] - 3[\text{dB}]$$
$$G_P = 0.1 \times \frac{1}{2} = \frac{0.1}{2} = 0.05$$
$$\log_{10} 2 = 0.3 \Rightarrow 2 \Rightarrow 3[\text{dB}], \ -3[\text{dB}] \Rightarrow \frac{1}{2}$$
$$G_P = \frac{P_{\text{out}}}{P_{\text{in}}} = 0.05$$
$$G_P = \frac{P_{\text{out}}}{P_{\text{in}}} = \frac{P_{\text{out}}}{1\text{W}} = 0.05[\text{W}], \ P_{\text{out}} = 0.05$$
$$P_{\text{out}}[\text{dBm}] = 10\log \frac{0.05}{1\text{mW}} = P_{\text{out}}[\text{dB}] + 30$$
$$= -13 + 30$$
$$= +17[\text{dBm}]$$

Answer
07.③

08 이동통신 시스템의 입력전력이 1[mW], 첫째 단의 이득이 −25[dB], 둘째 단의 이득이 50[dB], 그리고 셋째 단의 이득이 15[dB]일 때의 출력전력[W]은?

① 0.4[W] ② 1[W]
③ 4[W]   ④ 10[W]

해설 $G_1 = 10^{-2.5} = 0.00316$, $G_2 = 10^5$, $G_3 = 10^{1.5} = 31.62$
$P_o = P_i \times G_1 \times G_2 \times G_3 = 10^{-3} \times 0.00316 \times 10^5 \times 31.62 = 10[\text{W}]$
〈또 다른 방법〉
$P_o[\text{dB}] = P_i[\text{dB}] + G_1[\text{dB}] + G_2[\text{dB}] = 0\text{dBm} - 25\text{dB} + 50\text{dB} + 15\text{dB} = 40\text{dBm}$
$40[\text{dBm}] = 10\log_{10}\left(\dfrac{P_o}{1\text{mW}}\right)$, $P_o = 10^4 \times [1\text{mW}] = 10[\text{W}]$

09 무선통신 시스템에서 송신전력이 100[W]이고 수신전력이 0.1[mW]이면, 채널에서의 경로손실[dB]은? (단, 시스템에 의한 손실은 무시한다)

① 40[dB] ② 60[dB]
③ 80[dB] ④ 100[dB]

해설 $10\log\left(\dfrac{P_r}{P_s}\right)[\text{dB}] = 10\log\left(\dfrac{1\text{mW}}{100\text{W}}\right)$
$= 10\log\left(\dfrac{10^{-4}}{10^2}\right) = 10\log 10^{-6} = -60[\text{dB}]$

10 송신기가 3[GHz] 반송파 주파수로 신호를 10[W]로 송출하는 경우, 송신 안테나와 수신 안테나의 이득이 각각 20[dB]이며, 시스템 손실이 10[dB]이고 경로 손실이 112[dB]일 때, 수신기에서의 수신전력[dBm]은?

① −24[dBm] ② −28[dBm]
③ −42[dBm] ④ −72[dBm]

해설 송신전력[dBm] = $10\log_{10}\dfrac{10}{1\text{mW}} = 40[\text{dBm}]$, 손실은 (−) 값이다.
㉠ 수신전력[dB]=송신전력[dB] + 송신안테나 이득[dB] + 경로손실[dB]
        + 수신안테나 이득[dB] + 시스템 손실[dB]
㉡ 수신전력[dB]=40[dBm] + 20[dB] + (−112[dB]) + 20[dB] + (−10[dB])
        =80[dB] − 122[dB]=−42[dB]

11 양방향 통신 시스템에서 송신기의 출력이 1[GHz]에서 10[W]이다. 송신 안테나와 수신 안테나의 이득은 각각 20[dB]이며, 시스템 손실이 10[dB] 발생할 때, 송신기로부터 1[km] 거리에서의 수신전력[mW]은? (단, $\pi = 3.0$이라고 근사하여 계산하고, 전파의 속도는 빛의 속도(3×10^8 m/s)로 한다)

① $\frac{1}{16}$[mW] ② $\frac{1}{160}$[mW]
③ $\frac{1}{10}$[mW] ④ $\frac{1}{100}$[mW]

해설 송신전력[dBm]= $10\log_{10}\frac{10}{1\text{mW}}$ = 40[dBm]
송신 안테나의 이득=20[dB]
$\lambda = \frac{v}{f} = \frac{3 \times 10^8}{10^9} = 0.3$[m]
경로 손실전력(L)= $\left(\frac{\lambda}{4\pi d}\right)^2 = \left(\frac{0.3}{4 \times 3 \times 10^3}\right)^2 = \frac{1}{(4 \times 10^4)^2}$
$= \frac{1}{16 \times 10^8}$
$L[\text{dB}] = -10\log_{10}(16 \times 10^8) = -80 - 12.04 = -92.04[\text{dB}]$
수신 안테나 이득=20[dB]
시스템 손실=−10[dB]
수신전력[dB]=송신기 출력[dB] + 송신ANT[dB] + 경로손실[dB]
 + 수신ANT[dB] + 시스템 손실[dB]
수신전력은 $P_r = P_t G_t L G_r$ 곱으로 표시된다. L : 경로 손실전력
수신전력[dB]= 40 + 20 + (−92.04) + 20 + (−10) = −22.04[dBm]
수신전력(P_r)은 $10\log_{10}\frac{P_r}{1\text{mW}}$ = −22.04
$P_r = 10^{-2.204} \times 10^{-3} = \frac{1}{10^{-2.204}} \times 10^{-3} = \frac{1}{159.96} \times 10^{-3}$
$= \frac{1}{159.96}$[mW]

12 섀논(Shannon)의 채널용량 이론에 대한 설명으로 옳지 않은 것은?

① 채널용량은 SNR과 채널대역폭의 함수이다.
② 채널대역폭이 2배 증가하면 채널용량은 2배 증가한다.
③ SNR이 0[dB]일 때 단위 주파수당 채널용량은 1[bits/sec/Hz]이다.
④ SNR이 2배 증가하면 채널용량은 2배 증가한다.

Answer
11.② 12.④

해설
① 채널용량은 S/N와 BW의 함수이다.
② 채널용량은 BW에 비례한다.
③ $\left(\dfrac{S}{N}\right)_{dB} = 0[dB]$, $\left(\dfrac{S}{N}\right)_{dB} = 10\log_{10}\left(\dfrac{S}{N}\right) = 0[dB]$, $\left(\dfrac{S}{N}\right) = 10^0 = 1$
$C = BW\log_2(1+1) = BW\log_2 2 = BW$이다. 즉, 2진 신호를 의미하며 1bit를 의미한다. 즉, $C = BW\log_2 M = BW[bps]$, $M = 2$이다. $\dfrac{C[bps]}{BW[Hz]} = 1[bps/Hz]$를 의미한다. 따라서 단위 주파수당 채널용량은 1[bits/sec/Hz]이다.
④ S/N가 2배 증가하면 $\log_2(1+2) = \log_2(3) = \dfrac{\log_{10}3}{\log_{10}2} = 1.585$이므로 채널용량은 1.585배 증가한다.

13 AWGN 채널에서 채널 대역폭이 15[kHz]이고 신호 대 잡음비(S/N비)가 31인 경우 이론적으로 구한 채널용량[kbps]은?

① 15[kbps]   ② 46[kbps]
③ 75[kbps]   ④ 90[kbps]

해설 $C = B\log_2(1+S/N) = 15[kHz]\log_2(1+31) = 15[kHz]\log_2(32)$
$= 15[kHz]\log_2 2^5 = 75[kbps]$

14 Shannon의 이론적 채널용량을 구할 때 필요하지 않은 것은?

① 대역폭   ② 주파수
③ 수신 신호전력   ④ 잡음전력

해설 ㉠ 최대 전송량 $C = B\log_2(1+S/N)$, B는 대역폭, S는 신호전력, N은 잡음전력
㉡ 신호의 대역폭에 비례하고 신호의 주파수와는 무관하다.

Answer
13.③ 14.②

15 주파수 대역폭이 1[MHz]인 AWGN 전송채널을 통하여 신호 대 잡음비(SNR)를 63으로 하여 데이터를 전송할 때, 이 채널을 통해서 오류 없이 전송할 수 있는 이론적인 최대 정보량[Mbps]은?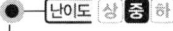

① 1[Mbps]   ② 3[Mbps]
③ 6[Mbps]   ④ 10[Mbps]

해설 $C = B\log_2(1+S/N) = 1[\text{MHz}] \times \log_2(1+63) = 1[\text{MHz}] \times \log_2 2^6$
$= 6[\text{MHz}]$

16 신호 $v(t) = A\cos(\omega_0 t + \Phi)$에 대한 설명 중 옳지 않은 것은?

① 주파수는 주기의 역수이다.
② 주기는 $T = \dfrac{2\pi}{\omega_0}$이다.
③ A는 신호의 평균값이다.
④ Φ는 $t=0$에서 신호의 위상이다.

해설 정현파의 평균값은 $A \times \dfrac{2}{\pi} = \dfrac{2A}{\pi}$

17 연속 주기 신호 $x(t) = \left[2\cos\left(4\pi t + \dfrac{\pi}{3}\right) + 3\sin\left(6\pi t + \dfrac{\pi}{4}\right)\right]$의 기본 주파수(Fundamental frequency)는? (단, t의 단위는 초이다.)

① 1[Hz]   ② 2[Hz]
③ 3[Hz]   ④ 6[Hz]

해설 기본 주파수는 신호 중에서 가장 낮은 주파수를 의미한다. 신호의 주파수는 2[Hz], 3[Hz]가 있으므로 그 중 가장 낮은 주파수는 2[Hz]이나 서로 고조파 성분으로 구성되어 있으므로 2[Hz]와 3[Hz]의 최대공약수는 1이므로 기본 주파수는 1[Hz]이다.

키워드 기본 주파수는 신호 중에서 가장 낮은 주파수를 의미하지만 고조파성분에 대한 기본 주파수는 nf_0이어야 한다.

Answer
15.③ 16.③ 17.①

18 아래 그림의 신호함수 $g(t)$를 설명한 것으로 옳은 것은?

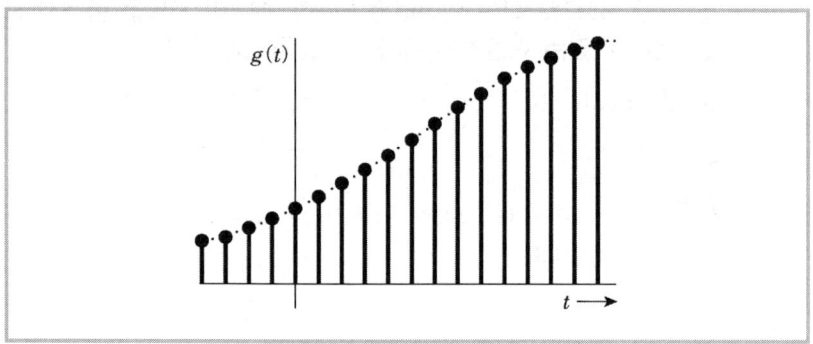

① 아날로그신호이며, 동시에 이산신호이다.
② 아날로그신호이며, 동시에 연속신호이다.
③ 디지털신호이며, 동시에 이산신호이다.
④ 디지털신호이며, 동시에 연속신호이다.

해설 ㉠ 시간축에서 보면 진폭이 이산적이다. : 이산신호
㉡ 진폭을 보면 진폭 레벨이 정해져 있지 않다. : 아날로그신호
㉢ 시간영역에서 이산적이면 주파수 영역에서 주기적이고, 시간영역에서 연속적이면 주파수 영역에서 비주기함수이다.

19 정현파 신호 $v = 20\sin(50\pi t)$[V]의 주기 시간[sec]은 얼마인가?

① 0.4[sec] ② 0.04[sec]
③ 0.2[sec] ④ 0.02[sec]

해설 $2\pi f = 50\pi$, $f = 25$, $T = 1/f = 0.04 = 40$[ms]
신호의 주기는 주파수의 역수이다. $T = \dfrac{1}{f}$

20 에너지 신호에 대한 설명 중 맞는 것은?

① 에너지가 0이 되는 신호
② 전력이 ∞가 되는 신호
③ 에너지 E가 $0 < E < \infty$인 신호
④ 전력 P가 $0 < P < \infty$인 신호

Answer
18.① 19.② 20.③

해설 에너지 신호
㉠ 에너지가 유한해야 한다($0 < E < \infty$).
㉡ 전력이 0이어야 한다.

21 일반적으로 시스템은 어떤 성질을 가지는 것으로 간주하는가?
① 비선형 시불변
② 비선형
③ 선형 시불변
④ 시변

해설 일반적인 시스템은 선형이면서 시불변이다.

22 어떤 시스템의 입력이 $x(t)$이고, 출력이 $y(t)$일 때 다음 설명 중 틀린 항은?
① $y(t) = 3x(t) + 2x(t-1)$은 선형 시불변이다.
② $y(t) = x^2(t)$는 비선형 시스템이다.
③ $y(t) = \sin x(t)$는 선형 시불변 시스템이다.
④ $y(t) = t \cdot x(t)$는 시변 시스템이다.

해설 $y(t) = \sin x(t)$는 비선형 시변 시스템이다.

23 다음 그림의 시간함수 표현은?

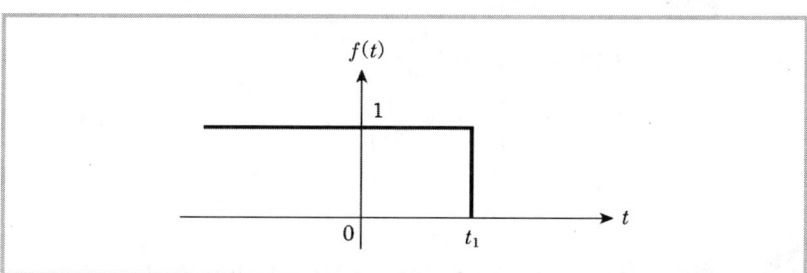

① $u(t-t_1)$
② $u(t+t_1)$
③ $u(t_1-t)$
④ $u(t_1+t)$

해설 그림을 시간함수로 표현하면 $u(-(t-t_1))$이다.

Answer
21.③ 22.③ 23.③

24 다음 그림과 같은 신호를 단위계단함수의 합성으로 나타낼 때 맞는 것은?

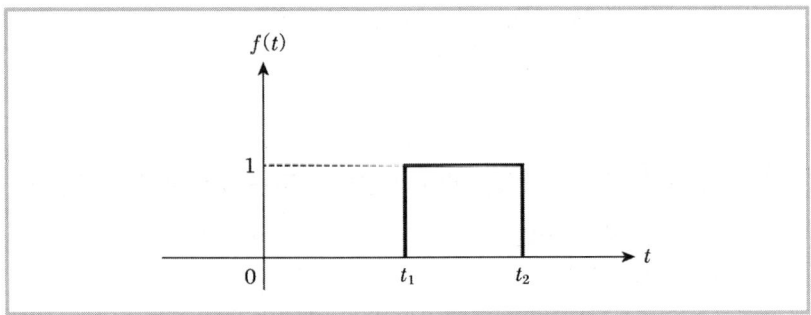

① $f(t) = u(t+t_1) + u(t+t_2)$
② $f(t) = u(t+t_1) - u(t+t_2)$
③ $f(t) = u(t-t_1) + u(t+t_2)$
④ $f(t) = u(t-t_1) - u(t-t_2)$

해설 그림은 $u(t-t_1)$ 신호와 $-u(t-t_2)$ 신호의 합이다.

25 단위계단함수 $u(t)$에 대한 설명으로 틀린 것은?

① $u(t)$ 함수는 $t<0$에 대해서는 영(0), $t \geq 0$에서는 1이다.
② $u(t)$ 함수는 순수한 직류 신호라고 볼 수 없다.
③ $u(t)$의 시그넘함수 $sgn(t)$와는 $u(t) = \frac{1}{2}[1+sgn(t)]$의 관계가 있다.
④ $u(t)$ 함수를 퓨리에 변환하면 1이 된다.

해설 $u(t)$를 퓨리에 변환하면
$$\mathcal{F}[u(t)] = \pi\delta(\omega) + \frac{1}{j\omega}$$
$$\mathcal{F}[u(t)] = \frac{1}{2}\delta(f) + \frac{1}{j2\pi f}$$

26 함수 $f(t) = u(t) - u(t-3) - K\delta(t-4)$이라면 $\int_{-\infty}^{\infty} f(t)dt = 0$이 될 때 K의 값은?

① $K=1$
② $K=3$
③ $K=4$
④ $K=5$

Answer
24.④ 25.④ 26.②

해설 $\int_{-\infty}^{\infty}(u(t)-u(t-3))dt-\int_{-\infty}^{\infty}K\delta(t-4)dt=0$
$3-K=0, \ K=3$

27 $\int_{-\infty}^{\infty}x(t)\,\delta(t)dt=(a)$, $\int_{-\infty}^{\infty}x(t)\,\delta(t-t_0)\,dt=(b)$,
$\int_{0}^{\infty}x(t)\,\delta(t+1)\,dt=(c)$를 계산한 결과로 옳은 것은?

① $a=x(t)$, $b=x(t_0)$, $c=x(1)$
② $a=x(0)$, $b=x(t_0)$, $c=x(1)$
③ $a=x(t)$, $b=x(-t_0)$, $c=x(1)$
④ $a=x(0)$, $b=x(t_0)$, $c=0$

해설 $\int_{-\infty}^{\infty}x(t)\,\delta(t)dt=x(0)$, $\int_{-\infty}^{\infty}x(t)\,\delta(t-t_0)\,dt=x(t_0)$,
$\int_{0}^{\infty}x(t)\,\delta(t+1)\,dt=0$

28 delta function $\delta(t)$에 대한 다음 설명 중 틀린 것은?

① $t=0$에서는 크기가 ∞, $|t|>0$에서는 크기가 0이다.
② $\delta(t)$는 우함수이다.
③ $\delta(t)$의 면적은 1이다.
④ $\dfrac{d\delta(t)}{dt}=u(t)$의 관계가 성립한다.

해설 $\dfrac{d\delta(t)}{dt}=\infty$, $\int_{-\infty}^{\infty}\delta(t)dt=u(t)$이다.

Answer 27.④ 28.④

29 증폭기의 출력에서 신호의 실효값(rms)이 10[mV]이고 잡음의 실효값이 1[μV]라면 신호-대-잡음비(signal-to-noise ratio)[dB]는?

① 40[dB]　　② 60[dB]
③ 80[dB]　　④ 100[dB]

해설 dB 계산 $10\log_{10}(S/N) = 20\log_{10}(V_s/V_n)$[dB]
$20\log_{10}\left(\dfrac{10 \times 10^{-3}}{1 \times 10^{-6}}\right) = 20\log_{10}(10^4) = 80$[dB]

30 입력전력이 4[mW] 신호가 전력손실이 각각 4[dB], 5[dB], 7[dB]인 3개의 소자를 순서대로 통과한 후 출력전력[dBm]은?

① −10[dBm]　　② −12[dBm]
③ 22[dBm]　　④ 20[dBm]

해설 ㉠ 증폭기의 종속연결에서 이득이 숫자로 나타낸 경우에는 곱으로 계산하고 이득이 dB로 표현될 경우에는 합으로 계산한다.
㉡ 전체 이득은 −(4dB + 5dB + 7dB) = −16dB이다.
−16[dB] ⇒ $-16 = 10\log G_P$, $G_P = 10^{-1.6} = 0.025$
$P_o = 0.025 \times P_i = 0.1$[mW]
P_o[dBm] $= 10\log\dfrac{P_o}{1[\text{mW}]} = -10$[dBm]

31 dBm은 $10\log_{10}\dfrac{P}{1\text{mW}}$로 정의되며, 1[mW] 기준 전력 대비 수신 신호의 전력 P를 dB 스케일로 나타낸 값이다. 수신 신호전력이 기지국과 측정 장비 사이 거리의 제곱에 반비례한다고 가정하자. 만약 기지국에서 1미터 떨어진 지점의 수신전력이 30[dBm]이라면 기지국에서 100미터 떨어진 지점에서 동일한 장비로 측정한 수신전력은?

① 10[mW]　　② 1[mW]
③ 0.1[mW]　　④ 0.01[mW]

Answer 29.③ 30.① 31.③

해설 dBm 계산, $dBm = 10\log_{10}\dfrac{P}{1[mW]}$

1m 떨어진 지점에서 수신전력은 $30[dBm] = 1[W]$이므로
$P_r = \dfrac{P_t}{r^2} = \dfrac{P_t}{1^2} = 1[W]$

$P_t = 1W$, $P_r = \dfrac{P_t}{r^2} = \dfrac{1[W]}{100^2} = 10^{-4}[W] = 0.1[mW]$

32 0[dBm]의 전력을 갖는 신호가 손실이 30[dB]인 시스템을 통과하는 경우, 출력신호의 크기는?

① 0[mW] ② 0.1[mW]
③ 0.01[mW] ④ 0.001[mW]

해설 dBm 계산, $dBm = 10\log_{10}\dfrac{P}{1[mW]}$

$0[dBm] = 1[mW]$, 출력신호는 : $0[dBm] - 30[dBm] = -30[dBm]$

$-30dBm = 10\log_{10}\dfrac{P_o}{1[mW]}$

$P_o = 1[mW] \times 10^{-3} = 0.001[mW]$

33 10[V]의 입력전압이 1[μV]로 출력되었을 때 감쇠정도는 몇 [dB]인가?

① 1[dB] ② 10[dB]
③ -70[dB] ④ -140[dB]

해설 dB 계산 $20\log_{10}\dfrac{V_o}{V_i} = dB$

$20\log_{10}\dfrac{10^{-6}V}{10V} = 20\log_{10}10^{-7} = -140[dB]$

34 Shannon의 채널용량을 달성할 수 있는 대역폭 6[MHz]의 채널을 통해서 UHD TV 신호 36[Mbps]의 전송률을 얻기 위해 필요한 대역폭 효율 [bps/Hz]과 SNR은?

① 6[bps/Hz], SNR=64 ② 6[bps/Hz], SNR=63
③ 3[bps/Hz], SNR=8 ④ 3[bps/Hz], SNR=7

Answer
32.④ 33.④ 34.②

[해설] $36 \times 10^6 = 6 \times 10^6 \log_2(1+S/N)$, $(1+S/N) = 2^6 = 64$, $S/N = 63$

대역폭 효율 $= \dfrac{36[\text{Mbps}]}{6[\text{MHz}]} = 6[\text{bps/Hz}]$

[키워드] 대역폭 효율은 전송률/대역폭, 최대 전송량은 섀논의 정리를 통해 구할 수 있다. 잡음이 없다면 $C = 2BW$이다.

35
대역폭이 B인 채널에서 Shannon의 정리를 적용할 때 최대 데이터 전송률에 관한 설명으로 옳지 않은 것은?

① 최대 데이터 전송률은 신호 대 잡음비에 선형 비례한다.
② 신호와 잡음의 크기가 같으면 최대 데이터 전송률은 B이다.
③ 잡음의 크기가 신호의 크기보다 상대적으로 월등히 크면 최대 데이터 전송률은 0에 가까워진다.
④ 신호 대 잡음비가 0dB이면 최대 데이터 전송률은 B이다.

[해설] 섀논의 정리는 $C = B\log_2(1+S/N)$의 관계를 가지므로
㉠ 최대 데이터 전송률은 S/N에 대수적 비례관계를 갖는다.
㉡ 신호 대 잡음의 크기가 같으면 최대 전송률은 $C = B\log_2 2 = B$이다.
㉢ $C = B\log_2(1+S/\infty) = B\log_2(1) = 0$에 가까워진다.
㉣ 신호 대 잡음비가 0[dB]이면 $10\log_{10} S/N = 0[\text{dB}]$, $S/N = 1$이다.
㉤ 신호 대 잡음비가 10[dB]이면 $10\log_{10} S/N = 10[\text{dB}]$, $S/N = 10$이다.
  $C = B\log_2(1+10) = 3.45B$이므로 3B보다 크다.

36
시스템에 단위 임펄스(delta function)을 인가했을 때 출력을 $y(t)$라 하면 $y(t)$는 어떻게 나타나는가? (단, 입력은 $x(t)$로 시스템 응답은 $h(t)$로 표시한다)

① $x(t)$
② $x(t) * h(t)$
③ $h(t)$
④ $x(t) \cdot h(t)$

[해설] $y(t) = x(t) * h(t) = \displaystyle\int_{-\infty}^{t} x(\tau)h(t-\tau)d\tau$

Answer 35.① 36.②

37 어떤 시스템의 응답이 $h(t)$이다. 임펄스함수 $\delta(t-\tau)$가 이 시스템의 입력일 때 출력은?

① $h(t)$ ② $h(t) \cdot \delta(t-\tau)$
③ $\delta(t-\tau)$ ④ $h(t-\tau)$

해설 입력이 $x(t)$일 때 $y(t) = x(t) * h(t) = \delta(t-\tau) * h(t) = h(t-\tau)$

38 임펄스함수(델타함수)의 성질 중 틀린 것은?

① $\delta(t-t_0) \neq 0 \quad (t \neq t_0)$
② $\int_{t_1}^{t_2} \delta(t-t_0)\,dt = 1 \quad (t_1 < t_0 < t_2)$
③ $\int_{t_1}^{t_2} \delta(t-t_0)\,dt = 0 \quad (t_1 > t_0,\ t_0 > t_2)$
④ $\delta(t) = \delta(-t)$

해설 $\delta(t-t_0) = 0 \quad (t \neq t_0)$ 이다.

39 $\int_{-\infty}^{\infty} \delta(t-2)(2t+1)\,dt$의 값은?

① 2 ② 3
③ 4 ④ 5

해설 $\int_{-\infty}^{\infty} \delta(t-2)(2t+1)\,dt = 2(2) + 1 = 5$

40 $\int_{1}^{5} \delta(t)e^{-t}\,dt$의 값은?

① 0 ② 1
③ 3 ④ 5

해설 t의 범위가 0을 포함하지 않았으므로 0이다.

Answer
37.④ 38.① 39.④ 40.①

41 다음 중 충격함수(impulse function)에 관련된 사항으로 틀린 것은?

① $\int_{-\infty}^{\infty} \delta(t)dt = 1$

② $\delta(t) = 0, \ t \neq 0$

③ $\int_{-\infty}^{\infty} f(t)\delta(t-t_0)dt = f(t_0)$

④ $\int_{-\infty}^{\infty} \delta(t)e^{-j\omega t} \, dt = 0$

해설 $\int_{-\infty}^{\infty} \delta(t)e^{-j\omega t} \, dt = e^{(-j\omega \times 0)} = 1$

42 $\int_{-\infty}^{\infty} \delta(t-1) \sin\pi(t-2) \, dt$ 의 값은 얼마인가?

① 0 ② 1
③ -1 ④ 2

해설 $\int_{-\infty}^{\infty} \delta(t-1) \sin\pi(t-2) \, dt = \sin\pi(1-2) = \sin(-\pi) = 0$

43 $\int_{-\infty}^{\infty} [\delta(t) + u(t-2) - u(t-5)] \, dt$ 의 값은 얼마인가?

① 0 ② 1
③ 4 ④ 8

해설 $\int_{-\infty}^{\infty} [\delta(t) + u(t-2) - u(t-5)] \, dt$
$= \int_{-\infty}^{\infty} \delta(t)dt + \int_{-\infty}^{\infty} [u(t-2) - u(t-5)] \, dt$
$= 1 + 3 = 4$

Answer
41.④ 42.① 43.③

44 다음 중 그 설명이 올바른 것은?

① 델타함수의 주파수 스펙트럼은 주파수가 높아짐에 따라 크기가 감쇠한다.
② 통신로의 임펄스 응답을 알고 있는 경우에 이것을 이용하여 임의의 입력 신호에 대한 출력 파형을 구할 수는 없다.
③ 임펄스 응답의 퓨리에 변환은 통신로의 주파수 특성과 같다.
④ 델타함수 $\delta(t)$를 통신로의 입력으로 주었을 때의 출력을 스텝 응답이라고 한다.

해설 ① 델타함수의 주파수 스펙트럼은 주파수에 무관하게 일정하다.
② 통신로의 임펄스 응답을 알고 있는 경우에 이것을 이용하여 임의의 입력 신호에 대한 출력 파형을 구할 수는 있다.
④ 델타함수 $\delta(t)$를 통신로의 입력으로 주었을 때의 출력을 임펄스 응답이라고 한다.

45 다음 설명 중 옳지 못한 것은?

① 통신로 임펄스 응답을 역 퓨리에 변환하면 통신로의 전달함수를 구할 수 있다.
② 시간 영역에서 단위 임펄스를 인가하여 시스템을 시험할 수 있다.
③ 입력에 단위 임펄스를 가했을 때의 출력 응답을 임펄스 응답이라고 한다.
④ 델타함수의 주파수 스펙트럼은 주파수에 관계 없이 크기가 일정하다.

해설 통신로 임펄스 응답을 퓨리에 변환하면 통신로의 전달함수를 구할 수 있다.

46 ramp 함수에 대한 설명 중 틀린 것은?

① ramp 함수는 delta 함수를 두 번 적분하면 얻을 수 있다.
② $t \geq 0$에서는 양(+)의 기울기를 가지며, $t < 0$에서는 크기가 0이다.
③ ramp 함수는 단위계단함수를 적분하면 얻을 수 있다.
④ $t = 0$에서는 크기는 1을 가지며 $t < 0$에서는 크기가 0이다.

해설 $t = 0$에서는 크기는 0을 가지며 $t < 0$에서도 크기가 0이다.

Answer
44.③ 45.① 46.④

47 다음은 10[W] 전력을 여러 척도의 값으로 표시한 것이다. 이 중에서 맞는 것을 고르시오.

① 10[dB] ② 20[dB]
③ 30[dBm] ④ 40[dBm]

해설 dB는 상대이득으로 기준전력이 있어야 하므로 해당되지 않는다.
$$dBm = 10\log_{10}\frac{10}{10^{-3}} = 10\log_{10}10^4 = 40[dBm]$$

키워드 $dBm = 10\log_{10}\frac{P}{1[mW]}$

48 신호의 세기가 1[km]당 3[dB]씩 일정하게 줄어든다. 1[W]의 전력으로 송신했을 때, 수신 신호의 세기가 1[mW]였다면, 송신기와 수신기 사이의 거리[km]는?

① 9[km] ② 10[km]
③ 30[km] ④ 90[km]

해설 $10\log_{10}\frac{1[mW]}{1[W]} = 10\log_{10}10^{-3} = -30[dBm]$

감쇠는 −값이므로 −3[dB/km], $\frac{30}{3} = 10[km]$

키워드 먼저 감쇠량을 구한 후 거리당 감쇠량으로 나누어 구한다.

49 신호전력이 1[W]인 경우 이를 [dBm]으로 단위환산한 값은?

① 0[dBm] ② 10[dBm]
③ 20[dBm] ④ 30[dBm]

해설 $10\log_{10}\frac{1[W]}{1[mW]} = 10\log_{10}10^3 = 30[dBm]$

키워드 $dBm = 10\log_{10}\frac{P}{1[mW]}$

Answer 47.④ 48.② 49.④

50 연속신호 $x(t) = \cos\left(2\pi t - \dfrac{\pi}{2}\right)$에 대한 아래의 설명 중 맞는 것을 모두 선택하시오.

난이도 **상** 중 하

> ㉠ $t = \dfrac{\pi}{2}$에서 최댓값을 가진다.
> ㉡ 기본 주파수가 2π[Hz]이다.
> ㉢ 기본 주기가 1초이다.
> ㉣ $\displaystyle\int_{1/4}^{3/4} x(t)dt = 0$이다.

① ㉠ 　　　　　　　　　② ㉠, ㉡
③ ㉡, ㉢ 　　　　　　　④ ㉢, ㉣

해설
㉠ $x(t) = \cos\left(2\pi t - \dfrac{\pi}{2}\right)$, $\cos(2\pi ft - \theta)$ 함수는 $\cos(2\pi n)$일 때 최댓값을 갖는다. 여기서, n는 정수이다.
$2\pi t - \dfrac{\pi}{2} = 2\pi n$, $2\pi t = 2\pi n + \dfrac{\pi}{2} = \dfrac{4\pi n + \pi}{2}$
$t = \dfrac{4\pi n + \pi}{2} \times \dfrac{1}{2\pi} = \dfrac{4\pi n + \pi}{4\pi} = n + \dfrac{1}{4}$
$n = 0, 1, 2, 3, \cdots$ 즉 $t = 1/4, 5/4, 9/4 \cdots$일 때 최댓값을 갖는다.

㉡ $\cos(2\pi ft - \theta)$의 기본 주파수는 f이다. $\cos(2\pi t - \pi/2)$의 기본 주파수는 $f = 1$[Hz]이다.

㉢ 기본 주기는 기본 주파수의 역수이다. $T = \dfrac{1}{f} = \dfrac{1}{1} = 1$[s]

㉣ $\displaystyle\int_{1/4}^{3/4} x(t)dt = \int_{1/4}^{3/4} \cos(2\pi t - \pi/2)dt = \int_{1/4}^{3/4} \sin 2\pi t\, dt$

$= -\dfrac{1}{2\pi} \cos 2\pi t \Big|_{\frac{1}{4}}^{\frac{3}{4}}$

$= -\dfrac{1}{2\pi} \left\{\cos\left(2\pi \times \dfrac{3}{4}\right) - \cos\left(2\pi \times \dfrac{1}{4}\right)\right\}$

$= -\dfrac{1}{2\pi}\left(\cos\dfrac{3\pi}{2} - \cos\dfrac{\pi}{2}\right)$

$= -\dfrac{1}{2\pi}(0 - 0) = 0$

$\cos(A \pm B) = \cos A \cos B \mp \sin A \sin B$
$\cos(2\pi t - \pi/2) = \cos 2\pi t \cos \pi/2 + \sin 2\pi t \sin \pi/2 = \sin 2\pi t$

키워드 $\cos 2\pi t = \cos 2\pi ft$이므로 $f = 1$[Hz]이다.

Answer
50.④

51 단위임펄스함수(unit impulse function) $\delta(t)$에 대한 아래의 설명 중 맞는 것을 모두 선택하시오.

> ㉠ $\delta(t)$의 면적은 1이다.
> ㉡ $\delta(2t)$의 면적은 0.5이다.
> ㉢ $\delta(t)$는 주기신호이다.
> ㉣ $\delta(t)$의 스펙트럼은 무한대 값을 가진다.

① ㉠, ㉡
② ㉠, ㉡, ㉣
③ ㉡, ㉢
④ ㉡, ㉣

해설 ㉠ $\int_{-\infty}^{\infty} \delta(t) = 1$

㉡ $\mathscr{F}[s(at)] = \frac{1}{a}S\left(\frac{f}{a}\right)$, $s(at)$의 면적은 $S(0)$과 같다.

$\mathscr{F}[\delta(t)] = 1$ $\mathscr{F}[\delta(at)] = \frac{1}{|a|}S\left(\frac{f}{a}\right) = \frac{1}{a}\times 1 = \frac{1}{a}$

$\mathscr{F}[\delta(2t)] = \frac{1}{2}S\left(\frac{f}{2}\right)$, $\frac{1}{2}S(0) = \frac{1}{2}\times 1 = \frac{1}{2}$이다.

㉢ $\delta(t)$는 우함수이며 비주기함수이다.
㉣ $\mathscr{F}[\delta(t)] = 1$의 값을 갖는다.

키워드 임펄스함수는 비주기함수이며 우함수이다. 스펙트럼값은 일정한 1의 값을 갖는다.

52 $\delta(t)$는 단위임펄스함수(unit impulse function)이고, $x(t)$는 임의의 연속 신호이다. 다음 중 $x(t-2) * \delta(t-1)$와 동일한 신호는? (단, $*$는 컨볼루션(convolution)이다.)

① $x(t+3)$
② $x(t-1)$
③ $x(t-1)\times\delta(t)$
④ $x(t-1)*\delta(t-2)$

해설 $x(t)*\delta(t) = \int_{-\infty}^{\infty} x(\tau)\delta(t-\tau)\,d\tau = x(t)$

$x(t-2)*\delta(t-1) = x((t-1)-2) = x(t-3)$
㉠ $x(t-2)*\delta(t-1) = x((t-1)-2) = x(t-3)$
㉡ $x(t-2)*\delta(t-1) = x((t-1)-2) = x(t-3)$
㉢ $x(t-1)\times\delta(t) = 0$
㉣ $x(t-1)*\delta(t-2) = x((t-2)-1) = x(t-3)$
㉤ $x(t-3)\times\delta(t) = 0$
※ 컨볼루션은 교환법칙이 성립한다.

Answer
51.① 52.④

키워드 $x(t) * \delta(t) = \int_{-\infty}^{\infty} x(\tau)\delta(t-\tau)\,d\tau = x(t)$,
$x(t) \times \delta(t-\tau) = x(\tau)$

53 신호전력이 504[W]이고 잡음전력이 8[W]일 때, 잡음이 있는 채널에서 36,000[bits/s]의 채널용량을 얻기 위해서 필요한 대역폭의 값[Hz]은?

① 9,000[Hz]   ② 7,200[Hz]
③ 6,000[Hz]   ④ 3,000[Hz]

해설 $C = BW\log_2(1+S/N)$
$36,000 = BW\log_2(1+504/8) = BW\log_2(1+63) = BW \times 6$
$BW = 6,000[\text{Hz}]$

키워드 섀논의 정리 $C = BW\log_2(1+S/N)$ [bps]

54 연속 시간 신호 $x_1(t) = 2\sin(\pi t + 30°)$와 $x_2(t) = 2\sin(2\pi t - 60°)$에 대한 설명으로 가장 옳지 않은 것은?

① 두 신호 모두 주기신호이다.
② 두 신호는 모두 위상이 0이 아니다.
③ $x_1(t)$은 주파수가 4π[Hz]이다.
④ $x_2(t)$는 주기가 1초이다.

해설 ㉠ $x_1(t) = 2\sin(\pi t + 30°)$
　　ⓐ 초기위상은 $30°$
　　ⓑ 주파수는 $f = \dfrac{\omega}{2\pi} = \dfrac{\pi}{2\pi} = \dfrac{1}{2}$[Hz]
　　ⓒ 주기 $T = \dfrac{1}{f} = 2$[sec]
㉡ $x_2(t) = 2\sin(2\pi t - 60°)$
　　ⓐ 초기위상은 $-60°$
　　ⓑ 주파수는 $f = \dfrac{\omega}{2\pi} = \dfrac{2\pi}{2\pi} = 1$[Hz]
　　ⓒ 주기 $T = \dfrac{1}{f} = 1$[sec]

키워드 신호는 $A\cos(\omega t + \theta) = A\cos(2\pi f t + \theta)$ 형식으로 표현된다.

제2절 푸리에 급수와 변환

01 Fourier Series로 해석하는 확정적 신호는 다음 중 어느 것인가?
① 주기적 신호 ② 비주기적 신호
③ 직류 신호 ④ 과도적 신호

해설 푸리에 급수는 주기적 신호를 해석하는 기법이다. 또한 주기신호는 수식으로 표현이 가능하기 때문에 확정적 신호이다.

02 무선통신에서 신호와 시스템 해석 시 중요한 개념인 '스펙트럼(spectrum)'은 다음 중 어디에 기초를 두고 해석하는가?
① 진폭 ② 주파수
③ 전송매체 ④ 데이터 전송률

해설 스펙트럼은 주파수 영역에서 주파수 성분을 진폭으로 나타낸 것이므로 주파수를 기초로 한 해석이다.

03 시간함수 $f(t+t_0)$를 Fourier 변환하면?
① $F(f)e^{j2\pi ft_0}$ ② $F(f)e^{-j2\pi ft_0}$
③ $\frac{1}{2}F(f)e^{j2\pi ft_0}$ ④ $\frac{1}{2}F(f)e^{-j2\pi ft_0}$

해설 시간천이 성질
$$f(t+t_0) \longleftrightarrow F(f)e^{j2\pi ft_0}$$

04 델타함수의 시간 지연인 $\delta(t-t_0)$의 푸리에 변환은?
① $e^{j4\pi ft_0}$ ② $e^{j2\pi ft_0}$
③ $e^{-j4\pi ft_0}$ ④ $e^{-j2\pi ft_0}$

Answer
01.① 02.② 03.① 04.④

해설 시간천이 성질
$$\delta(t-t_0) \longleftrightarrow e^{-j2\pi ft_0}$$

05 시간함수 $f(t)$를 3차 미분한 후 퓨리에 변환하면? (단, 초기조건은 모두 0이다.)

① $(j2\pi f)F(f)$
② $(j2\pi f)^2 F(f)$
③ $(j2\pi f)^3 F(f)$
④ $(j2\pi f)^4 F(f)$

해설 미분의 퓨리에 변환
$$\frac{d^n f(t)}{dt^n} \longleftrightarrow (j2\pi f)^n F(f)$$

06 어떤 시간함수 $g(t)$를 시간 영역에서 5배 척도 변환시켰을 때 주파수 영역에서는 어떻게 나타나겠는가?

① $5G(5f)$
② $5G\left(\dfrac{f}{5}\right)$
③ $\dfrac{1}{5}G(5f)$
④ $\dfrac{1}{5}G\left(\dfrac{f}{5}\right)$

해설 $g(at) \longleftrightarrow \dfrac{1}{|a|} G\left(\dfrac{1}{a} \cdot f\right)$ $a=5$, $\dfrac{1}{5} G\left(\dfrac{1}{5} \cdot f\right)$

07 시간함수 $f(t)$가 sinc 함수인 경우 주파수 영역에서는 어떻게 나타나는가?

① sinc^2 함수로 나타난다.
② 삼각파열로 나타난다.
③ 가우시안함수로 나타난다.
④ rect 함수로 나타난다.

해설 sinc 함수를 퓨리에 변환하면 구형파(rect) 함수로 나타난다.

Answer
05.③ 06.④ 07.④

08 그림과 같이 주기가 T인 펄스 신호에서 직류(DC) 성분의 크기는?

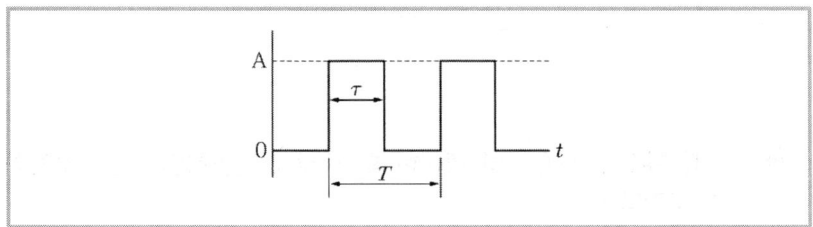

① A
② $\dfrac{A}{T}$
③ $\dfrac{A\tau}{T}$
④ $A\tau T$

해설 $x(t) = a_0 + \sum_{n=1}^{\infty}[a_n \cos 2\pi n f_0 t + b_n \sin 2\pi n f_0 t]$

$a_o = \dfrac{1}{T}\int_0^T x(t)dt = \dfrac{1}{T}\int_{T-\tau}^T A dt = \dfrac{1}{T}(AT - A(T-\tau)) = \dfrac{A}{T}\tau$

09 신호 $x(t) = \cos\omega_0 t + \sin^2 2\omega_0 t$의 복소 지수 퓨리에 급수(Fourier series)로 가장 옳지 않은 것은? (단, 여기서 $x(t) = \sum_{n=-\infty}^{\infty} X_n e^{jn\omega_0 t}$이다.)

① $X_1 = 1/2$
② $X_2 = 0$
③ $X_3 = 0$
④ $X_4 = 1/4$

해설 복소지수함수 형태의 퓨리에 급수

$x(t) = \sum_{n=-\infty}^{\infty} X_n e^{j2\pi n f_0 t}$, $X_n = \dfrac{1}{T}\int_0^T x(t)e^{-j2\pi n f_0 t}dt$

X_n는 입력신호의 주파수에 대한 계수값을 의미한다.

$\sin^2 2\omega_0 t = \dfrac{1}{2}[1 - \cos 4\omega_0 t]$

$x(t) = \cos\omega_0 t + \dfrac{1}{2} - \dfrac{1}{2}\cos 4\omega_0 t = \dfrac{1}{2} + \cos\omega_0 t - \dfrac{1}{2}\cos 4\omega_0 t$

$X(f) = \dfrac{1}{2}\delta(f) + \dfrac{1}{2}[\delta(f-f_0) + \dfrac{1}{2}\delta(f+f_0)] - \dfrac{1}{4}[\delta(f-4f_0) + \delta(f+4f_0)]$

$X_o = \dfrac{1}{2}$, $X_1 = \dfrac{1}{2}$, $X_2 = 0$, $X_3 = 0$, $X_4 = -\dfrac{1}{4}$

Answer 08.③ 09.④

10 단위 세기의 임펄스인 $\delta(t)$의 퓨리에 변환의 결과는?

① 0
② 1
③ $u(t)$
④ $1-u(t)$

해설 단위임펄스함수의 퓨리에 변환은 1이다.
$$\mathcal{F}[\delta(t)] = \int_{-\infty}^{\infty} \delta(t)e^{-j\omega t}dt = e^{-j_0} = 1$$

11 델타함수의 시간지연인 $\delta(t-t_0)$의 퓨리에 변환은?

① $e^{j2\omega t_0}$
② $e^{j\omega t_0}$
③ $e^{-j2\omega t_0}$
④ $e^{-j\omega t_0}$

해설 시간천이 성질
$$\delta(t-t_o) \longleftrightarrow e^{-j2\pi f t_o} = e^{-j\omega t_o}$$

12 신호의 스펙트럼 특성 분석을 위하여 사용되는 퓨리에 급수(Fourier series)와 퓨리에 변환(Fourier transform)에 대한 설명으로 옳지 않은 것은?

① 주기성이 없는 신호의 스펙트럼 분석에는 퓨리에 변환이 적합하다.
② 퓨리에 급수는 주기성을 가지는 에너지신호의 스펙트럼 분석에 주로 사용된다.
③ 퓨리에 변환은 연속스펙트럼을 제공한다.
④ 퓨리에 급수는 주기성을 가지는 신호의 이산스펙트럼을 제공한다.

해설 ㉠ 퓨리에 급수는 주기성을 가지므로 에너지신호가 아니고 전력신호로 스펙트럼 분석에 주로 사용된다.
㉡ 퓨리에 변환은 주기가 무한대이므로 주파수 간격이 0이 되어 연속 스펙트럼을 제공한다.
㉢ 퓨리에 급수는 주기가 유한하므로 $f_0 = 1/T$의 간격으로 스펙트럼을 제공한다.
㉣ 주기성이 있는 신호의 스펙트럼 분석은 주기를 무한대로 확장하여 퓨리에 변환으로 변환할 수 있다.

Answer
10.② 11.④ 12.②

13 퓨리에(Fourier) 변환의 여러 가지 성질을 설명한 것이다. 퓨리에 변환에 대한 설명으로 옳지 않은 것은? (단, $F(t)$는 $f(t)$의 퓨리에 변환이다.)

① 신호 $f(t)$를 시간 영역에서 α만큼 지연한 신호의 스펙트럼의 크기와 위상은 원래 스펙트럼의 크기보다 α배 확장되고 위상은 $e^{-j\omega\alpha}$만큼 늦어진다.
② 대역제한(band-limited)된 신호 $f(t)$에 반송파 $\cos(2\pi f_c t)$를 곱한 신호의 스펙트럼은 $F(f)$의 스펙트럼이 $\pm f_c$에서 나타난다.
③ $\dfrac{d}{dt}f(t)$의 퓨리에 변환은 $(j\omega)F(f)$이다.
④ 주기함수의 퓨리에 변환은 $\sum_{-\infty}^{\infty}c_n\delta(f-nf_0)$이다. ($f_0$: 기본 주파수, c_n : 퓨리에 계수)

[해설] ㉠ $s(t-\alpha) \longleftrightarrow e^{-j2\pi f\alpha}S(f)$, 크기는 변화가 없고 위상만 변한다.
㉡ $\cos(2\pi f_c t) \longleftrightarrow \dfrac{1}{2}[\delta(f-f_c)+\delta(f+f_c)]$
㉢ $\dfrac{d^n s(t)}{dt^n} \longleftrightarrow (j2\pi f)^n S(f)$
㉣ 주기함수의 퓨리에 변환은 이산적인 델타함수로 표현할 수 있다.
$\sum_{-\infty}^{\infty}c_n\delta(f-nf_0)$

14 퓨리에 변환(Fourier Transform)에 관한 설명 중 옳지 않은 것은?

① 주파수 영역에서 주파수천이한 스펙트럼에 대응하는 시간 영역 신호는 원래의 신호가 위상만 변화된 신호가 된다.
② 시간 영역에서 두 신호를 각각 상수 배하여 합성한 파형신호에 대한 퓨리에 변환 결과는 각 신호를 개별적으로 퓨리에 변환하고, 이에 상수를 곱한 결과를 합성한 것과 동일하다.
③ 어떤 신호 $x(t)$의 퓨리에 변환 결과가 $X(f)$일 때, $X(t)$의 퓨리에 변환 결과는 $x(-f)$이다.
④ 시간 영역에서 임의의 시간만큼 천이시킨 신호의 퓨리에 변환 결과의 스펙트럼은 진폭은 동일하고, 천이된 시간에 해당하는 만큼 위상만 변화한다.

Answer 13.① 14.①

해설 ㉠ 주파수천이 : $S(f-f_0) \longleftrightarrow e^{j2\pi f_0 t}s(t)$, 퓨리에 역변환
ⓐ 주파수천이된 Fourier 변환은 천이되지 않은 시간함수에 복소지수함수를 곱한 것과 같다.
ⓑ 원래의 신호에 천이된 주파수에 해당하는 만큼 (−) 위상이 변화된다.
㉡ 중첩의 원리 : $y(t) = ax_1(t) + bx_2(t)$, $Y(f) = aX_1(f) + bX_2(f)$
㉢ 쌍대성 : $X(t) \longleftrightarrow x(-f)$
㉣ 시간천이 : $s(t-t_0) \longleftrightarrow e^{-j2\pi ft_0}S(f)$
시간천이(time shift)된 함수의 Fourier 변환은 원래의 시간함수의 Fourier 변환에 복소지수함수를 곱한 것과 같다. 천이된 시간에 해당하는 만큼 위상만 변화한다.
㉤ 퓨리에 변환은 비주기함수를 주파수 영역으로 변환시켜 통신신호의 특성을 쉽게 분석할 수 있다.

15 다음 시간영역에서의 신호 중 가장 넓은 주파수 대역을 갖는 신호는?

① 임펄스
② 사인파
③ 코사인파
④ 직류

해설 ㉠ 임펄스함수 $\delta(t) \longleftrightarrow 1$: 대역폭은 무한대[Hz]
ⓐ 구형펄스 $\delta(t) = \lim_{a=\infty} a \, \text{rect}(at)$
$\text{rect}(at) = \begin{cases} 1, & |t| \leq 1/2a \\ 0, & |t| > 1/2a \end{cases}$
ⓑ sinc 펄스 $\delta(t) = \lim_{a=\infty} a \, \text{sinc}(at)$
ⓒ 가우시안 펄스 $\delta(t) = \lim_{a=\infty} a \, e^{-\pi a^2 t^2}$

$\delta(t) = \begin{cases} \infty, & t=0 \\ 0, & t \neq 0 \end{cases}$, $\int_{-\infty}^{\infty} \delta(t)dt = 1$,

$\int_{-\infty}^{t} \delta(\tau) d\tau = \begin{cases} 1, & t \geq 0 \\ 0, & t < 0 \end{cases} = u(t)$

$\int_{-\infty}^{\infty} s(t)\delta(t)dt = s(0)\int_{-\infty}^{\infty} \delta(t)dt = s(0)$,

$\int_{-\infty}^{\infty} s(t)\delta(t-t_0)dt = s(t_0)\int_{-\infty}^{\infty} \delta(t-t_0)dt = s(t_0)$

㉡ 사인파함수 $\sin 2\pi f_0 t \longleftrightarrow \frac{1}{2j}[\delta(f-f_0) - \delta(f+f_0)]$: 대역폭은 $2f_0$[Hz]

Answer
15.①

ⓒ 코사인파함수 $\cos 2\pi f_0 t \longleftrightarrow \frac{1}{2}[(\delta(f-f_0)+\delta(f+f_0))]$
　: 대역폭은 $2f_0$[Hz]
ⓔ 직류 $1 \longleftrightarrow \delta(f)$: 대역폭은 근사적으로 0[Hz]
ⓜ 가우시안함수를 퓨리에 변환하면 가우시안함수이다.

16 그림은 진폭이 A이고, 폭이 $2T$인 삼각 신호(triangular signal) $x(t)$를 나타낸 것이다. 신호 $x(t)$의 퓨리에 변환(Fourier transform)을 $X(f)$라고 할 때, 다음 중 $X(f)=0$에 해당하는 최소 주파수 f는?

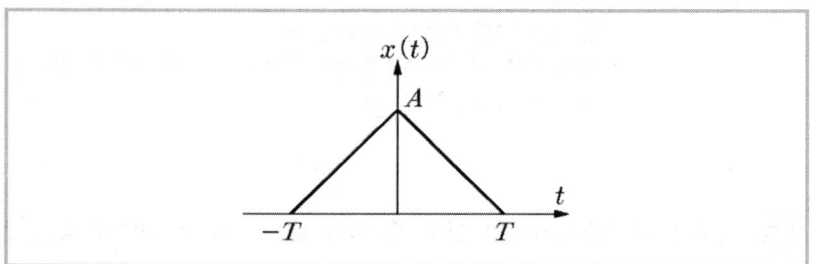

① $\frac{1}{2T}$　　　　② $\frac{1}{T}$

③ $\frac{2}{T}$　　　　④ $\frac{3}{T}$

해설
$$S(f) = \int_{-\infty}^{\infty} s(t)e^{-j2\pi ft}dt = \int_{-\frac{\tau}{2}}^{\frac{\tau}{2}} Ae^{-j2\pi ft}dt$$
$$= \frac{-Ae^{-j2\pi ft}}{j2\pi f}\bigg|_{-\frac{\tau}{2}}^{\frac{\tau}{2}} = A\frac{e^{j\pi f\tau}-e^{-j\pi f\tau}}{j2\pi f} = A\frac{\sin\pi f\tau}{\pi f}$$
$$= A\tau\mathrm{sinc}(f\tau)$$

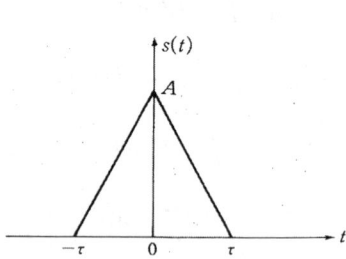 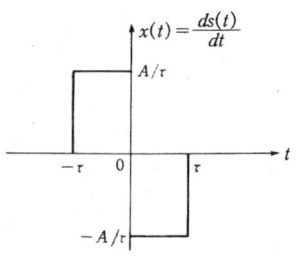

Answer
16.②

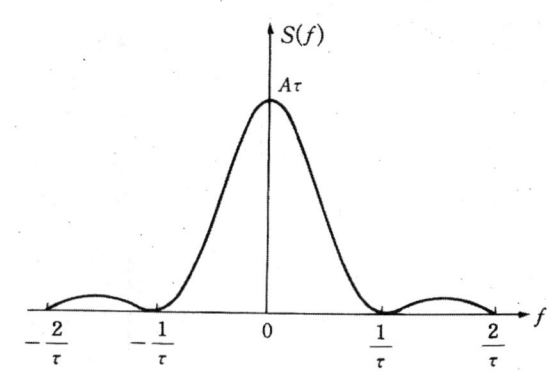

$$X(f) = A\,\text{sinc}(f\tau)[e^{j\pi f\tau} - e^{-j\pi f\tau}] = j2A\,\text{sinc}(f\tau)\sin(\pi f\tau)$$
$$= j\frac{2A}{\pi f\tau}\sin^2(\pi f\tau) = j2A\pi f\tau\,\text{sinc}^2(f\tau)$$
$$s(t) = \int_{-\infty}^{t} x(\tau)\,d\tau$$
$$S(f) = \frac{1}{j2\pi f}X(f) = j2A\,\frac{\text{sinc}(f\tau)\sin(\pi f\tau)}{j2\pi f\tau} = A\tau\,\text{sinc}^2(f\tau)$$

$S(f) = 0$일 때 $f = \dfrac{1}{\tau}$ 이다.

17 〈보기〉와 같이 폭이 τ이고 높이가 A인 구형함수로 이루어진 파형의 푸리에 변환(Fourier Transform)으로 가장 옳은 것은? (단, $\text{Sa}(x) = \dfrac{\sin x}{x}$ 이고 $\text{Sinc}(x) = \dfrac{\sin \pi x}{\pi x}$ 이다.)

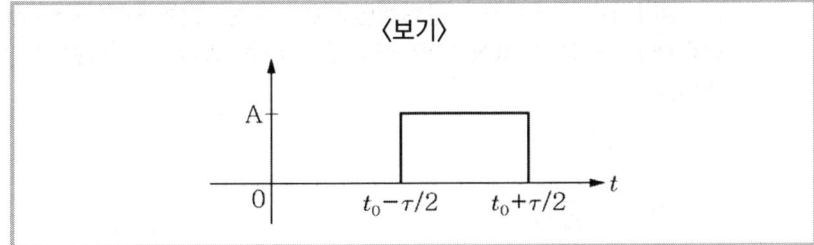

① $A\tau\,\text{Sa}\left(\dfrac{\omega\tau}{2}\right)e^{+j\omega t_0}$
② $A\tau\,\text{sinc}\left(\dfrac{\omega\tau}{2}\right)e^{+j\omega t_0}$
③ $A\tau\,\text{Sa}\left(\dfrac{\omega\tau}{2}\right)e^{-j\omega t_0}$
④ $A\tau\,\text{sinc}\left(\dfrac{\omega\tau}{2}\right)e^{-j\omega t_0}$

Answer
17.③

해설

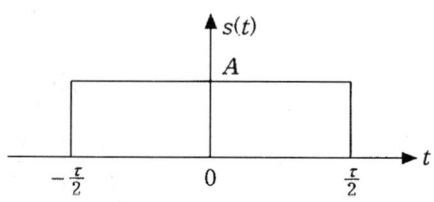

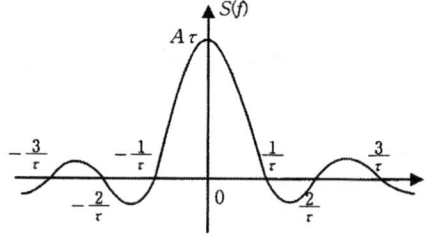

$$S(f) = \int_{-\infty}^{\infty} s(t)e^{-j2\pi ft}dt = \int_{-\frac{\tau}{2}}^{\frac{\tau}{2}} Ae^{-j2\pi ft}dt = \frac{-Ae^{-j2\pi ft}}{j2\pi f}\bigg|_{-\frac{\tau}{2}}^{\frac{\tau}{2}}$$

$$= A\frac{e^{j\pi f\tau}-e^{-j\pi f\tau}}{j2\pi f} = A\frac{\sin\pi f\tau}{\pi f} = A\tau\,\text{sinc}(f\tau)$$

$$= A\tau\frac{\sin\pi f\tau}{\pi f\tau} = A\tau\left(\frac{\sin(\omega\tau/2)}{\omega\tau/2}\right) = A\tau\,Sa\left(\frac{\omega\tau}{2}\right)$$

$$s(t-t_0) \longleftrightarrow e^{-j2\pi ft_0}S(f)$$

$$s'(t) = s(t-t_0)$$

$$S'(f) = A\tau\,Sa(\omega\tau/2)\,e^{-j\omega t_0} = A\tau\,\text{sinc}(f\tau)\,e^{-j\omega t_0}$$

18 시간 신호와 대응하는 퓨리에 변환 짝으로 옳지 않은 것은? (단, $\delta(\cdot)$는 델타함수, $u(\cdot)$는 단위계단함수, $*$는 컨볼루션(Convolution)을 나타내고, $\leftrightarrow$는 퓨리에 변환 짝으로 $x(t)$는 $X(f)$, $y(t)$는 $Y(f)$ 관계이다.)

① $1 \leftrightarrow \delta(f)$

② $u(t) \leftrightarrow \dfrac{1}{j2\pi f}$

③ $x(t)y(t) \leftrightarrow X(f) * Y(f)$

④ $x(t) * y(t) \leftrightarrow X(f)Y(f)$

Answer
18.②

해설
① $1 \longleftrightarrow \delta(f)$
② $u(t) \longleftrightarrow \dfrac{1}{2}\delta(f)+\dfrac{1}{j2\pi f}$
③ $x(t)y(t) \longleftrightarrow X(f)*Y(f)$
④ $x(t)*y(t) \longleftrightarrow X(f)Y(f)$

19 임의의 신호 $x(t)$의 주파수와 진폭을 그대로 두고 위상만을 90° 변화시키기 위한 변환은?　　　　

① 라플라스(Laplace) 변환
② 힐버트(Hilbert) 변환
③ 이산 퓨리에(Discrete Fourier) 변환
④ 고속 퓨리에(Fast Fourier) 변환

해설
① 라플라스 변환 $F(s)=\displaystyle\int_{0}^{\infty}f(t)e^{-st}dt$

② 힐버트 변환 : $\hat{s}(t)=s(t)*\dfrac{1}{\pi t}$, $\hat{S}(f)=jS(f)\,e^{-j\pi u(f)}$

③ DFT : (Discrete Fourier Transform-이산(불연속) 퓨리에 변환)
　연속적인 신호를 시간에 따라 sampling을 한 형태의 신호로 생각하여 퓨리에 변환식 : $\tilde{S}\left(\dfrac{n}{NT}\right)=\displaystyle\sum_{k=0}^{N-1}s(kT)e^{-j2\pi nk/N}$

④ FFT : (Fast Fourier Transform-고속 퓨리에 변환)
　㉠ DFT가 계산시간이 너무 오래 걸리기 때문에 고안된 방법
　㉡ sampling된 신호의 전부를 변환시키는 것이 아니라 필요한 신호만을 골라내어 최소화하여 고속으로 퓨리에 변환을 연산
　㉢ $S(n)=\displaystyle\sum_{k=0}^{N-1}s(k)\,W^{-nk}\ (n=0,\,1,\,\cdots,\,N-1)$
　　$W=e^{-j2\pi/N}$

키워드 신호의 위상을 90도 변환시키는 것은 힐버트 변환이다.

Answer
19.②

20 이상적인 저역통과 필터의 차단주파수가 100[Hz]이고 통과대역의 크기 이득이 0[dB]이다. 이 필터의 입력신호가 $\cos(50\pi t) + 2\sin(300\pi t)$일 때 출력신호는?

① 0
② $\cos(50\pi t)$
③ $2\cos(50\pi t)$
④ $2\sin(300\pi t)$

해설 $\cos(50\pi t) + 2\sin(300\pi t) \longleftrightarrow$
$$\frac{1}{2}[\delta(f-25) + \delta(f+25)] - j[\delta(f-150) - \delta(f+150)]$$
$X(f) = \frac{1}{2}[\delta(f-25) + \delta(f+25)] - j[\delta(f-150) - \delta(f+150)]$
$H(f) = \begin{cases} 1, & |f| \leq 100 \\ 0, & |f| > 100 \end{cases}$
$Y(f) = X(f)H(f) = \frac{1}{2}[\delta(f-25) + \delta(f+25)]$
$y(t) = \cos(50\pi t)$
즉, $f = 25$[Hz]만 통과하고 $f = 150$[Hz]는 통과하지 못한다.

키워드 이상적인 저역통과필터

21 통과대역이 2.1[GHz]~2.5[GHz]인 이상적인 대역통과 여파기의 위상이 $\theta(f) = -2 \times 10^{-11}\pi f$이다. 2.3[GHz] 신호가 이 여파기를 통과할 때 시간지연은?

① 2.3[ps]
② 4.6[ps]
③ 10[ps]
④ 20[ps]

해설 출력 응답파형이 입력신호에 대하여
$$t_0 = -\frac{1}{2\pi}\frac{d\theta(f)}{df} = -\frac{1}{2\pi}(-2 \times 10^{-11}) = 10^{-11} = 10[\text{ps}]$$
만큼 지연되어야 한다.

22 다음 Fourier 변환 중 옳지 않은 것은?

① $\text{rect}(t) \longleftrightarrow \text{sinc}(f)$
② $\cos 2\pi f_o t \longleftrightarrow \frac{1}{2}\{\delta(f-f_o) + \delta(f+f_o)\}$
③ $1 \longleftrightarrow \delta(f)$
④ $e^{j2\pi f_o t} \longleftrightarrow \delta(f+f_0)$

Answer
20.② 21.③ 22.④

해설 ㉠ $A \operatorname{rect}\left(\dfrac{t}{\tau}\right) \longleftrightarrow A\tau \operatorname{sinc}(f\tau)$, $A=1$, $\tau=1$

㉡ 변조정리 $\cos 2\pi f_o t \longleftrightarrow \dfrac{1}{2}\{\delta(f-f_o)+\delta(f+f_o)\}$

㉢ 상수는 임펄스함수 $A \longleftrightarrow A\delta(f)$, $A=1$

㉣ $e^{-j2\pi f_0 t} \longleftrightarrow \delta(f+f_0)$, $e^{j2\pi f_0 t} \longleftrightarrow \delta(f-f_0)$

㉤ 시간천이 성질 $x(t-t_0) \longleftrightarrow X(f)e^{-j2\pi f t_0}$

23 스펙트럼이 $M(f)$인 메시지 신호를 $\cos(2\pi f_c t)$의 반송파를 이용하여 DSB-SC 변조할 때, 변조된 신호의 스펙트럼과 전력 변화가 옳게 묶인 것은?

	스펙트럼	전력변화
①	$\dfrac{1}{2}M(f-f_c)+\dfrac{1}{2}M(f+f_c)$	절반으로 감소
②	$\dfrac{1}{\sqrt{2}}M(f-f_c)+\dfrac{1}{\sqrt{2}}M(f+f_c)$	변화 없음
③	$\dfrac{1}{2}M(f-f_c)+\dfrac{1}{2}M(f+f_c)$	변화 없음
④	$\dfrac{1}{\sqrt{2}}M(f-f_c)+\dfrac{1}{\sqrt{2}}M(f+f_c)$	절반으로 감소

해설 ㉠ 변조 전 전력은 시간평균전력 $\overline{|m(t)|^2} = \dfrac{1}{T}\int_0^T m(t)^2 dt$

㉡ 변조 후 전력은 $\overline{|m(t)\cos 2\pi f_c t|^2} = \dfrac{1}{2}\overline{|m(t)|^2}$이 된다.

즉, 전력은 1/2로 줄어든다.

㉢ 변조 후의 스펙트럼은 변조정리를 이용하면
$\dfrac{1}{2}M(f-f_c)+\dfrac{1}{2}M(f+f_c)$이다.

Answer 23.①

24 다음 그림과 같은 펄스열 신호 $x(t)$에 대한 설명으로 옳지 않은 것은?

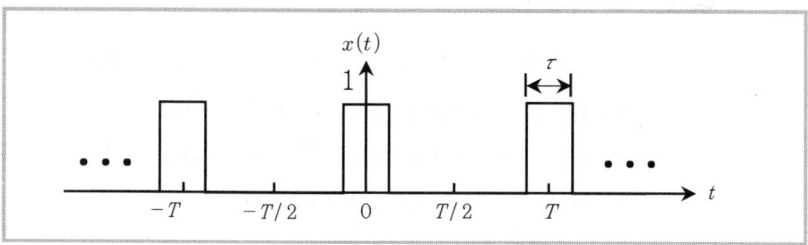

① 펄스폭 τ가 커지면 대역폭이 줄어든다.
② 펄스폭 τ가 커지면 주파수 스펙트럼의 진폭이 커진다.
③ 퓨리에 급수로 전개할 경우 sine 성분이 존재한다.
④ 주기 T가 무한히 증가하면 주파수 스펙트럼은 연속함수가 된다.

해설 $x(t) = a_0 + \sum_{n=1}^{\infty} [a_n \cos 2\pi n f_0 t + b_n \sin 2\pi n f_0 t]$

$a_0 = \frac{1}{T} \int_0^T x(t) dt$, $a_n = \frac{2}{T} \int_0^T x(t) \cos n\omega_0 t \, dt$

$b_n = \frac{2}{T} \int_0^T x(t) \sin n\omega_0 t \, dt$

$x(t) = \sum_{n=-\infty}^{\infty} c_n e^{j2\pi n f_0 t}$, $c_n = \frac{1}{T} \int_0^T x(t) e^{-j2\pi n f_0 t} dt$

$c_0 = a_0$, $c_n = \frac{1}{2}(a_n - jb_n)$, $c_{-n} = \frac{1}{2}(a_n + jb_n)$

㉠ 우함수(여현대칭파)는 코사인항만 존재한다. $x(t) = x(-t)$
㉡ 기함수(정현대칭파)는 사인항만 존재한다. $x(t) = -x(-t)$
㉢ 반파 대칭은 기수고조파(n이 홀수)만 존재한다. $x(t) = -x(t+T/2)$

$c_n = \frac{1}{T} \int_{-T/2}^{T/2} x(t) e^{-j2\pi n f_0 t} dt = \frac{1}{T} \int_{-\tau/2}^{\tau/2} A e^{-j2\pi n f_0 t} dt$

$= \frac{-A}{j2\pi n f_0 T} [e^{-j\pi n f_0 \tau} - e^{j\pi n f_0 \tau}] = \frac{A}{\pi n f_0 T} \sin(\pi n f_0 \tau)$

$= \frac{A\tau}{T} \left[\frac{\sin(\pi n f_0 \tau)}{\pi n f_0 \tau} \right]$, $n = 0, \pm 1, \pm 2, \cdots$

τ가 커지면 스펙트럼의 대역폭은 감소하고 진폭은 커진다.

Answer 24.③

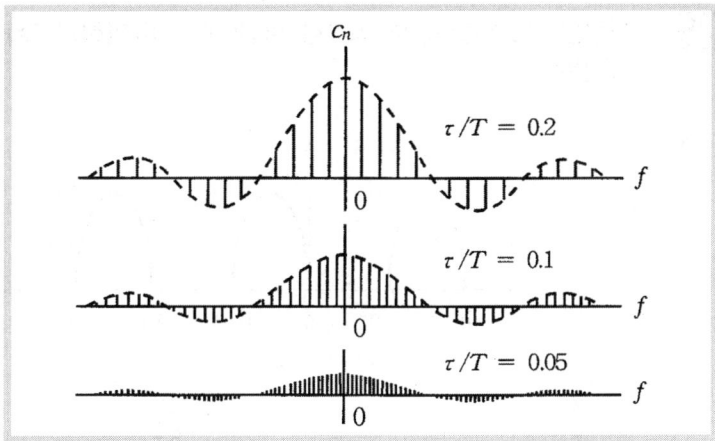

[일정한 τ에 대한 주기 T의 변화에 따른 선 스펙트럼]

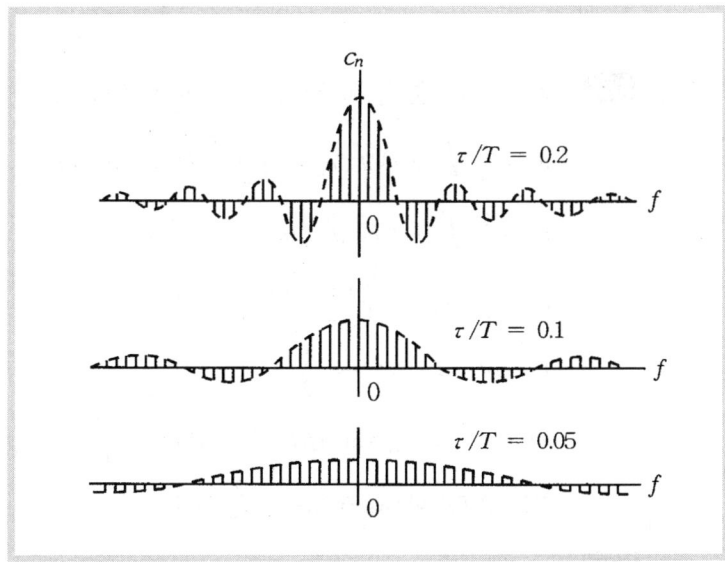

[일정한 T에 대한 펄스폭 τ의 변화에 따른 선 스펙트럼]

키워드 주기함수는 퓨리에 급수를 구하여 주파수 특성을 확인한다. 우함수는 코사인항만 존재한다.

25 다음은 sine파를 반파 정류한 파형이다. 이 파형의 2차 고조파 성분의 크기는?

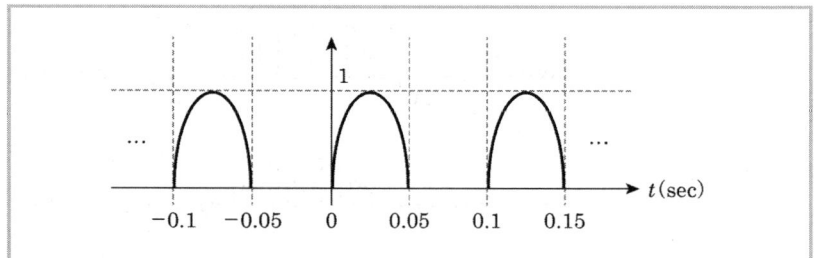

① $\dfrac{2}{\pi}$ ② $\dfrac{2}{3\pi}$

③ $\dfrac{3}{5\pi}$ ④ $\dfrac{\sqrt{2}}{\pi}$

해설
$$x(t) = a_0 + \sum_{n=1}^{\infty}[a_n\cos 2\pi nf_0 t + b_n\sin 2\pi nf_0 t]$$
$$a_0 = \frac{1}{T}\int_0^T x(t)dt, \ a_n = \frac{2}{T}\int_0^T x(t)\cos n\omega_0 t\, dt$$
$$b_n = \frac{2}{T}\int_0^T x(t)\sin n\omega_0 t\, dt$$
$$a_0 = \frac{1}{\pi}, \ a_0 = \frac{1}{\pi}\left(\frac{1+\cos n\pi}{1-n^2}\right)(n>1)$$
$$b_n = 0(n>1), \ b_1 = -\frac{1}{2}$$
$$x(t) = \frac{1}{\pi}[1 - \frac{\pi}{2}\sin 2\pi f_0 t - \frac{2}{3}\cos 4\pi f_0 t - \frac{2}{15}\cos 8\pi f_0 t]$$
제2고조파 성분의 크기는 $-\dfrac{2}{3\pi}$ 이다.

키워드 퓨리에 급수
$$a_0 = \frac{1}{\pi}, \ a_0 = \frac{1}{\pi}\left(\frac{1+\cos n\pi}{1-n^2}\right)(n>1)$$
$$b_n = 0(n>1), \ b_1 = -\frac{1}{2}$$
$$x(t) = \frac{1}{\pi}\left[1 - \frac{\pi}{2}\sin 2\pi f_0 t - \frac{2}{3}\cos 4\pi f_0 t - \frac{2}{15}\cos 8\pi f_0 t\right]$$
제2고조파 성분의 크기는 $-\dfrac{2}{3\pi}$ 이다.

Answer 25.②

26 다음과 같이 두 주기신호 $x(t)$와 $y(t)$가 주어졌을 때, 이에 대한 설명으로 옳지 않은 것은? (단, 두 신호의 최대 진폭의 크기는 같다)

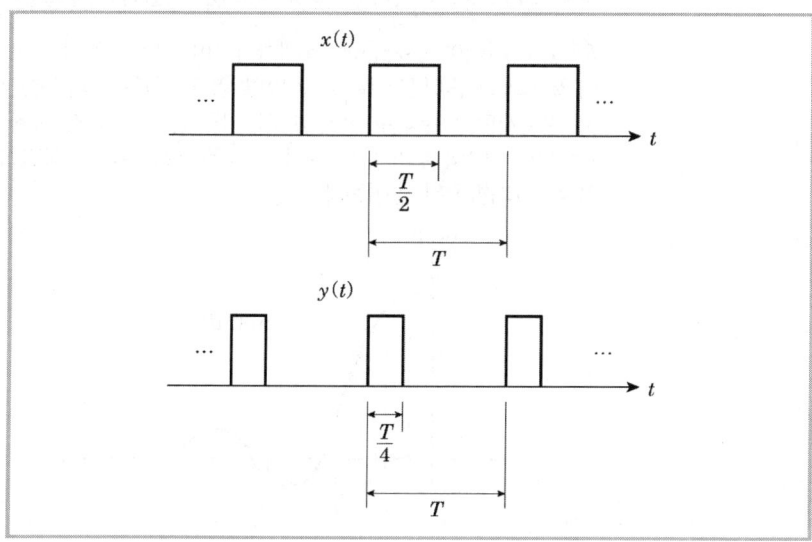

① $x(t)$의 스펙트럼에서 주엽(main-lobe)에 포함된 크기(magnitude)가 0이 아닌 선 스펙트럼의 수는 3개이다.
② $x(t)$의 선 스펙트럼 간격과 $y(t)$의 선 스펙트럼 간격은 동일하다.
③ 두 신호의 스펙트럼에서 주엽(main-lobe)의 폭은 동일하다.
④ $x(t)$의 최대 선 스펙트럼 크기는 $y(t)$의 최대 선 스펙트럼 크기보다 크다.

해설 ㉠ $x(t)$의 주엽은 $-\dfrac{2}{T} \sim \dfrac{2}{T}$이다. 따라서 $f=0, \dfrac{1}{T}, -\dfrac{1}{T}$에서 선 스펙트럼이 존재한다. $-\dfrac{2}{T}, \dfrac{2}{T}$에서 선 스펙트럼은 0이다.

㉡ 선 스펙트럼 간격은 $\dfrac{1}{T}$이다. 그러므로 T가 같으므로 간격은 같다.

㉢ $x(t)$의 주엽의 폭은 $\dfrac{4}{T}$, $y(t)$의 주엽의 폭은 $\dfrac{8}{T}$이다.

㉣ 주엽의 최대진폭은 $f=0$일 때 $\dfrac{A\tau}{T}$이다. 여기서 τ는 펄스의 폭이다.
$x(t)$의 선 스펙트럼 최대진폭은 $\dfrac{T/2}{T}=\dfrac{1}{2}$이고 $y(t)$의 선 스펙트럼 최대진폭은 $\dfrac{T/4}{T}=\dfrac{1}{4}$이다.

Answer
26.③

ⓓ $X(f)$가 영점이 되는 최소 주파수는 $\frac{2}{T}$이고 $Y(f)$가 영점이 되는 최소 주파수는 $\frac{4}{T}$이다. 또한 신호의 전력의 대부분이 $f=0$과 $f=1/\tau$ 사이에 존재함에 유의하라. 따라서 주기성 펄스(구형파)의 펄스폭이 좁아질수록 첫 번째의 영교차점은 주파수축상에서 점점 벌어지므로 주파수 확산이 더 커진다. 즉, 주엽(lobe)($f=0$과 $f=1/\tau$ 사이의 주파수)의 주파수 대역(흔히 주파수 대역이라 하면 이를 가리킨다)이 넓어진다.

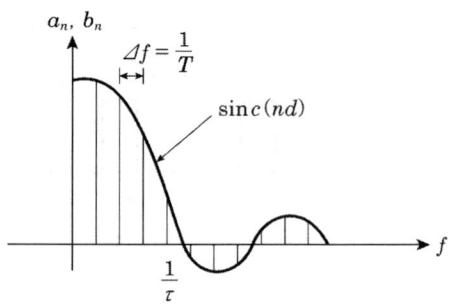

[구형파의 스펙트럼 성분의 진폭도]

식 (2.12a)의 우변의 함수는 $(\sin x)/x$의 형이다. 이는 통신이론에서 잘 알려진 표본화함수(sampling function) 또는 sinc 함수이다. 이는 중요한 식으로서 다음과 같이 정의된다.

$$\text{sinc}(x) = \frac{\sin \pi x}{\pi x}$$

위 식을 그래프로 나타내면 다음 그림에 보인 바와 같다.

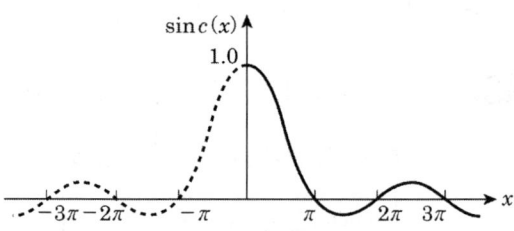

[x에 대한 sinc 함수]

키워드 구형파 주기함수의 스펙트럼 특성

27 아래의 그림과 같은 신호파형 $x(t)$에 대한 설명으로 옳지 않은 것은?

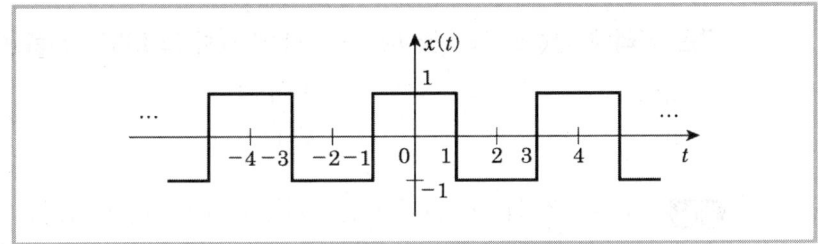

① $x(t)$는 주기신호(periodic signal)이다.
② $x(t)$는 우함수(even function)이다.
③ 퓨리에 급수로 표현하면 기함수(odd function) 성분이 없다.
④ 퓨리에 급수로 표현하면 직류성분의 크기는 0.5가 된다.

해설
㉠ y축에 대칭이므로 우함수이다.
㉡ 우함수를 퓨리에 급수를 취하면 우함수만 존재한다. 기함수 성분이 존재하지 않는다.
㉢ 반파 대칭파이므로 기수 고조파만 존재한다.
㉣ $a_o = \dfrac{1}{T}\displaystyle\int_{-T/2}^{T/2} x(t)dt = 0$ (직류성분 평균값은 0이다.)

키워드 구형파 주기함수의 퓨리에 급수의 성질

28 신호 $\displaystyle\sum_{n=-\infty}^{\infty} \delta(t-nT) + \sum_{n=-\infty}^{\infty} \delta(t-0.5T-nT)$의 퓨리에 급수 계수는?

① $\dfrac{1}{T}$ ② $\dfrac{1}{T^2}$
③ $\dfrac{2}{T}$ ④ $\dfrac{2}{T^2}$

해설 $S(f) = \displaystyle\sum_{n=-\infty}^{\infty} c_n \delta(f-nf_0)$, $f_0 = \dfrac{1}{T}$
$c_n = \dfrac{1}{T}\displaystyle\int_0^T s(t)e^{-j2\pi nf_0 t}dt = \dfrac{1}{T}\int_0^T [\delta(t)+\delta(t-0.5T)]dt = \dfrac{2}{T}$
($n=0$일 때 적용 예)

키워드 주기함수(임펄스함수)에 대한 퓨리에 계수

Answer
27.④ 28.③

29 신호함수 $v(t)$가 $v(t) = 40.5 + \dfrac{3.41}{11} \sum_{n=1}^{\infty} [1-(-1)^n] \sin(2\pi n f_0 t)$와 같은 퓨리에 급수로 표시될 때, $n=11$인 11차 고조파의 진폭은?

① 0.62
② 41.12
③ 40.5
④ 0

해설 $c_{11} = \dfrac{3.41}{11}[1-(-1)^{11}]\sin(2\pi 11 f_0 t) = 0.62\sin(2\pi(11)f_0 t)$

키워드 퓨리에 계수, 고조파 항의 계수값을 구한다.

30 정현파 신호 $x(t) = 8\sin(\omega_0 t)$에 대한 퓨리에 계수는?

① 4, 4
② 2, 2
③ $\dfrac{1}{2j}, -\dfrac{1}{2j}$
④ $\dfrac{4}{j}, -\dfrac{4}{j}$

해설 $S(f) = 8 \times \dfrac{1}{2j}[\delta(f-f_0) - \delta(f+f_0)] = \dfrac{4}{j}[\delta(f-f_0) - \delta(f+f_0)]$

따라서 퓨리에 계수는 $\dfrac{4}{j}, -\dfrac{4}{j}$이다.

키워드 퓨리에 계수

31 신호 $100\cos(4 \times 10^3 \pi t)$에 대한 설명으로 옳지 않은 것은?

① 퓨리에 급수 계수는 50이다.
② 주파수는 2,000[Hz]이다.
③ 주기는 0.0005초이다.
④ 주기신호이므로 퓨리에 변환을 적용할 수 없다.

해설 ㉠ $S(f) = 100 \times \dfrac{1}{2}[\delta(f-2,000) + \delta(f+2,000)]$
$= 50[\delta(f-2,000) + \delta(f+2,000)]$
따라서 퓨리에 계수는 50이다.
㉡ $s(t) = V_m \sin(2\pi f t + \theta) = 100\cos(4 \times 10^3 \pi t)$, $f = 2,000$[Hz]

Answer
29.① 30.④ 31.④

ⓒ $T = \dfrac{1}{f} = \dfrac{1}{2,000} = \dfrac{1}{2} \times 10^{-3} = 0.5 \times 10^{-3} = 0.0005 [\sec]$

ⓔ 정현파함수는 오일러 공식에 의해 지수함수로 분리하고 퓨리에 변환의 선형성에 의해서 퓨리에 변환이 가능하다. $\delta(t)$함수를 이용하여 이산적 주파수의 함수로 표시할 수 있다.

키워드 신호의 해석과 퓨리에 급수와 퓨리에 변환

32 신호 $4\sin\omega_o t + 8\cos\omega_o t$의 퓨리에(Fourier) 계수는?

① $1-j$, $1+j$
② $-j$, j
③ $4-j2$, $4+j2$
④ $3-j6$, $3+j6$

해설
$4\sin\omega_0 t \longleftrightarrow \dfrac{2}{j}[\delta(f-f_0) - \delta(f+f_0)]$
$8\cos\omega_0 t \longleftrightarrow 4[\delta(f-f_0) + \delta(f+f_0)]$
$S(f) = (4 + \dfrac{2}{j})\delta(f-f_0) + (4 - \dfrac{2}{j})\delta(f-f_0)$
$\quad\quad = (4-j2)\delta(f-f_0) + (4+j2)\delta(f-f_0)$

키워드 정현함수의 퓨리에 급수는 이산적 함수를 이용하여 퓨리에 변환으로 해석된다.

33 신호 $x(t)$와 $y(t) = x(t)\cos\left(\dfrac{2\pi t}{T}\right)$를 지수형 퓨리에 급수(exponential Fourier series)로 전개하였을 때, k번째 고조파 퓨리에 계수가 각각 X_k와 Y_k이다. X_k와 Y_k의 관계로 옳은 것은? (단, $x(t)$의 주기는 T이다)

① $Y_k = \dfrac{1}{4}(X_k + X_{k+1})$
② $Y_k = \dfrac{1}{2}(X_{k-1} + X_{k+1})$
③ $Y_k = \dfrac{1}{4}(X_{k-1} + X_{k+1})$
④ $Y_k = \dfrac{1}{2}(X_k + X_{k+1})$

해설 $x(t) \Rightarrow X(f)$, $y(t) \Rightarrow Y(f) = \dfrac{1}{2}[X(f-f_0) + X(f+f_0)]$
$Y_k = \dfrac{1}{2}[X_{k-1} + X_{k+1}]$

키워드 퓨리에 변환의 변조정리를 이용한다.

Answer
32.③ 33.②

34 신호 $x(t)$의 퓨리에 변환을 $X(f)$라고 할 때, 옳지 않은 것은? (단, $*$는 컨볼루션 연산이다)

① $x(t-t_0) \longleftrightarrow X(f)e^{-j2\pi f t_0}$
② $x(t)e^{j2\pi f_0 t} \longleftrightarrow X(f-f_0)$
③ $x(t)*x(t) \longleftrightarrow X^2(f)$
④ $x(t)\delta(t) \longleftrightarrow x(0)\delta(f)$

[해설]
㉠ 시간천이 성질 $x(t-t_0) \longleftrightarrow X(f)e^{-j2\pi f t_0}$
㉡ 주파수천이 성질 $x(t)e^{j2\pi f_0 t} \longleftrightarrow X(f-f_0)$
㉢ $x(t) \longleftrightarrow X(f)$, $x(t)*x(t) \longleftrightarrow X(f)X(f) = X^2(f)$
㉣ $x(t)\delta(t) = x(0)$, $x(0) \longleftrightarrow x(0)\delta(f)$
㉤ $x(t)\cos(2\pi f_0 t) \longleftrightarrow X(f) * \frac{1}{2}(\delta(f-f_0) + \delta(f+f_0))$
$= \frac{1}{2}(X(f-f_0) + X(f+f_0))$

[키워드] 퓨리에 변환쌍

35 아래 그림과 같은 이상 저역 통과 필터 $H(\omega)$의 시간 영역 응답 $h(t)$는 sinc 함수이다. 이때 $h(t) = 0$ $(t > 0)$인 최소 t(A 지점)값은?

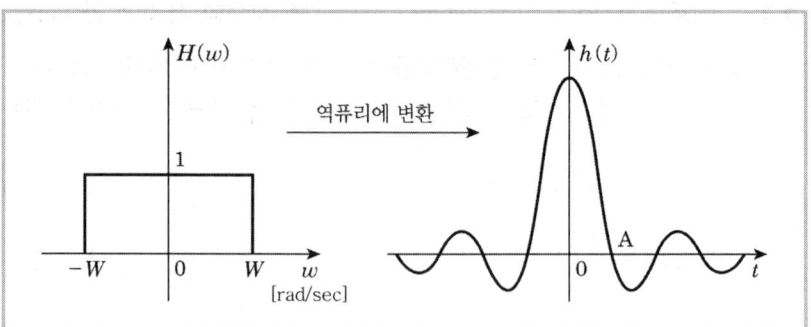

① $\frac{\pi}{W}$
② $\frac{2\pi}{W}$
③ $\frac{\pi}{2W}$
④ $\frac{1}{W}$

Answer
34.④ 35.①

해설 $s(t) = A \operatorname{rect}\left(\dfrac{t}{\tau}\right) = \begin{cases} A, & |t| < \dfrac{\tau}{2} \\ 0, & \text{기타} \end{cases}$

$S(f) = A\dfrac{\sin \pi f \tau}{\pi f} = A\tau \operatorname{sinc}(f\tau)$

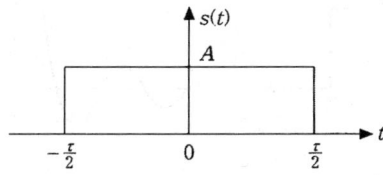

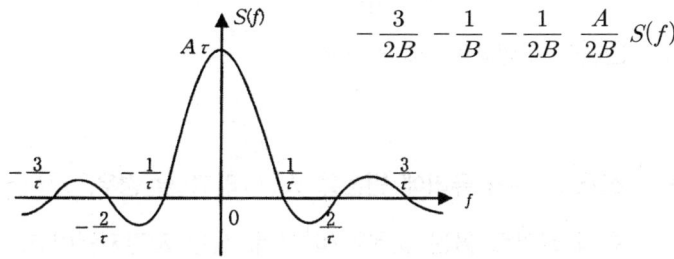

$H(f) = \dfrac{A}{2B} \operatorname{rect}\left(\dfrac{f}{2B}\right) = \begin{cases} \dfrac{A}{2B}, & |f| < W \\ 0, & \text{기타} \end{cases}$

$h(t) = A\dfrac{\sin 2B\pi t}{2B\pi t} = A\operatorname{sinc}(2Bt)$

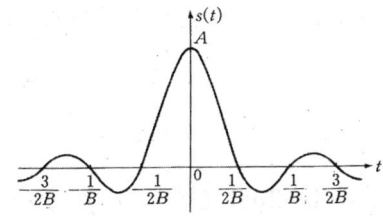
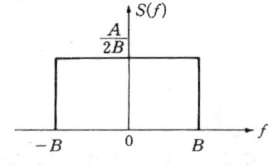

$H(f) = \operatorname{rect}\left(\dfrac{f}{2W}\right) = \begin{cases} 1, & |f| < W \\ 0, & \text{기타} \end{cases}$

$h(t) = 2W\dfrac{\sin 2W\pi t}{2W\pi t} = 2W\operatorname{sinc}(2Wt)$

$S(af) \longleftrightarrow \dfrac{1}{a}s\left(\dfrac{t}{a}\right), \ s(at) \longleftrightarrow \dfrac{1}{|a|}S\left(\dfrac{f}{a}\right)$

$H(\omega) = \operatorname{rect}\left(\dfrac{\omega}{2W}\right) = \begin{cases} 1, & |\omega| < W \\ 0, & \text{기타} \end{cases}$

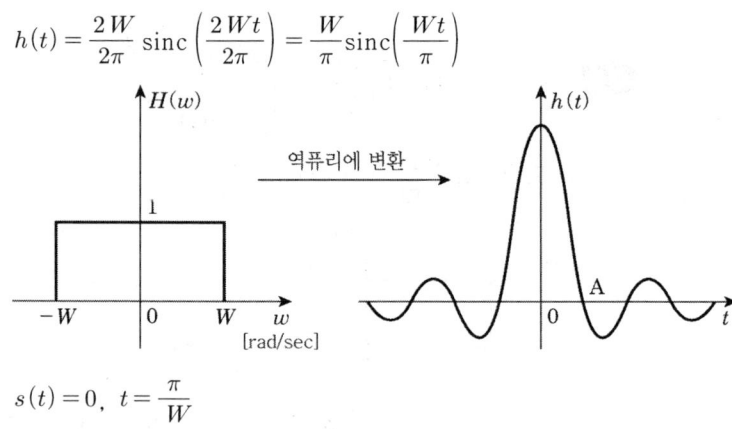

$$h(t) = \frac{2W}{2\pi}\text{sinc}\left(\frac{2Wt}{2\pi}\right) = \frac{W}{\pi}\text{sinc}\left(\frac{Wt}{\pi}\right)$$

$$s(t) = 0, \ t = \frac{\pi}{W}$$

[키워드] 구형파의 퓨리에 변환

36 신호 $x(t)$의 퓨리에 변환을 $X(f)$라고 할 경우, $x(t-t_0)$의 퓨리에 변환의 결과로 옳은 것은? (여기서, t_0는 시간지연이고, $f_0 = \dfrac{1}{t_0}$이다)

① $X(f-f_0)$
② $X(f-t_0)$
③ $X(f)e^{-j2\pi ft_0}$
④ $X(f)e^{-j2\pi f_0 t}$

[해설] $x(t-t_0) \longleftrightarrow e^{-j2\pi ft_0}X(f)$

[키워드] 시간지연은 주파수 영역에서 지수함수의 곱이다.

37 두 개의 대역제한(band-limited) 신호 $x(t)$와 $y(t)$가 각각 $|f|>f_1$에서 $|X(f)|=0$, $|f|>f_2$에서 $|Y(f)|=0$이라고 가정하며, 여기에서 $X(f)$와 $Y(f)$는 각각 $x(t)$와 $y(f)$의 Fourier 변환이다. $z(t)=x(t)y(t)$이라고 하면 $z(t)$의 Fourier 변환 $Z(f)$는 어떤 주파수로 대역제한되는가? 즉, $|f|>f_3$에서 $Z(f)=0$이 되는 최소 주파수 f_3로 옳은 것은?

① (f_1+f_2)
② (f_1f_2)
③ (f_1-f_2)
④ $(2f_2)$

Answer
36.③ 37.①

해설 $x(t)y(t) \longleftrightarrow X(f) * Y(f)$, $X(f) * Y(f) = \int_{-\infty}^{\infty} X(k)Y(f-k)dk$

$X(f)$는 $\tau = 2f_1$인 $rect$ 함수이고 $Y(f)$는 $\tau = 2f_2$인 $rect$ 함수이다. 이 함수의 컨볼루션의 결과는 $-(f_1+f_2) \sim f_1+f_2$까지 값을 갖고 나머지 주파수 영역에서는 0이다. 따라서 $Z(f) = 0$이 되는 최소 주파수는 f_1+f_2이다.

키워드 시간영역에서의 곱은 주파수 영역에서 컨볼루션과 같다.

38 다음 함수에 대한 퓨리에 변환으로 옳은 것은?

$$x(t) = e^{-t}u(t-1),\ u(t): 단위계단함수$$

① $\dfrac{1}{1+j\omega}e^{-(1+j\omega)}$ ② $\dfrac{1}{1+j\omega}e^{-(1-j\omega)}$

③ $\dfrac{1}{1-j\omega}e^{-(1+j\omega)}$ ④ $\dfrac{1}{1-j\omega}e^{-(1-j\omega)}$

해설 $x(t) = \begin{cases} e^{-t}, & t \geq 1 \\ 0, & t < 1 \end{cases}$, $(t \geq 1)$

퓨리에 변환 $X(\omega) = \int_{-\infty}^{\infty} x(t)e^{-j\omega t}dt$

역퓨리에 변환 $x(t) = \dfrac{1}{2\pi}\int_{-\infty}^{\infty} X(\omega)e^{j\omega t}d\omega$

퓨리에 변환 $X(f) = \int_{-\infty}^{\infty} x(t)e^{-j2\pi ft}dt$

역퓨리에 변환 $x(t) = \int_{-\infty}^{\infty} X(\omega)e^{j2\pi ft}df$

$X(\omega) = \int_{-\infty}^{\infty} x(t)e^{-j\omega t}dt = \int_{1}^{\infty} e^{-t}e^{-j\omega t}dt$

$= \int_{1}^{\infty} e^{-(1+j\omega)t}dt = \dfrac{-1}{(1+j\omega)}e^{-(1+j\omega)t}\Big]_{1}^{\infty}$

$= -\dfrac{1}{(1+j\omega)}[0 - e^{-(1+j\omega)}] = \dfrac{1}{1+j\omega}e^{-(1+j\omega)}$

키워드 지수함수에 대한 퓨리에 변환

Answer
38.①

39 아래와 같이 $x(t)$의 퓨리에 변환 $X(f)$가 주어졌을 때, $\int_{-\infty}^{\infty} x(t)dt$와 $x(0)$의 값은?

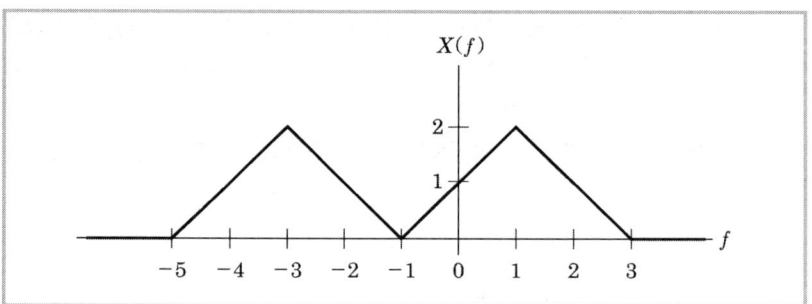

	$\int_{-\infty}^{\infty} x(t)dt$	$x(0)$
①	1	8
②	2	10
③	1	12
④	2	14

해설
$\int_{-\infty}^{\infty} x(t)dt = X(0) = 1$

$x(0) = \int_{-5}^{3} S(f)df = 2 \times \left[\int_{-5}^{-3} (f+5)\,df + \int_{-3}^{-1} -(f+1)\,df \right]$

$= 2 \times \left[\left(\frac{1}{2}f^2 + 5f \right)\Big|_{-5}^{-3} - \left(\frac{1}{2}f^2 + f \right)\Big|_{-3}^{-1} \right]$

$= 2 \times \left(\frac{1}{2}((-3)^2 - (-5)^2) + 5(-3-(-5)) \right.$
$\left. - \frac{1}{2}((-1)^2 - (-3)^2) - (-1-(-3)) \right)$

$= 2 \times \left(\frac{1}{2}(9-25) + (-15+25)) - \frac{1}{2}(1-9) - (-1+3) \right)$

$= 2 \times \left(-\frac{16}{2} + 10 + \frac{8}{2} - 2 \right) = 2 \times (-8 + 10 + 4 - 2) = 8$

키워드 $x(t)$의 면적 $\int_{-\infty}^{\infty} x(t)dt = X(0)$

$X(f)$의 면적 $\int_{-\infty}^{\infty} X(f)df = x(0)$

Answer
39.①

40 수신신호 $r(t) = s(t) + n(t)$에서 신호 성분은 $s(t) = 10\cos(600\pi t) + 5\cos(800\pi t)$이고, 잡음 $n(t)$의 전력 밀도는 0.00625[W/Hz]이다. 수신신호 $r(t)$를 차단주파수가 500[Hz]인 이상적인 저역통과 필터에 통과시켰을 때 필터출력에서 신호 대 잡음비[dB]는?

① 1[dB] ② 5[dB]
③ 10[dB] ④ 20[dB]

해설
$S(f) = \dfrac{10}{2}[\delta(f-300) + \delta(f+300)] + \dfrac{5}{2}[\delta(f-400) + \delta(f+400)]$

$R(f) = S(f) + N(f)$
$R_o(f) = (S(f) + N(f))H(f) = S(f)H(f) + N(f)H(f)$
$S(f)$는 모두 필터를 통과하므로
$H(f) = \begin{cases} 1, & f \leq 500 \\ 0, & f > 500 \end{cases}$
$P_N = 2 \times 0.00625 \times 500 = 6.25[\text{W}]$ (주파수 영역의 $-500 \sim 500$[Hz])
$P_S = 2 \times 5^2 + 2 \times (5/2)^2 = 50 + 12.5 = 62.5[\text{W}]$
$S/N[\text{dB}] = 10\log\left(\dfrac{62.5}{6.25}\right) = 10[\text{dB}]$

키워드 신호전력 대 잡음전력비

41 다음은 힐버트 변환(Hilbert transform)을 이용하는 SSB(Single Side-Band) 변조기의 구성도이다. 변조된 신호 s(t)를 바르게 표현한 것은?

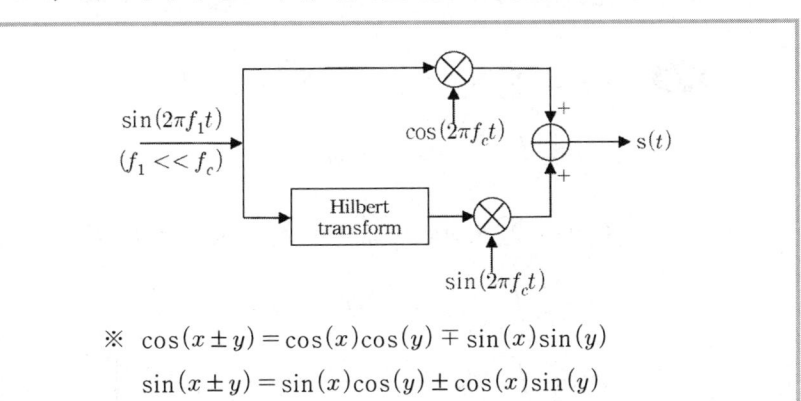

※ $\cos(x \pm y) = \cos(x)\cos(y) \mp \sin(x)\sin(y)$
  $\sin(x \pm y) = \sin(x)\cos(y) \pm \cos(x)\sin(y)$

① $\sin[2\pi(f_c - f_1)t]$
② $-\sin[2\pi(f_c - f_1)t]$
③ $\cos[2\pi(f_c - f_1)t]$
④ $-\cos[2\pi(f_c - f_1)t]$

해설

㉠ 위쪽의 출력은
$$g_1(t) = \sin 2\pi f_1 t \cos 2\pi f_c t = \frac{1}{2}[\sin 2\pi (f_1 - f_c)t + \sin 2\pi (f_1 + f_c)t]$$

㉡ 아래쪽의 출력은
$$g_2(t) = -\cos 2\pi f_1 t \sin 2\pi f_c t = -\frac{1}{2}[\sin 2\pi (f_c - f_1)t + \sin 2\pi (f_c + f_1)t]$$

㉢ $s(t) = g_1(t) + g_2(t) = \frac{1}{2}\sin 2\pi(f_1 - f_c)t - \frac{1}{2}\sin 2\pi(f_c - f_1)t$
$= -\frac{1}{2}\sin 2\pi(f_c - f_1)t - \frac{1}{2}\sin 2\pi(f_c - f_1)t = -\sin 2\pi(f_c - f_1)t$

키워드 힐버트 변환은 입력신호의 각 주파수 성분을 $-\pi/2$만큼 천이시키는 것을 뜻한다.

42 다음 주기함수에 대한 퓨리에 변환으로 옳은 것은? (단, $Sa(x) = \dfrac{\sin x}{x}$)

$$x(t) = 2 \sum_{n=-\infty}^{\infty} [u(t-2n+0.5) - u(t-2n-0.5)]$$

① $2\pi \sum\limits_{n=-\infty}^{\infty} Sa\left(\dfrac{n\pi}{2}\right)\delta\left(\omega - \dfrac{n\pi}{2}\right)$ ② $2\pi \sum\limits_{n=-\infty}^{\infty} Sa\left(\dfrac{n\pi}{2}\right)\delta(\omega - n\pi)$

③ $2\pi \sum\limits_{n=-\infty}^{\infty} Sa\left(\dfrac{n\pi}{4}\right)\delta\left(\omega - \dfrac{n\pi}{4}\right)$ ④ $2\pi \sum\limits_{n=-\infty}^{\infty} Sa\left(\dfrac{n\pi}{4}\right)\delta\left(\omega - \dfrac{n\pi}{2}\right)$

해설 $X(f) = \sum\limits_{n=-\infty}^{\infty} c_n \delta(f - nf_0) = \sum\limits_{n=-\infty}^{\infty} c_n \delta\left(f - \dfrac{n}{T}\right)$,

$c_n = \dfrac{1}{T} \int_{-T/2}^{T/2} x(t) e^{-j2\pi nf_0 t} dt$

$X(\omega) = \sum\limits_{n=-\infty}^{\infty} c_n \delta\left(\omega - \dfrac{2\pi n}{T}\right) = \sum\limits_{n=-\infty}^{\infty} c_n \delta(\omega - n\pi)$, $T = 2$

$c_n = \dfrac{2\pi}{T} \int_{-T/2}^{T/2} x(t) e^{-j\omega_0 t} dt$

$c_n = \dfrac{2\pi}{2} \int_{-0.5}^{0.5} 2e^{-jn\omega_0 t} dt = \dfrac{2\pi}{2} \times \dfrac{2}{(-jn\omega_0)} e^{-jn\omega_0 t} \Big]_{-0.5}^{0.5}$

$= -\dfrac{1}{2j} \dfrac{4\pi}{n\omega_0}[e^{-jn\omega_0/2} - e^{jn\omega_0/2}] = \dfrac{4\pi}{n\omega_0} \dfrac{[e^{jn\omega_0/2} - e^{-jn\omega_0/2}]}{2j}$

Answer
42.②

$$= \frac{4\pi}{n\omega_0}\sin(n\omega_0/2) = 2\pi\frac{\sin n\omega_0}{n\omega_0/2} = 2\pi Sa(n\omega_0/2) = 2\pi Sa\left(\frac{\pi n}{2}\right)$$

$$X(\omega) = \sum_{n=-\infty}^{\infty} c_n \delta(\omega - \frac{2\pi n}{T}) = \sum_{n=-\infty}^{\infty} c_n \delta(\omega - n\pi)$$

$$= 2\pi \sum_{n=-\infty}^{\infty} Sa\left(\frac{n\pi}{2}\right)\delta(\omega - n\pi)$$

키워드 주기함수의 푸리에 변환

43 푸리에 변환 쌍으로 옳지 않은 것은?

① $\sin(2\pi f_0 t) \longleftrightarrow \dfrac{\delta(f-f_0) - \delta(f+f_0)}{2j}$

② $1 \longleftrightarrow \delta(f)$

③ $\displaystyle\sum_{k=-\infty}^{\infty} \delta(t-kT_0) \longleftrightarrow \dfrac{1}{T_0}\sum_{n=-\infty}^{\infty}\delta\left(f-\dfrac{n}{T_0}\right)$

④ $e^{j2\pi f_0 t} \longleftrightarrow \delta(f+f_0)$

해설
㉠ $\sin(2\pi f_0 t) \longleftrightarrow \dfrac{1}{2j}\{\delta(f-f_0) - \delta(f+f_0)\}$

㉡ $1 \longleftrightarrow \delta(f)$
임펄스함수 $\delta(f) = \begin{cases} \infty, & f=0 \\ 0, & f \neq 0 \end{cases}$

㉢ 이산적 신호의 푸리에 변환
$\displaystyle\sum_{k=-\infty}^{\infty}\delta(t-kT_0) \longleftrightarrow \dfrac{1}{T_0}\sum_{n=-\infty}^{\infty}\delta(f-\dfrac{n}{T_0})$, $\delta(t)$는 디락델타

이상적인 샘플링함수, 디락델타(Dirac delta) $\delta(t) = \begin{cases} \infty, & t=0 \\ 0, & t \neq 0 \end{cases}$

kroneker delta $\delta_{mn} = \begin{cases} 1, & m=n \\ 0, & m \neq n \end{cases}$

㉣ 주파수천이 : $S(f-f_0) \longleftrightarrow e^{j2\pi f_0 t}s(t)$, $e^{j2\pi f_0 t} \longleftrightarrow \delta(f-f_0)$

㉤ 시간천이 : $s(t-t_0) \longleftrightarrow e^{-j2\pi f_0 t}S(f)$,
$\delta(t-t_0) \longleftrightarrow e^{-j2\pi f_0 t}$

키워드 푸리에 변환쌍

Answer
43.④

44 다음 Fourier 변환식 중 옳지 않은 것은?

① $\delta(t) \longleftrightarrow 1$

② $\exp(-j2\pi f_0 t) \longleftrightarrow \delta(f-f_0)$

③ $\text{rect}(t/A) \longleftrightarrow A\text{sinc}(Af)$
(단, $\text{rect}(t/A)$는 펄스폭이 A인 구형펄스)

④ $\sum_{n=-\infty}^{\infty} \delta(t-nT) \longleftrightarrow \frac{1}{T}\sum_{n=-\infty}^{\infty} \delta\left(f-\frac{n}{T}\right)$

해설
㉠ $\delta(t) \longleftrightarrow 1$
㉡ $S(f-f_0) \longleftrightarrow e^{j2\pi f_0 t}s(t)$, $\exp(-j2\pi f_0 t) \longleftrightarrow \delta(f+f_0)$
㉢ $A\text{rect}\left(\frac{t}{\tau}\right) \longleftrightarrow A\tau\text{sinc}(f\tau)$
㉣ $s(t) = \sum_{n=-\infty}^{\infty} \delta(t-nT) \longleftrightarrow S(f) = \frac{1}{T}\sum_{-\infty}^{\infty}\delta(f-nf_0)$
$= \frac{1}{T}\sum_{n=-\infty}^{\infty}\delta\left(f-\frac{n}{T}\right)$ $(f_0 = \frac{1}{T})$
㉤ $1 \longleftrightarrow \delta(f)$

키워드 퓨리에 변환의 성질 중 주파수천이 성질

45 이산신호 $x[n]$의 이산 퓨리에 변환(DFT)에 대한 설명 중 옳지 않은 것은?

① $x[n]$이 실수이고 우함수이면 이산 퓨리에 변환된 결과의 허수부가 모두 0이 되며 sine항만 존재한다.

② $x[n]$이 실수이면 이산 퓨리에 변환된 결과의 실수부는 우함수이고, 허수부는 기함수이다.

③ $x[n]$이 비주기일 경우 이산 퓨리에 변환 결과는 연속 스펙트럼으로 나타난다.

④ 일반적으로 이산 퓨리에 변환에는 N의 자승 번의 복소수 곱셈과 덧셈이 필요하다. 여기서, N은 이산 퓨리에 변환 크기이다.

해설

성질	시간함수	Fourier 변환
1	실함수	실우함수부와 허기함수부
2	실우함수	실우함수부
3	실기함수	허기함수부
4	허함수	실기함수부와 허우함수부
5	허우함수	허우함수부
6	허기함수	실기함수부

① $x[n]$이 실수이고 우함수이면 이산 퓨리에 변환된 결과의 허수부가 모두 0이 되며 cosine항만 존재한다.

키워드 이산 퓨리에 변환의 특성인 연속적인 퓨리에 변환의 특성과 유사하다.

46 실수 주기 신호 $x(t)$의 주파수 크기 스펙트럼이 아래 그림과 같을 때, 옳지 않은 것은?

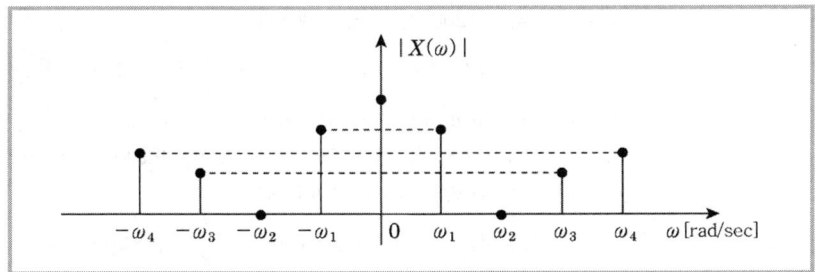

① $x(t)$는 기함수가 아니다.

② $x(t)$의 기본주기(Fundamental Period)는 $\dfrac{2\pi}{\omega_1}$ 초이다.

③ $\dfrac{X(\omega_3)}{X(\omega_1)}$은 양의 정수이다.

④ $x(t)$의 직류성분은 0이다.

해설 직류성분은 ω가 0일 때의 값이며 값이 0이 아니고 값이 존재한다.

키워드 이산적 퓨리에 변환

Answer
46.④

47 퓨리에 변환 $S(f)$가 〈보기〉와 같이 주어질 때 $s(t)$는? (단, $\delta(t)$는 단위 임펄스함수(unit impulse function), 즉 디락델타함수(Dirac delta function)를 나타낸다.)

〈보기〉
$$S(f) = \int_{-\infty}^{\infty} s(t)e^{-j2\pi ft}\, dt$$
$$= 4\delta(f+100) + j\delta(f+200) + 4\delta(f-100) - j\delta(f-200)$$

① $s(t) = 8\cos(200\pi t) + 2\sin(400\pi t)$
② $s(t) = 4\cos(200\pi t) + \sin(400\pi t)$
③ $s(t) = 8\cos(200\pi t) - 2\sin(400\pi t)$
④ $s(t) = 4\cos(200\pi t) - \sin(400\pi t)$

해설 변조정리를 이용하여 퓨리에 변환하면
① $s(t) = 8\cos(200\pi t) + 2\sin(400\pi t)$
→ $4[\delta(f-100) + \delta(f+100)] + j[\delta(f+200) - \delta(f-200)]$
② $s(t) = 4\cos(200\pi t) + \sin(400\pi t)$
→ $2[\delta(f-100) + \delta(f+100)] + j\frac{1}{2}[\delta(f+200) - \delta(f-200)]$
③ $s(t) = 8\cos(200\pi t) - 2\sin(400\pi t)$
→ $4[\delta(f-100) + \delta(f+100)] - j[\delta(f+200) - \delta(f-200)]$
④ $s(t) = 4\cos(200\pi t) - \sin(400\pi t)$
→ $2[\delta(f-100) + \delta(f+100)] - j\frac{1}{2}[\delta(f+200) - \delta(f-200)]$

키워드 $S(f) = \int_{-\infty}^{\infty} s(t)e^{-j2\pi ft}\, dt$는 퓨리에 변환 공식이다.
퓨리에 변환의 변조정리
$\mathscr{F}[\cos 2\pi f_0 t] = \frac{1}{2}[\delta(f-f_0) + \delta(f+f_0)]$
$\mathscr{F}[\sin 2\pi f_0 t] = \frac{1}{2j}[\delta(f-f_0) - \delta(f+f_0)] = j\frac{1}{2}[\delta(f+f_0) - \delta(f-f_0)]$

Answer 47.①

48 〈보기〉의 복소신호 $x(t)$를 $\sum_{n=-\infty}^{\infty} c_n e^{jn\omega_0 t}$ 형태의 복소지수 퓨리에 급수로 나타내면 최소 몇 개의 항의 합으로 표현이 되는가?

〈보기〉
$$x(t) = 3\cos(\omega_0 t) + 3j\sin(\omega_0 t) + 2\cos(2\omega_0 t)$$

① 2 ② 3
③ 4 ④ 6

해설 퓨리에 급수
$$x(t) = a_0 + \sum_{n=1}^{\infty}[a_n \cos 2\pi n f_0 t + b_n \sin 2\pi n f_0 t]$$
$$a_o = \frac{1}{T}\int_{-T/2}^{T/2} x(t)\, dt, \quad a_n = \frac{2}{T}\int_{-T/2}^{T/2} x(t)\cos 2\pi f_0 t\, dt$$
$$b_n = \frac{2}{T}\int_{-T/2}^{T/2} x(t)\sin 2\pi f_0 t\, dt$$
$n=1$일 때 $c_1 = 3$, $3e^{j\omega_o t} = 3\cos\omega_0 t + j3\sin\omega_0 t$
$n=2$일 때 $c_2 = 2$ $2\cos 2\omega_0 t$
퓨리에 급수로 표현하면 3개의 항으로 표현된다.
$x(t) = 3\cos(\omega_0 t) + 3j\sin(\omega_0 t) + 2\cos(2\omega_0 t)$

키워드 $e^{j\omega t} = \cos\omega t + j\sin\omega t$이다.

49 〈보기〉의 퓨리에 급수에서, 3차 고조파와 5차 고조파의 진폭의 합은?

〈보기〉
$$x(t) = 25 + \sum_{n=1}^{\infty} \frac{13.5}{n}[1-(-1)^n]\cos n\omega_0 t$$

① 15.0 ② 14.8
③ 14.6 ④ 14.4

해설 $n=3$일 때 $x(t) = \frac{13.5}{3}[1-(-1)^3]\cos 3\omega_0 t = \frac{27}{3}\cos 3\omega_0 t$
$n=5$일 때 $x(t) = \frac{13.5}{5}[1-(-1)^5]\cos 5\omega_0 t = \frac{27}{5}\cos 5\omega_0 t$
3, 5 고조파 진폭의 합은 $9 + 5.4 = 14.4$

키워드 n이 2 이상이 될 때의 값이 고조파값이다.

Answer
48.② 49.④

제3절 통신 시스템 및 잡음

01 다음과 같은 입출력 관계를 갖는 비선형 채널이 있다.

> $y(t) = a_1 x(t) + a_2 x^2(t)$ 이 시스템에 다음과 같은 신호가 입력된다.
> $x(t) = \cos(200\pi t) + 2\cos(300\pi t)$

다음 중 출력의 주파수 성분이 아닌 것은?

① 0 ② 100
③ 200 ④ 500

해설
$y(t) = a_1 x(t) + a_2 x^2(t)$
$= a_1(\cos(200\pi t) + 2\cos(300\pi t)) + a_2(\cos(200\pi t) + 2\cos(300\pi t))^2$
$(\cos(200\pi t) + 2\cos(300\pi t))^2 = \cos^2(200\pi t) + 4(\cos(200\pi t)\cos(300\pi t)) + 4\cos^2(300\pi t)$

공식 : $\cos(\alpha)\cos(\beta) = \frac{1}{2}[\cos(\alpha - \beta) + \cos(\alpha + \beta)]$,
$\cos^2 \alpha = \frac{1}{2}(1 + \cos 2\alpha)$

$\cos 200\pi t$: 주파수는 100[Hz], $\cos 300\pi t$: 주파수는 150[Hz]
$\cos^2(200\pi t) = \frac{1}{2}(1 + \cos 400\pi t)$: 주파수는 0[Hz], 200[Hz]
$\cos(200\pi t)\cos(300\pi t) = \frac{1}{2}[\cos(100\pi t) + \cos(500\pi t)]$
: 주파수는 50[Hz], 250[Hz]
$\cos^2(300\pi t) = \frac{1}{2}(1 + \cos 600\pi t)$: 주파수는 0[Hz], 300[Hz]

출력 주파수는 0[Hz], 50[Hz], 100[Hz], 150[Hz], 200[Hz], 250[Hz], 300[Hz]

키워드 비선형 시스템의 출력 주파수는 계산에 의해 구할 수 있다.

02 열잡음(Thermal Noise)에 대한 설명으로 옳은 것은?
① 특정 주파수 대역에서만 분포되어 나타난다.
② 주파수가 높아질수록 열잡음이 커진다.
③ 비연속적이고 비정규적인 펄스나 순간적인 잡음 스파이크이다.
④ 온도가 낮아질수록 열잡음은 작아진다.

Answer
01.④ 02.④

해설 ① 열잡음은 모든 주파수 영역에 일정하게 존재하는 잡음으로 주파수 영역에서 보면 평판한 잡음이다.
② 주파수에 무관하게 일정한 잡음성분을 가지고 있다.
③ 열역학(thermal dynamics)의 설명에 의하면, 저항체내의 전자는 항상 불규칙한 운동상태에 있으며 이 전자들의 에너지는 절대온도 T에 비례한다. 갑자기 커지는 임펄스성 잡음은 아니다.
④ 온도가 낮아질수록 잡음은 작아진다. 열잡음 전압은
$e_{n,\,rms} = \sqrt{4kTBR}$ [V]이다.

03 디지털 통신시스템에서 정합필터에 대한 설명으로 옳지 않은 것은? (단, 비트 구간이 T인 이진 신호 $s(t)$를 전송하고, 채널은 가산성 백색 가우시안 잡음(AWGN) 환경이며, K는 상수이다)

① 비트오류확률을 최소로 하는 필터이다.
② 필터의 임펄스 응답은 $Ks(T-t)$이다.
③ 시간 $t = T$에서 상관수신기와 동일한 결과를 얻을 수 있다.
④ 시간 $t = T$에서 출력의 신호 대 잡음비를 최소로 만든다.

해설 ① 비트오류확률을 최소로 하는 최적의 필터이다.
② $h_i(t) = \mathcal{F}^{-1}[cS^*(f)e^{-j2\pi fT}] = cs^*(T-t)$
③ 상관수신기와 동일한 특성을 갖는다.
④ 출력단에서 SNR을 최대로 하는 것이다.

04 에너지신호와 전력신호에 대한 설명으로 옳은 것은?

① 에너지신호의 전력은 ∞이다.
② 전력신호의 에너지는 0이다.
③ 에너지신호도 아니고 전력신호도 아닌 신호는 존재하지 않는다.
④ 정현파는 전력신호이다.

해설 ㉠ 에너지신호의 전력은 0이다.
㉡ 전력신호의 에너지는 무한대이다.
㉢ 에너지신호도 아니고 전력신호도 아닌 신호는 존재한다.
㉣ 정현파신호는 주기신호이고 에너지가 무한대인 전력신호이다.

Answer
03.④ 04.④

05 신호 $x(t)$에 대한 설명으로 가장 옳은 것은?

① $x(t+t_0)$는 신호 $x(t)$를 오른쪽으로 t_0만큼 이동시킨 신호이다.
② $x(at)$는 상수 $|a|<1$이면 시간축상에서 확장된 신호이다.
③ $x(t)=x(-t)$이면 기함수이다.
④ $x(t) \neq x(t+T)$이면 주기 T인 주기함수이다.

해설 $x(at)$는 상수가 $|a|<1$이면 확장된 신호이고 $|a|>1$이면 수축된 신호이다. 주기함수는 $x(t)=x(t+T)$이므로 신호가 무한히 존재할 때만 주기함수가 된다.
㉠ $x(t+t_0)$는 신호 $x(t)$를 왼쪽으로 t_0만큼 이동시킨 신호이다.
㉡ $x(t)=x(-t)$이면 우함수이다.
㉢ $x(t) \neq x(t+T)$이면 비주기함수이다.
㉣ $x(t)=-x(-t)$이면 기함수이다.

06 델타함수(delta function) $\delta(t)$에 대한 다음 수식들 중 가장 옳지 않은 것은? (단, 문제에서 $x(t)$는 임의의 함수이다.)

① $\delta(2t-1)=2\delta(t)=1$
② $x(t)\delta(t-2)=x(2)\delta(t-2)$
③ $\int_{-\infty}^{\infty} \delta(t-2)x(t)dt = x(2)$
④ $\int_{\infty}^{\infty} \delta(-t)x(t)dt = x(0)$

해설 ㉠ $\delta(t)$는 $t=0$일 때 면적이 1이고 무한대의 진폭을 갖는다.
㉡ $\delta(2t-1)$은 $t=1/2$일 때 면적이 1이고 무한대의 진폭을 갖는다.
㉢ $2\delta(t)$는 $t=0$일 때 2인 면적이 2이고 진폭은 무한대의 진폭을 갖는다.

Answer
05.② 06.①

07 $x(t)$ 및 $y(t)$ 모두 아래와 같은 신호일 때, $-1 \leq t \leq 0$의 범위에서 $x(t)$와 $y(t)$의 컨볼루션(convolution) $x(t) * y(t)$의 계산값은?

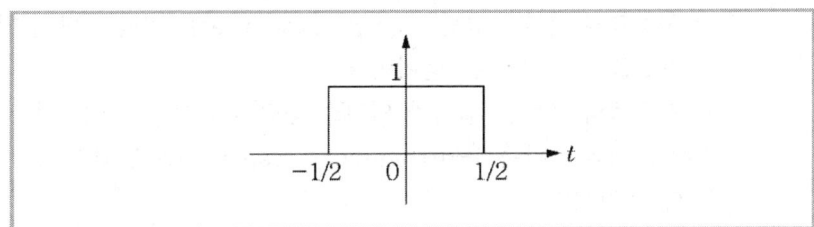

① 0
② 1
③ $1+t$
④ $1-t$

해설 $t=-1$부터 값을 갖기 시작하여 0부터 $t=0$일 때 최댓값인 1을 갖는다.
$$x(t) * y(t) = \int_{-\infty}^{t} x(\tau) y(t-\tau) \, d\tau = \begin{cases} 1+t, & -1 \leq t \leq 0 \\ 1-t, & 0 < t \leq 1 \\ 0, & t > 1 \end{cases}$$
컨볼루션은 $t=-\infty$에서부터 t값을 변화시키면서 적분한 값의 합이다.

08 단위 임펄스 응답이 $h(t) = 2\delta(t-4)$인 선형 시불변 시스템에 대한 설명으로 옳지 않은 것은?

① $h(t)$를 이용하여 주어진 입력신호에 대한 출력신호를 구할 수 있다.
② 출력신호는 입력신호가 증폭되고 지연된 형태로 나타난다.
③ 입력신호에 포함되지 않은 주파수 성분이 출력신호에 나타날 수 있다.
④ 이 시스템의 주파수 응답의 위상(Phase)은 주파수에 비례한다.

해설 ㉠ $y(t) = x(t) * h(t)$
㉡ $y(t) = x(t) * h(t) = x(t) * 2\delta(t-4) = 2x(t-4)$
㉢ 출력신호는 입력신호에 나타난 주파수 성분이 그대로 나타나며 위상이 지연된다.
㉣ $y(t) = 2x(t-4)$, $Y(f) = 2X(f) e^{-j2\pi f \times 4}$
㉤ 주파수 응답의 크기는 모든 주파수에서 일정하고 위상은 주파수에 비례한다.

Answer
07.③ 08.③

09 선형 시불변 시스템(linear time-invariant system)에 대한 설명 중 옳지 않은 것은?

① 시스템의 임펄스 응답(impurse response)은 입력에 단위 임펄스를 가했을 때 얻어지는 출력이다.
② 시스템의 출력은 입력과 임펄스 응답의 곱으로 주어진다.
③ 시스템의 주파수 응답(frequency response)은 임펄스 응답의 푸리에 변환이다.
④ 출력의 푸리에 변환은 입력의 푸리에 변환과 시스템의 주파 응답의 곱으로 주어진다.

해설 ㉠ $\delta(t) * h(t) = y(t) = h(t)$, $1 \times H(f) = Y(f)$, $Y(f) = H(f)$, $y(t) = h(t)$
㉡ 시스템 출력은 입력과 임펄스 응답의 컨볼루션으로 주어진다.
㉢ 시스템의 주파수 응답은 임펄스 응답의 푸리에 변환과 같다.
㉣ $y(t) = x(t) * h(t)$, $Y(f) = X(f) \times H(f)$
㉤ 시불변 시스템의 특성은 입력신호가 $x(t-t_0)$일 때 출력신호는 $y(t-t_0)$이다.

10 다음과 같이 시스템의 입력 $x(t)$와 출력 $y(t)$ 사이의 관계를 나타내는 방정식이 주어졌을 때 인과(causal) 시스템에 속하지 않는 것은?

① $y(t) = 3x(t)$
② $y(t) = 2x(t) + 2x(t-1)$
③ $y(t) = 4 - 3x(t) + 4x(t-3)$
④ $y(t) = x(t-1) + x(t+1)$

해설 ④ $x(t+1)$는 현재를 기준($t=0$)으로 $x(1)$인 경우이므로 미래입력이다.
인과 시스템은 미래의 입력에 대한 출력은 없다. 단지 과거와 현재의 입력에 의해서만 출력에 영향을 준다.

Answer
09.② 10.④

11 신호가 수신될 때 신호를 구성하는 다양한 주파수 성분들이 서로 다른 전파속도를 가짐에 따라 수신신호 품질이 저하되는 현상은?

① 감쇠(attenuation) ② 지연왜곡(delay distortion)
③ 잡음(noise) ④ 혼선(crosstalk)

해설 ① 감쇠 : 통신채널을 따라 신호가 진행하면서 진폭이 감소하는 현상
② 지연왜곡 : 채널상에서 주파수에 따른 속도지연으로 발생한다. 신호의 위상이 흔들리거나 ISI가 발생한다.
③ 잡음 : 통신채널에 유입되는 원하지 않는 신호를 잡음이라 한다.
④ 혼선 : 다른 채널의 신호가 원하는 채널에 유입되어 신호가 혼합되는 것. 대개 어떤 통신회선의 전기신호가 다른 통신회선과 전자기(電磁氣)적으로 결합하여 다른 통신회선에 대하여 악영향을 미치는 것
※ 페이딩은 시간에 따라 수신전계강도가 불규칙적으로 변하는 현상이다.
• 상호변조왜곡 : 주파수끼리 서로 영향을 주어 전혀 다른 방해 주파수를 만들어 냄
• 감쇄왜곡 : 채널에서 주파수에 대한 감쇠 불균형으로 발생한다.

12 선형 시불변 시스템이 무왜곡 전송을 하려면 입력신호 $x(t)$에 대하여 출력신호 $y(t)$가 $y(t) = Kx(t-t_0)$의 형태를 갖는다. K와 t_0를 임의의 상수라고 하면, 이 시스템의 전달함수 $H(f)$로 적합한 것은? (단, $X(f)$는 입력신호 $x(t)$의 퓨리에 변환함수이다.)

① $H(f) = Ke^{-j2\pi ft_0}$ ② $H(f) = KX(f)e^{j2\pi ft_0}$
③ $H(f) = KX(f-f_0)$ ④ $H(f) = KX(f)e^{-j2\pi ft_0}$

해설 $K\delta(t-t_o)*x(t) = Kx(t-t_o)$, $Kx(t-t_o) \to KX(f)e^{-j2\pi ft_o}$이다.

13 수신기 전치증폭기의 잡음지수가 F_1, 이득이 G_1이고, 주증폭기의 잡음지수가 F_2, 이득이 G_2일 때, 이 수신기의 잡음지수는?

① $F = F_1 + (F_2 - 1)/G_1$ ② $F = F_1 + F_2/G_2$
③ $F = F_1 + F_2/G_1$ ④ $F = F_1 + (F_2 - 1)/G_2$

Answer
11.② 12.④ 13.①

해설 잡음지수 $F = F_1 + \dfrac{F_2-1}{G_1} + \dfrac{F_3-1}{G_1 G_2} + \ldots$

여기서, G_1 : 첫 번째 단의 이득, G_2 : 두 번째 단의 이득
F_1 : 첫 번째 단의 잡음지수, F_2 : 두 번째 단의 잡음지수
F_3 : 세 번째 단의 잡음지수

잡음은 첫 번째 단에 가장 영향을 많이 받는다.

14 다음 전송 열화 중 수신측에서의 심볼간 간섭(ISI : Inter-Symbol Interference) 현상이 발생하는 원인이 되는 것은 무엇인가?

① 지연왜곡(Delay Distortion)
② 혼선(Crosstalk)
③ 충격 잡음(Impulse Noise)
④ 감쇄(Attenuation)

해설
① 지연왜곡 : 채널상에서 주파수에 따른 속도지연으로 발생한다. 신호의 위상이 흔들리거나 ISI가 발생한다.
② 혼선 : 하나의 채널에서 다른 채널로 신호로 유입되는 현상을 혼선이라 한다.
③ 충격 잡음 : 갑자기 큰 잡음이 발생되는 잡음을 말한다.
④ 감쇄 : 신호가 전송되면서 신호의 크기가 줄어드는 것을 말한다.

15 정합필터에 대한 설명으로 옳지 않은 것은?

① 이진 통신시스템에서 비트오류확률을 최소화할 수 있다.
② 이진 통신시스템에서 필터출력의 신호 대 잡음비를 최대로 할 수 있다.
③ 필터의 임펄스 응답이 입력신호파형과 밀접한 관련이 있다.
④ 정합필터의 출력과 상관기의 출력은 모든 시점에서 항상 동일하다.

해설
㉠ 이진 통신시스템의 수신단에서 비트오류확률을 최소화할 수 있다.
㉡ S/N 비를 최대로 할 수 있다.
㉢ $h_i(t) = s_i(T-t)$로 임펄스 응답은 입력신호와 밀접한 관련이 있다.
㉣ 펄스의 유무를 판별하는 시점에서만 상관기와 동일하다.

키워드 정합필터

Answer
14.① 15.④

16 선형 시불변 연속 시스템에 해당하지 않는 것은? (단, 보기에서 $y(t)$는 0보다 큰 상수, a, x는 시스템 입력, d, t는 시스템 출력을 나타냄)

① $y(t) = a \cdot x(t)$
② $y(t) = a^t \cdot x(t)$
③ $y(t) = \dfrac{d}{dt}x(t)$
④ $y(t) = x(t) + x(t-1)$

해설 $y(t) = a^t \cdot x(t)$ 함수는 시간에 따라 지수적으로 증가하는 함수이므로 시간에 따라 출력특성이 달라진다.

키워드 시불변 시스템은 시간지연이 되어도 출력특성은 일정한 시스템을 말한다.

17 신호 $x(t) = 4\cos\left(\dfrac{\pi}{6}t\right)$를 임펄스 응답(impulse response)이 $h(\tau) = \delta(2\tau - 4) + \delta(-2\tau - 4)$인 선형 시불변(linear time invariant) 시스템에 통과시켰을 때 얻어지는 신호는 $y(t)$이다. 이때, $y(2)$의 값은?

① 1
② 2
③ 3
④ 4

해설 $x(t) * h(t) = 4\cos\left(\dfrac{\pi}{6}t\right) * \delta(2t-4) + 4\cos\left(\dfrac{\pi}{6}t\right) * \delta(-2t-4)$
$= 2\cos\left(\dfrac{\pi}{6} \times 2\right) + 2\cos\left(\dfrac{\pi}{6} \times (-2)\right)$

즉 $t = 2$와 $t = -2$일 때에서만 값을 갖는다.
$t = 2$일 때는
$x(t) * h(t) = \dfrac{1}{2} \times 4 \times \cos\left(\dfrac{\pi}{6} \times 2\right) = \dfrac{4}{2}\cos\left(\dfrac{\pi}{6} \times 2\right) = 2 \times \cos\left(\dfrac{\pi}{3}\right)$
$= 2 \times \dfrac{1}{2} = 1$

$t = -2$일 때는
$x(t) * h(t) = \dfrac{1}{2} \times 4\cos\left(\dfrac{\pi}{6} \times (-2)\right) = \dfrac{4}{2}\cos\left(\dfrac{\pi}{6} \times (-2)\right)$
$= 2 \times \cos\left(-\dfrac{\pi}{3}\right) = 2 \times \dfrac{1}{2} = 1$

$\dfrac{1}{2}$배를 해 주는 이유는 $\delta(2t)$의 면적은 $\dfrac{1}{2}$이므로

키워드 $x(t)$가 신호이고 $h(t)$가 임펄스 응답일 때 시스템을 통과시키면 컨볼루션 $x(t) * \delta(t) = \displaystyle\int_{-\infty}^{\infty} x(\tau)\delta(t-\tau)\,d\tau = x(t)$ 연산으로 계산된다.

Answer
16.② 17.①

18 다음 그림과 같이 입력 $f(t)$에 대해 출력 $g(t)$를 생산하는 시스템이 있다. 다음 중 이 시스템의 주파수전달함수 $H(\omega)$와 역할을 바르게 나타낸 것은?

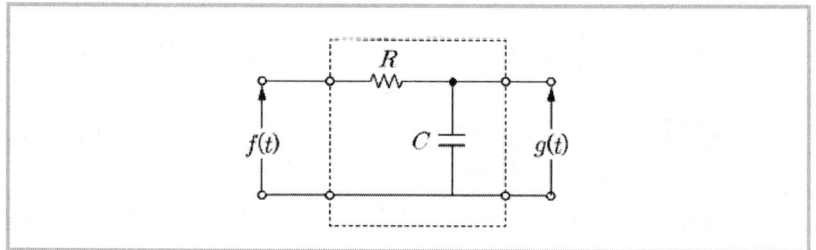

① $H(\omega) = \dfrac{1}{j\omega RC+1}$, 고역통과 여파기

② $H(\omega) = \dfrac{1}{j\omega RC+1}$, 저역통과 여파기

③ $H(\omega) = j\omega RC+1$, 고역통과 여파기

④ $H(\omega) = j\omega RC+1$, 저역통과 여파기

해설 먼저 C양단의 전압분배를 구하면 된다.

$$g(t) = \dfrac{-jX_C}{R-jX_C} \times f(t) = \dfrac{\dfrac{1}{j\omega C}}{R+\dfrac{1}{j\omega C}} f(t) = \dfrac{1}{j\omega RC+1} f(t)$$

$\dfrac{g(t)}{f(t)} = \dfrac{1}{j\omega RC+1}$ $H(\omega) = \dfrac{G(\omega)}{F(\omega)} = \dfrac{1}{j\omega RC+1}$

C에서 출력을 얻으면 $X_C = \dfrac{1}{2\pi f C}$이므로 주파수가 증가하면 X_C값은 감소하므로 LPF(저역통과필터)이다.

키워드 전달함수 $H(\omega) = \dfrac{G(\omega)}{F(\omega)}$ 이다.

19 AWGN(Additive White Gaussian Noise)채널의 단일 송수신 안테나 통신에서 송신전력이 $E = 14[W]$일 때, 통신속도 6[kbps] 달성을 위해 필요한 최소 주파수 대역폭 $B[Hz]$로 가장 옳은 것은? (단, 수신잡음의 평균은 0, 평균 전력밀도 $N_0 = 10^{-3}[W/Hz]$이다.)

① $B = 500$ ② $B = 600$
③ $B = 2,000$ ④ $B = 3,000$

Answer
18.② 19.③

해설 $N = N_0 \times B$

$C = B\log_2(1+S/N)$, $6 \times 10^3 = B\log_2\left(1 + \dfrac{14}{B \times 10^{-3}}\right)$

$\dfrac{6 \times 10^3}{B} = \log_2\left(1 + \dfrac{14}{B \times 10^{-3}}\right)$

① $B = 500$, $12 = \log_2\left(1 + \dfrac{14}{0.5}\right) = \log_2(1+28) = \log_2 29 = 4.85$
성립하지 않는다.

② $B = 600$, $10 = \log_2\left(1 + \dfrac{14}{0.6}\right) = \log_2(1+23.33) = \log_2 24.33 = 4.6$
성립하지 않는다.

③ $B = 2000$, $3 = \log_2\left(1 + \dfrac{14}{2}\right) = \log_2(1+7) = \log_2 8 = 3$ 성립한다.

④ $B = 3000$, $2 = \log_2\left(1 + \dfrac{14}{3}\right) = \log_2(1+4.67) = \log_2 5.67 = 2.5$
성립하지 않는다.

키워드 섀논의 정리를 이용하여 대역폭을 구한다.
$C = B\log_2(1+S/N)$, $B = \dfrac{C}{\log_2(1+S/N)}$

20

송신파워 $P[\text{W}]$, 주파수 대역 $W[\text{Hz}]$, 잡음전력 스펙트럼 밀도 $\dfrac{N_0}{2}$ [W/Hz]인 가우시안 채널을 시간 $T[\text{s}]$ 동안 사용하여 보낼 수 있는 정보량[bits]에 해당하는 것은?

① $\dfrac{1}{2}\log_2\left(1 + \dfrac{P}{N_o W}\right)$ ② $\log_2\left(1 + \dfrac{P}{N_0 W}\right)$

③ $W\log_2\left(1 + \dfrac{P}{N_0 W}\right)$ ④ $WT\log_2\left(1 + \dfrac{P}{N_0 W}\right)$

해설 초당 보낼 수 있는 정보량은 $C = B\log_2\left(1 + \dfrac{S}{N}\right) = B\log_2\left(1 + \dfrac{P}{WN_0}\right)$

$N = N_0 W$인 이유는 (−) 주파수 대역을 포함시킨 것이다.

T초 동안 보낼 수 있는 정보량은 $T \times C = WT\log_2\left(1 + \dfrac{P}{N_0 W}\right)$이다.

키워드 1초당 보낼 수 있는 최대 정보량은 $C = B\log_2(1+S/N)$[bps]

Answer 20.④

21 주기 T[ms], 최대 주파수 f_{max}[kHz]인 연속신호 $x(t)$를 τ[ms]마다 샘플링(sampling)하여 얻어진 이산신호가 $x[n]$이다. 이에 대한 설명으로 가장 옳지 않은 것은?

① $x(t)$의 주파수 표현은 이산신호(discrete signal) 형태로 나타난다.
② $\tau < T < \infty$일 때, $x[n]$은 항상 주기신호이다.
③ $x[n]$에서 $x(t)$를 완벽 복원할 수 있는 이론적 최대 샘플링 주기는 $\dfrac{1}{2f_{max}}$[ms]이다.
④ $x[n]$의 주파수 표현은 주기신호 형태로 나타난다.

해설 ㉠ 신호를 샘플링하면 이산적 신호로 나타낸다.
㉡ 샘플링하기 위해서는 $T = n\tau$로 정수배이어야 한다.
N개의 이산적인 값을 계산하면 $S(n/NT)$은 N개의 표본값으로 한 개의 주기를 갖는 주기함수이다.
㉢ 최대 샘플링 주기는 $T = \dfrac{1}{2f_m}$이다.
㉣ $x[n]$의 이산적 신호는 퓨리에 변환하면 주기신호가 된다.

22 주어진 회로에서 입력 $n_i(t)$는 전력밀도 스펙트럼이 $S_{n_i}(f) = \dfrac{\eta}{2}$, $-\infty < f < \infty$인 백색 가우시안 잡음이다. 다음 중 출력 $n_o(t)$의 평균 전력은?

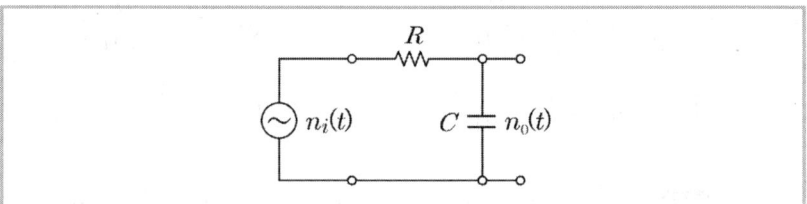

① $\dfrac{\eta}{RC}$ ② $\dfrac{\eta}{2RC}$
③ $\dfrac{\eta}{3RC}$ ④ $\dfrac{\eta}{4RC}$

Answer
21.② 22.④

해설 전달함수 $H(\omega) = \dfrac{N_o(\omega)}{N_i(\omega)} = \dfrac{1}{j\omega RC + 1}$

$S_{N_o}(\omega) = S_{N_i}(\omega)|H(\omega)|^2 = \dfrac{N_o/2}{1+(\omega RC)^2}$

$H(f) = \dfrac{1}{1+j2\pi fRC}$

$\mathcal{F}[e^{-a|\tau|}] = \dfrac{2a}{a^2+(2\pi f)^2}$, $a = \dfrac{1}{RC}$

$\dfrac{1}{a^2+(2\pi f)^2} = \dfrac{1}{2a}\mathcal{F}[e^{-a|\tau|}]$

$R_N(\tau) = \dfrac{N_o}{4RC} e^{-\frac{|\tau|}{RC}}$

시간평균전력은 $R_N(0) = \dfrac{N_o}{4RC}$

키워드 전달함수 $H(\omega) = \dfrac{N_o(\omega)}{N_i(\omega)} = \dfrac{1}{j\omega RC + 1}$

23 전력 스펙트럼 밀도(Power Spectral Density)가 $\dfrac{N_0}{2}$ 인 백색잡음 $x(t)$ 가 〈보기〉의 회로에 입력전압으로 가해졌을 때, 출력전압 신호 $y(t)$의 전력 스펙트럼 밀도에 해당하는 것은? (단, R은 저항의 저항값이며, C는 커패시터의 정전용량이다.)

〈보기〉

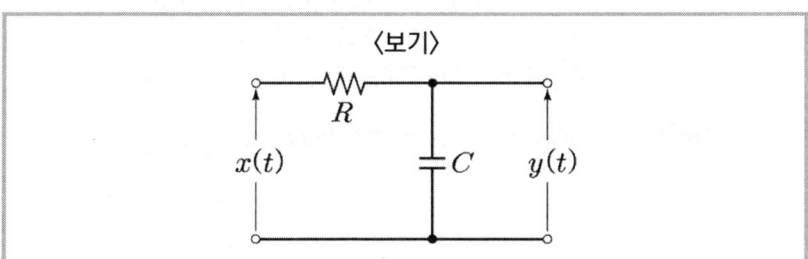

① $\dfrac{N_0}{2[1+4\pi^2 f^2 C^2 R^2]}$ ② $\dfrac{N_0}{2[1+2\pi^2 f^2 C^2 R^2]}$

③ $\dfrac{N_0}{2[1+\pi^2 f^2 C^2 R^2]}$ ④ $\dfrac{N_0}{2[2+\pi^2 f^2 C^2 R^2]}$

Answer
23.①

해설 전달함수 $H(\omega) = \dfrac{Y(f)}{X(f)} = \dfrac{1}{j2\pi fRC+1}$

출력전력 스펙트럼 밀도

$$S_Y(f) = S_X(f)|H(f)|^2 = \dfrac{N_o/2}{1+(2\pi fRC)^2}$$

$$S_Y(f) = \dfrac{N_o}{2[1+4\pi^2 f^2 R^2 C^2]}$$

키워드 전달함수 $H(\omega) = \dfrac{Y(f)}{X(f)} = \dfrac{1}{j2\pi fRC+1}$

출력전력 스펙트럼 밀도 = 입력전력 스펙트럼 밀도×(전달함수)^2

24 〈보기〉는 어떤 필터의 주파수 응답을 나타낸다. 이 필터의 3[dB] 대역폭은?

〈보기〉

$$H(f) = \dfrac{1}{1+j(0.5f)}$$

① 0.5 ② 1
③ 2   ④ 4

해설 $H(f) = \dfrac{1}{1+j(f/f_c)} = \dfrac{1}{1+j(0.5f)} = \dfrac{1}{1+j(f/2)}$

따라서 차단주파수 $f_c = 2[\text{Hz}]$이다.
차단주파수는 $-3[\text{dB}]$되는 주파수이다.

키워드 LPF 필터의 주파수 응답은 $H(f) = \dfrac{1}{1+j(f_c/f)}$ 이다.

Answer
24.③

25 두 신호 $x(t)$와 $h(t)$가 〈보기〉와 같이 주어졌을 때, 컨볼루션 연산 $x(t) * h(t)$의 값이 최대가 되는 t의 값은?

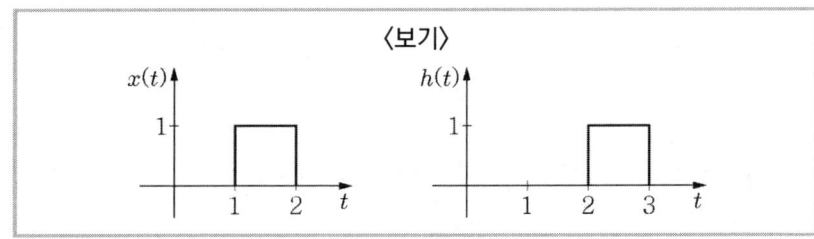

① 1
② 2
③ 3
④ 4

해설 $x(t) * y(t) = \int_{-\infty}^{t} x(\tau) y(t-\tau) d\tau$

$t=0, t=1, t=2, t=3$일 때 $x(t) * y(t) = 0$
$t=4$일 때 $x(t) * y(t) = 1$
$t=5, t=6, \cdots$일 때 $x(t) * y(t) = 0$

키워드 구형파의 컨볼루션에서 최댓값은 모두 겹쳤을 때의 최댓값이 된다.

Answer
25.④

공기업(교통공사)
통신일반
적중예상문제집

CHAPTER 02
아날로그 변복조

공기업(교통공사)
통신일반
적중예상문제집

02 아날로그 변복조

제1절 AM

01 통신시스템에서 변조의 이유와 목적으로 옳지 않은 것은?

① 신호의 간섭을 피하기 위해서이다.
② 전파의 다중경로로 인한 신호페이딩을 제거할 수 있다.
③ 짧은 파장의 반송파 신호를 이용하여 변조함으로써 장비가 소형 경량화 되는 장점이 있다.
④ 하나의 통신로에 여러 신호를 동시에 송수신할 수 있게 하기 위해서이다.

해설 ✦ 변조의 목적 ✦
㉠ 잡음 간섭을 줄이기 위해서이다. 즉, 전송 대역폭을 넓게 한 광대역 변조방식은 복조단계에서 잡음을 억제할 수 있다.
㉡ 복사(Radiation)를 용이하게 하기 위해서이다.
㉢ 전송매체에 정합하기 위해서이다.
㉣ 주파수 할당을 위해서(상호 간섭 배제)이다.
㉤ 다중화 : 1기저대역 전송의 경우는 하나의 전송로에 회선밖에 구성할 수 없지만 다수의 반송파를 사용하여 각각의 신호로 변조하면 하나의 전송로에 다수의 회선 구성이 가능하다.
㉥ 장비제한의 극복을 위해서이다.
㉦ 변조와 페이딩과는 무관하다.

Answer
01.②

02 변조에 대한 설명으로 옳지 않은 것은?
① 변조를 통하여 여러 메시지신호를 혼신 없이 다중화할 수 있다.
② 신호를 변조하면 효율적인 신호 전송에 적합한 무선 송수신 안테나의 크기를 줄일 수 있다.
③ 저역 메시지신호를 협대역 FM 기법을 사용하여 변조하면 변조된 신호의 대역폭은 메시지신호 대역폭의 약 2배가 된다.
④ 변조는 신호에 포함되어 있는 중복성을 제거하여 전송할 데이터량을 줄이는 과정이다.

해설
㉠ 여러 신호들을 높은 주파수로 이동시켜 겹치지 않게 배열한 후 한 번에 전송(다중화)할 수 있다.
㉡ 변조란 낮은 주파수 대역에 있는 신호를 높은 주파수 대역으로 이동시키는 조작이다. 높은 주파수로 이동시키기 때문에 비접지 안테나인 경우 최소 안테나 길이가 $l = \lambda/2$ 이므로 λ(파장)이 작아져서 안테나 길이를 짧게 할 수 있다.
㉢ FM 협대역 대역폭은 진폭변조 대역폭과 같다. 즉 $BW = 2f_m$, f_m은 신호의 최대 주파수
㉣ 전송할 데이터량을 줄이는 과정을 소스코딩(원천부호화)이라고 한다.

03 다음 중 변조를 하는 이유로 볼 수 없는 것은 무엇인가?
① 송수신용 안테나 제작 문제를 해결하기 위해
② 잡음과 간섭을 개선하기 위해
③ 주파수 분할 다중 통신을 위해
④ 구현 시 곱셈기나 비선형 소자를 사용하지 않기 위해

해설 변조를 구현하기 위해서는 곱셈기나 비선형 소자를 사용한다.

04 낮은 주파수의 기저대역 신호를 멀리 보내기 위해 반송파의 진폭이나 주파수 또는 위상에 신호를 실어 보내는 기법은?
① 포매팅   ② 소스코딩
③ 변조   ④ 채널코딩

Answer
02.④   03.④   04.③

해설 ① 포매팅은 디스크에 데이터를 기록할 수 있도록 초기화하는 작업이다.
② 소스코딩은 정보신호의 데이터량을 줄이는(압축) 부호화이다.
③ 낮은 주파수의 기저대역 신호를 멀리 보내기 위해 반송파의 진폭이나 주파수 또는 위상에 신호를 실어 보내는 기법을 변조라고 한다. 진폭변조는 정보신호의 진폭에 따라 반송파의 진폭, 주파수, 위상을 변화시키는 방식이다.
④ 채널코딩은 에러 검출 및 정정을 위해 잉여비트를 추가하는, 부호화하는 기법이다.

05 진폭변조에서 변조도에 대한 설명으로 틀린 것은?

① 신호파의 최댓값을 반송파의 최댓값으로 나눈 값이다.
② 반송파의 크기와 신호파의 크기에 따라 정해진다.
③ 최대 주파수편이와 신호주파수와의 비이다.
④ 진폭변화의 정도를 나타낸다.

해설 ㉠ 진폭변조도(변조지수)는 신호파의 최대진폭과 반송파의 최대진폭의 비이다.
㉡ 최대 주파수편이와 신호주파수와의 비는 FM변조도(변조지수)이다.

06 펄스 폭이 1[ms]인 구형파(Rectangular Pulse) 신호를 양측파 대 억압 반송파(DSB-SC) 진폭변조를 한다고 할 때 변조된 신호의 대역폭[kHz]은? (단, 대역폭은 스펙트럼의 주엽(Mainlobe)의 주파수 범위(Null-to-Null Bandwidth)로 정의한다)

① 0.5[kHz] ② 1[kHz]
③ 2[kHz]   ④ 4[kHz]

해설 DSB-SC는 $m(t)\cos2\pi f_c t$의 형태로 변조정리를 적용하여 퓨리에 변환한다.
$\tau = 1$[ms]이면 $\frac{1}{\tau} = 1$[kHz], 주엽은 $-\frac{1}{\tau} \sim \frac{1}{\tau}$를 말한다.
-1[kHz] $\sim$ 1[kHz]이므로
대역폭은 1[kHz]$-(-1$[kHz]$)=2$[kHz]이다.

07 진폭이 12[V]이고 주파수가 1[MHz] 반송파를 진폭이 10[V], 주파수 3[kHz]의 변조파로 진폭변조하였을 때 변조도는 약 몇 [%]인가?

① 50[%]
② 75[%]
③ 83[%]
④ 92[%]

해설 진폭변조의 변조도는 $= A_m/A_c \times 100\% = 10/12 \times 100 = 83.33\%$ 이다.

08 100[MHz]의 반송파를 사용하여 10[kHz]의 대역폭을 갖는 신호를 DSB-LC(Double Sideband-Large Carrier)변조하여 전송하고자 한다. 다음 중 옳지 않은 것은?

① 이 방식으로 변조된 신호는 주파수 변조된 신호보다 무선 채널에서 겪게 되는 페이딩(fading) 현상의 영향을 많이 받게 된다.
② 비동기 검파방식의 수신기를 사용해서 메시지 신호를 복조할 수 있다.
③ 전송전력의 일부분은 반송파를 전송하는 데 사용된다.
④ 이 방식으로 변조된 신호를 전송하는 데 필요한 대역폭은 10kHz이다.

해설
① AM방식은 FM방식보다 페이딩에 영향을 많이 받는다. 그 이유는 진폭에 정보신호가 있기 때문이다.
② DSB-LC는 구조가 간단한 포락선 검파방식으로 복조할 수 있다.
③ DSB-LC는 반송파도 전송되므로 전력소모가 많다. 하지만 수신단에서 송신된 반송파를 이용하여 간단한 포락선 검파를 할 수 있다.
④ DSB-LC의 대역폭은 신호 대역폭의 2배이다. 신호의 대역폭이 10[kHz]이므로 변조된 DSB-LC의 대역폭은 $BW = 2f_m$으로 20[kHz]이다.

키워드 DSB-LC의 대역폭은 신호대역폭의 2배이다.

Answer 07.③ 08.④

09 다음 AM 변조된 신호의 변조지수와 상측파대 주파수는?

$$g_{AM}(t) = [12 + 6\cos(2\pi \times 10^4 t)]\cos(2\pi \times 10^6 t)$$

① 변조지수 : 0.2, 상측파대 주파수 : 1,010[kHz]
② 변조지수 : 0.5, 상측파대 주파수 : 1,010[kHz]
③ 변조지수 : 0.5, 상측파대 주파수 : 990[kHz]
④ 변조지수 : 0.3, 상측파대 주파수 : 990[kHz]

해설 ㉠ 변조지수 : 6/12=0.5
㉡ 상측파대 : 1,000[kHz]+10[kHz]=1,010[kHz]
㉢ 하측파대 : 1,000[kHz]-10[kHz]=990[kHz]

10 무선 통신시스템에서 사용되는 소자들의 비선형성으로 인하여 발생하는 현상은?

① 상호변조(Inter-modulation) ② 믹서(Mixer)
③ 여파(Filtering) ④ 다이버시티(Diversity)

해설 ㉠ 비선형성은 원하지 않는 주파수가 발생되므로 다른 신호와 원하지 않는 변조가 발생된다. 상호변조는 비선형 장치 안에서 복잡한 파의 성분이 서로 변조하여 합해지고, 최초의 파에 대한 성분 주파수의 정수배 주파수의 합 및 차와 같은 주파수의 새로운 성분파를 생성하는 현상
㉡ 믹서는 입력신호와 반송파의 신호의 합과 차를 생성한다.
㉢ 여파는 원하는 대역의 주파수 성분만 통과시키고 그 이외의 대역은 제거한다.
㉣ 다이버시티는 페이딩 현상을 방지하기 위한 기법이다. 페이딩 현상이란 수신된 신호가 시간에 따라 불규칙적으로 변화는 현상을 말한다.

Answer
09.② 10.①

11 수신측에서 아래와 같은 신호를 수신하였다. 사용된 변조방식은?

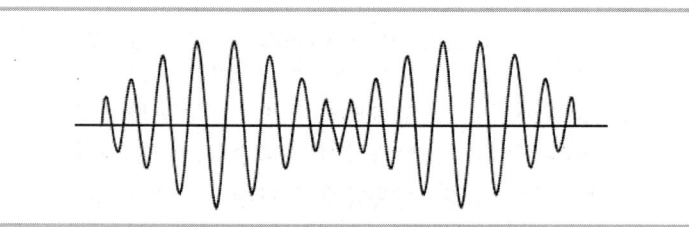

① 주파수 변조
② 진폭 변조
③ 위상 변조
④ 펄스폭 변조

해설 ① 주파수 변조는 정보신호의 진폭에 따라 반송파의 주파수를 변환시키는 기법이다.
② 진폭 변조는 정보신호의 진폭에 따라 반송파의 진폭을 변환시키는 기법이다.
③ 위상 변조는 정보신호의 진폭에 따라 반송파의 위상을 변환시키는 기법이다.
④ 펄스폭 변조는 정보신호의 진폭에 따라 펄스의 폭을 변환시키는 기법이다.

12 곱셈기를 이용한 DSB-SC AM 방식의 변조기에서 메시지 신호와 변조된 신호의 주파수 스펙트럼이 다음 그림과 같을 때, 반송파의 주파수[Hz]는?

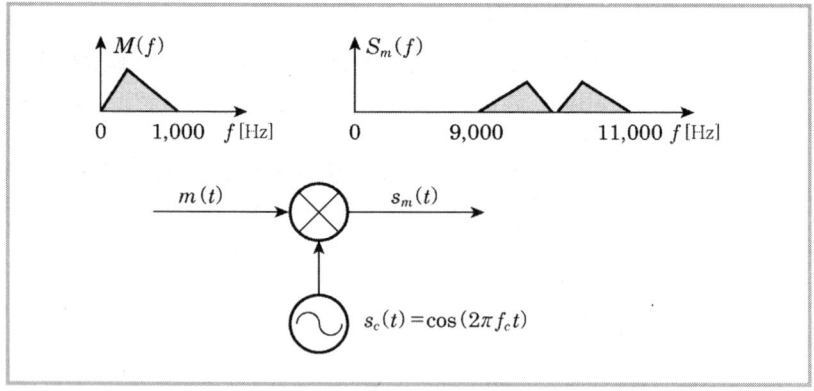

① 1,000[Hz]
② 9,000[Hz]
③ 10,000[Hz]
④ 11,000[Hz]

Answer
11.② 12.③

해설 ㉠ 반송파 주파수는 상측파대 주파수 − 신호파의 주파수
: 11[kHz] − 1[kHz] = 10[kHz]
㉡ 반송파 주파수는 하측파대 주파수 + 신호파의 주파수
: 9[kHz] + 1[kHz] = 10[kHz]

13 다음 그림과 같은 진폭변조 시스템이 있다. 그림에서 $f(t) = m\cos\omega_b t$, $\omega_b \ll \omega_c$이다. $m = 1$이고 $A = \sqrt{2}$일 때 전체 전력 중 정보를 전달하는 전력의 비를 나타내는 변조효율(또는 전송효율)로 옳은 것은?

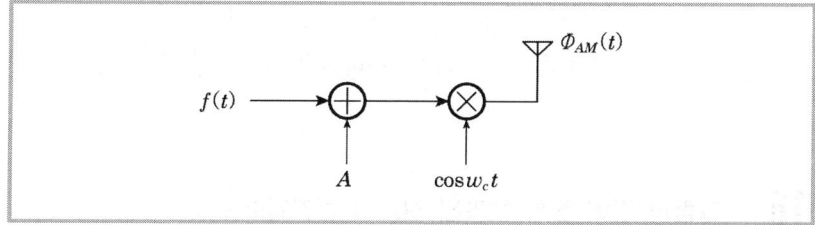

① 0.66　　　　　② 0.5
③ 0.33　　　　　④ 0.3

해설 전송효율은 측파대 전력/전체 전력 $= \dfrac{m_a^2}{2+m_a^2} = \dfrac{1}{2+1} = \dfrac{1}{3} = 0.33$

14 주파수가 1[kHz]인 반송파 신호를 이용하여 정보신호 $m(t) = \cos(20\pi)t$를 진폭변조(DSB-AM)하여 전송할 때, 피변조 신호의 주파수 스펙트럼 상에 나타나지 않는 주파수[kHz]는?

① 0.98[kHz]　　　② 0.99[kHz]
③ 1.00[kHz]　　　④ 1.01[kHz]

해설 $m(t) = \cos(20\pi)t$일 때 주파수는 $2\pi f = 20\pi$, $f = 10$이다.
$f_c = 1[\text{kHz}]$
따라서 주파수 성분은 $1000 - 10 = 990[\text{Hz}]$, $1[\text{kHz}]$, $1,000 + 10 = 1,010[\text{Hz}]$이다. 즉, 0.99[kHz], 1[kHz], 1.01[kHz]이다.

키워드 DSB-LC의 주파수 성분은 $f_c - f_s$, f_c, $f_c + f_s$ 3개로 구성된다.

Answer
13.③　14.①

15 AM 송신기에서 단일 주파수로 50[%] 변조를 하였을 때의 반송파와 상측파대와의 전력비는?

① 1 : 1/2   ② 1 : 1/4
③ 1 : 1/8   ④ 1 : 1/16

해설 변조도는 50%이므로 $m_a = 0.5$

AM 변조도의 전력 $P_{AM} = P_C + \frac{1}{4}m_a^2 P_C + \frac{1}{4}m_a^2 P_C$

반송파 전력 : 상측파대 전력
$= P_C : \frac{1}{4}m_a^2 P_C = P_C : \frac{0.25}{4}P_C = P_C : \frac{1}{16}P_C$

따라서 반송파 전력 : 상측파대 전력 $= 1 : \frac{1}{16}$ 이다.

16 그림과 같이 진폭 변조된 신호의 변조지수는?

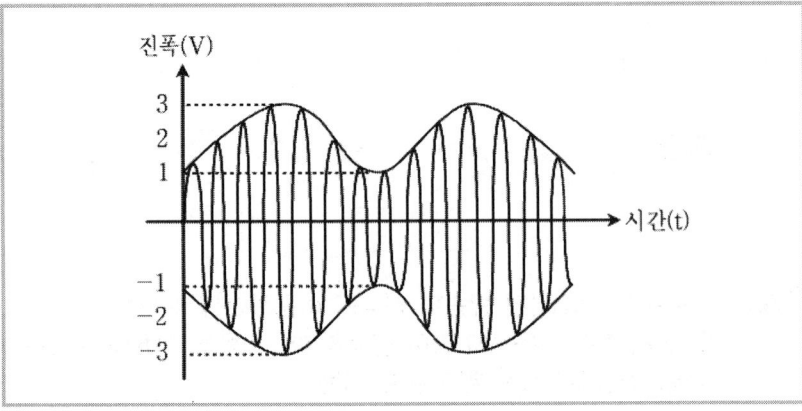

① 0.2   ② 0.5
③ 0.7   ④ 0.8

해설 $m_a = \dfrac{A-B}{A+B} = \dfrac{3-1}{3+1} = \dfrac{2}{4} = \dfrac{1}{2} = 0.5$

키워드 변조도는 $m_a = \dfrac{A_m}{A_c} = \dfrac{A-B}{A+B}$

A_m : 정보신호의 최대 진폭, A_c : 반송파의 최대 진폭
A : 진폭 피변조파의 최댓값, B : 진폭 피변조파의 최솟값이다.

Answer
15.④ 16.②

17 다음 중 진폭변조(AM) 방식에 해당되는 것은?

① 주파수편이변조(FSK)
② 위상편이변조(PSK)
③ 펄스폭변조(PWM)
④ 잔류측파대변조(VSB)

해설
㉠ FSK, PSK, ASK, QAM : 디지털 변조방식
㉡ PWM, PAM, PTM, PPM : 아날로그 펄스변조방식
㉢ AM, SSB, VSB : 아날로그 변조방식

18 반송파를 삽입하는 진폭변조에 대한 설명으로 옳지 않은 것은?

① 반송파를 삽입하지 않는 방식에 비해 수신기가 복잡하다.
② 변조지수가 1보다 작으면 비동기식 복조가 가능하다.
③ 전력 효율이 낮은 전송방식이다.
④ SSB 방식에 비해 대역 효율이 낮다.

해설
㉠ 반송파를 삽입하여 전송하면 수신단에서 반송파를 이용하여 포락선 검파를 할 수 있으므로 수신기의 구조가 간단하다.
㉡ 변조지수가 1보다 작으면 비동기 복조(비동기검파)가 가능하다. 변조지수가 1보다 클 경우에는 과변조가 발생하여 신호에 왜곡이 발생한다.
㉢ 반송파를 삽입하는 진폭변조방식은 반송파에 전력이 많이 소모되므로 전력효율이 낮다.
㉣ SSB 방식은 반송파와 한쪽 측파대를 전송하지 않으므로 대역폭도 좁고 전력소모도 적다. 따라서 대역효율이 좋다. 즉 DSB는 SSB에 비해 전력효율이 낮다.
㉤ VSB는 SSB보다 대역폭이 넓고 DSB에 비해 대역폭이 좁다.

키워드 반송파를 삽입하여 전송하면 수신단에서 반송파를 이용하여 포락선 검파를 할 수 있으므로 수신기의 구조가 간단하다.

Answer
17.④ 18.①

19 신호원의 최대 주파수가 3[kHz]인 신호를 진폭변조한 경우, AM신호와 SSB신호의 주파수 대역폭[kHz]은 각각 얼마인가?

① AM : 3[kHz], SSB : 3[kHz] ② AM : 3[kHz], SSB : 6[kHz]
③ AM : 6[kHz], SSB : 3[kHz] ④ AM : 6[kHz], SSB : 6[kHz]

해설 ㉠ AM변조의 대역폭 : $2f_m = 6[kHz]$
㉡ SSB 대역폭 : 신호의 대역폭(f_m)인 3[kHz]

20 진폭변조(AM)된 신호 $A_c[1+am(t)]\cos(2\pi f_c t)$의 포락선검파가 왜곡 없이 가능한 경우는? (단, A_c는 반송파 진폭, f_c는 반송파 주파수, $m(t)$는 메시지 신호, f_m은 메시지 신호의 주파수이다)

① $a = 0.1$, $m(t) = 12\cos(2\pi f_m t)$ ② $a = 0.2$, $m(t) = 8\cos(2\pi f_m t)$
③ $a = 0.3$, $m(t) = 4\cos(2\pi f_m t)$ ④ $a = 0.4$, $m(t) = \cos(2\pi f_m t)$

해설 왜곡없이 전송하면 반송파 진폭보다 신호파 진폭이 작아야 한다.
$m(t) = A_m \cos 2\pi f_m t$이면 $a \times A_m \leq 1$이면 된다.
㉠ $a \times A_m = 0.1 \times 12 = 1.2 > 1$ 왜곡이 발생한다.
㉡ $a \times A_m = 0.2 \times 8 = 1.6 > 1$ 왜곡이 발생한다.
㉢ $a \times A_m = 0.3 \times 4 = 1.2 > 1$ 왜곡이 발생한다.
㉣ $a \times A_m = 0.4 \times 1 = 0.4 < 1$ 왜곡이 발생하지 않는다.

21 반송파 전송 양측파대(DSB-TC) 변조방식에 대한 설명으로 옳은 것은?

① 왜곡 없이 비동기식 복조를 하려면 변조지수는 1보다 커야 한다.
② 메시지신호의 대역폭이 B[Hz]이면 변조된 신호의 대역폭은 2B[Hz]이다.
③ 힐버트(Hilbert) 변환이 반드시 사용된다.
④ 변조된 신호의 진폭이 변하지 않는다.

해설 ㉠ DSB-LC에서 변조지수는 1보다 작아야 비동기 복조 시 왜곡이 발생하지 않는다.
㉡ DSB 방식의 대역폭은 $BW = 2f_m$이다.
㉢ 힐버트 변환은 SSB 방식에 적용하는 방식이다.
㉣ 변조된 신호의 진폭은 정보신호에 따라 변한다.
㉤ 변조된 신호의 주파수는 정보신호에 따라 변하지 않는다.

키워드 DSB 방식의 대역폭은 $BW = 2f_m$이다:

Answer
19.③ 20.④ 21.②

22 코사인함수로 표현되는 메시지 신호의 진폭이 4[V]이고 반송파의 진폭이 2[V]일 때, 상측 단측파대(SSB) 변조된 신호 진폭의 최댓값[V]은?

① 1[V]   ② 2[V]
③ 3[V]   ④ 4[V]

[해설] 상측 단측파대 출력은 $g_{SSB+}(t) = \dfrac{1}{2} A_c A_m \cos 2\pi (f_c + f_m) t$

상측파대의 최대 진폭은 $\dfrac{1}{2} \times 4 \times 2 = 4[V]$

[키워드] SSB 변조 출력은 한쪽 측파대만 전송하는 방식이다.

$A_c \cos 2\pi f_c t \; A_m \cos 2\pi f_m t = \dfrac{1}{2} A_c A_m [\cos 2\pi (f_c - f_m) t + \cos 2\pi (f_c + f_m) t]$

하측파대 출력 : $\dfrac{1}{2} A_c A_m \cos 2\pi (f_c - f_m) t$

상측파대 출력 : $\dfrac{1}{2} A_c A_m \cos 2\pi (f_c + f_m) t$

23 진폭변조(AM) 방식들에 대한 설명으로 옳지 않은 것은?

① DSB-SC 방식은 VSB 방식보다 더 넓은 주파수 대역폭이 사용된다.
② DSB-SC 방식은 DSB-AM 방식보다 송신전력이 적게 사용된다.
③ SSB 방식은 동기검파기를 사용해 복조할 수 있다.
④ SSB 방식은 DSB-SC와는 달리 반송파 성분을 전송한다.

[해설] ㉠ DSB-SC 방식의 대역폭은 $BW = 2f_m$이다. VSB 방식보다 대역폭이 넓다.
㉡ DSB-SC 방식은 반송파를 전송하지 않기 때문에 DSB-AM보다 송신전력이 적게 사용된다.
㉢ SSB 방식은 동기검파를 사용하여 복조한다. 평형변조기를 이용한 위상천이법(힐버트 변환)을 이용하여 복조한다.
㉣ SSB 방식은 반송파를 전송하지 않고 한쪽 측파대만 전송한다.

[키워드] SSB 방식은 반송파를 전송하지 않고 한쪽 측파대만 전송한다.

Answer
22.④ 23.④

24. 반송파 전송 양측파대(DSB-TC) 변조방식에 대한 설명으로 옳은 것만을 모두 고르면?

> ㄱ. 반송파 억압 양측파대(DSB-SC) 변조방식보다 전력효율이 낮다.
> ㄴ. 잔류측파대(VSB) 변조방식보다 좁은 채널 대역폭을 사용한다.
> ㄷ. 단측파대(SSB) 변조방식보다 넓은 채널 대역폭을 사용한다.

① ㄱ, ㄴ
② ㄱ, ㄷ
③ ㄴ, ㄷ
④ ㄱ, ㄴ, ㄷ

해설
㉠ DSB-TC는 반송파가 존재하므로 전력효율면에서 DSB-SC보다 낮다.
㉡ DSB-TC 방식은 VSB에 비해 넓은 대역폭을 사용한다.
㉢ DSB-TC 방식은 SSB보다 2배 넓은 대역폭을 사용한다.

키워드 DSB-TC는 DSB-LC 방식이다.

25. 동기식 수신기(coherent receiver)를 사용하여 진폭변조된 신호를 복조하고자 한다. 수신기를 구성할 때 필요 없는 것은?

① 포락선 검출기(envelope detector)
② 혼합기(mixer)
③ 저역통과 필터(lowpass filter)
④ 반송파 복구회로(carrier recovery circuit)

해설
① 포락선 검출기는 반송파와 같이 수신되는 신호를 이용하여 복조하는 비동기식 수신기에 적용된다.
② 혼합기는 수신신호와 반송파를 이용하여 주파수를 변환시키는 역할을 한다. 동기식에서 주로 사용된다.
③ 저역통과 필터는 동기식, 비동기식 모두에 적용되는 필터이다.
④ 반송파 복구회로는 수신되는 신호에 반송파가 포함되지 않을 때 반송파 복구회로가 필요하며 복구회로를 통해 복구된 반송파와 혼합기를 이용하여 신호를 검출하는 방식으로 반송파가 필요한 동기식에 주로 사용된다.

키워드 포락선 검출기는 비동기식 수신기에 사용되는 방식이다.

Answer 24.② 25.①

26 여러 가지 방식의 진폭변조에 대한 설명으로 옳지 않은 것은?

① 양측파대 억압반송파(DSB-SC) 진폭변조방식은 동기식 복조를 사용해야만 한다.
② 양측파대 전송반송파(DSB-TC) 진폭변조방식은 비동기식 복조가 가능한 반면 DSB-SC 변조에 비해 전력효율이 떨어진다.
③ 잔류측파대(VSB) 변조방식에서 신호의 대역폭은 SSB 방식보다 넓고 DSB 방식보다 좁다.
④ 단측파대(SSB) 변조방식은 대역폭을 가장 적게 차지하므로 광대역의 영상신호를 전송하는 데 유리하여 TV 방송에서 주로 사용된다.

해설
① DSB-SC 방식은 반송파를 복구해야 하며 복구된 반송파를 이용하여 혼합기를 통해 동기식 복조를 사용한다.
② DSB-TC(DSB-LC) 방식은 구조가 간단한 비동기식 복조가 가능하며, 변조단에서 반송파도 동시에 전송되므로 DSB-SC에 비해 전력효율이 떨어진다.
③ VSB 방식은 SSB 방식에서 제거된 한쪽 측파대를 잔류시켜 보내는 방식으로 DSB 방식보다는 대역폭이 좁고, SSB 방식보다는 대역폭이 넓다.
④ TV에 적용되는 변조방식은 VSB 방식이다.

27 진폭변조방식에서 대역폭을 가장 적게 사용하는 방식은?

① DSB-SC(Double Side Band - Suppressed Carrier)
② SSB(Single Side Band)
③ DSB-LC(Double Side Band - Large Carrier)
④ VSB(Vestigial Side Band)

해설 SSB 방식이 한쪽 측파대만 전송하기 때문에 대역폭을 가장 적게 사용한다. 그러므로 대역효율이 가장 좋다. 즉 스펙트럼 효율이 가장 좋다.

키워드 대역폭 크기 순은 DSB > VSB > SSB이다.

Answer
26.④ 27.②

28 진폭변조시스템에 대한 설명으로 옳지 않은 것은?

① DSB-LC(Double Sideband-Large Carrier) 변조신호를 복조할 때 포락선검파기(envelope detector)를 사용할 수 있다.
② DSB-SC(Double Sideband-Suppressed Carrier)와 SSB-SC(Single Sideband-Suppressed Carrier) 변조신호는 전송신호의 평균전력을 동일하게 전송하는 경우 동기검파기의 출력신호 대 잡음비(S/N)가 같다.
③ VSB(Vestigial Sideband) 시스템은 SSB 시스템에 비해서 대역폭을 넓게 사용한다.
④ 진폭변조된 신호를 복조할 때 포락선검파기를 주로 사용하는 이유는 동기검파기보다 복조기 출력신호의 신호 대 잡음비가 더 우수하기 때문이다.

해설
① DSB-LC는 포락선검파기를 이용하여 검파할 수 있다.
② DSB-SC와 SSB-SC의 SNR은 동일하다. 그 이유는 SSB 대역폭이 1/2로 줄어 잡음전력이 1/2로 줄기 때문이다.
③ VSB는 SSB 방식에 비해 대역폭이 넓다.
④ 진폭변조된 신호를 복조할 때 비동기검파기인 포락선검파기를 사용하는 이유는 포락선검파기의 구조가 간단하기 때문이다. 성능(S/N)은 동기검파기가 좋다.
※ DSB-SC 방식은 수신단에서 입력 SNR에 비해 출력 SNR가 2배 개선된다.
※ DSB-LC 방식은 수신단에서 입력 SNR에 비해 출력 SNR가 $m_a = 1$일 때 2/3배 개선된다.

29 전통적인 AM 방식인 DSB-TC에 대한 설명으로 옳지 않은 것은?

① 같은 메시지 신호 전송 시 DSB-SC 방식보다 더 적은 전력이 소모된다.
② 반송파 신호를 추가적으로 보내기 때문에 복조기 구조가 간단해진다.
③ 다수의 사용자가 수신하는 방송시스템에 적합하다.
④ 비동기 복조기 구성이 가능하다.

해설 ① DSB-SC 방식은 DSB-TC 방식에 비해 전력효율이 좋다.
② DSB-TC 방식은 DSB-SC 방식에 비해 비동기검파를 이용하므로 구조가 간단하다.
③ 수신기 구조가 간단하기 때문에 다수의 수신 시스템에 적합하다.
④ 비동기 검파방식을 이용하기 때문에 구조가 간단하다.

30 진폭변조에 대한 설명으로 옳지 않은 것은?

① 단측파대(SSB) 변조방식은 대역폭을 적게 차지하므로 영상신호를 전송하는 데 유리하여 TV 방송에서 주로 사용된다.
② 잔류측파대(VSB) 변조방식에서 신호의 대역폭은, 단측파대(SSB) 방식보다 크고 양측파대(DSB) 방식보다 작다.
③ 반송파 전송 양측파대(DSB-TC) 변조방식은 반송파 억압 양측파대(DSB-SC) 방식에 비해 송신전력효율이 떨어진다.
④ 반송파 억압 양측파대(DSB-SC) 변조방식은 동기복조기를 사용한다.

해설 ① TV 방송에는 VSB 변조방식이 이용된다.
② 대역폭 크기 순은 DSB > VSB > SSB이다.
③ DSB-TC 방식은 반송파를 전송해야 하므로 전력효율이 낮아진다.
④ DSB-SC 방식은 반송파 재생회로가 필요하며 재생된 반송파를 이용하여 동기복조방식을 사용한다.

31 다음 중 비선형 변조방식은?

① SSB(Single Sideband)
② VSB(Vestigial Sideband)
③ PM(Phase Modulation)
④ AM(Amplitude Modulation)

해설 ㉠ 각변조신호는 중첩(superposition)의 원리에 따르지 않으므로 일반적으로 변조신호의 대역폭보다 훨씬 큰 대역폭을 갖는다. 각변조는 새로운 주파수성분을 발생하는 성질을 가지므로 비선형(nonlinear) 변조라 부른다. FM, PM 모두 비선형 변조방식이다.
㉡ 각변조(angle modulation)에서도 반송파에 의해서 주파수 변환을 행하지만, AM과는 달리 변조된 신호의 스펙트럼은 변조신호(또는 정보신호)의 스펙트럼과 단순한 관계를 갖지 않고 전혀 새로운 관계의 주파수성분으로 변환된다.

Answer
30.① 31.③

CHAPTER 02. 아날로그 변복조 | 183

32 DSB(Double Side Band) 진폭 변조방식과 SSB(Single Side Band) 진폭 변조방식에 대한 설명으로 옳지 않은 것은?

① SSB 방식의 점유주파수 대역폭은 DSB 방식에 비해 좁다.
② SSB 방식의 SNR은 동일한 전력일 때 DSB 방식에 비해 나쁘다.
③ SSB 방식의 시스템 구현은 DSB 방식에 비해 복잡하다.
④ SSB 방식의 주파수 이용효율은 DSB 방식에 비해 좋다.

해설
① DSB 대역폭은 SSB 대역폭에 비해 넓다.
② SSB 방식은 수신단의 SNR이 DSB-SC와 동일한 값을 갖는다.
③ SSB 방식은 예리한 필터 구성을 위해 복잡한 하드웨어 기술이 필요하다.
④ SSB는 DSB에 비해 주파수 대역폭이 좁으므로 대역효율이 좋다.

33 다음 그림은 반송파주파수 950[kHz]로 진폭변조된 신호를 중간주파수 455[kHz]로 변환하는 슈퍼헤테로다인(superheterodyne) 수신기이다. 하측 튜닝(low-side tuning)을 사용하는 국부발진기의 주파수[kHz]는?

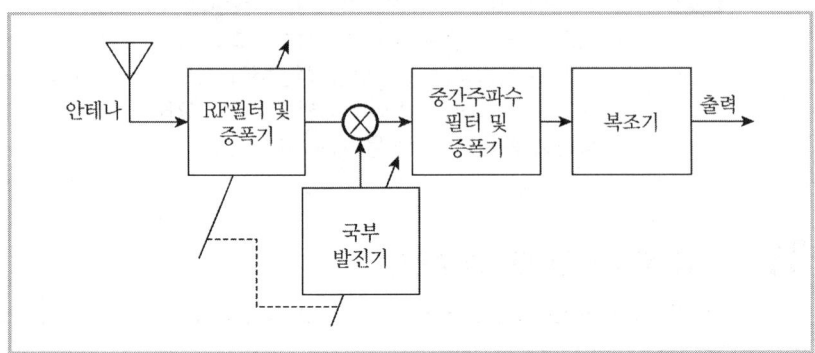

① 40　　　　　　　　② 495
③ 1405　　　　　　　④ 1860

해설 중간주파수가 고정되어 있으므로 수신된 신호에 따라 중간주파수가 되도록 국부발진기를 조정해야 한다.
하측튜닝을 이용하므로 $f_R - f_{LO} = f_{IF}$
$f_{LO} = f_R - f_{IF} = 950[kHz] - 455[kHz] = 495[kHz]$

Answer
32.② 33.②

34 반송파 $v_c = V_c \cos\omega_c t$를 신호파 $v_s = V_s \cos\omega_s t$ 이용해서 DSB-LC변조하는 경우 피변조파의 최대 진폭의 크기는?

① $V_c + V_s$
② $V_c - V_s$
③ $V_c \times V_s$
④ $2(V_c + V_s)$

해설 DSB-LC 변조는 반송파의 진폭에 신호파를 더하는 변조방식이므로 최댓값은 $V_c + V_s$, 최솟값은 $V_c - V_s$이다.

35 슈퍼헤테로다인(Superheterodyne) 수신기에 대한 설명으로 옳지 않은 것은?

① AM, FM 및 TV 방송 수신기에 모두 이용될 수 있다.
② 국부발진기의 주파수를 고정시키고 IF(Intermediate Frequency)를 가변시킨다.
③ 영상주파수(Image Frequency) 제거를 위한 대책이 필요하다.
④ 주파수 하향변환을 통하여 중심주파수가 RF(Radio Frequency)에서 IF(Intermediate Frequency)로 변환된 신호를 검파에 사용한다.

해설
㉠ 대부분의 방송 수신기에 적용되는 방식이다.
㉡ 중간주파수를 고정시키고 국부발진기의 주파수를 가변시키는 방식이다. 그러므로 수신단에 BPF를 하나로 적용가능하다.
㉢ 슈퍼헤테로다인방식은 영상주파수가 발생하므로 이를 제거하는 대책이 필요하다.
㉣ 수신된 높은 주파수를 중간주파수인 낮은 주파수로 변환하여 검파한다.

36 필터(filter)법에 의한 SSB 발생기의 구성 회로에서 다단변조를 행하는 이유로 알맞은 것은?

① 출력전력을 크게 하기 위해서
② 필터의 차단 특성 때문에
③ 고조파의 발생 때문에
④ 저조파의 발생 때문에

해설 SSB 신호를 얻는 방법으로는 이상법, 필터법 그리고 웨버법을 이용한다. 필터법에서는 필터를 다단으로 해서 구성되는데, 그 이유는 필터의 차단 특성이 예민하지 못하기 때문에 상측파대와 하측파대 간의 간격을 넓히기 위해서 다단변조를 시행한다.

Answer
34.① 35.② 36.②

37 수신기에서 1[MHz]의 주기적인 신호가 2.7[MHz] 정현파를 출력하는 국부 발진기와 혼합된 후, 600[kHz]의 차단주파수를 갖는 저역통과필터(LPF)를 통과한다. 이러한 수신기의 저역통과필터(LPF) 출력에 나타나는 신호의 주파수[kHz]는?

① 300[kHz] ② 400[kHz]
③ 500[kHz] ④ 550[kHz]

해설
㉠ 저역통과필터는 높은 주파수를 제거하고 낮은 신호의 주파수만을 통과시켜 신호가 검출되도록 하는 데 이용된다. 주기신호는 고조파 신호를 포함하고 있다.
㉡ 1[MHz]의 주기적인 신호는 고조파 항을 포함하고 가장 낮은 주파수(기본주파수)가 1[MHz]이므로 nf인 고조파가 포함된다. 즉, 수신신호에는 1[MHz], 2[MHz], 3[MHz], 4[MHz] …가 존재한다.
혼합기를 통과하면
$2.7[\text{MHz}] - 1[\text{MHz}] = 1.7[\text{MHz}]$,
$2.7[\text{MHz}] - 2[\text{MHz}] = 0.7[\text{MHz}]$,
$2.7\text{MHz} - 3\text{MHz} = 0.3\text{MHz}$, $2.7\text{MHz} - 4\text{MHz} = 1.3\text{MHz}$ 등이 존재한다. 이 중 600[kHz] 이하의 주파수만을 통과하므로 0.3MHz 즉, 300kHz만 통과하게 된다.

38 다음 중 잔류 측파대(VSB : Vestigial SideBand) 전송방식에 대한 설명으로 옳지 못한 것은?

① SSB와 DSB의 모든 장점을 취한 통신방식이다.
② TV 방송에서 영상신호를 전송하는 데 사용된다.
③ 포락선 검파기로는 검파가 불가능하다.
④ SSB보다는 점유 주파수 대역폭이 크고 신호를 발생시키기가 용이하다.

해설 VSB변조는 반송파를 포함하여 전송되므로 포락선 검파가 가능하다.

✦ VSB 전송방식에 대한 특징 ✦
㉠ VSB는 DSB와 SSB의 장점을 포함한다.
㉡ 잔류 측파대에 진폭이 큰 반송파를 같이 보내면 수신측에서는 포락선 검파방식으로 검파가 가능하다.
㉢ TV 방송에서 영상신호를 이 잔류 측파대를 이용해서 전송한다(TV에서 음성은 FM, 영상신호는 VSB를 이용).
㉣ 원 신호와 가장 가까이 복조할 수 있는 변조방식이다.

Answer 37.① 38.③

39 AM 슈퍼헤테로다인 수신기(상측 헤테로다인)에서 1,500[kHz]의 전파를 수신할 때, 혼신을 야기할 수 있는 영상신호(image signal)의 주파수 값 [kHz]은? (단, 중간주파수는 455[kHz]이다)

① 2,410[kHz]　　　② 1,955[kHz]
③ 1,045[kHz]　　　④ 590[kHz]

해설 영상주파수는 $f_{RF}+2f_{IF}$, $2f_{LO}-f_{RF}$, $f_{IF}+f_{LO}$가 있다.
$f_{RF}=1500[kHz]$, $f_{IF}=455[kHz]$,
$f_{imge}=f_{RF}+2f_{IF}=1500[kHz]+2\times 455[kHz]$
$=1500[kHz]+910[kHz]=2,410[kHz]$

40 AM 라디오 방송에 할당된 주파수가 525[kHz]~1,605[kHz]이다. 혼선을 피하기 위하여 한 방송국의 점유 주파수 대역폭이 9[kHz]일 때, 수용하는 채널 수는?

① 120　　　② 125
③ 130　　　④ 135

해설 채널 수는 (할당 대역폭) / (점유주파수 대역폭)이다.
할당 대역폭은 1,605[kHz] − 525[kHz] = 1,080[kHz]
1,080/9 = 120, 즉 120개 채널을 수용할 수 있다.

41 슈퍼헤테로다인(Superheterodyne) 수신기에 대한 설명으로 옳지 않은 것은?

① AM, FM 및 TV 방송 수신기에 모두 이용될 수 있다.
② 국부발진기의 주파수를 고정시키고 IF(Intermediate Frequency)를 가변시킨다.
③ 영상주파수(Image Frequency) 제거를 위한 대책이 필요하다.
④ 주파수 하향변환을 통하여 중심주파수가 RF(Radio Frequency)에서 IF(Intermediate Frequency)로 변환된 신호를 검파에 사용한다.

해설 슈퍼헤테로다인 수신기는 국부발진기의 주파수를 가변시키고 IF(Intermediate Frequency)를 고정시켜서 수신기의 구조를 간단하게 하는 수신기이다.

Answer
39.① 40.① 41.②

42 슈퍼헤테로다인 수신기에서 중간주파수를 낮게 선정할 때 개선되는 점으로 가장 적절한 것은?

① 전송대역 주파수 특성이 좋아진다.
② 감도 및 선택도가 나빠진다.
③ 영상주파수 선택노가 좋아진다.
④ 근접주파수 선택도가 좋아진다.

해설 중간주파수를 낮게 선정하는 이유는 근접한 주파수들 중에서 원하는 신호를 선택하는 성능을 높이기 위해서이다.

43 AM 슈퍼헤테로다인 수신기(상측 헤테로다인)에서 479MHz의 전파를 수신할 때, 혼선을 야기할 수 있는 영상주파수(Image frequency)는? (단, 중간 주파수는 44[MHz]이며, 단위는 MHz이다.)

① 567 ② 523
③ 435 ④ 397

해설 영상주파수 $f_{IF} = f_R + 2f_{IF}$
$= 479[\text{MHz}] + 2 \times 44[\text{MHz}]$
$= 479[\text{MHz}] + 88[\text{MHz}]$
$= 567[\text{MHz}]$

44 동기식 수신기(coherent receiver)를 사용하여 진폭 변조된 신호를 복조하고자 한다. 수신기를 구성할 때 필요 없는 것은?

① 포락선 검출기(envelope detector)
② 혼합기(mixer)
③ 저역통과 필터(lowpass filter)
④ 반송파 복구회로(carrier recovery circuit)

해설 포락선 검파기는 비동기 수신기에서 사용된다.

Answer
42.④ 43.① 44.①

45 전통적인 AM 방식인 DSB-TC에 대한 설명으로 옳지 않은 것은?

① 비동기 복조기 구성이 가능하다.
② 다수의 사용자가 수신하는 방송시스템에 적합하다.
③ 반송파 신호를 추가적으로 보내기 때문에 복조기 구조가 간단해진다.
④ 같은 메시지 신호 전송 시 DSB-SC 방식보다 더 적은 전력이 소모된다.

해설 DSB-TC 방식은 반송파를 전송하므로 DSB-SC 방식보다 전력소모가 크다. DSB-TC 방식은 DSB-LC 방식을 말한다.

46 다음 중 포락선 검파기의 특징을 설명한 것으로 옳지 못한 것은?

① 포락선 검파기는 간단하며 가격이 저렴하다.
② DSB-LC 신호를 검파하는 데 널리 사용된다.
③ 포락선 검파기는 DSB-SC 신호의 복조에도 사용할 수 있으나, DSB-SC 신호에는 반송파가 없으므로 수신기에서 반송파를 재생하여야 한다.
④ 효율면에서 포락선 검파기가 정류 검파기보다 우수하지 못하므로 상업 방송에서 거의 사용하지 않는다.

해설 ✦ 포락선 검파기의 특징 ✦
㉠ 구조가 간단하고 저가이다.
㉡ DSB-LC 신호를 검파하는 데 이용된다.
㉢ DSB-SC 신호에 대해서는 복조기로 사용할 수 있으나 DSB-SC 신호에는 반송파가 없기 때문에 수신기에서 반송파를 재생하여야 한다. 정류 검파기보다 π배만큼 효율이 우수하다.

47 코스타스 루프(costas loop)에 대한 설명으로 적합한 것은?

① 수신된 신호에서 반송파를 복원하는 회로이다.
② 잡음 신호를 억제시키는 회로이다.
③ 수신된 신호를 제곱하여 발생시키는 회로이다.
④ 착오확률을 작게 하여 주는 회로이다.

Answer
45.④ 46.④ 47.①

해설 수신기의 동기 복조기에서 위상 동기된 반송파를 요구하는데, 코스타스 루프는 반송파 억압 양측 파대 진폭 변조에 대한 반송파를 복원하는 회로를 말한다.

48 AM송신기에서 전체 전력 150[W]를 안테나에 공급할 때 변조지수가 1이라고 하면, 한쪽 측파대(sideband)에 공급되는 전력[W]은?

① 10[W]　　　　② 25[W]
③ 50[W]　　　　④ 75[W]

해설 AM변조파의 총 전력은 $P = P_C\left(1 + \frac{m_a^2}{2}\right) = P_C\left(1 + \frac{1}{2}\right) = 150[W]$

$\frac{3}{2}P_C = 150[W]$, $P_C = \frac{2}{3} \times 150 = 100[W]$

한쪽 측파대의 전력은 $P_{LSB} = \frac{1}{4}m_a^2 P_C = \frac{1}{4} \times 1 \times 100 = 25[W]$

AM(DSB-LC) 방식에서 한쪽 측파대의 전력은 $\frac{1}{4}m_a^2 P_c$이다.
여기서, P_C는 반송파의 전력이다.

49 신호원의 최대 주파수가 3[kHz]인 신호를 진폭변조한 경우, AM 신호와 SSB 신호의 주파수 대역폭[kHz]은 각각 얼마인가?

　　　　AM　　　　SSB
①　　3[kHz]　　　3[kHz]
②　　3[kHz]　　　6[kHz]
③　　6[kHz]　　　3[kHz]
④　　6[kHz]　　　6[kHz]

해설 ⊙ DSB(AM)의 대역폭은 $2f_m = 6[kHz]$, SSB 대역폭은 $f_m = 3[kHz]$이다.
ⓒ DSB(AM)의 대역폭($2f_m$)은 SSB 대역폭(f_m)의 2배이다.

Answer
48.② 49.③

50 단측파대(SSB : Single Side Band) 변조방식의 설명 중 옳지 않은 것은?

① 상측파대와 하측파대 중 하나를 전송하는 방식이다.
② 양측파대(DSB : Double Side Band)에 비해 송신기의 소비전력이 크기 때문에 선택성 페이딩(selectivity fading)의 영향을 많이 받는다.
③ 복조에서는 반송파(carrier)를 부가하여 포락선 검파가 가능하다.
④ 대역폭은 양측파대(DSB : Double Side Band)의 $\frac{1}{2}$이다.

해설 ① SSB 방식은 상측파대(f_c+f_s)나 하측파대(f_c-f_s) 중 하나를 선택하여 전송하는 방식이다.
② SSB 방식은 DSB의 방식에 비해 송신기의 소비전력이 작다. 소비전력과 페이딩의 영향에 관계가 없으며 DSB에 비해 SSB의 대역폭이 1/2배이므로 페이딩의 영향이 1/2로 줄어든다.
③ SSB 복조기는 수신된 신호에 반송파가 없으므로 반송파를 생성해야 한다. 반송파를 생성한 후에 포락선 검파가 가능하다.
④ SSB 방식은 대역폭이 DSB에 비해 1/2배이다.

51 이상적인 곱셈기에 두 신호 $\cos(100\pi t+\frac{\pi}{3})$와 $\cos(1,000\pi t+\frac{\pi}{6})$가 동시에 입력되었다. 이 경우 입력신호와 출력신호에 대한 설명으로 옳지 않은 것은?

① 두 입력신호의 주파수는 각각 50Hz, 500Hz이다.
② 곱셈기의 출력신호 주파수는 각각 450Hz, 550Hz이다.
③ 곱셈기 출력신호의 위상은 각각 $\frac{\pi}{3}$, $\frac{\pi}{6}$이다.
④ 입력신호들의 주파수 스펙트럼은 수학적으로 임펄스함수를 이용하여 표현할 수 있다.

해설 ㉠ $\cos(100\pi t+\frac{\pi}{3})=\cos[2\pi(50)t+\pi/3]$,
$\cos(1,000\pi t+\frac{\pi}{6})=\cos[2\pi(500)t+\pi/6]$

Answer
50.② 51.③

㉡ 곱셈기의 출력의 주파수는 450[Hz], 550[Hz]
$\cos(2\pi f_1 t + \theta_1)\cos(2\pi f_2 t + \theta_1)$
$= \frac{1}{2}\{\cos[2\pi(f_1-f_2)t + \triangle\theta] + \cos[2\pi(f_1+f_2)t + \triangle\theta]\}$
$= \frac{1}{2}\{\cos[2\pi(450)t + \pi/6] + \cos[2\pi(550)t + \pi/6]\}$

㉢ 곱셈기 출력신호의 위상은 $\frac{\pi}{6}$, $\frac{2}{3}\pi$이다.

㉣ 입력신호들은 임펄스로 표현할 수 있다.
$\cos(100\pi t + \frac{\pi}{3}) = \frac{1}{2}\cos[2\pi(50)t] - \frac{\sqrt{3}}{2}\sin[2\pi(50)t]$
$\cos(1,000\pi t + \frac{\pi}{6}) = \frac{\sqrt{3}}{2}\cos[2\pi(500)t] - \frac{1}{2}\sin[2\pi(500)t]$
이 신호를 퓨리에 변환하면 된다.

52 변조신호 $x(t) = 10\cos 200\pi t$를 임펄스 열 $p(t) = \sum_{n=-\infty}^{\infty}\delta(t-nT)$를 이용하여 DSB-SC 변조하려고 한다. 이때 $x(t)p(t)$에 나타나는 주파수 성분으로 가장 옳은 것은? (단, $T = 1/1,000[s]$이다.)

① $1,000n \pm 100[Hz]$
② $1,000n \pm 200[Hz]$
③ $2,000n \pm 100[Hz]$
④ $2,000n \pm 200[Hz]$

해설 $p(t)$의 주파수는 $f_c = nf_o = 1,000n[Hz]$이다. 여기서 n은 정수이다.
$f_s = 100[Hz]$
DSB-SC의 주파수는 $f_c \pm f_s$이므로 $1,000n \pm 100[Hz]$

Answer
52.①

제2절 FM과 PM

01 다음 중 FM 방송에 사용되는 주파수 대역으로 옳은 것은?

① HF
② VHF
③ UHF
④ SHF

해설 FM 방송은 88[MHz]~108[MHz] 대역으로 VHF 대역에 속한다.

02 다음 설명 중 옳은 것은 무엇인가?

① FM 통신은 잡음이 많다.
② FM 통신은 전계강도가 불안정할 때 많이 이용한다.
③ FM 통신은 변조지수를 1 이상으로 할 수 없다.
④ FM 통신은 VHF 주파수 대역을 이용한다.

해설 ✛ FM 통신의 특징 ✛
㉠ 잡음이 적다.
㉡ 전계강도가 안정할 때 많이 이용한다.
㉢ 변조지수는 1보다 크다.
㉣ 반송파의 진폭은 일정하다.

03 정보신호 $m(t) = A_m \cos(2\pi f_m t)$ 이다. 위상변조(Phase Modulation) 또는 주파수변조(FM)를 이용하여 변조된 신호를 $s(t) = A_c \cos(\theta_i(t))$로 정의할 경우 옳지 않은 것은?

① 위상변조인 경우 $\theta_i(t)$는 $m(t)$에 비례한다.
② 주파수변조인 경우 $\theta_i(t)$는 $m(t)$의 미분값에 비례한다.
③ 위상변조인 경우 순시주파수는 $m(t)$의 미분값에 비례한다.
④ 위상변조와 주파수변조의 진폭은 일정하다.

해설 ㉠ $\theta_i(t) = 2\pi f_c t + \theta(t) = 2\pi f_c t + k_p m(t)$
㉡ 주파수변조는 $\theta_i(t) = 2\pi \left(f_c t + k_f \int m(t) dt \right)$, $\theta_i(t)$는 $m(t)$의 적분값에 비례한다.

Answer
01.② 02.④ 03.②

ⓒ 위상변조는 $f_i(t) = \dfrac{1}{2\pi}\dfrac{d\theta_i(t)}{dt} = f_c + \dfrac{1}{2\pi}k_p\dfrac{dm(t)}{dt}$ 로 순시주파수는 $m(t)$의 미분값에 비례한다.

ⓔ 위상변조와 주파수변조는 반송파의 진폭이 같다. 위상변조에서
$s(t) = A_c\cos(\theta_i(t))$, $\theta_i(t) = 2\pi f_c t + \theta(t)$, $\theta(t) = k_p m(t)$

순시주파수는 $f_i(t) = \dfrac{1}{2\pi}\dfrac{d\theta_i(t)}{dt} = f_c + \dfrac{1}{2\pi}k_p\dfrac{dm(t)}{dt}$

주파수변조에서 $s(t) = A_c\cos(\theta_i(t))$
$$\theta_i(t) = 2\pi\left(f_c t + k_f\int m(t)dt\right)$$

순시주파수는 $f_i(t) = \dfrac{1}{2\pi}\dfrac{d\theta_i(t)}{dt} = f_c + \dfrac{1}{2\pi}\dfrac{d\theta(t)}{dt}$

ⓜ 주파수변조에서 순시주파수는 $f_i = f_c + k_f m(t)$이므로 순시주파수는 $m(t)$에 비례한다.

04 각변조에 대한 설명으로 옳지 않은 것은?

① 메시지 신호를 적분하여 위상 변조하면 FM 신호를 얻을 수 있다.
② FM 신호의 근사적인 대역폭은 변조지수와 메시지 신호의 대역폭으로 구할 수 있다.
③ 각변조는 메시지 신호에 대해 중첩의 원리가 성립하는 선형성의 특징이 있다.
④ PM 신호의 위상은 메시지 신호에 대해 선형적으로 변화한다.

해설 ㉠ $s(t) = A_c\cos(\theta_i(t))$, $\theta_i(t) = 2\pi\left(f_c t + k_f\int m(t)dt\right)$: 주파수변조

㉡ FM의 대역폭은 Carson의 법칙
$B_R = 2(\Delta f + f_m) = 2(\beta_f + 1)f_m$
β_f는 변조지수, f_m은 신호의 최대 주파수

㉢ 주파수변조나 위상변조는 중첩의 원리에 따르지 않고 변조신호의 대역폭보다 큰 대역폭을 갖는다.

㉣ 위상변조에서 $\theta(t) = k_p m(t)$이다. 즉 위상은 정보신호에 따라 선형적으로 변한다.

㉤ 주파수변조에서 순시주파수는 $f_i(t) = k_f m(t)$이다.

Answer
04.③

05 각변조된 신호 $s(t) = 20\cos(800\pi t + 10\pi\cos 7t)$가 있다. 여기서 신호 $s(t)$는 전압이고 단위는 V이다. 또한 t의 단위는 초이다. 이 신호 $s(t)$의 순시 주파수(instantaneous frequency)를 바르게 표시한 것은? (단위: Hz)

① $400 + 35\cos 7t$
② $400 - 35\sin 7t$
③ $400 + 5\cos 7t$
④ $800\pi t + 10\cos 7t$

해설 $g_{FM}(t) = A_c\cos(2\pi f_c t + \theta(t))$, $s(t) = 20\cos(800\pi t + 10\pi\cos 7t)$
$\phi(t) = 2\pi f_c t + \theta(t) = 800\pi t + 10\pi\cos 7t$
순시주파수는 $f_i(t) = \dfrac{1}{2\pi}\dfrac{d\phi(t)}{dt} = f_c + \dfrac{1}{2\pi}\dfrac{d\theta(t)}{dt}$
순시주파수는 $f_i(t) = \dfrac{1}{2\pi}\dfrac{d\phi(t)}{dt} = 400 - \dfrac{70\pi}{2\pi}\sin 7t$
$= 400 - 35\sin 7t$

06 신호 $s(t) = 8\cos(64\pi t)$가 주파수감도 2Hz/volt를 이용하여 주파수 변조될 때, 변조지수는?

① 0.25
② 0.5
③ 1
④ 1.5

해설 최대 주파수편이는 $\triangle f = k_f A_m$, 변조지수는 $\beta_f = \dfrac{\triangle f}{f_m} = \dfrac{k_f A_m}{f_m}$이다.
$A_m = 8$, $f_m = 64/2 = 32[\text{Hz}]$
$\beta_f = \dfrac{\triangle f}{f_m} = \dfrac{k_f A_m}{f_m} = \dfrac{2 \times 8}{32} = \dfrac{1}{2}$

07 반송파 신호 $c(t) = 4\cos(2\pi \times 10^6)t$에 의해 정보신호 $m(t) = 4\cos(20\pi)t$를 주파수변조하면, FM신호의 순시주파수는 $f_i = 10^6 + k_f m(t)$로 표현된다. 여기서 k_f가 12.5일 때 주파수변조의 변조지수는?

① 0.5
② 1.25
③ 2.5
④ 5

해설 $\beta_f = \dfrac{\triangle f}{f_m}$ (변조지수)

$\triangle f = k_f A_m$, k_f는 주파수 감도계수[Hz/V], A_m은 신호의 최대 진폭

순시주파수는 $f_i(t) = \dfrac{1}{2\pi}\dfrac{d\phi(t)}{dt} = f_c + \dfrac{1}{2\pi}\dfrac{d\theta(t)}{dt}$

최대 주파수편이는 $\triangle f = k_f A_m = 12.5 \times 4 = 50 [\text{Hz}]$, $f_m = 10[\text{Hz}]$

$\beta_f = \dfrac{\triangle f}{f_m} = \dfrac{50}{10} = 5$

08 반송파 $c(t) = A_c \sin(2\pi f_c t)$로 신호 $s(t) = A_m \cos(2\pi f_m t)$를 주파수변조한 신호는? (단, β_f는 FM 변조지수이다)

① $g_{FM}(t) = A_c \sin\{2\pi f_c t + \beta_f \sin(2\pi f_m t)\}$
② $g_{FM}(t) = A_c \sin\{2\pi f_c t + \beta_f \cos(2\pi f_m t)\}$
③ $g_{FM}(t) = A_c \cos\{2\pi f_c t + \beta_f \sin(2\pi f_m t)\}$
④ $g_{FM}(t) = A_c \cos\{2\pi f_c t + \beta_f \cos(2\pi f_m t)\}$

해설 $g_{FM}(t) = A_c \cos 2\pi (f_c t + k_f \int s(t)dt)$

$= A_c \cos 2\pi (f_c t + k_f \dfrac{A_m}{2\pi f_m} \sin 2\pi f_m t)$

$= A_c \cos (2\pi f_c t + \dfrac{k_f A_m}{f_m} \sin 2\pi f_m t)$

$= A_c \cos (2\pi f_c t + \dfrac{\triangle f}{f_m} \sin 2\pi f_m t)$

$= A_c \cos (2\pi f_c t + \beta_f \sin 2\pi f_m t)$, $\beta_f = \dfrac{\triangle f}{f_m}$ (변조지수)

09 FM 방식에 대한 설명으로 옳은 것은?

① FM 신호의 대역폭은 항상 메시지 신호 대역폭의 2배이다.
② 주파수편이는 반송파 주파수에 따라 결정된다.
③ FM 변조지수는 메시지 신호의 대역폭과는 무관하다.
④ 광대역 FM 신호를 생성하기 위한 간접 FM 방식은 주파수 체배기를 사용한다.

Answer 08.③ 09.④

해설
㉠ FM 신호의 대역폭은 $BW = 2(\Delta f + f_m) = 2(\beta_f + 1)f_m$이지만 $\beta_f \ll 1$인 경우에는 협대역 FM으로 $BW \simeq 2f_m$이다. $\beta_f \gg 1$인 경우에는 $BW \simeq 2\Delta f$이다.
㉡ 최대 주파수편이는 $\Delta f = k_f A_m$으로 주파수 감도계수 k_f[Hz/V]와 A_m인 정보신호의 최대진폭에 비례한다. 즉 신호의 진폭에 따라 달라진다. 반송파 주파수와는 무관하다.
㉢ $BW = 2(\Delta f + f_m) = 2(\beta_f + 1)f_m$으로 β_f인 변조지수에 비례한다.
㉣ 광대역 FM 신호를 생성하고 높은 주파수로 이동시키기 위해서 주파수 체배기가 필요하다. 주파수 체배기란 nf_c로 중심주파수를 높은 주파수로 주파수를 변환시키는 것이다.

10 FM 신호가 다음과 같을 때 설명이 옳은 것은?

$$x_c(t) = 10\cos[10^6\pi t + 8\sin(10^3\pi t)][V]$$

① Carson 법칙을 이용한 주파수 대역은 9[kHz]이다.
② 변조지수 $m_f = 16$이다.
③ 최대 주파수 편이 $\triangle f = 8$[kHz]이다.
④ FM 신호의 평균전력은 25[W]이다.

해설
㉠ 주파수 대역은 $BW = 2(m_f + 1)f_s = 2(8+1) \times 10^3/2$
$= 18 \times 500 = 9$[kHz]
㉡ 변조지수 $m_f = \dfrac{\triangle f}{f_s} = 8$이다.
㉢ 최대 주파수 편이 $\triangle f = k_f A_m = f_s \times m_f = 8 \times 500 = 4$[kHz]
㉣ 평균전력은 $\dfrac{1}{2}A_c^2 = \dfrac{1}{2} \times 10^2 = 50$[W]
㉤ 반송파의 주파수는 $\dfrac{10^6}{2} = 500$[kHz]

Answer
10.①

11 음성 신호를 주파수 변조(Frequency Modulation : FM) 방식을 통해 방송하고자 한다. 카슨의 법칙(Carson's rule)에 의해 주파수 변조된 신호의 대역폭을 결정할 때 필요한 값이 아닌 것은?

① 음성 신호의 대역폭
② 음성 신호의 최대 진폭
③ 주파수 민감도(frequency sensitivity)
④ 전송 주파수

해설 $BW = 2(\Delta f + f_m) = 2(\beta_f + 1)f_m$
여기서, BW는 대역폭, Δf는 최대 주파수편이
$\Delta f = k_f A_m$, k_f는 주파수 감도계수[Hz/V], A_m는 신호의 최대 진폭, β_f는 주파수 변조지수, $\beta_f = \dfrac{\Delta f}{f_m}$이다.
④ 전송 주파수는 f_c인 반송파를 의미한다. 대역폭은 반송파와 무관하다.

12 주파수가 50[kHz]인 정현파 신호를 100[MHz]의 반송파 주파수로서 주파수 변조(FM)하여 최대 주파수 편이가 500[kHz]가 되었다고 하자. 발생된 FM 신호의 근사적인 대역폭[kHz]은 얼마인가?

① 50[kHz] ② 100[kHz]
③ 550[kHz] ④ 1,100[kHz]

해설 FM의 대역폭은 Carson의 법칙
$BW = 2(\Delta f + f_m) = 2(\beta_f + 1)f_m$
$BW = 2(\Delta f + f_m) = 2(500[\text{kHz}] + 50[\text{kHz}]) = 2 \times 550[\text{kHz}]$
$= 1,100[\text{kHz}]$

13 FM에서 기저대역 신호의 대역폭이 100[kHz]이고 최대 주파수편이(frequency deviation)가 75[kHz]일 때, 카슨(Carson) 법칙에 의한 대역폭[kHz]은?

① 250[kHz] ② 300[kHz]
③ 350[kHz] ④ 400[kHz]

해설 FM의 대역폭은 Carson의 법칙
$BW = 2(\Delta f + f_m) = 2(\beta_f + 1)f_m$
신호의 대역폭이 100[kHz], $f_m = 100$[kHz]
최대 주파수편이(frequency deviation)가 75[kHz], $\Delta f = 75$[kHz]
대역폭 $BW = 2(\Delta f + f_m) = 2(75\text{kHz} + 100\text{kHz}) = 350[\text{kHz}]$

14 위상고정루프(PLL : Phase Locked Loop)를 이용하여 FM 신호의 위상 신호를 복조하고자 한다. PLL의 구성요소와 설명으로 옳지 않은 것은?

① 전압의 변화를 주파수 변화로 바꾸는 전압조정발진기(VCO)가 사용된다.
② 주파수 변화를 진폭 변화로 변환하기 위하여 공진기(resonator)가 사용된다.
③ 루프여파기(Loop filter)는 저주파여파기로서 고주파 성분을 차단한다.
④ 입력 FM 신호와 피드백 신호와의 위상오차에 비례하는 전압을 발생시키는 위상검출기(phase detector)가 사용된다.

해설
① VCO는 진폭의 입력을 통해 주파수로 변환시키는 동작을 한다.
② 위상검출기(위상비교기)는 주파수 변화를 진폭 변화로 변환시킨다.
③ LPF(루프필터)는 고주파 성분을 제거하여 DC전압에 리플 성분을 제거한다.
④ 위상검출기는 수신된 신호와 VCO의 출력의 주파수를 비교하여 직류신호로 변환시켜준다.

15 신호 $s(t)$를 다음 시스템에 입력하였을 때, 주파수변조(FM)신호가 만들어졌다면 블록 A와 B로 옳은 것은?

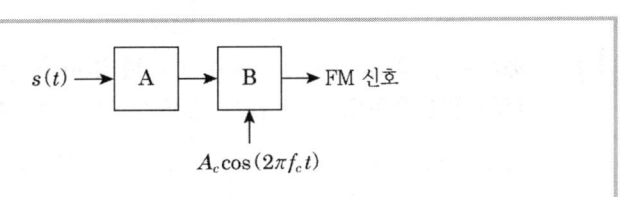

① A : 미분기, B : 진폭변조기
② A : 적분기, B : 진폭변조기
③ A : 미분기, B : 위상변조기
④ A : 적분기, B : 위상변조기

Answer
14.② 15.④

해설 ㉠ 적분기 + 위상변조 = 간접 FM 변조방식이다.
㉡ 미분기 + FM변조 = 간접 PM 변조방식이다.

16 주파수변조(Frequency Modulation)용 위상고정루프(PLL)회로에서 곱셈기의 역할은?

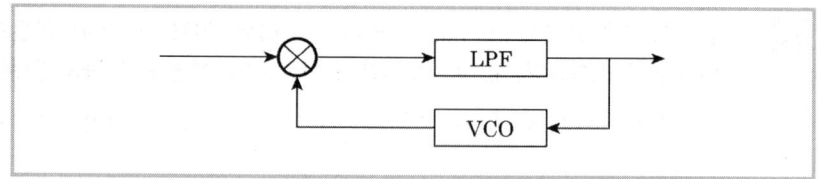

① 외부에서 인가하는 전압에 의해 주파수를 변환하는 역할
② 입력신호와 전압조정발진기(VCO) 출력신호의 위상차를 검출하는 위상비교기 역할
③ 고주파를 제거하는 역할
④ PLL의 위상이 일치하는(Lock) 충분한 크기의 전압에 이르도록 하는 역할

해설 곱셈기는 위상검출기로 두 입력신호의 위상차를 DC전압으로 변환시킨다.
① 인가하는 전압에 의해 주파수를 변환하는 역할은 VCO의 역할이다.
② 입력신호와 전압조정발진기(VCO) 출력신호의 위상차를 검출하는 위상비교기 역할을 한다.
③ LPF는 고주파 제거 역할을 한다.
④ PLL의 위상이 일치하는(Lock) 충분한 크기의 전압에 이르도록 역할을 하는 것은 능동 LPF이다. 여기서 능동필터는 증폭이 가능한 필터를 말한다.

17 메시지 신호 $m(t) = A_m \cos(2\pi f_m t)$를 주파수 변조하였을 때 변조된 반송파의 위상편이로 가장 옳은 것은? (단, k_f는 주파수편이 상수이다.)

① $Ak_f \cos \omega_m t$
② $Ak_f \sin \omega_m t$
③ $\dfrac{Ak_f}{\omega_m} \cos \omega_m t$
④ $\dfrac{Ak_f}{\omega_m} \sin \omega_m t$

Answer
16.② 17.④

해설 위상편이는 순시주파수를 적분한 값과 같다.

$$f_i(t) = \frac{1}{2\pi}\frac{d\theta_i(t)}{dt} = k_f m(t) = k_f A_m \cos(2\pi f_m t)$$

$$\theta_i(t) = 2\pi k_f \int m(t)dt = 2\pi k_f \int A_m \cos 2\pi f_m t\, dt$$

$$= \frac{2\pi k_f}{2\pi f_m}A_m \sin 2\pi f_m t = \frac{2\pi k_f}{\omega_m}A_m \sin \omega_m t$$

$$f_i(t) = \frac{d\theta_i(t)}{dt} = k_f m(t) \text{로 정의할 경우 } 2\pi \text{ 생략함}$$

18 진폭 변조(AM)와 비교하여 주파수 변조(FM)의 장점으로 옳지 않은 것은?

① 진폭 리미터(limiter)에 의해 진폭에 중첩되어 있는 잡음 성분을 효과적으로 제거할 수 있다.
② AM에 비해 높은 주파수 대역을 사용하기 때문에 채널당 주파수 간격을 충분히 취함으로써 간섭을 피하고 잡음이 적은 통신이 가능하다.
③ AM에서 100% 이상 변조 시 신호 왜곡이 일어나는데 비해, FM에서는 이러한 왜곡이 문제가 되지 않아 신호 대 잡음비의 개선이 비교적 용이하다.
④ AM 송신기와 수신기는 변조와 복조를 위한 회로가 복잡해지고 장치의 크기와 가격이 증가하지만, FM의 경우 상대적으로 소형·경량·저가격으로 구성할 수 있다.

해설 FM 변조기는 AM 변조기에 비해 성능(S/N)이 우수하다. 하지만 부가적인 기능을 가진 장치들을 많이 필요로 하기 때문에 고가이며 복잡한 시스템으로 구성되어 있다.
㉠ FM에서 반송파의 진폭은 정보신호와 무관하므로 반송파의 진폭을 제한하더라도 복조 시 정보신호를 복조할 수 있다.
㉡ FM은 넓은 대역폭을 가지고 있으므로 어느 일정한 대역에서 간섭을 받더라도 전체적으로 간섭은 적다.
㉢ FM 방식은 반송파의 진폭과 무관하기 때문에 AM에서처럼 과변조에 관련된 것은 FM 방식과 무관하다.
㉣ FM은 AM에 비해 고가이며 복잡한 시스템으로 구성되어 있다.

Answer 18.④

19 다음은 FM 변조된 신호를 나타내는 수식이다. 바르게 설명하고 있는 것은 무엇인가?

$$v_{FM}(t) = 100\sin(2\pi f_c t + 4\sin 1600\pi t)$$

① 변조지수 m_f가 4이므로 협대역 시스템이다.
② 송신전력은 50W이다.
③ 전송에 필요한 대역폭은 8000[Hz]이다.
④ FM의 총 송신전력은 베셀함수 $J_0(4)$에 비례한다.

해설 ① 변조지수는 $m_f = 4$이다. $m_f > 1$이므로 광대역이다.
② 송신전력은 $\frac{1}{2}A_c^2 = \frac{1}{2} \times 100^2 = 5,000[W]$
③ 대역폭은 $2(m_f+1)f_s = 2(4+1) \times 800 = 8,000[Hz] = 8[kHz]$
④ FM의 총 송신전력은 베셀함수 $J_0^2(4)$에 비례한다.

20 진폭변조방식과 주파수변조방식에 대한 설명으로 옳지 않은 것은?

① 광대역 주파수변조방식에서 변조된 신호의 점유 대역폭은 변조지수가 클수록 증가한다.
② 진폭변조방식은 주파수변조방식보다 잡음의 영향을 더 많이 받는다.
③ 주파수변조방식의 잡음 성분을 줄이기 위해 송신기에 디엠퍼시스(Deemphasis)를, 수신기에 프리엠퍼시스(Preemphasis)를 사용한다.
④ 반송파 성분이 제거된 SSB 변조방식은 복조를 하기 위하여 동기복조방식을 사용한다.

해설 ㉠ FM 변조의 대역폭은 변조지수에 비례한다.
㉡ 주파수변조는 반송파 진폭에 정보신호가 없으므로 반송파의 진폭 잡음과는 무관하다.
㉢ 프리엠퍼시스와 디엠퍼시스는 SNR을 개선시키기 위해 사용된다.
㉣ SSB 방식은 동기검파로 복조한다.

21 FM 방식에서 사용되는 프리엠퍼시스(Preemphasis) 회로에 대한 설명으로 옳지 않은 것은?

① 신호의 높은 주파수 성분을 강조한다.
② 송신단에서 사용된다.
③ 일종의 고역통과필터(HPF)이다.
④ 적분기 형태의 회로이다.

해설
㉠ 프리엠퍼시스의 역할은 높은 주파수 성분을 강조하여 SNR을 개선시킨다.
㉡ 송신단에는 프리엠퍼시스(사전강화법), 수신단에는 디엠퍼시스(사후약화법)를 사용한다.
㉢ 프리엠퍼시스는 능동 고역통과여파기의 일종이다.
㉣ 적분기는 저역통과여파기로 디엠퍼시스에 해당된다.

22 주파수변조(FM)에 대한 설명으로 옳은 것은?

① 변조된 신호의 전력은 변조되기 전 반송파의 전력보다 크다.
② 변조된 신호의 진폭이 시간에 따라 변화한다.
③ 변조지수가 작을수록 S/N비를 개선할 수 있다.
④ 프리엠퍼시스와 디엠퍼시스 기술을 이용하여 성능을 개선할 수 있다.

해설 FM 방식에서 프리엠퍼시스(송신단에서 고역강조)와 디엠퍼시스(수신단에서 고역약화)를 이용하여 SNR을 개선시킨다.
㉠ FM 변조된 신호 전력은 변조되기 전 반송파 전력보다 작다. 그 이유는 측파대들이 존재하기 때문이다. 반송파는 주파수가 1개, 변조지수에 따라 측파대들은 여러 개가 존재한다.
㉡ FM 방식은 변조된 신호에 따라 반송파의 진폭을 변화시키지 않는다. 주파수를 변화시킨다.
㉢ 변조지수가 작을수록 SNR은 작아진다. AM 방식에 비해 $\frac{3}{2}\beta_f^2$배 만큼 개선된다.
㉣ PEF(프리엠퍼시스)와 DEF(디엠퍼시스)를 이용하여 SNR를 개선시킨다. 7~13[dB] 정도 개선된다.

Answer
21.④ 22.④

23 아날로그 변조방식에 대한 설명으로 옳지 않은 것은?

① 광대역 FM 방식의 점유 대역폭이 AM 방식보다 넓다.
② FM 방식이 AM 방식보다 잡음 세기에 대한 영향이 적다.
③ FM 방식에서 변조지수가 증가하면 FM 신호의 평균전력도 증가한다.
④ AM 방식에서 변조지수가 1보다 큰 경우 과변조되었다고 말한다.

해설
① 광대역 FM은 AM의 대역폭보다 넓다.
② FM 방식은 AM 방식보다 잡음에 영향을 적게 받는다.
③ FM신호의 전 평균전력은 변조지수와 무관하게 반송파의 평균전력과 같다. AM 방식에서 변조지수가 증가하면 전 평균전력도 증가한다.
④ AM 방식에서 변조지수가 1보다 크면 과변조가 발생하여 수신 시 왜곡이 발생한다.

24 위상변조파에서 최대 주파수편이의 변화량은?

① 변조 주파수에만 반비례
② 변조신호의 진폭에 반비례
③ 변조신호의 진폭과 변조 주파수에 비례
④ 반송파 주파수에 반비례

해설
FM : $\triangle f = k_f A_m$, PM : $\triangle f = k_p A_m f_m$
위상변조의 최대 주파수편이는 변조신호의 진폭과 주파수에 비례한다.

Answer
23.③ 24.③

25 통신시스템에서 변조의 이유와 목적으로 옳지 않은 것은?

① 신호의 간섭을 피하기 위해서이다.
② 전파의 다중경로로 인한 신호 페이딩을 제거할 수 있다.
③ 짧은 파장의 반송파 신호를 이용하여 변조함으로써 장비가 소형 경량화되는 장점이 있다.
④ 하나의 통신로에 여러 신호를 동시에 송수신할 수 있게 하기 위해서이다.

해설 ① 정보신호를 높은 주파수로 이동시키면 다른 신호로부터 간섭을 줄일 수 있다. 인접한 신호가 높은 주파수로 이동함에 따라 신호 간격이 넓어지기 때문이다. 또한 낮은 주파수보다 높은 주파수에서 간섭을 적게 받는다.
② 전파의 다중경로로 인한 신호 페이딩은 다이버시티기법을 이용하여 줄일 수 있다. 하나의 신호가 여러 경로를 통해서 수신되므로 경로에 따른 시간지연이 발생한다. 이것은 변조방식과는 무관하다.
③ 짧은 파장이란 높은 주파수를 의미한다.
④ 하나의 통신로에 여러 신호를 동시에 전송하는 방식을 다중화라 한다. 변조란 낮은 주파수에서 높은 주파수로 이동시키는 조작으로 다중경로와 변조는 무관하다.

26 아날로그 전송을 위한 변조(modulation) 방법들에 관한 설명 중 옳지 않은 것은?

① 진폭변조(AM)에서는 정보신호에 의해 반송파의 진폭을 변화시킨다.
② 주파수변조(FM)에서의 최대 주파수편이는 변조신호(정보신호)의 주파수에 비례한다.
③ 위상변조(PM)에서 비변조파의 순시 위상은 변조신호에 비례하고, 그 순시주파수는 변조신호의 미분에 비례한다.
④ 임의의 신호파 $m(t)$로 위상 변조한 PM파는 미분파형 $\dfrac{dm(t)}{dt}$로 주파수 변조한 파형과 일치한다.

해설 ② 주파수변조에서 최대 주파수 편이는 $\triangle f = k_f A_m$로 정보신호의 주파수와 무관하다.

Answer 25.② 26.②

27 주파수 변조 시에 변조 파형에 나타나는 측파대의 수는?

① 2개 ② 4개
③ 8개 ④ 무한히 많음

해설 주파수 변조 시 측파대의 수는 무한개이다. 칼슨의 법칙에 의한 대역폭은 전체 전력의 99%에 해당되는 대역을 의미한다.

28 무선통신 시스템에서 변조를 하는 목적에 대하여 나열한 것이다. 옳지 않은 것은?

① 여러 메시지 신호를 동시에 전송할 수 있다.
② 무선전송의 경우 크기가 작은 안테나를 사용할 수 있다.
③ 간섭이 있는 채널에서 전송신호의 대역폭을 인위적으로 증가시켜 간섭에 대한 영향을 줄일 수 있다.
④ 주파수가 높아지면 파장이 짧아져 같은 시간 동안에 더 많은 정보를 전송할 수 있다.

해설
① 정보신호를 높은 주파수로 이동시켜 다중화를 통해 동시 전송이 가능하다.
② 높은 주파수로 이동시키면 파장의 길이가 짧아져 안테나의 길이가 작아진다.
③ 간섭을 받는 주파수 대역을 넓은 주파수 대역으로 증가시키면 간섭을 받는 대역이 상대적으로 좁아지므로 간섭에 대한 영향을 줄일 수 있다.
④ 더 많은 정보를 전송할 수 있는 것은 높은 주파수가 아니고 넓은 대역폭이다.

29 변조 주파수는 f_m이고, 변조지수 m_f가 1보다 매우 작을 때 단일 정현파로 주파수 변조를 행한 반송파의 실용상의 주파수 대역폭 B의 관계는?

① 진폭 변조의 2배
② 진폭 변조의 4배
③ 진폭 변조의 경우와 같다.
④ $B = 2(m_f + 1)m_f$이다.

[해설] m_f가 1보다 매우 작은 경우 FM 변조의 대역폭은 AM 변조의 대역과 같다.

30 협대역 FM 변조(NFBM)에서 대역폭 B와의 관계식을 나타낸 것은? (여기서 B_{AM}은 AM 변조의 대역폭이다.)

① $B = B_{AM}$
② $B = 2B_{AM}$
③ $B = \frac{1}{2} B_{AM}$
④ $B = 4B_{AM}$

[해설] 협대역 FM의 대역폭은 AM 변조의 대역폭과 같다.

31 88[MHz]~108[MHz]대역에서 운용되는 표준 FM 방송의 주파수 편이는 75[kHz]이다. 15[kHz]의 음성 신호를 표준 FM 방송 시스템으로 변조할 때 측파대 쌍의 수는 얼마인가?

① 5
② 6
③ 7
④ 8

[해설] m_f = 75[kHz]/15[kHz]=5>1이다. 측파대 쌍수는 m_f + 1개다.

32 반송파의 변조 주파수가 각각 같을 경우 다음의 각 변조지수로 FM 변조를 할 때 피변조 주파수 폭이 가장 넓은 것은?

① 0.4
② 0.5
③ 1.0
④ 5.0

[해설] FM 피변조 주파수 폭(대역폭)은 변조지수(m_f)가 클수록 넓다.

Answer
30.① 31.② 32.④

33 다음 중 FM파의 선 스펙트럼에 대한 설명으로 잘못된 것은?

① 스펙트럼은 무변조 반송파와 주파수 $f_c \pm nf_m$에 무한개의 측파대로 이루어져 있다.
② 무변조 반송파의 크기는 $J_0(m_f)$에 비례하고, 제1측파대의 크기는 $J_1(m_f)$에 비례하는 성질을 갖는다.
③ 각 측파대 간격은 변조 주파수 f_m으로 되어 있다.
④ 우수차 하측파대는 무변조 반송파를 기준으로 하여 반대 부호, 역위상이다.

[해설] ㉠ 기수차 하측파대는 무변조 반송파를 기준으로 반대 부호(역위상)이다.
㉡ 진폭(A_c)은 일정하고, 순시 주파수는 정현파적으로 변한다.
㉢ 무변조 반송파의 크기는 $J_0(\beta)$에 비례하고, 제1측파대의 크기는 $J_1(m_f)$에 비례하는 등의 성질을 갖는다.

34 아날로그 변조방식에는 AM, DSB-SC, SSB, VSB, FM 등이 있다. 같은 정보를 전송하는 데 요구되는 대역폭의 크기 비교를 옳게 한 것은?

① FM > AM > DSB-SC > SSB > VSB
② FM > AM=DSB-SC > VSB > SSB
③ AM=DSB-SC > FM > SSB > VSB
④ FM > VSB > AM=DSB-SC > SSB

[해설] 대역폭의 크기는 FM > AM > VSB > SSB순이다.
AM(DSB-LC)과 DSB-SC의 대역폭의 크기는 같다.

35 다음은 직접 FM 변조방식을 사용했을 경우에 나타나는 특징들이다. 가장 적절하지 않은 것은?

① 간접 FM 방식보다 주파수 편이를 크게 할 수 있다.
② 간접 FM 방식보다 주파수 체배 단수가 적어도 된다.
③ AFC 장치가 필요하다.
④ 간접 FM 방식보다 주파수 안정도가 높다.

[해설] 직접 FM 방식은 간접 FM 방식보다 주파수 안정도가 낮다.

36 FM에서 이용되는 주파수 변별기(frequency discriminator)의 목적을 설명한 것은?

① 진폭의 변화를 억제시킨다.
② 주파수를 제어한다.
③ 주파수 변조에 포함되어 있는 진폭 변조파를 제거한다.
④ 주파수 변화를 진폭 변화로 변환한다.

해설 주파수 변별기의 목적은 주파수 변화를 진폭 변화로 변환시켜 복조하는 것으로, 미분기와 포락선 검파기로 구성된다.

37 FM 복조를 위한 주파수 변별기에서 미분기의 기능으로 옳은 것은?

① 주파수 변화를 진폭 변화로 변환한다.
② 수신신호에서 반송파 주파수를 복원한다.
③ 주파수의 크기를 조절한다.
④ 주파수 변화를 특정 범위로 제한한다.

해설 주파수 변별기의 목적은 주파수 변화를 진폭 변화로 변환시켜 복조하는 것으로, 미분기와 포락선 검파기로 구성된다.

38 FM 수신기의 주파수 판별기(Frequency Discriminator)에 대한 설명으로 옳지 않은 것은?

① 수신신호의 순시주파수에 따라 선형적으로 변하는 출력 전압이 발생한다.
② 적분기 역할을 수행한다.
③ 판별기의 출력신호를 포락선 검파하여 본래의 정보신호를 검출할 수 있다.
④ FM신호를 AM신호로 변환하는 역할을 수행한다.

해설 주파수 변별기는 주파수의 변화를 진폭으로 변환시키는 것으로 미분기가 필요하다.

Answer 36.④ 37.① 38.②

39 FM 방식에 대한 설명으로 옳지 않은 것은?

① 리미터의 사용으로 진폭 변화와 같은 페이딩의 영향을 억제할 수 있다.
② 전송대역폭이 넓을수록 잡음에 대한 특성이 우수해진다.
③ 변조지수는 정보신호의 진폭과 무관하다.
④ AM 방식보다 높은 주파수 대역을 사용한다.

해설 변조지수(m_f) = $\frac{\Delta f}{f_s} = \frac{k_f A_m}{f_s}$ 로 정의되므로 정보신호의 진폭에 비례한다.

40 다음 설명 중 옳은 것은?

① 슈퍼헤테로다인 수신기에서 BFO(Beat Frequency Oscillator)를 사용하는 목적은 고조파를 가청 주파수로 수신하기 위해서이다.
② FM은 선형변조방식에 속한다.
③ 직접 FM 방식을 사용한 변조기는 주파수 안정도가 좋다.
④ 주파수 변조에서 순시 편이 제어(IDC) 회로를 사용하는 목적은 주파수 체배를 정확하게 하기 위해서이다.

해설
② FM은 비선형변조방식에 속한다.
③ 직접 FM 방식을 사용한 변조기는 간접 FM 변조방식을 사용하는 경우보다 주파수 안정도가 나쁘다.
④ 주파수 변조에서 순시 편이 제어(IDC) 회로를 사용하는 목적은 규격화된 대역폭을 초과하지 않도록 변조신호의 진폭을 제한하기 위해서다.

41 FM 수신기에서 스켈치(squelch) 회로의 작용에 대한 설명으로 옳은 것은?

① 잡음 출력의 억제
② 누화의 방지
③ 주파수 변환의 용이
④ 전계와 자계의 분리

해설 스켈치 회로의 사용 목적은 무반송파의 경우 기기 잡음을 억제하기 위해서 사용된다.

Answer
39.③ 40.① 41.①

42 다음 중 FM 수신기에 포함되지 않는 내용은?

① 스켈치(squelch) 회로
② 디엠퍼시스(de-emphasis)
③ 주파수 변별기(판별기)
④ 전치 보상(predistorter) 회로

해설 전치 보상기는 PM 변조기를 이용해서 간접 FM파를 얻는 데 사용되는 보조 회로이다.

43 FM에서 변조신호의 높은 주파수대를 특히 강하게 변조하여 S/N의 저하를 방지할 목적으로 이용되는 보조 회로는?

① 순시 제어(IDC) 회로
② 자동 주파수 제어(AFC) 회로
③ 프리엠퍼시스 회로
④ 디엠퍼시스 회로

해설 ✛ 프리엠퍼시스 회로의 특징 ✛
㉠ 미분 회로로 구성되며, FM 송신기에서 사용한다.
㉡ 변조를 수행하기 전에 사용하여 높은 주파수 신호의 진폭을 강화시킨다.
㉢ 높은 주파수 신호의 S/N비를 향상시키기 위해 사용된다.

44 디엠퍼시스(de-emphasis) 회로의 목적으로 올바른 내용은?

① 반송파를 제거한다.
② 낮은 주파수의 출력을 감소시킨다.
③ 높은 주파수의 출력을 감소시킨다.
④ 높은 주파수의 출력을 강조시킨다.

해설 ✛ 디엠퍼시스 회로의 특징 ✛
㉠ 적분 회로로 구성되며, FM 수신기에서 사용한다.
㉡ 높은 주파수 신호의 진폭을 약화시키는 데 사용한다.

Answer
42.④ 43.③ 44.③

45 프리엠퍼시스(pre-emphasis)의 전달함수가 $H(\omega)$, 디엠퍼시스(de-emphasis)의 전달함수가 $H'(\omega)$이며, 이론적으로 왜곡이 생기지 않도록 설계하고자 할 때 성립하여야 할 조건은?

① $H(\omega)H'(\omega) = 0$
② $H(\omega)H'(\omega) = 1/2$
③ $H(\omega)H'(\omega) = 1$
④ $H(\omega)H'(\omega) = \pi/2$

해설 왜곡이 생기지 않도록 하기 위해서는 $H(\omega)H'(\omega) = 1$이어야 한다.

46 주파수 변조에서 신호 대 잡음비를 향상시키기 위한 방법으로 이용하는 내용과 거리가 먼 것은?

① 변조지수를 크게 한다.
② 사전강화기(pre-emphasis) 회로를 사용한다.
③ 점유 주파수 대역폭을 크게 한다.
④ 신호의 진폭을 작게 한다.

해설 신호의 진폭을 작게 하면 S/N 비가 낮아진다.

47 위상 변조에서 S/N비를 개선하기 위한 방법과 거리가 먼 것은?

① 변조신호의 진폭을 작게 한다.
② 최대 위상 편이를 크게 한다.
③ 변조신호의 평균전력을 크게 한다.
④ 위상감도계수를 크게 한다.

해설 위상 변조의 잡음지수 F는 $F = k_p^2 \cdot P_f = \dfrac{(\Delta\theta)^2}{2}$이며, 여기서 변조 신호 전력 P_f는 $P_f = \dfrac{A_m^2}{2}$이다. 따라서 변조신호의 진폭 A_m을 크게 할수록 S/N비가 개선된다. 변조지수를 크게 하면 대역폭이 넓어지므로 S/N비가 개선된다.

Answer
45.③ 46.④ 47.①

48 FM에서 잡음에 관한 설명으로 옳지 않은 것은?

① FM에서 주파수 대역폭을 증가시키면 S/N비가 감소한다.
② 변조지수 m_f가 큰 광대역 FM에서 잡음 효과가 크다.
③ 협대역 FM에서는 소요 주파수 대역폭이 AM과 같으며 잡음 감소 효과가 별로 없다.
④ FM 방식은 잡음과 인접한 방해 신호에 대해서 AM 방식보다 유리하다.

[해설] FM에서 주파수 대역폭을 2배 증가시키면 S/N비가 6[dB]씩 증가한다.

49 음성 대역폭을 다중화하는 계층에서 CCITT의 경우 음성 채널 300개를 무엇이라고 하는가?

① channel
② super group
③ group
④ master group

[해설]

구분	주파수	대역폭	음성 채널 수
군(group)	60~108[kHz]	48[kHz]	12
초군(super group)	312~552[kHz]	240[kHz]	60
주군(master group)	564~3084[kHz]	252[kHz]	600

50 슈퍼헤테로다인 FM 수신기를 구성하기 위해 AM 수신기와 비교할 때 추가되어야 하는 것은?

① 혼합기
② 포락선 검파기
③ 리미터와 판별기
④ 중간주파수단

[해설] FM파의 진폭을 제한시키기 위해 리미터가 필요하고 입력신호레벨을 판별하여 저주파 증폭기 동작여부를 결정한다.

Answer
48.① 49.④ 50.③

51 FM에서 S/N비를 4배(6[dB]) 증가시키려고 한다. 이를 위해서는 소요 주파수 대역폭을 몇 배 증가시켜야 하는가?

① 2배
② 3배
③ 4배
④ 5배

해설 FM에서 S/N비를 4배 증가시키려면 필요로 하는 주파수 대역폭을 2배 증가시켜야 한다. 여기서 2배를 [dB]로 변환하면 6[dB]가 개선된다. 즉, 신호 대 잡음비는 소요 주파수 대역폭을 2배 증가시킬 때마다 6[dB] 개선된다.

52 협대역 FM과 광대역 FM의 경계가 되는 변조지수는?

① 0.632
② 0.577
③ 0.428
④ 0.331

해설 광대역 FM의 변조지수 $3m_f^2 > 1$인 조건에서 경계가 된다.
$m_f^2 > \dfrac{1}{3}$, $m_f = 0.577$

Answer
51.① 52.②

CHAPTER 03

아날로그의 디지털화

공기업(교통공사)
통신일반
적중예상문제집

03 아날로그의 디지털화

제1절 펄스변조

01 아날로그 전송 방법이 아닌 변조 형태는?
① PAM
② PCM
③ PTM
④ PWM

해설 ㉠ 아날로그 펄스변조 : PAM, PWM(PDM), PPM, PTM(PWM, PPM)
㉡ 디지털 펄스변조 : PCM, PNM, DM, DPCM, ADM, ADPCM

02 아날로그 신호를 표본화하는 경우에 얻게 되는 파형은?
① PAM
② PDM
③ PPM
④ PNM

해설 아날로그 신호를 표본화하여 얻게 되는 파형은 PAM파형이다.

03 펄스의 진폭, 주기 등은 일정하고 펄스폭이 입력 신호에 따라 변화되도록 하는 변조방식은?
① PFM
② PAM
③ PPM
④ PWM

해설 ㉠ PAM(Pulse Amplitude Modulation) : 펄스진폭변조
반복주기가 일정한 펄스의 진폭을 신호파에 대응시켜서 변화시키는 변조방식으로 변조와 검파가 간단한 이점이 있으나 비 직선 변형을 쉽게 일으키고 잡음이나 페이딩의 영향을 받기가 쉬운 단점이 있다.

Answer 01.② 02.① 03.④

ⓒ PFM(Pulse Frequency Modulation) : 펄스 주파수 변조
신호 파의 레벨에 맞추어 펄스의 반복 주파수를 변화시키는 변조방식으로 보통 FM 변조방식과 같이 신호파의 +, -에 따라 펄스 파를 소와 밀로 표현한다.

ⓒ PWM(Pulse Width Modulation) : 펄스폭 변조
펄스의 진폭과 주기는 일정하나 펄스의 폭을 신호 파에 대응해서 변화시키는 방식이다. 수신측에 리미터 사용이 가능해서 페이딩이나 잡음 등에 영향을 제거할 수 있는 장점이 있으나 전력소모가 크다는 단점으로 일반적으로는 통신에 많이 사용되지 않는다.

ⓔ PPM(Pulse Position Modulation) : 펄스 위치 변조
펄스의 진폭은 일정하고 펄스의 위치를 신호 파에 대응시켜서 변화시키는 방식이다. 수신측에 리미터 사용이 가능하기 때문에 PAM S/N가 PWM S/N비에 비해서 개선되고 PAM, PWM 방식과 비교해서 전력소모가 적다.

ⓜ PCM(Pulse Code Modulation) : 펄스부호변조
아날로그 정보를 디지털 펄스 코드로 바꾸어 전송하고 다시 아날로그 정보로 되돌리는 방식으로 디지털펄스변조방식이다.

04 정보통신을 위한 펄스변조방식에 해당되지 않는 것은?

① DM
② ADPCM
③ PCM
④ FM

해설 FM은 아날로그 변조방식이고 나머지는 모두 디지털 펄스변조에 해당된다.

05 펄스의 폭과 진폭은 일정하게 유지하고 신호의 표본값에 따라 펄스의 위치만을 변환시키는 변조방식은?

① PAM
② PPM
③ PTM
④ PCM

해설 정보신호의 표본값에 따라 펄스의 위치를 변환시키는 변조방식은 PPM이다. PTM은 PWM과 PPM을 말한다.

Answer 04.④ 05.②

06 전송해야 할 신호의 진폭(순시값)을 부호화하여 펄스변조하는 방식은?

① PDM ② PTM
③ PCM ④ PPM

해설 정보신호의 진폭을 부호화 하여 펄스변조하는 방식은 디지털 펄스변조에 해당된다. PCM은 디지털 펄스변조이고 나머지는 아날로그 펄스변조이다.

07 펄스변조방식 중 디지털 펄스변조(또는 불연속 레벨 변조)에 해당되지 않는 것은?

① PNM ② PCM
③ DM(Delta 변조) ④ PTM

해설 PTM은 아날로그 펄스변조에 해당되고 나머지는 디지털 펄스변조에 해당된다.

08 다음 변조방식 중에서 진폭에 따라서 펄스의 폭을 변화시키는 변조방식은 무엇인가?

① PAM ② PWM
③ PPM ④ PNM

해설 PWM은 진폭에 따라서 펄스의 폭을 변화시키는 방식이다.

09 신호파의 진폭이 변화함에 따라 변조된 파의 주파수가 변화하는 변조방식은 다음 중 어떤 방식인가?

① AM ② PM
③ FM ④ ASK

해설 FM은 신호파의 진폭에 따라 변조된 파의 주파수를 변화시키는 변조방식이다.

Answer
06.③ 07.④ 08.② 09.③

10 다음 변조방식 중에서 아날로그 변조방식은 어느 것인가?

① PAM ② PWM
③ DM   ④ VSB

해설
㉠ VSB는 아날로그 진폭변조방식
㉡ PAM, PWM은 아날로그 펄스변조방식
㉢ DM은 디지털 펄스변조방식

11 다음은 여러 가지 펄스변조방식들이다 이 중에서 양자화 잡음이 발생하는 변조방식은 무엇인가?

① PAM ② PTM
③ PCM ④ PWM

해설 양자화 잡음은 디지털 펄스변조방식에서 발생한다. PCM은 디지털 펄스변조방식이고 나머지는 아날로그 펄스변조방식이다.

12 PAM, PWM, PPM 변조방식에 대한 설명으로 옳지 않은 것은?

① 디지털 변조방식에 속한다.
② PAM은 시분할 다중화 전송이 가능하다.
③ PWM은 모터를 제어하는 데 사용된다.
④ PPM은 펄스의 폭과 진폭이 일정하다.

해설 PAM, PWM, PPM은 아날로그 변조방식에 속한다.

Answer
10.④ 11.③ 12.①

13 아래 펄스변조방식 중 아날로그 변조방식은 모두 몇 개인가?

> ㉠ PAM(Pulse Amplitude Modulation)
> ㉡ PPM(Pulse Position Modulation)
> ㉢ PWM(Pulse Width Modulation)
> ㉣ PNM(Pulse Number Modulation)
> ㉤ PCM(Pulse Code Modulation)
> ㉥ DM(Delta Modulation)

① 2개　　② 3개
③ 4개　　④ 5개

해설　㉠ 아날로그 펄스변조방식 : PAM, PPM, PWM
　　　㉡ 디지털 펄스변조방식 : PNM, PCM, DM

14 비트전송률이 32,000[bits/s]인 정보를 16-PAM을 통해 전송할 때, 심볼전송률[symbols/s]은?

① 2,000　　② 4,000
③ 6,000　　④ 8,000

해설　16진-PAM은 4개의 심볼을 가지고 있으므로 심볼당 전송률은 32,000/4=8,000[symbols/s]이다.

15 펄스변조에 대한 설명으로 옳지 않은 것은?

① PAM에서 유지회로(holding circuit)는 일정한 폭의 펄스를 생성한다.
② PPM은 표본화 순간의 메시지 신호에 따라 펄스의 위치를 변경한다.
③ PWM은 음의 표본값을 갖는 메시지 신호에는 적용이 불가능하다.
④ PAM은 표본화 순간의 메시지 신호에 따라 펄스의 높이를 변경한다.

해설　PWM은 양(+)의 표본값뿐만 아니라 음(-)의 표본값을 갖는 메시지 신호에도 적용 가능하다.

Answer
13.② 14.④ 15.③

16 펄스변조에 대한 설명으로 옳지 않은 것은?

① 표본화된 신호로부터 원래의 신호를 복원하기 위해서는 저역통과필터가 필요하다.
② 펄스진폭변조(PAM)를 구현하는 방법으로 sample-and-hold 방식이 있다.
③ 표본화 정리에 따라 나이키스트 표본화 주파수는 메시지 신호의 최대 주파수의 2배이다.
④ 균열 양자화를 사용하는 PCM에서, 양자화 비트수가 1 비트 증가하면 신호 대 양자화잡음비는 3[dB] 증가한다.

해설 양자화 잡음은 6dB법칙에 따라 1비트 증가할 때마다 S/N비가 6dB 증가한다.

17 펄스변조에 대한 설명으로 옳지 않은 것은?

① PAM에서 유지회로(holding circuit)는 일정한 폭의 펄스를 생성한다.
② PPM은 표본화 순간의 메시지 신호에 따라 펄스의 위치를 변경한다.
③ PWM은 음의 표본값을 갖는 메시지 신호에는 적용이 불가능하다.
④ PAM은 표본화 순간의 메시지 신호에 따라 펄스의 높이를 변경한다.

해설 ㉠ PAM은 펄스폭이 일정하다.
㉡ PPM은 신호의 진폭에 따라 펄스의 위치가 변경된다.
㉢ PWM은 양의 표본화와 음의 표본화 값에 모두 적용 가능하다.
㉣ PAM은 신호를 표본화한 값에 따라 펄스 진폭이 달라진다.

Answer 16.④ 17.③

제2절 PCM과 응용

01 펄스부호변조(PCM)의 구성으로 올바르게 나열한 것은?
① 정보신호 – 양자화 – 표본화 – 부호화 – 채널
② 정보신호 – 표본화 – 부호화 – 양자화 – 채널
③ 정보신호 – 부호화 – 양자화 – 표본화 – 채널
④ 정보신호 – 표본화 – 양자화 – 부호화 – 채널

해설 PCM의 구성은 정보신호 – 표본화 – 양자화 – 부호화 – 채널순이다.

02 대역폭이 3.4[kHz]인 음성신호에 대해 엘리어싱이 발생하지 않도록 표본화하고 256레벨로 양자화하여 PCM 신호를 만들 경우, 조건을 만족하는 표본화율[kHz]과 그 표본화율에 대한 PCM 신호의 전송속도[kbps]는?

	표본화율[kHz]	전송속도[kbps]
①	4	64
②	4	32
③	8	32
④	8	64

해설
㉠ 엘리어싱이 발생하지 않으려면 최소 표본화주파수는 $f_s = 2f_m$이다.
㉡ 표본화율 $f_s \geq 2 \times 3.4\text{kHz} = 6.8\text{kHz}$
　보호대역 추가 시 $f_m = 4\text{kHz}$, $f_s = 2f_m = 8\text{kHz}$
㉢ 전송속도는 $f_s \times$ 양자화 비트수 $= 8\text{kHz} \times 8\text{bit} = 64\text{kbps}$
　$\log_2 256 = 8\text{bit}$
㉣ 표본화율은 $f_s \geq 2f_m$, 전송속도는 (표본화율)×(양자화 비트수)이다.

Answer
01.④ 02.④

03 대역폭이 3[kHz]인 아날로그 신호를 8[kHz]의 주파수로 표본화하고, 256개의 레벨로 양자화하였다. 양자화 된 표본을 이진 데이터로 표현할 때, 데이터의 비트율[kbps]은?

① 48[kbps] ② 64[kbps]
③ 192[kbps] ④ 2048[kbps]

해설 표본화율 $f_s = 8\text{kHz}$, 데이터율 $= 8\text{kHz} \times 8\text{bit} = 64\text{kbps}$

키워드 표본화율은 $f_s \geq 2f_m$
데이터 비트율은 (표본화율)×(양자화 비트수)이다.

04 PCM(Pulse Code Modulation) 전송방식에 대한 설명으로 옳지 않은 것은?

① 아날로그 신호를 디지털 신호로 변환하여 전송하는 경우 더 넓은 전송 대역폭이 요구된다.
② 표본화기에서는 일정 시간 간격으로 펄스진폭변조를 수행한다.
③ 양자화기를 통과하면 양자화 잡음이 발생할 수 있다.
④ 표본화 시간 간격이 좁을수록 단위 시간당 발생되는 비트의 수는 감소한다.

해설
㉠ 아날로그 신호의 최대 주파수 f_m보다 2배 이상인 표본화율 ($f_s => 2f_m$)로 표본화해야 한다. 그러므로 더 넓은 대역폭이 필요하다.
㉡ 표본화기는 일정한 간격으로 펄스를 곱하여 PAM 신호를 만든다.
㉢ 양자화기를 통과하면 표본값과 양자화 레벨에 오차로 인해 양자화 잡음이 발생한다.
㉣ 표본화 시간 간격이 좁을수록 시간당 발생되는 비트수는 증가한다.
㉤ 양자화 레벨수가 많을수록 비트수가 증가하므로 데이터량이 많아진다.

05 최대 초당 2,400[baud] 심볼률을 지원하는 시스템을 사용하여 5,000[bps] 디지털 음성을 보내고자 한다. 이러한 시스템을 구축하기 위해 필요한 최소의 심볼 상태 수는?

① 2
② 4
③ 8
④ 16

해설 ㉠ 심볼당 비트수 = bps / baud로 정수이어야 한다.
심볼상태수 = $2^{비트수}$

㉡ 최소 심볼상태수 = $\frac{5000}{2400}$ = 2.083이다. 즉 비트는 정수이어야 하므로 2.083비트는 3비트로 해야 한다. 심볼상태수는 $2^3 = 8$이다. 즉, 8가지 심볼수를 가져야 한다.

06 10[kHz]의 아날로그 신호를 PCM(Pulse Code Modulation) 방식으로 변환하여 실시간 전송할 때 요구되는 최소 데이터 전송률[kbps]은? (단, 양자화 레벨 수는 50이다.)

① 100[kbps]
② 120[kbps]
③ 140[kbps]
④ 160[kbps]

해설 최소 데이터 전송률은 (표본화율) × (양자화 비트수),
최소 표본화주파수 $f_s = 20\text{kHz}$
양자화 비트수 $n \geq \log_2 M = \log_2 50 = \frac{\log_{10} 50}{\log_{10} 2} = 5.64$, $n = 6\text{bit}$
최소 데이터 전송률은 $f_s \times \text{bit}수 = 20\text{kHz} \times 6 = 120\text{kbps}$

07 PCM(Pulse Code Modulation)에 대한 설명으로 옳지 않은 것은?

① 과표본화(Oversampling)란 최소 표본화 주파수보다 더 높은 주파수를 사용하여 표본화를 수행하는 것이다.
② 표본화 과정의 결과를 PPM(Pulse Position Modulation)이라 한다.
③ 양자화(Quantization) 레벨 수가 많을수록 근사화오차가 작아지므로 양자화 잡음은 작아진다.
④ 32개의 레벨 수로 양자화된 것을 부호화할 때 표본당 할당되는 비트의 수는 5이다.

Answer
05.③ 06.② 07.②

해설
① 표본화 주파수는 $f_s \geq 2f_m$
최소 표본화 주파수(나이키스트 주파수) = $2f_m$
과표본화란 최소 표본화 주파수보다 높은 주파수를 의미한다.
② 표본화가 끝나고 양자화로 가기 전의 신호는 PAM 신호이다.
③ 양자화 레벨 수가 많을수록 양자화 잡음은 줄어든다. 하지만 데이터량은 많아진다.
④ 32개의 레벨 수로 양자화된 것을 부호화 할 때는
$\log_2 M = \log_2 32 = \log_2 2^5 = 5\text{bit}$ 이다.

키워드 표본화기의 출력은 PAM 신호이다.

08 어떤 현악기가 낼 수 있는 소리의 최대 주파수가 5[kHz]이다. 이 악기로 3분 20초 동안 연주된 곡을 에일리어싱(aliasing)이 발생하지 않도록 표본화하고, 각 표본을 16비트로 변환하여 저장할 때 필요한 최소 데이터 용량[MByte]은?

① 3[MByte]　　② 4[MByte]
③ 5[MByte]　　④ 6[MByte]

해설 신호의 최대 주파수가 $f_m = 5[\text{kHz}]$이므로 $f_s \geq 2f_m = 10[\text{kHz}]$이다.
전송률 = $f_s \times \text{bit}$수 $= 10\text{kHz} \times 16\text{bit} = 160\text{kbps}$
3분 20초는 200초이다.
전체 데이터량은 시간(초)×데이터 전송률
$= 160\text{kbps} \times 200 = 32000\text{kbps}$
$= 32000\text{kbps}/8\text{bit} = 4000\text{kbyte} = 4\text{Mbyte}$

Answer 08.②

09 주파수 대역이 20~40,000[Hz]인 신호를 표본화(sampling)하고 표본당 8비트로 PCM할 때, 엘리어싱(aliasing)이 발생하지 않을 최대 표본화주기[ms]와 최소 데이터 전송속도[kbps]가 옳게 묶인 것은?

	최대 표본화주기	최소 데이터 전송속도
①	$\dfrac{1}{40}$	320
②	$\dfrac{1}{40}$	640
③	$\dfrac{1}{80}$	320
④	$\dfrac{1}{80}$	640

해설 엘리어싱 현상이 발생하지 않으려면 표본화 주파수는 $f_s \geq 2f_m$으로 표본화해야 한다.
최소 데이터 전송속도는 (최소 표본화율) × 비트수이다.
최소 표본화율은 $f_s = 2f_m = 2 \times 40,000 = 80,000\text{Hz}$ 이다.
최대 표본화 주기는 $T_s \geq \dfrac{1}{2f_m} = \dfrac{1}{80,000} = \dfrac{1}{80} \times 10^{-3} = \dfrac{1}{80}$[ms] 이다.
최소 데이터 전송속도 $= 80\text{kHz} \times 8\text{bit} = 640\text{kbps}$

10 대역폭이 제한되어 8[kHz] 이상에서 신호성분이 없는 아날로그 신호를 최소한 얼마의 표본화율[samples/s]로 표본화할 때 수신기에서 이산시간의 표본으로부터 원래의 아날로그 신호를 완벽하게 복원할 수 있는가?

① 4,000 ② 8,000
③ 16,000 ④ 32,000

해설 최소 표본화 주파수는 신호의 최대 주파수의 2배이다.
$f_s = 2f_m$
$f_s = 2f_m = 2 \times 8\text{kHz} = 16\text{kHz}$

Answer
09.④ 10.③

11 아날로그 신호를 PCM전송할 때 초당 8,000샘플로 표본화하고 양자화 레벨이 64일 경우, 정보의 비트 전송률[kbps]은?

① 36[kbps]
② 48[kbps]
③ 64[kbps]
④ 128[kbps]

해설 ㉠ 정보전송률 = 표본화주파수(f_s) × bit수
㉡ 정보전송률 $R = f_s \times \log_2 M = 8\text{kHz} \times \log_2 64$
$= 8\text{kHz} \times \log_2 2^6 = 48\text{kbps}$

12 펄스변조에 대한 설명으로 옳지 않은 것은?

① 표본화된 신호로부터 원래의 신호를 복원하기 위해서는 저역 통과 필터가 필요하다.
② 펄스진폭변조(PAM)를 구현하는 방법으로 sample-and-hold 방식이 있다.
③ 표본화 정리에 따라 나이키스트 표본화 주파수는 메시지 신호의 최대 주파수의 2배이다.
④ 균일 양자화를 사용하는 PCM에서, 양자화 비트수가 1비트 증가하면 신호 대 양자화잡음비는 3[dB] 증가한다.

해설 ㉠ 표본화하기 전에 먼저 대역제한(LPF)을 한 후 표본화한다.
㉡ PAM 구현방법으로는 평탄 표본화(sample and hold)와 순시 표본화(instantaneous sampling), 자연표본화(natural sample) 방식이 있다.
㉢ 표본화 주파수(f_s)는 메시지 신호의 최대 주파수(f_m)의 2배 이상이어야 한다. $f_s \geq 2f_m$
㉣ 양자화 비트수가 1비트 증가하면 SNR이 6[dB] 개선된다.
㉤ 6dB 법칙 $\left(\dfrac{S}{D_g}\right)_{dB} = 6m + 1.8[\text{dB}]$

Answer 11.② 12.④

13 PCM(Pulse Code Modulation) 방식에 대한 설명으로 옳은 것은?

① 왜곡을 발생시키지 않는 최소 표본화 주파수를 나이키스트 주파수라고 한다.
② 양자화 이후에 표본화를 진행한다.
③ 적은 비트수로 입력신호의 넓은 범위를 양자화하기 위해서는 균일 양자화가 적합하다.
④ 양자화 비트수가 증가할수록 양자화 잡음은 증가한다.

해설
① 표본화 정리에 의해 수신단에서 왜곡없이 수신할 수 있는 최소 표본화 주파수를 나이키스트 주파수라고 한다. $f_s = 2f_m$
② PCM 과정은 정보신호 – 대역제한 – 표본화 – 압축 – 양자화 – 부호화 순이다.
③ 적은 비트수로 양자화할 경우 넓은 범위를 양자화 하기 위해서는 비균일 양자화가 적합하다.
압축 + 균일 양자화 = 비균일 양자화이다.
④ 양자화 비트수가 증가하면 양자화 잡음은 줄어든다.

14 펄스변조에서 현재의 표본화된 값과 다음 표본화된 값의 차이를 양자화하는 변조방식은?

① DPCM   ② PNM
③ PWM   ④ PAM

해설
① DPCM은 현재의 표본화된 값과 다음 표본화된 값의 차이를 양자화하는 변조방식이다.
② PNM은 정보신호의 진폭에 따라 펄스 수로 변환시키는 디지털 펄스변조방식이다.
③ PWM은 정보신호의 진폭에 따라 펄스의 폭을 변환시키는 아날로그 펄스변조방식이다.
④ PAM은 정보신호의 진폭에 따라 펄스의 진폭을 변환시키는 아날로그 펄스변조방식이다.

Answer
13.① 14.①

15 델타변조(Delta Modulation)에 관한 설명 중 옳지 않은 것은?

① 앞뒤 표본값을 이용하는 DPCM(Differential Pulse Code Modulation)과 유사하다.
② 양자화 진폭의 크기인 ±∆를 1비트 양자화한다.
③ 입력신호의 변화폭이 큰 경우 ∆의 크기 값이 작을수록 유리하다.
④ 입력신호의 크기에 따라 ∆의 크기 값을 변화시키는 델타변조를 적응델타변조라고 한다.

해설
㉠ DM과 DPCM은 모두 앞뒤 표본값을 이용하는 것은 동일하다.
㉡ DM은 1비트 양자화기이다. DPCM은 5비트 양자화기이다.
㉢ 입력변화폭이 큰 경우는 ∆의 크기 값이 클수록 유리하다.
㉣ 입력신호의 크기에 따라 ∆의 크기 값을 변화시키는 델타변조를 적응델타변조(ADM)라고 한다.

16 차동펄스부호변조(DPCM), 델타변조(DM), 적응델타변조(ADM)에 대한 설명으로 옳지 않은 것은? (단, 델타변조(DM)에서의 표본시간을 T, 스텝크기를 ∆라 한다)

① 적응델타변조(ADM)에서 신호의 기울기가 작으면 스텝크기를 감소시켜 양자화 잡음을 감소시킨다.
② 적응델타변조(ADM)에서 신호의 기울기가 크면 스텝크기를 증가시켜 경사 과부하 잡음을 감소시킨다.
③ 델타변조(DM)에서 입력신호의 기울기가 계단의 기울기(∆/T)보다 크면 경사 과부하 잡음이 발생한다.
④ 델타변조(DM)는 차동펄스부호변조(DPCM)에 비해 표본당 더 많은 비트수를 사용한다.

해설
㉠ ADM에서 신호의 기울기가 작으면 스텝크기를 감소, 기울기가 증가하면 스텝의 크기를 증가시켜 양자화 잡음을 감소시킨다.
㉡ ADM에서 신호의 기울기가 크면 스텝크기를 증가시켜 경사 과부하 잡음을 감소시키고, 기울기가 작으면 스텝의 크기를 감소시켜 그래뉴러(양자화) 잡음을 감소시킨다.
㉢ DM에서 입력신호의 기울기가 계단의 기울기(∆/T)보다 크면 경사 과부하 잡음이 발생되고 작으면 그래뉴러 잡음이 발생한다.
㉣ DM은 DPCM보다 적은 비트수를 사용한다. 1비트를 사용한다.

Answer
15.③ 16.④

17 펄스부호변조(Pulse Code Modulation)에 관한 설명 중 옳지 않은 것은?

① 표본화 → 양자화 → 부호화의 단계를 거친다.
② 엘리어싱(aliasing)을 방지하기 위해 표본화 이전에 고역통과필터를 사용한다.
③ PAM 신호를 양자화 한다.
④ 양자화잡음을 줄이기 위해 압신기(compander)를 사용한다.

해설
① PCM의 과정은 표본화 → 양자화 → 부호화 단계를 거친다.
② 엘리어싱은 주파수 영역에서 신호가 겹치는 현상을 말하며, 엘리어싱을 방지하기 위해서는 표본화하기 전에 LPF를 이용하여 대역제한을 한다.
③ 표본화된 출력은 PAM이 되며 PAM 신호의 진폭을 일정한 레벨로 변환시키는 과정을 양자화라 한다.
④ 양자화잡음을 줄이기 위해서 압축을 한 후 균일양자화를 하면 비선형양자화 특성을 얻는다. 양자화 하기 전에 압축을 하고 복호화 하기 전에 신장을 하므로 본래의 신호를 복원할 수 있다. 압축기와 신장기를 합쳐서 압신기라고 한다.

18 300~3,400[Hz] 대역의 음성신호를 디지털신호로 전송하기 위해서 필요한 표본화 시간간격으로 적합한 것은?

① $\dfrac{1}{300}$ [sec]
② $\dfrac{1}{1,700}$ [sec]
③ $\dfrac{1}{3,400}$ [sec]
④ $\dfrac{1}{8,000}$ [sec]

해설 신호의 최대 주파수가 $f_m = 3,400$[Hz]이므로 $f_s \geq 2f_m = 6,800$[Hz]이다. 표본화 시간간격은 샘플링 주파수의 역수이다.

$T_s = \dfrac{1}{f_s}$

$T_s \leq \dfrac{1}{6,800}$[sec]이어야 한다.

보호대역 추가시 $f_m = 4$kHz, $T_s \leq \dfrac{1}{8,000}$[sec]이다.

Answer
17.② 18.④

19 펄스부호변조(PCM) 과정에서 양자화 잡음은 피할 수 없다. 이를 최소화할 수 있는 방법으로 옳지 않은 것은?

① 양자화기의 비트수를 증가시킨다.
② 비선형 양자화기를 사용한다.
③ 양자화 스텝 크기를 늘리다.
④ 압신(companding)방식을 사용한다.

해설
① 양자화 비트수를 증가시키는 것은 레벨수를 증가시키는 것이다.
② 비선형 양자화를 사용하면 낮은 레벨에서는 양자화 스텝의 크기를 줄이고 높은 레벨에서는 양자화 스텝크기를 증가시켜 양자화 잡음을 줄이는 방법이다.
③ 양자화 스텝 크기를 늘리면 양자화 잡음은 증가한다.
④ 압축을 하고 선형양자화를 하면 비선형양자화 효과를 얻는다.

20 f_m[Hz]로 대역제한된 아날로그 신호를 나이키스트(Nyquist) 표본화율로 표본화하고 2^M 단계로 양자화하여 얻어지는 데이터율[bps]은 얼마인가?

① $f_m \times M$
② $2 \times f_m \times M$
③ $f_m \times 2^M$
④ $2 \times 2 \times f_m \times 2^M$

해설 나이키스트 표본화 주파수는 $f_s = 2f_m$이다. 양자화 비트는 M이므로 데이터율은 (샘플링 주파수) × (양자화 비트수)이다.
데이터율은 $2 \times f_m \times M$이다.

21 아날로그 신호를 디지털 데이터로 변환하기 위해 먼저 초[sec]당 100개의 샘플을 취하고 각각의 샘플을 4비트의 이진수로 변환한다고 가정한다. 10초 분량의 아날로그 신호를 이러한 과정을 통해 변환한다면 그 결과로 발생되는 디지털 데이터는 총 몇 비트인가?

① 10[bit]
② 20[bit]
③ 400[bit]
④ 4,000[bit]

해설 총 비트수=샘플링수×비트수×시간(초)
= 100개 × 4bit × 10초 = 4,000bit

22 초[sec]당 30프레임씩 발생하며, 20만 개의 화소(pixel)를 갖는 컬러 디지털 화면의 R, G, B 명도를 각각 8비트로 표현하여 압축 없이 16진 PAM(Pulse Amplitude Modulation)으로 전송하는 데 필요한 최소 대역폭은?

① B=18[MHz]
② B=36[MHz]
③ B=54[MHz]
④ B=72[MHz]

해설 $C = 2BW \log_2 M$, $C = 30 \times 20 \times 10^4 \times 3 \times 8 = 144[\text{Mbps}]$

$BW = \dfrac{C}{2\log_2 M} = \dfrac{144[\text{Mbps}]}{2\log_2 16} = \dfrac{144[\text{Mbps}]}{8} = 18[\text{MHz}]$

$BW = 18[\text{MHz}]$

23 $\pm V_{\max}$의 범위를 가지는 균일 양자화기(uniform quantizer)를 사용하여 진폭이 $V_{\max}$인 정현파 신호를 PCM 신호로 변환하고자 한다. 신호-대-양자화잡음비(signal-to-quantization noise ratio)가 45[dB] 이상이 되기 위하여 요구되는 최소 양자화 비트수[bit]는?

① 4[bit]
② 8[bit]
③ 10[bit]
④ 12[bit]

해설 $6m + 1.8 \geq 45[\text{dB}]$, $6m \geq 45 - 1.8 = 43.2$, $m \geq \dfrac{43.2}{6}$, $m = 8[\text{bit}]$

24 가장 높은 주파수가 3[kHz]인 기저대역 신호를 나이퀴스트(Nyquist)의 최소 표본화율로 표본화하여 1,024개 레벨로 양자화 한다면 발생되는 데이터의 비트율[kbps]은?

① 24[kbps]
② 30[kbps]
③ 60[kbps]
④ 80[kbps]

Answer
22.① 23.② 24.③

해설 ㉠ 데이터 비트율은 (표본화 주파수)×(양자화 비트수)이다.
㉡ 최소 표본화 주파수는 $f_s = 2f_m = 2 \times 3[\text{kHz}] = 6[\text{kHz}]$
㉢ 양자화 비트수는 $n = \log_2 M = \log_2 1024 = \log_2 2^{10} = 10\text{bit}$
㉣ 데이터 비트율은 $= 6\text{kHz} \times 10 = 60[\text{kbps}]$

25 입력 음성 신호를 8[kHz], 8-bit A/D 컨버젼을 수행한 경우 얻어지는 신호 대 양자화 잡음의 비가 10[dB]이었다. 동일한 신호를 16-bit A/D 컨버젼을 수행한 경우 얻어지는 신호 대 양자화 잡음의 비로서 옳은 것은?

① 26[dB]
② 34[dB]
③ 58[dB]
④ 82[dB]

해설 8-bit일 때 10[dB]이므로 16-bit이면 8비트가 증가하였으므로 6[dB] 법칙에 의해 $6 \times 8 = 48[\text{dB}]$ 증가하였다.
따라서 $10 + 48 = 58[\text{dB}]$이다.

26 디지털통신 시스템의 아날로그 디지털 변환기(ADC)에서 신호 왜곡과 잡음에 대한 설명 중 가장 옳지 않은 것은?

① 양자화 레벨의 수를 증가시키면 양자화 잡음을 줄일 수 있다.
② 자동이득 조절기를 사용하여 입력신호의 작동영역을 조절함으로써 양자화 왜곡을 줄일 수 있다.
③ 음성신호의 양자화 잡음을 감소시키기 위해 Companding을 사용할 수 있다.
④ 채널에서의 잡음을 줄이면 양자화 잡음을 효과적으로 줄일 수 있다.

해설 ① 양자화 레벨수를 증가시키면 양자화 스텝의 크기가 줄어들어 양자화 잡음을 줄일 수 있다.
② 자동이득 조절기는 입력되는 신호의 동작영역 레벨을 자동으로 조절해 주므로 양자화 왜곡을 줄일 수 있다.
③ 음성신호의 양자화 잡음을 감소시키기 위해 양자화 전단에 압신을 하고 선형양자화를 함으로써 양자화 잡음을 줄일 수 있다.
④ 채널에서의 잡음은 양자화 잡음과 무관하다.

Answer 25.③ 26.④

27 아날로그 신호를 디지털 신호로 변환하는 과정에 대한 설명으로 옳지 않은 것은?

① 표본화(Sampling), 양자화(Quantization), 부호화 과정을 거친다.
② 아날로그 신호 $s(t) = 32\cos(8,000\pi t)$[V]를 5비트로 선형 양자화할 때 양자화 간격은 1[V]이다.
③ W[Hz]로 대역 제한된 기저대역 아날로그 신호에 대해 엘리어싱(Aliasing)이 발생하지 않도록 하는 최소 표본화 주파수는 2W[Hz]이다.
④ 4[kHz]로 대역 제한된 기저대역 아날로그 신호를 Nyquist rate로 표본화(Sampling)한 뒤, 각 표본을 8비트로 양자화하면 비트율은 64[kbps]이다.

해설
㉠ PCM과정은 표본화-양자화-부호화 과정을 거친다.
㉡ $s(t) = 32\cos(8000\pi t)$ 신호의 진폭은 $-32 \sim 32$[V]이므로 64[V]가 된다. 5비트로 양자화 하면 $2^5 = 32$로 레벨수가 32개이므로 1레벨당 2[V]가 된다.
㉢ 엘리어싱이 발생하지 않으려면 기저대역의 최대 주파수의 2배 이상으로 표본화해야 한다.
㉣ 4[kHz]로 대역 제한된 신호는 2배 이상으로 표본화해야 한다. 나이키스트 표본화율은 신호 주파수의 2배로 표본화하는 것이다. 즉, 표본화 주파수는 8[kHz]이다. 양자화 레벨수가 8비트이므로 $8[kHz] \times 8[bit] = 64[kbps]$이다.

28 PCM 시스템에서 송신측의 각 단계별 구성요소(A에서 D까지)를 바르게 나열한 것은?

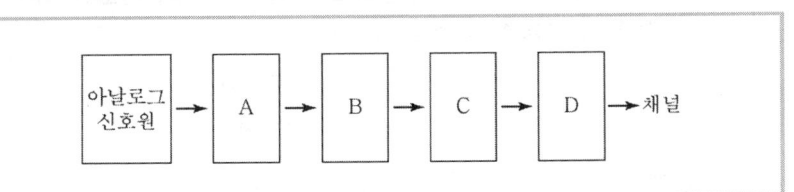

① LPF(Low Pass Filter) - sampler - quantizer - encoder
② sampler - LPF - encoder - quantizer
③ sampler - quantizer - LPF - encoder
④ LPF - sampler - encoder - quantizer

Answer
27.② 28.①

해설 신호원을 일정 주파수 이하가 되도록 대역 제한(LPF)한다.
→ 대역 제한된 신호를 $f_s \geq 2f_m$으로 표본화(sampler)한다.
→ 표본화된 신호는 압축을 통하여 양자화(quantizer)한다.
→ 양자화된 이산적 레벨을 2진신호로 변환하는 부호화(encoder) 과정을 거쳐 채널로 전송된다.

29 다음 중 T1에 대한 설명으로 옳지 않은 것은?

① 시분할 다중화(TDM) 전송 기술이다.
② T1의 전송속도는 1.544[Mbps]이다.
③ 한 프레임은 30개의 채널로 구성된다.
④ 한 프레임의 시간은 125[μs]이다.

해설 ① T1 반송시스템은 24CH를 시간적으로 분할해서 동시에 전송하는 시스템이다.
② T1 반송시스템의 전송률은
$R = (8\text{bit} \times 24\text{CH} + 1\text{bit}) \times 8[\text{kHz}] = 1.544[\text{Mbps}]$
③ 한 프레임당 24CH로 구성되어 있다.
④ 한 프레임의 시간은 $\frac{1}{8[\text{kHz}]} = 125[\mu s]$이다.

※ T1반송시스템은 CH당 8bit, $f_s = 8\text{kHz}$, 24CH에 프레임비트 1비트를 추가한 시스템이다.

30 최대 전송 속도가 90[Mbps]인 전송로를 이용해 다중화 데이터를 전송하려고 한다. 주파수 대역이 0~15[kHz]로 제한된 신호를 15비트 PCM으로 디지털화할 때 주어진 전송로에 같은 종류의 신호를 최대 몇 채널까지 동시에 전송할 수 있는가?

① 100
② 200
③ 300
④ 400

해설 신호의 최대 주파수는 $f_m = 15[\text{kHz}]$, 표본화 주파수는 $f_s = 30[\text{kHz}]$
15비트로 양자화 하면
1CH당 전송률은 $R_{CH} = 30[\text{kHz}] \times 15[\text{bit}] = 450[\text{kbps}]$
채널수 $= \frac{\text{최대 전송률}}{\text{CH당 전송률}} = \frac{90 \times 10^6}{450 \times 10^3} = 2 \times 10^2 = 200\text{CH}$

Answer
29.③ 30.②

31 T-1 회선에 대한 설명 중 옳지 않은 것은?

① 한 프레임은 193비트로 구성된다.
② 30개의 음성 채널을 수용할 수 있다.
③ 1초에 8,000개의 프레임을 전송한다.
④ 프레임 동기를 위하여 8[kbps]의 오버헤드가 존재한다.

해설
㉠ T1 반송시스템의 비트수는 8bit×24CH+1bit=193bit 이다.
㉡ T1 반송시스템은 24CH의 음성 채널을 전송하는 시스템이다.
㉢ 샘플링 주파수가 8[kHz]이므로 1초당 8,000개의 프레임을 전송한다.
㉣ 한 비트의 프레임 비트가 존재하므로 1초당 8[kbps]의 전송률이 더 필요하다.

32 네트워크 통신 장치인 리피터(repeater)에 대한 설명으로 옳은 것은?

① 디지털 전송에서는 리피터를 거치면서 잡음이 누적 증폭되는 효과가 발생할 수 있다.
② 전송로의 감쇄와 잡음으로 손상된 원래 데이터를 재생하여 수신으로 전송하는 장치이다.
③ 네트워크 회선에서 지나가는 신호를 감시하는 근거리 통신망 장치이다.
④ 패킷데이터의 경로를 효과적으로 결정하기 위한 기능을 가져야 한다.

해설
① 디지털 전송에서는 리피터를 거치면서 잡음이 누적 증폭되는 효과가 발생하지 않는다. 아날로그 전송에서는 누적 증폭되는 효과가 나타난다.
② 리피터는 손상된 2진 신호를 원래 신호로 재생하여 전송하는 시스템이다.
③ 변조하지 않고 2진 신호 그대로 전송하기 때문에 근거리 전송이 적당한다. 리피터는 원거리 전송을 위해 사용한다.
④ 라우터는 2진 신호로 전송하기 때문에 데이터 통신에 사용될 경우 가장 효율적인 경로를 찾아 전송하는 기능을 가지고 있다.

Answer
31.② 32.②

33 디지털 부호화 기술에서 음성신호의 통계적 특성을 이용하여 적응적으로 예측하고 양자화하는 방식은?

① ADPCM ② DPCM
③ PCM   ④ DM

해설
① ADPCM은 음향의 빈번한 표본을 취하고 추출된 음향 변조값을 이진형태로 표현함으로써 음향이나 아날로그 정보를 이진 정보로 변환시키기 위한 기술이다.
② DPCM은 앞의 표본값들로부터 추정한 표본값과 실제의 표본값과의 차이를 전송가능하게 한다.
③ PCM은 펄스의 파라미터를 변조신호의 값에 따라 연속적으로 변화시키는 변조방식으로 정보신호의 값(진폭)을 양자화하여 부호화하는 파형부호화방식이다.
④ DM은 차동신호에 대하여 표본당 1비트만을 사용하는 DPCM의 특별한 경우이다. 이 단일 비트는 차동표본의 극성만을 나타낸다. 만약 차동신호가 (+)이면 "1"이 발생되고 차동신호가 (-)이면 "0"이 발생된다. 그러므로 DM을 때때로 1비트 PCM이라고 부른다.

34 다음 변조 중 연속 레벨 변조가 아닌 것은?

① PWM(Pulse Width Modulation)
② PNM(Pulse Number Modulation)
③ PTM(Pulse Time Modulation)
④ PAM(Pulse Amplitude Modulation)

해설
① PWM : 신호의 진폭에 따라 펄스의 폭을 변환시키는 펄스변조방식이다.
② PNM : 신호의 진폭에 따라 펄스의 수를 변환시키는 펄스변조방식이다. 디지털 펄스변조이다.
③ PTM : 신호의 진폭에 따라 펄스폭(PWM)이나 위치(PPM)를 변환시키는 펄스변조방식이다.
④ PAM : 신호의 진폭에 따라 펄스의 진폭을 변환시키는 펄스변조방식이다.

키워드 PNM은 디지털 펄스변조방식이다.

Answer
33.① 34.②

35 펄스의 진폭과 폭이 일정한 펄스변조방식은?

① PAM ② PWM
③ PDM ④ PPM

해설
① PAM : 신호의 진폭에 따라 펄스의 진폭을 변환시키는 펄스변조방식이다(펄스폭은 일정).
② PWM : 신호의 진폭에 따라 펄스의 폭을 변환시키는 펄스변조방식이다(펄스 진폭은 일정).
③ PDM(PWM) : 신호의 진폭에 따라 펄스 간격을 변환시키는 펄스변조방식이다(펄스 진폭은 일정).
④ PPM : 신호의 진폭에 따라 펄스의 위치를 변환시키는 펄스변조방식이다(펄스 진폭과 펄스폭은 일정).

키워드 PPM은 위치가 변할 뿐 펄스 진폭과 펄스폭은 일정하다.

36 다음 중 엘리어싱(Aliasing)에 대한 설명으로 적합하지 않은 것은?

① spectrum folding이라고도 한다.
② 엘리어싱이 발생하면 원래의 신호를 정확히 재생할 수 없다.
③ 여과된 신호를 나이키스트 표본화 주파수보다 높은 주파수로 표본화하면 엘리어싱 효과를 줄일 수 있다.
④ 표본화 전에 고역필터를 사용하면 엘리어싱 효과를 줄일 수 있다.

해설
엘리어싱은 주파수 영역에서 신호가 중첩되는 현상이다. 이것을 방지하기 위해서는 표본화하기 전에 LPF를 통해 대역을 제한시키고 신호의 최대 주파수보다 2배 이상 높은 주파수로 표본화 해야 한다.
표본화 전에 저역필터를 사용하면 엘리어싱 효과를 줄일 수 있다.

37 아날로그 신호의 표본화 시 표본화 주파수가 부적절하여 표본화된 신호의 주파수 스펙트럼이 서로 겹쳐 신호왜곡이 발생하는 것은?

① 과부하 잡음(over load noise)
② 재밍(jamming)
③ 엘리어싱(aliasing)
④ 양자화 잡음(quantizing noise)

Answer
35.④ 36.④ 37.③

해설
① 과부하 잡음 : 음성신호가 최댓값 제한 레벨이라도 최댓값의 신호가 깎이는 현상을 받아서 잡음이 발생
② 재밍 : 주파수를 탐지해 통신 체제를 혼란시키거나 방해하는 행위
③ 엘리어싱 : 표본화된 신호의 주파수 스펙트럼이 서로 겹쳐 신호왜곡이 발생하는 현상
④ 양자화 잡음 : 양자화 스텝의 크기는 단계적 입력특성으로 이루어지고, 출력은 양자화 특성에 의해서 4사 5입이 되므로 원파형과 오차가 생겨 나타나는 잡음
※ 지터(Jitter) 잡음 : 전송로에서 방해를 받아 타이밍 편차가 야기되어서 발생하는 잡음
※ 표본화된 신호의 주파수 스펙트럼이 서로 겹쳐 신호왜곡이 발생하는 현상을 엘리어싱이라고 한다.

38 양자화에 있어 계단의 크기(Step Size)를 작게 하면 양자화 잡음과 경사 과부하 잡음은 각각 어떻게 되는가?
① 양자화 잡음은 작아지고 경사과부하 잡음은 커진다.
② 양자화 잡음은 커지고 경사과부하 잡음은 작아진다.
③ 양자화 잡음도 커지고 경사과부하 잡음도 커진다.
④ 양자화 잡음도 작아지고 경사과부하 잡음도 작아진다.

해설
㉠ 양자화 잡음 : 연속한 신호파를 양자화할 때 원래의 신호에 대하여 오차를 갖게 되어 이 오차성분을 양자화 잡음이라고 한다. 양자화 잡음은 그 특질상 입력신호가 가해졌을 때만 발생하고, 최댓값이 양자화 스텝의 ±1/2로 일정하기 때문에 양자화 잡음의 SN비는 입력 신호의 크기에 따라서 변화한다. 양자화 잡음을 작게 하려면 양자화 스텝폭을 작게 하면 되며, 부호기 등에서는 입력에 따라서 스텝폭을 변화시켜 양자화 잡음을 일정하게 유지하는 방법이 쓰인다.
㉡ 경사과부하 잡음 : 양자화 단계의 크기와 샘플링 크기로 결정되는 일정한 기울기보다 입력신호의 진폭 변화율이 클 때 양자화 출력이 입력신호를 따를 수 없게 되어 생긴다.

Answer
38.①

39 다음 중 PCM 특유의 잡음이 아닌 것은?

① 표본화 잡음
② 양자화 잡음
③ 타이밍 편차 잡음
④ 플리커 잡음

해설
- 플리커 잡음 : 도전율의 흔들림으로 인하여 발생하는 잡음으로 주파수는 극히 낮고, 드리프트와 전원 잡음, 초퍼 주파수 잡음 등의 중간 주파수를 가지고 있으며, 잡음 전력은 주파수가 낮을수록 크다. 신호의 전력 스펙트럼 $S(f)$가 주파수(f)에 역비례하는 잡음을 말하며, 다음과 같은 식으로 나타난다.

$$S(f) = \frac{k}{f}$$

여기서 k는 비례상수이고, f는 주파수를 나타내며, 전력 스펙트럼이 주파수에 역비례함을 보인다. 따라서 $1/f$ 잡음의 일종이다. 또한, 낮은 주파수(긴 파장)에서 높은 에너지를 가지므로 가시광선의 색 배열과 연관시켜 핑크 잡음이라고도 불린다. 플리커 잡음은 거의 모든 전자장비에서 발생한다.

40 실제 표본값과 추정 표본값과의 차이를 1[bit] 양자화하는 변조방식은?

① PCM
② DPCM
③ DM
④ ADPCM

해설
① PCM : 8비트
② DPCM : 4~5비트
③ DM : 1비트
④ ADPCM : 3~4비트

키워드 1비트로 양자화하는 변조방식은 DM이다.

41 예측기를 사용하지 않고 양자화하는 방법에 해당되는 것은?

① PCM
② DPCM
③ DM
④ ADM

해설
① PCM은 예측기를 사용하지 않고 파형을 표본화하여 양자화하는 것이다.
㉠ DPCM, DM, ADM, ADPCM은 모두 예측기를 사용하여 양자화한다.
㉡ PCM은 예측기를 사용하지 않고 파형을 표본화하여 양자화하는 것이다.

Answer
39.④ 40.③ 41.①

42 다음 중 가장 넓은 대역폭을 차지하는 변조방식은?

① PCM
② DPCM
③ DM
④ ADM

해설
① PCM : 8비트
② DPCM : 4~5비트
③ DM : 1비트
④ ADM : 1비트
비트수가 많으면 그만큼 빠르게 전송해야 되므로 대역폭이 넓다.

43 DPCM에 대한 다음 설명 중 잘못된 것은?

① 실제 표본값과 추정(예측) 표본값과의 차이만을 양자화한다.
② 양자화 시 사용하는 비트수가 PCM보다 증가한다.
③ PCM보다 정보전송량이 줄어든다.
④ TV 신호전송 등에 이용된다.

해설
PCM : 8비트, DPCM : 4~5비트
DPCM은 PCM보다 비트수가 감소한다.

44 디지털 중계기의 3R 기능이 아닌 것은?

① Reshaping
② Regeneration
③ Repeating
④ Retiming

해설 디지털 중계기에서 3R은 Reshaping, Retiming, Regeneration
① Reshaping(등화 증폭) : 등화 증폭은 타이밍 판별에 지장이 없을 정도로 주파수 특성을 등화시키는 것으로 등화 출력 펄스열의 최대치를 일정하게 유지하는 AGC와 중계 간격의 편차를 보상해 주는 회로, 즉 감쇄를 받아 왜곡된 수신 파형을 증폭, 정형하여 S/N 비가 좋은 부호 파형으로 재생하는 기능을 말하며, 이는 주로 PCM-24CH 방식에 사용된다.
② Regenerating(식별 재생) : 등화 증폭된 신호에서 펄스의 유·무를 식별하여 송신 펄스와 같은 펄스로 증폭 재생한다. 즉 2진 정보의 0과 1을 식별하여 송신 펄스와 같이 증폭, 재생하는 역할을 한다.
④ Retiming(위상 재생) : 송출 펄스를 정확한 시간 간격마다 위상을 재생하는 기능으로 재생된 펄스가 정위치에 배열되도록 하는 기능을 말한다.

Answer
42.① 43.② 44.③

45 T-1 반송시스템에 사용되는 압축방식은?

① A-법칙 ② μ-법칙
③ 6dB법칙 ④ 3dB법칙

해설 T-1 반송시스템에서 사용되는 압축방식은 μ법칙이다. A법칙은 E-1 반송시스템에서 사용된다.

46 PCM 방식 통신시스템에서는 다음의 처리요소들이 이용된다. 이러한 요소들의 올바른 처리 순서는?

| ㉠ 부호화(encoding) | ㉡ 복호화(decoding) | ㉢ 양자화(quantizing) |
| ㉣ 표본화(sampling) | ㉤ 여파(filtering) | |

① 아날로그 신호-㉡-㉠-㉢-㉣-㉤-아날로그 신호
② 아날로그 신호-㉢-㉣-㉠-㉡-㉤-아날로그 신호
③ 아날로그 신호-㉣-㉢-㉠-㉡-㉤-아날로그 신호
④ 아날로그 신호-㉢-㉣-㉠-㉤-㉡-아날로그 신호

해설 ✚ PCM 방식 ✚
㉠ 송신단 : 아날로그 신호 - 대역제한(LPF) - 표본화 - 압축기 - 양자화 - 부호화
㉡ 수신단 : 복호화 - 신장기 - 필터링 - 판정기

47 다중화의 필요성에 대하여 설명한 항목을 바르게 묶은 것은?

㉠ 동일한 여러 정보를 여러 개의 전송로로 보내기 위해 다중화 한다.
㉡ 서로 다른 정보를 하나의 전송로로 보내기 위해 다중화 한다.
㉢ 주파수분할 다중화기는 포인트 투 포인트 방식에 적합하다.
㉣ 경제적인 정보의 전송을 위해 다중화 한다.
㉤ 통신시스템을 단순화하기 위해 다중화 한다.

① ㉡, ㉣, ㉤ ② ㉠, ㉣, ㉤
③ ㉡, ㉢, ㉣ ④ ㉠, ㉢, ㉣

해설 ㉠ 다중화는 동일한 여러 정보를 한 개의 전송로로 보내기 위해 방식이다.
㉢ 시분할 다중화기는 포인트 투 포인트 방식에 적합하다.

Answer
45.② 46.③ 47.①

48 PCM에서 ISI를 측정하기 위해 eye pattern을 이용하는 데 눈을 뜬 상하의 높이는 무엇을 의미하는가?

① ISI 간섭없이 수신파를 sampling 할 수 있는 주기
② 잡음의 여유도
③ 시스템 감도
④ ISI의 정도

해설 ✚ ISI의 측정 파라미터 ✚

㉠ Distortion : eye pattern 최상단과 최하단의 폭으로, 높이가 작을수록 좋음
㉡ Sensitivity : eye pattern의 기울기를 통해 timing error에 대한 민감도를 측정한다. 기울기가 클수록 좋음
㉢ noise margin : 눈 열림의 높이로, 높이가 높을수록 좋음
㉣ timing jitter : 파형의 오르고 내림이 교차되는 부분을 측정하는 것으로, 좁을수록 좋음
㉤ eye의 좌우 폭 : 수신신호를 sampling 할 수 있는 시간 간격, 펄스 위치 변동이 클수록 주기 간 차가 커짐
  ⓐ 잡음이 유입될 경우, eye pattern에 noise margin이 줄게 되어 눈의 모양이 점점 닫힘
  ⓑ pulse shaping 필터의 대역폭을 점차 감소시킬 때 필터의 대역폭이 작을수록 ISI가 심하므로 데이터 판정에 오류가 발생, 눈의 모양이 점점 닫힘
  ⓒ ISI 해결방안 : 등화기 사용, 펄스 정형 사용, 전송 채널 특성이 광대역인 광케이블 사용, 표본화 주기가 T ≥ 1/2이 되도록 데이터 샘플링

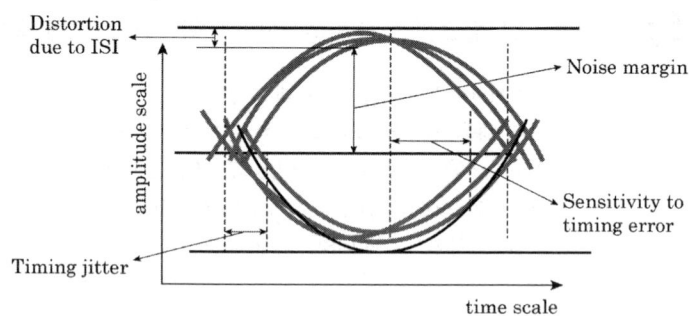

키워드 ISI의 상하 높이를 잡음 여유도라고 한다.

Answer 48.②

제3절 베이스밴드 전송과 디지털 논리

01 기저대역 전송부호가 갖추어야 할 조건이 아닌 것은 무엇인가?

① 아주 작은 주파수나 아주 높은 주파수가 제한되어야 한다.
② 타이밍 정보를 포함해야 한다.
③ 전송할 때에 에러검출이 가능해야 한다.
④ DC 성분이 포함되어야 한다.

해설 DC 성분을 제거해야 한다.

02 전송 부호가 가져야 하는 조건에 해당되지 않은 것은?

① 타이밍 정보가 포함되어야 한다.
② DC 성분이 포함되지 않아야 한다.
③ 점유 주파수 대역폭이 넓어야 한다.
④ 에러의 검출과 교정이 가능해야 한다.

해설 점유 주파수 대역폭이 좁아야 한다.

03 다음 설명들 가운데 기저대역 전송(baseband transmission)을 위한 선로부호(line code)가 갖추어야 하는 조건에 가장 적합하지 않은 것은?

① 잡음 면역성(noise immunity)이 큰 것이 바람직하다.
② 부호어의 길이에 대한 메시지 비트의 비율을 나타내는 부호율(code rate)이 높아야 한다.
③ 자체 동기(self synchronization) 능력을 보유하는 것이 바람직하다.
④ 부호가 점유하는 주파수 대역폭이 작아야 한다.

해설 부호율이 높으면 에러검출 정정능력이 떨어진다.

Answer
01.④ 02.③ 03.②

04 디지털 신호의 기저대역 전송을 위한 라인 코드에 대한 설명으로 옳지 않은 것은?

① NRZ(Non-Return-to-Zero) 방식은 RZ(Return-to-Zero) 방식에 비해 더 넓은 대역폭을 사용한다.
② RZ 방식은 NRZ 방식에 비해 동기 정보를 추출하기가 쉽다.
③ 통일한 진폭과 펄스 구간을 사용한다고 가정할 때, 양극성(Polar) NRZ 방식이 양극성 RZ 방식보다 잡음에 강하다.
④ 동일한 신호전력을 사용한다고 가정할 때, 단극성(Unipolar)방식이 양극성방식에 비해 비트오류확률이 높다.

해설 NRZ 방식은 RZ 방식에 비해 대역폭이 좁다.

05 RZ(return-to-zero) 부호가 NRZ(non-return-to-zero) 부호에 비해 우수한 점은?

① 소요 주파수 대역
② 데이터 전송속도
③ 동기신호 추출
④ 잡음에 대한 내성

해설 RZ 부호는 NRZ 부호에 비해 동기신호 추출이 우수하다.

06 다음 전송부호와 가장 관련 있는 것은 무엇인가?

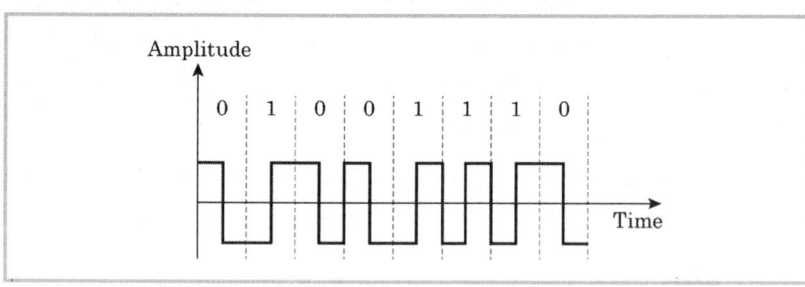

① 차분코드
② biphase
③ 맨체스터
④ NRZ

해설 맨체스터 부호는 '0' : high → low, '1' : low → high 또는 반대로도 가능하다.

Answer
04.① 05.③ 06.③

07 디지털 전송부호의 종류 중 가장 쉬운 인코딩 기법이며, 대역폭을 효율적으로 사용하지만 직류 성분의 존재와 동기화 능력이 부족한 단점을 가진 방식은?

① 복류 부호　　　　　　② RZ 부호
③ 바이폴라부호　　　　　④ NRZ 부호

해설　NRZ 부호는 동기화 능력이 부족하며 특히 단극에서 직류 성분이 존재한다.

08 디지털 통신시스템에서 사용되는 원천 부호화에 대한 설명으로 옳지 않은 것은 무엇인가?

① 원천 부호화는 채널상에서 발생하는 잡음에 의한 오류를 검출 혹은 정정하고자 하는 부호 체계이다.
② 전송하고자 하는 목적물의 알파벳을 인진수로 인코딩하는 과정이 적용된다.
③ 데이터 압축률을 높일수록 효율성이 증가된다.
④ 문자, 음성, 영상 등 데이터의 형태에 따라 다양한 부호화 체계가 적용된다.

해설　원천 부호화(source coding)는 부호를 압축하는 데 목적이 있다. 채널 부호화(channel coding)는 에러 검출 및 정정에 목적이 있다.

09 디지털 변환에 대한 일반적인 설명이다. 잘못 설명하고 있는 것은 무엇인가?

① NRZ(Non-Return-to-Zero) 방식은 RZ(Return-to-Zero) 방식에 비해 더 좁은 대역폭을 사용한다.
② 쌍극성방식(AMI)은 직류성분이 없고 대역폭이 작으나 0이 오래 지속되는 경우 클락신호를 잃기 쉽다.
③ 맨체스터 코드는 동기 추출이 용이하다.
④ 동일한 신호전력을 사용한다고 가정할 때, 단극성(Unipolar) 방식이 양극성 방식에 비해 비트오류확률이 낮다.

Answer
07.④　08.①　09.④

해설 동일한 신호전력 사용시 단극성 방식이 양극성 방식에 비해 비트오류 확률이 높다.

10. 라인 코드에 대한 설명으로 옳지 않은 것은?

① 양극성(Polar)방식은 논리 0 또는 1에 0[V]를 사용한다.
② NRZ 방식은 각 비트 구간 동안 일정한 레벨을 유지한다.
③ 단극성(Unipolar)방식은 논리 1에 (+) 또는 (−) 전압을 사용하고, 논리 0에는 0[V]를 사용한다.
④ RZ 방식은 비트 구간의 중간에 0[V]로 돌아간다.

해설 ① 양극성은 −1[V]와 +1[V]를 사용하며 0[V]는 사용하지 않는다.
② NRZ 방식은 각 비트 구간 동안 일정한 레벨을 유지한다.
③ 단극성은 논리 1에 (+) 또는 (−) 전압을 사용하고, 논리 0에는 0[V]를 사용한다.
④ RZ 방식은 비트 구간의 중간에 0[V]로 돌아간다.

11. 그림의 회선 부호화방식에 대한 설명으로 가장 옳지 않은 것은?

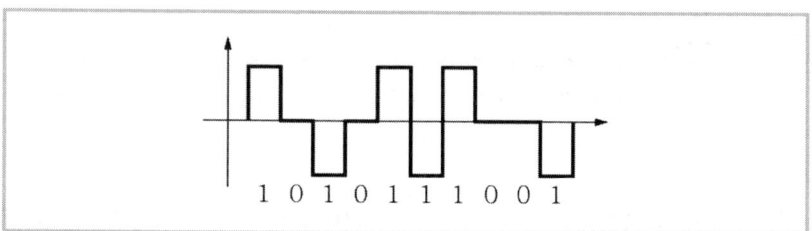

① 세 개의 진폭값을 갖는다.
② 플러스 값과 마이너스 값이 번갈아 사용된다.
③ 주파수 스펙트럼에서 DC성분이 없다.
④ 0과 1이 같은 확률로 전송될 때 단극 NRZ 방식보다 더 넓은 대역폭이 필요하다.

해설 ① 바이폴라 부호는 +V, 0[V], −V 세 개의 진폭을 사용한다.
② 바이폴라 부호는 논리 1일 때 (+) 전압과 (−) 전압을 교대로 사용한다.

Answer
10.① 11.④

③ 바이폴라 부호는 직류성분이 없다.
④ 바이폴라 부호는 단극 NRZ 부호와 같은 펄스폭을 가지고 있으므로 대역폭은 같다.

12 기저대역 디지털신호 전송에서 전송선로의 환경과 사용목적에 따라 전송로 부호(line coding)를 사용한다. 전송로 부호가 만들어진 배경으로서 옳지 않은 것은?

① 잡음에 대한 면역기능(noise immunity)를 높여서 수신 SNR을 개선한다.
② 심볼 및 비트동기를 위하여 전송신호로부터의 클럭재생을 용이하게 한다.
③ 신호파형에 되도록 직류(DC)성분이 많이 포함되게 하여 비트의 에너지를 높인다.
④ 사용하는 전송선로의 채널 특성에 적합한 전력스펙트럼으로 변환한다.

해설 전송 부호 형식에 대한 요구 조건은 다음과 같다.
㉠ 적절한 타이밍 정보
㉡ 에러의 검출과 정정
㉢ 대역폭의 감소
㉣ 스펙트럼의 모양(선로의 특성에 맞는 스펙트럼 형태인 부호를 선택하여 전송)

13 다음 설명들 가운데 기저대역 전송(baseband transmission)을 위한 선로부호(line code)가 갖추어야 하는 조건에 가장 적합하지 않은 것은?

① 잡음 면역성(noise immunity)이 큰 것이 바람직하다.
② 부호어의 길이에 대한 메시지 비트의 비율을 나타내는 부호율(code rate)이 높아야 한다.
③ 자체 동기(self synchronization) 능력을 보유하는 것이 바람직하다.
④ 부호가 점유하는 주파수 대역폭이 작아야 한다.

해설 ② 부호율은 기저대역 전송을 위한 선로부호와 무관하다. 에러 검출과 정정을 위한 잉여비트를 추가함에 따라 부호율이 낮아진다.

Answer
12.③ 13.②

14 다음 중 디지털 전송에서 심볼 간 간섭(ISI)과 이를 제거하기 위한 파형 성형(pulse shaping)에 대한 설명으로 옳지 않은 것은?

① 어떤 펄스가 그 전후의 다른 펄스에 영향을 미치는 것이 ISI이다.
② ISI를 없애기 위해 sinc 펄스가 고려되나 구현이 용이하지 않다.
③ 구현의 수월성을 위해 상승 코사인 펄스를 사용할 수 있다.
④ 파형 성형을 통한 부가적인 장점으로 대역폭이 감소한다.

[해설] ④ 파형 성형이란 파형의 퍼짐을 줄이는 것으로 파형의 폭이 줄어들면 대역폭이 넓어진다.

[키워드] ISI를 제거하기 위해서는 신호의 폭을 줄여서 상호 심볼 간 간섭을 줄일 수 있다.

15 동축 케이블을 통하여 기저대역에서 심볼 간 간섭 없이 이진 형태의 정보를 1초에 1×10^6개를 보내고자 한다. 이 경우 동축 케이블에 요구되는 이론적인 최소 대역폭[kHz]은?

① 0.25[kHz]　　② 0.5[kHz]
③ 1.0[kHz]　　④ 1.5[kHz]

[해설] $C = 2B\log_2 M = 2B = 10^6 [\text{bps}]$, $B = \dfrac{10^6}{2} = 5 \times 10^5 [\text{bps}] = 0.5 [\text{Mbps}]$

[키워드] 나이키스트 공식은 잡음이 없는 채널을 가정하고 지연왜곡에 의한 ISI에 근거하여 최대 용량을 산출한 공식으로 단위는 [bps]이다.
$C = 2B\log_2 M [\text{bps}]$

16 7bit로 한 문자를 표현하는 표준코드는?

① BCD코드　　② ASCII코드
③ 해밍코드　　④ Gray코드

[해설] ㉠ 표준 BCD코드는 6비트 코드이다.
㉡ ASCII코드는 미국 문자 표준코드로서 존(zone) 3비트와 디지트(digit)비트 4비트로 구성되어 총 7비트로 표현되는 코드이다.
㉢ 해밍코드는 에러를 검출 및 정정하는 코드로 표준코드가 아니다.
㉣ 그레이코드는 데이터를 전송 시 그레이코드로 변환하여 전송하는 선로부호의 일종이다.

Answer
14.④　15.②　16.②

17 1의 보수로 2진수의 음수를 표현할 경우 10진수 −68을 8비트 2진수로 옳게 표현한 것은?

① 01000100
② 11000100
③ 10111010
④ 10111011

해설 1의 보수로 음수를 표현하는 방법 : 10진수를 2진수로 변환하고 1의 보수로 변환한 후에 최상위비트에 1을 추가(변환)한다.
$(68)_{10} = (1000100)_2$, $(1000100)_2$의 1의 보수는 $(0111011)_2$이다.
8비트로 표현해야 하므로 $(0111011)_2 \Rightarrow (00111011)_2$
음수로 표현해야 하므로 마지막 상위비트에 1로 변환시킨다.
$(00111011)_2 \Rightarrow (10111011)_2$

18 드 모르간(De Morgan)의 정리로 옳지 않은 것은?

① $\overline{A+B+C} = \overline{A}\,\overline{B}\,\overline{C}$
② $\overline{ABC} = \overline{A}+\overline{B}+\overline{C}$
③ $\overline{(A+B)}C = \overline{A}\,\overline{B}+C$
④ $\overline{AB}+C = \overline{A}+\overline{B}+C$

해설 ③ $\overline{(A+B)}C = (\overline{A}\cdot\overline{B})\cdot C$이다.
드 모르간 정리는 $\overline{A+B} = \overline{A}\cdot\overline{B}$, $\overline{A\cdot B} = \overline{A}+\overline{B}$

19 부울함수 $xy+x'z+yz$를 간략화한 것으로 옳은 것은?

① $xy+yz$
② $x'z+yz$
③ $xy+x'z$
④ x

해설 부울함수를 간략화하는 방법은 부울대수를 이용하는 방법과 카르노맵을 이용하는 방법이 있다. 카르노맵으로 간략화가 되지 않을 경우에는 부울대수를 이용한다.
$xy+x'z+yz = xy+x'z+(x+x')yz$
$= (xy+xyz)+(x'z+x'yz)$
$= xy(1+z)+x'z(1+y)$
$= xy+x'z$

Answer
17.④ 18.③ 19.③

20 '11110101'이 저장되어 있는 A 레지스터의 상위 세 비트 '111'을 '000'으로 리셋시키고 나머지 비트는 그대로 유지하기 위해 B레지스터와 AND 연산을 수행하고자 한다. 이때 B레지스터에 저장되어 있어야 하는 값은?

① '00011111'
② '11100000'
③ '11111111'
④ '00000000'

해설 AND논리를 이용하여 데이터 중 일부의 불필요 비트 및 문자를 삭제하고, 나머지 비트를 데이터로 사용하기 위해 사용되는 연산이다.
　　A= 1 1 1 1 0 1 0 1
　　B= 0 0 0 1 1 1 1 1
――――――――――――――――
$A \cdot B$ = 0 0 0 1 0 1 0 1 //A 레지스터에 상위 3비트는 리셋되고 나머지는 그대로 유지되고 있다.
리셋시키고자 하는 비트자리에 0을 삽입하여 AND 연산을 하므로 리셋을 시킨다.

04 CHAPTER

랜덤변수와 랜덤과정

공기업(교통공사)
통신일반
적중예상문제집

04 랜덤변수와 랜덤과정

제1절 확률의 기본

01 이진 대칭 채널에서 송신측에서 정보 0과 1을 각각 0.8과 0.2의 확률로 전송한다고 한다. 송신기가 0을 전송했을 때 수신기가 1로 오판할 확률과 1을 전송했을 때 0으로 오판할 확률이 둘 다 0.1이라고 할 때, 송신기에서 10,000 비트를 송신하였을 경우 오류가 난 수신 비트 개수는?

① 100　　　　　　　② 1,000
③ 2,000　　　　　　④ 8,000

[해설] $P(S_0)=0.8$, $P(S_1)=0.2$, $P(R_1/S_0)=0.1$, $P(R_0/S_1)=0.1$
오류확률은 $P(R_0/S_1)P(S_1)+P(R_1/S_0)P(S_0)$
　　　　　$=(0.1)(0.2)+(0.1)(0.8)=0.02+0.08=0.1$
전체 오류개수 = (1비트당 오류확률) × 전송비트수
　　　　　　$=0.1\times 10,000=1,000$

02 아래 그림과 같은 이진 대칭채널에서 송신할 디지털 정보 0 또는 1의 발생 확률이 각각 0.3과 0.7이고, 채널 잡음에 의한 수신 오류확률 ϵ은 0.2이다. 이 채널 모델에 대한 설명으로 옳지 않은 것은?

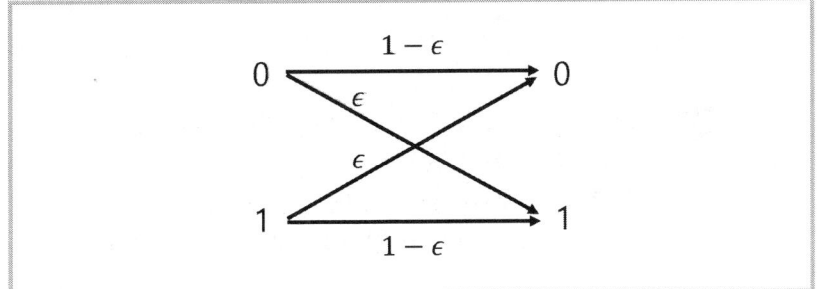

Answer
01.② 02.④

① 송신단에서 0을 전송하였는데 수신단에서는 이를 1로 판정할 오류 확률은 0.2이다.
② 송신단에서 1을 전송하였는데 수신단에서는 이를 1로 판정할 확률은 0.8이다.
③ 송신단에서 0을 전송하였는데 이를 수신단에서 1로 판정할 확률과 송신단에서 1을 전송하였는데 수신단에서 이를 0으로 판정할 확률은 동일하다.
④ 수신단에서 1이 수신될 확률은 0.16이다.

해설 $P(S_0) = 0.3$, $P(S_1) = 0.7$, $P(R_0/S_1) = P(R_1/S_0) = 0.2$, $P(R_0/S_0) = P(R_1/S_1) = 0.8$
① $P(R_1/S_0) = 0.2$
② $P(R_1/S_1) = 0.8$
③ $P(R_0/S_1) = P(R_1/S_0) = 0.2$
④ $P(R_1) = P(R_1/S_1)P(S_1) + P(R_1/S_0)P(S_0)$
    $= (0.8)(0.7) + (0.2)(0.3) = 0.56 + 0.06 = 0.62$

키워드 $P(R_1) = P(R_1/S_1)P(S_1) + P(R_1/S_0)P(S_0)$

03 이진 디지털 통신 시스템에서는 송신측에서 0 또는 1에 해당하는 신호를 전송하고, 수신측에서는 수신된 신호로부터 이진 정보가 0인지 1인지를 판단한다. 송신 데이터가 0일 확률과 1일 확률은 각각 0.8과 0.2로 가정한다. 잡음의 영향으로 0을 전송하였는데 수신기가 1로 오판할 확률은 0.1이며, 반대로 1을 전송하였는데 수신기가 0으로 오판할 확률도 동일하게 0.1로 가정한다. 어떤 수신신호를 1로 판단하였을 때 실제로 송신측에서 1을 전송하였을 확률은?

① $\dfrac{9}{34}$ ② $\dfrac{9}{26}$

③ $\dfrac{9}{17}$ ④ $\dfrac{9}{13}$

해설 $P(S_0) = 0.8$, $P(S_1) = 0.2$, $P(R_0/S_1) = P(R_1/S_0) = 0.1$, $P(R_1/S_1) = P(R_0/S_0) = 0.9$
$P(R_1) = P(R_1/S_0)P(S_0) + P(R_1/S_1)P(S_1)$
    $= (0.1)(0.8) + (0.9)(0.2) = 0.08 + 0.18 = 0.26$

Answer
03.④

$$P(S_1/R_1) = \frac{P(R_1/S_1)P(S_1)}{P(R_1)} = \frac{(0.9)(0.2)}{0.26} = \frac{0.9}{0.13} = \frac{9}{13}$$

[키워드] $P(S_1/R_1) = \dfrac{P(R_1/S_1)P(S_1)}{P(R_1)}$

04 비트 0 또는 1이 전송되는 이진 대칭 채널(BSC)을 가정하고, 이 채널을 통하여 하나의 비트를 전송할 때 채널에서 오류가 발생할 확률을 0.1이라 하자. 송신단에서 0이 발생할 확률을 0.4라 하면, 수신단에서 0을 수신할 확률은? (단, 송신단에서는 0 또는 1이 반드시 발생한다)

① 0.40
② 0.42
③ 0.46
④ 0.50

[해설] $P(S_0) = 0.4$, $P(S_1) = 0.6$, $P(R_1/S_0) = P(R_0/S_1) = 0.1$,
$P(R_0/S_0) = P(R_1/S_1) = 0.9$
$P(R_0) = P(R_0/S_0)P(S_0) + P(R_0/S_1)P(S_1) = (0.9)(0.4) + (0.1)(0.6)$
$\qquad = 0.36 + 0.06 = 0.42$

[키워드] $P(R_0) = P(R_0/S_0)P(S_0) + P(R_0/S_1)P(S_1)$

05 3개의 동전을 던지는 실험에서 사건 A는 3개의 동전 중 최소한 1개가 앞면이 나오는 경우라고 하고, 사건 B는 3개가 모두 같은 면이 나오는 경우라고 할 때, 아래 〈보기〉에서 옳은 것을 모두 고른 것은?

〈보기〉

ㄱ. $P(A) = \dfrac{7}{8}$

ㄴ. $P(B) = \dfrac{1}{8}$

ㄷ. $P(A)$와 $P(B)$는 서로 독립이다.

ㄹ. $P(A/B) = \dfrac{1}{2}$

① ㄱ
② ㄱ, ㄴ
③ ㄱ, ㄹ
④ ㄱ, ㄷ, ㄹ

Answer
04.② 05.③

해설 결합확률 $P(AB)$가 0이면 독립이다.
ㄱ. $S = \{ttt, tth, tht, thh, htt, hth, hht, hhh\}$ 뒷면(t), 앞면(h)
$S_A = \{tth, tht, thh, htt, hth, hht, hhh\}$
$P(A) = \dfrac{7}{8}$

ㄴ. $S = \{ttt, tth, tht, thh, htt, hth, hht, hhh\}$ 뒷면(t), 앞면(h)
$S_B = \{ttt, hhh\}$
$P(B) = \dfrac{2}{8} = \dfrac{1}{4}$

ㄷ. $P(A)$와 $P(B)$는 서로 독립이 아니다.
결합확률이 $P(AB) = \dfrac{1}{8}$이며 0이 아니기 때문이다.

ㄹ. $P(A/B) = \dfrac{P(AB)}{P(B)} = \dfrac{1/8}{2/8} = \dfrac{1}{2}$

06 랜덤변수 θ가 〈보기〉와 같은 pdf(probability density function)를 가질 때 2차 모멘트(moment)는?

〈보기〉
$$f_\theta(\theta) = \begin{cases} \dfrac{1}{2\pi}, & |\theta| \leq \pi \\ 0, & |\theta| > \pi \end{cases}$$

① 0
② $\pi/2$
③ $\pi^2/3$
④ $\pi^3/4$

해설 $E[\theta^2] = \displaystyle\int_{-\infty}^{\infty} \theta^2 f_\theta(\theta) d\theta = \int_0^\pi \theta^2 \times \dfrac{1}{2\pi} d\theta$
$= \dfrac{1}{2\pi} \times 2 \times \dfrac{1}{3}\theta^3 \Big|_0^\pi = \dfrac{1}{3\pi}\pi^3 = \dfrac{1}{3}\pi^2$

키워드 2차 모멘트 $E[\theta^2] = \displaystyle\int_{-\infty}^{\infty} \theta^2 f_\theta(\theta) d\theta$ 이다.

Answer
06.③

07 확률변수 X의 확률밀도함수가 $f_X(x) = \begin{cases} \frac{1}{3}, & 0 \leq x \leq 3 \\ 0, & \text{otherwise} \end{cases}$ 일 때 확률변수 X의 분산의 값으로 옳은 것은?

① 3/4
② 3/2
③ 9/4
④ 4

[해설] $E[X] = \int_{-\infty}^{\infty} x f_X(x)\, dx = \int_0^3 \frac{1}{3} x\, dx = \frac{1}{3} \frac{1}{2} x^2 \Big|_0^3 = \frac{1}{6} \times 3^2 = \frac{3}{2}$

$E[X^2] = \int_{-\infty}^{\infty} x^2 f_X(x)\, dx = \int_0^3 \frac{1}{3} x^2\, dx = \frac{1}{3} \frac{1}{3} x^3 \Big|_0^3 = \frac{1}{9} \times 3^3 = 3$

$Var[X] = E[X^2] - m_X^2 = 3 - \left(\frac{3}{2}\right)^2 = 3 - \frac{9}{4} = \frac{12-9}{4} = \frac{3}{4}$

[키워드] 분산을 계산하는 유용한 방법은
$Var[X] = E[X^2] - m_X^2 = E[X^2] - (E[X])^2$ 이다.

08 다음 중 확률변수 X에 대한 기댓값($E[X]$)과 분산(σ^2)의 관계를 올바르게 나타낸 것은 무엇인가?

① $\sigma^2 = E[X] - [E[X]]^2$
② $\sigma^2 = E[X^2] - [E[X]]$
③ $\sigma^2 = E[X] - [E[X]]$
④ $\sigma^2 = E[X^2] - [E[X]]^2$

[해설] $Var[X] = E[X^2] - m_X^2 = E[X^2] - (E[X])^2 = \sigma^2$

[키워드] 분산의 정의식 $Var[X] = E[(X - m_X)^2]$
분산을 계산하는 유용한 방법은
$Var[X] = E[X^2] - m_X^2 = E[X^2] - (E[X])^2$ 이다.

07.① 08.④

09 랜덤변수 X의 확률밀도함수(PDF) $F_X(x)$에 대한 설명으로 옳지 않은 것은?

① $f_X(x) \leq 1$

② X의 평균은 $\int_{-\infty}^{\infty} x f_X(x) dx$로 구할 수 있다.

③ $\int_{-\infty}^{\infty} f_X(x) dx = 1$

④ X의 누적확률분포함수(CDF)는 $F_X(x) = \int_{-\infty}^{x} f_x(\lambda) d\lambda$로 주어진다.

해설 ① 확률밀도함수는 $f_X(x) \geq 0$(밀도에는 (−)가 없음)
② 기댓값(평균값)은 $E[X] = \int_{-\infty}^{\infty} x f_X(x) dx$로 정의된다.
③ 확률밀도함수의 총합은 $\int_{-\infty}^{\infty} f_X(x) dx = 1$
④ 누적분포함수는 $F_X(x) = \int_{-\infty}^{x} f_x(\lambda) d\lambda$이다.

10 랜덤변수 X의 확률밀도함수 $f_X(x)$에 대한 설명으로 옳지 않은 것은?

① $f_X(x)$는 x가 증가하면 항상 증가한다.
② $f_X(x)$의 면적은 1이다.
③ $f_X(x)$는 항상 0보다 크거나 같다.
④ $f_X(x)$가 주어지면 X의 평균값과 분산값을 계산할 수 있다.

해설 ① 확률밀도함수는 x가 증가함에 따라 증가하기도 하고 감소하기도 한다. x가 증가하면 항상 증가하는 것은 누적분포함수(CDF)이다.
② 확률밀도함수의 합은 1이다. $\int_{-\infty}^{\infty} f_X(x) dx = 1$
③ 확률밀도함수는 $f_X(x) \geq 0$이다.
④ $0 \leq f_X(x) \leq 1$이다.

Answer
09.① 10.①

11 다음과 같은 확률밀도함수 $f_X(x)$를 갖는 확률변수 X의 평균값은?

$$f_X(x) = \begin{cases} 0.5 & 0 \leq x < 1 \\ 0.25 & 1 \leq x \leq 3 \\ 0 & \text{기타} \end{cases}$$

① 0.75
② 1.25
③ 1.5
④ 1.75

해설
$$E[X] = \int_{-\infty}^{\infty} x f_X(x)\, dx = \int_0^1 0.5x\, dx + \int_1^3 0.25x\, dx$$
$$= 0.5 \times \frac{1}{2}x^2 \Big|_0^1 + 0.25 \times \frac{1}{2}x^2 \Big|_1^3 = \frac{1}{4} + \frac{1}{8}(3^2 - 1^2)$$
$$= \frac{1}{4} + \frac{1}{8} \times 8 = \frac{5}{4} = 1.25$$

키워드 기댓값은 $E[X] = \int_{-\infty}^{\infty} x f_X(x)\, dx$으로 정의된다.

12 랜덤변수 X의 확률밀도함수(probability density function) $f_X(x)$가 다음과 같을 때, 상수 c의 값은?

$$f_X(x) = \begin{cases} c(1-x^2), & -1 \leq x \leq 1 \\ 0, & \text{그 외 구간} \end{cases}$$

① $\frac{3}{4}$
② $\frac{4}{3}$
③ $\frac{1}{3}$
④ 1

해설 확률밀도함수의 총합은 $\int_{-\infty}^{\infty} f_X(x)\, dx = 1$

$$\int_{-\infty}^{\infty} f_X(x)\, dx = \int_{-1}^{1} c(1-x^2)\, dx = \int_{-1}^{1} c\, dx - c\int_{-1}^{1} x^2\, dx$$
$$= cx\Big|_{-1}^{1} - \frac{c}{3}x^3 \Big|_{-1}^{1}$$
$$= c(1-(-1)) - \frac{c}{3}(1-(-1)) = 2c - \frac{2c}{3}$$
$$= \frac{6c-2c}{3} = \frac{4c}{3} = 1, \quad c = \frac{3}{4}$$

Answer
11.② 12.①

13 랜덤변수에 대한 설명으로 옳지 않은 것은?

① 여러 독립랜덤변수의 합에 대한 확률밀도함수는 각 랜덤변수의 확률밀도함수를 컨볼루션한 것과 같다.
② 랜덤변수의 2차 중앙모멘트를 그 랜덤변수의 분산이라고 한다.
③ 연속랜덤변수의 확률밀도함수는 누적확률분포함수를 적분하여 얻을 수 있다.
④ 두 랜덤변수가 서로 독립이면 이 두 랜덤변수는 항상 서로 상관관계가 없다.

해설 ① 만약에 n개의 랜덤변수 X_i가 독립적이고 만약 $Y = \sum_{i=1}^{n} X_i$이면
$$f_Y(y) = f_X(x_1) * f_X(x_2) * \ldots * f_X(x_n)$$
② $n=2$일 때의 2차 중앙모멘트를 분산이라고 하며 $Var[X]$ 또는 σ_X^2으로 표시된다.
$$Var[X] = \sigma_X^2 = E[(X - m_X^2)] = E[X^2] - m_X^2$$
③ $f_W(w) = \dfrac{dF_W(w)}{dw} = \int_{-\infty}^{\infty} f_Y(y) f_X(w-y) dy = f_X(x) * f_Y(y)$
확률밀도함수는 누적확률분포함수를 미분하여 얻을 수 있다.
④ 두 랜덤변수 (X, Y)가 상관이 없다는 것과 그들이 독립이라는 것은 필요충분조건이다.

키워드 확률밀도함수는 누적확률분포함수를 미분하여 얻을 수 있다.

14 전송 비트마다 에러가 날 확률이 p인 통신시스템이 있다. 한 프레임을 N비트로 구성하여 전송할 때 프레임 에러확률은? (단, 한 비트라도 에러가 나면 프레임 에러라고 간주한다.)

① $N(1-p)$
② $1 - N(1-p)$
③ $(1-p)^N$
④ $1 - (1-p)^N$

해설 비트마다 에러가 날 확률이 p라면 N비트일 때는 $p \times p \times \ldots p$, 즉 N번을 곱한다.
$p^N = 1 - (1-p)^N$이다.

Answer 13.③ 14.④

15 비트당 오류확률(Error Probability)이 1×10^{-12}이고, 각 비트 오류가 발생할 확률이 통계적으로 서로 독립(Statistically Independent)일 경우 8비트 중 한 군데에서만 오류가 발생할 확률과 가장 근접한 것은?

① 1×10^{-12}
② 8×10^{-12}
③ 1×10^{-6}
④ 8×10^{-6}

해설
$$\binom{n}{k} p^k (1-p)^{n-k} = \binom{8}{1} p^1 (1-p)^{8-1}$$
$$= \frac{8!}{1! \times 7!} (10^{-12})^1 \times (1-10^{-12})^7$$
$$= 8 \times 10^{-12} \times 1 = 8 \times 10^{-12}$$

키워드 n개 중 k개가 에러가 날 확률은 $\binom{n}{k} p^k (1-p)^{n-k}$이다.

16 데이터 전송 채널에서의 비트에러 발생확률이 10^{-1}일 때, 4비트 단위의 데이터 블록을 전송한다. 각 비트 위치에서의 비트 에러 발생이 서로 독립적이라고 가정하면, 수신된 데이터 블록에서 에러가 발생할 확률은 얼마인가?

① 0.19
② 0.271
③ 0.3439
④ 0.4096

해설 n개 중 k개가 에러가 날 확률은 $\binom{n}{k} p^k (1-p)^{n-k}$이다.
$$= \frac{4!}{1! \times 3!} (10^{-1})^1 \times (1-10^{-1})^3 + \frac{4!}{2! \times 2!} (10^{-1})^2 \times (1-10^{-1})^2$$
$$+ \frac{4!}{3! \times 1!} (10^{-1})^3 \times (1-10^{-1})^1 + \frac{4!}{4! \times 0!} (10^{-1})^4 \times (1-10^{-1})^0$$
$$= 4 \times 0.1^1 \times 0.9^3 + 6 \times 0.1^2 \times 0.9^2 + 4 \times 0.1^3 \times 0.9^1 + 1 \times 0.1^4 \times 1$$
$$= 0.2916 + 0.0486 + 0.0036 + 0.0001 = 0.3439$$

Answer
15.② 16.③

17 이진비트를 BSC(Binary Symmetric Channel)를 통해 전송할 때, 잘못 전송될 확률은 $P_e = 0.1$이다. 10개의 비트를 보낼 때, 2 비트 이상 오류가 생길 확률은? (단, 1과 0이 보내질 확률은 동일하다)

① $1 - 1.9(0.9)^9$
② $0.9(0.9)^9$
③ $1 - 0.9(0.9)^9$
④ $1.9(0.9)^9$

[해설]
$$\sum_{k=2}^{10}\binom{10}{k}p^k(1-p)^{10-k} = 1 - \sum_{k=0}^{1}\binom{10}{k}p^k(1-p)^{10-k}$$

$$\sum_{k=0}^{1}\binom{10}{k}p^k(1-p)^{10-k} = \binom{10}{0}p^0(1-p)^{10-0} + \binom{10}{1}p^1(1-p)^{10-1}$$

$$= 0.9^{10} + 10 \times (0.1)^1(0.9)^9 = 0.9^{10} + 0.9^9$$

$$= 0.9^9(1+0.9) = 1.9(0.9)^9$$

$$\sum_{k=2}^{10}\binom{10}{k}p^k(1-p)^{10-k} = 1 - \sum_{k=0}^{1}\binom{10}{k}p^k(1-p)^{10-k}$$

$$= 1 - 1.9(0.9)^9$$

[키워드] $\sum_{k=2}^{10}\binom{10}{k}p^k(1-p)^{10-k} = 1 - \sum_{k=0}^{1}\binom{10}{k}p^k(1-p)^{10-k}$

18 균일한 동전(fair coin)을 연속하여 4회 던질 경우, 앞면이 2회 나올 확률은?

① $\frac{1}{4}$
② $\frac{1}{2}$
③ $\frac{3}{8}$
④ $\frac{1}{3}$

[해설]
$$\binom{n}{k}p^k(1-p)^{n-k} = \binom{4}{2}p^2(1-p)^{4-2} = \frac{3\times 4}{2} \times \left(\frac{1}{2}\right)^2\left(\frac{1}{2}\right)^2$$

$$= 3 \times 2 \times \frac{1}{16} = \frac{3}{8}$$

Answer 17.① 18.③

제2절 랜덤변수

01 평균 m, 분산 σ^2인 가우시안 확률변수 X에 대한 확률 P의 설명으로 옳지 않은 것은? (단, $Q(k) = \dfrac{1}{\sqrt{2\pi}} \displaystyle\int_k^\infty e^{-\lambda^2/2} d\lambda$이며 k는 양수이다)

① $P(X \leq m) = 0.5$
② $P(X > m + k\sigma) = Q(k)$
③ $P(m < X \leq m + k\sigma) = 1 - Q(k)$
④ $P(|X - m| \leq k\sigma) = 1 - 2Q(k)$

해설 $F_X(x) = \phi\left(\dfrac{x-m}{\sigma}\right)$

① 평균값 이하의 확률은 0.50이다. $P(X \leq m) = 0.5$
② $P(X > m + k\sigma) = 1 - F_X(m + k\sigma)$
$= 1 - \phi\left(\dfrac{m + k\sigma - m}{\sigma}\right) = 1 - \phi(k) = Q(k)$
③ $P(m < X \leq m + k\sigma) = F_X(m + k\sigma) - F_X(m)$
$= \phi(k) - \dfrac{1}{2} = 1 - Q(k) - \dfrac{1}{2} = \dfrac{1}{2} - Q(k)$
④ $P(|X - m| \leq k\sigma) = 1 - 2P(|X - m| > k\sigma) = 1 - 2Q(k)$

02 랜덤변수 X가 평균 1, 분산 σ^2인 가우시안 분포를 따른다. X가 2σ보다 클 확률을 구하면? (단, $Q(x) = \dfrac{1}{\sqrt{2\pi}} \displaystyle\int_x^\infty e^{-z^2/2} dz$ 이다)

① $Q\left(2 - \dfrac{1}{\sigma}\right)$
② $Q(2\sigma)$
③ $Q(\sigma^2)$
④ $Q(1 - 2\sigma)$

해설 $F_X(x) = \phi\left(\dfrac{x-m}{\sigma}\right)$, $Q(x) = 1 - \phi(x)$ 이다.
$P(X > 2\sigma) = 1 - F_X(2\sigma) = 1 - \phi\left(\dfrac{2\sigma - m}{\sigma}\right) = 1 - \phi\left(2 - \dfrac{m}{\sigma}\right) = Q\left(2 - \dfrac{1}{\sigma}\right)$

Answer
01.③ 02.①

03 가우시안분포를 따르는 전기적 잡음의 평균이 2[V], 표준편차가 0.1[V]인 경우 이 잡음의 크기가 2.2[V]보다 클 확률은?

(단, $Q(x) = \dfrac{1}{\sqrt{2\pi}} \int_{x}^{\infty} \exp(-z^2/2) dz$)

① $Q(0.5)$ ② $Q(1)$
③ $Q(1.5)$ ④ $Q(2)$

해설 $F_X(x) = \phi\left(\dfrac{x-m}{\sigma}\right)$, $Q(x) = 1 - \phi(x)$ 이다.
$m_X = 2$, $\sigma_X = 0.1$
$P[X > 2.2] = 1 - F_X(2.2) = 1 - \phi\left(\dfrac{2.2-2}{0.1}\right) = 1 - \phi(2) = Q(2)$

04 어느 해 통신이론 시험의 점수를 평균 $a_\chi = 80$점과 표준편차 $\sigma_\chi = 10$점을 가진 Gauss 랜덤변수 X라 가정할 때, 시험 점수가 90점보다 더 높을 확률로 가장 옳은 것은? (다음 표는 $F(x) = \dfrac{1}{\sqrt{2\pi}} \int_{-\infty}^{x} e^{-\zeta^2/2} d\zeta$ 에서 x의 변화에 대한 $F(x)$값이다.)

〈보기〉

x	0.5	1.0	1.5	2.0	2.5
$F(x)$	0.692	0.841	0.933	0.977	0.994

① 약 30.8% ② 약 15.9%
③ 약 6.7%   ④ 약 2.3%

해설 문제에서 주어진 $F(x)$는 표준정규화분포함수($\phi(z)$)이다.
$\phi(z) = \dfrac{1}{\sqrt{2\pi}} \int_{-\infty}^{z} e^{-u^2/2} du$
$P[X > 90] = 1 - F_X(90)$
$= 1 - \phi\left(\dfrac{90-80}{10}\right) = 1 - \phi(1)$
$= 1 - 0.841$
$= 0.159$

05 서로 독립인 랜덤변수 X와 Y가 각각 평균이 0이고 분산이 1인 가우시안 분포를 가질 때, 다음 중 새로운 랜덤변수 Z = X + Y에 대한 설명으로 옳지 않은 것은?

① Z와 Y의 분산은 같다.
② Z는 가우시안 분포를 가진다.
③ Z와 X의 평균은 같다.
④ Z의 확률밀도함수는 0값을 중심으로 대칭인 형태를 가진다.

해설 ㉠ $Var[X+Y] = Var[X] + Var[Y]$
㉡ 가우시안 분포의 합은 가우시안 분포이다.
㉢ $E[X+Y] = E[X] + E[Y] = 0$
㉣ 평균값이 0인 대칭함수이다.

06 랜덤변수 X의 확률밀도함수가 $f_x(x) = \frac{1}{\sqrt{\pi}} e^{-(x-1)^2}$일 때 X에 대한 설명으로 옳지 않은 것은?

① 평균은 1이다.
② 분산은 0.5이다.
③ X가 양의 값을 가질 확률은 0.5보다 크다.
④ X가 1보다 큰 값을 가질 확률은 X가 0보다 작은 값을 가질 확률보다 작다.

해설 $f_X(x) = \frac{1}{\sqrt{2\pi\sigma^2}} e^{\frac{-(x-m_X)^2}{2\sigma^2}}$

σ는 표준편차, σ^2은 분산, m_X는 평균값이다.
㉠ $f_x(x) = \frac{1}{\sqrt{\pi}} e^{-(x-1)^2}$에서 $\sigma^2 = \frac{1}{2}$, $m_X = 1$이다.
㉡ $f_x(x) = \frac{1}{\sqrt{\pi}} e^{-(x-1)^2}$에서 $\sigma^2 = \frac{1}{2}$, $m_X = 1$이다.
㉢ $P(X>0)$은 평균값이 1이므로 확률은 0.5 이상이다.
 $P(X>m_X) = P(X>1) = 0.5$
㉣ $P(X>m_X) = P(X>1) = 0.5$
 $P(X<1) = 0.5$, $P(X<0) < P(X>1)$
X가 1보다 큰 값을 가질 확률은 X가 0보다 작은 값을 가질 확률보다 크다.

Answer
05.① 06.④

07 확률변수(random variable) X, Y, Z에 대한 설명으로 옳지 않은 것은? (단, $E[X]$는 X의 기댓값을 의미한다)

① X의 분산 σ_X^2는 X의 2차 중심 모멘트(central moment)이다.
② X와 Y가 서로 독립(independent)이면, $E[XY] = E[X]E[Y]$이다.
③ X와 Y가 모두 평균이 0이고 분산이 σ^2인 독립 가우시안 분포를 가지면, 새로운 확률변수 $Z = \sqrt{X^2 + Y^2}$은 레일레이(Rayleigh) 확률 분포를 따른다.
④ X와 Y의 상관계수(correlation coefficient)값이 0이면, X와 Y는 서로 독립이다.

해설 ① 분산 $\sigma_X^2 = E[(X - m_X)^2]$은 2차 중심 모멘트이다.
② X와 Y가 서로 독립(independent)이면, $E[XY] = E[X]E[Y]$이다.
③ X와 Y가 모두 평균이 0이고 분산이 σ^2인 독립 가우시안 분포를 가지면, 새로운 확률변수 $Z = \sqrt{X^2 + Y^2}$은 레일레이(Rayleigh) 확률 분포를 따른다.
④ X와 Y가 독립이면 상관계수는 0이다. 그 역은 항상 성립하지는 않는다.

08 랜덤변수 Θ는 $[0 \sim 2\pi]$ 구간에서 균등한 분포를 갖는다고 가정한다. 랜덤변수 R이 $R = \cos(\Theta)$라고 정의될 때, $R > 0.5$일 확률로 옳은 것은?

$$R = \cos(\Theta), \ f_\Theta(\theta) = \frac{1}{2\pi} \ \text{ for } 0 \leq \theta < 2\pi$$

① $\frac{1}{6}$
② $\frac{1}{3}$
③ $\frac{1}{2}$
④ $\frac{3}{4}$

해설 $\cos\theta > 0.5$이려면 $-\frac{\pi}{3} \leq \theta \leq \frac{\pi}{3}$, $\frac{2}{3}\pi$ 범위이다.
전체 범위는 2π이고 해당 범위는 $\frac{2}{3}\pi$이므로 $\frac{2/3\pi}{2\pi} = \frac{1}{3}$에 해당된다.

Answer
07.④ 08.②

09 두 확률변수 X와 Y가 서로 독립이고 확률변수 $Z = X+Y$가 주어졌을 때, 다음 중 옳지 않은 것은? (단, $E[X]$와 σ_X^2는 X의 평균과 분산을 나타낸다)

① X와 Y는 서로 상관이 없다. ② $E[XY] = E[X]E[Y]$
③ $E[Z] = E[X]+E[Y]$ ④ $\sigma_Z^2 = \sigma_X^2 \sigma_Y^2$

해설
㉠ 통계적 독립이면 상관계수는 0이다. $Cov[X,Y] = \rho_{X,Y} = 0$
㉡ 독립이면 $E[XY] = E[X]E[Y]$
㉢ 일반적으로 $Z = X+Y$이면 $E[Z] = E[X]+E[Y]$
㉣ 독립이면 $Z = X+Y$, $\sigma_Z^2 = \sigma_X^2 + \sigma_Y^2$

10 통계적으로 서로 독립인 랜덤변수 X와 Y가 있다. X의 분산은 4, Y의 분산은 3이다. $Z = 2X+Y$이면, Z의 분산은?

① 7   ② 11
③ 17   ④ 19

해설 $Var[2X+Y] = 2^2 Var[X] + Var[Y] = 4 \times 4 + 3 = 19$
키워드 통계적 독립일 때 $Var[X+Y] = Var[X]+Var[Y]$,
$Var[aX+b] = a^2 Var[X]$

11 어떤 랜덤변수(random variable) X의 평균(mean)이 $E[X] = 2$이고 분산(variance)이 $\sigma_X^2 = 1$이다. 새로운 랜덤변수 Y를 $Y = 2X-1$로 정의할 때 Y의 분산은?

① 1   ② 2
③ 3   ④ 4

해설 $Var[aX+b] = a^2 Var[X]$
$Var[2X+b] = 2^2 Var[X] = 4 Var[X] = 4 \times 1 = 4$

Answer
09.④ 10.④ 11.④

12 랜덤변수(random variable) X와 Y에 대한 설명으로 옳지 않은 것은? (단, 기댓값 $E[X]$와 $E[Y]$는 0이 아니고, $\text{Cov}[X,Y]$는 X와 Y의 공분산이다)

① $E[XY]=0$일 때, $\text{Cov}[X,Y]=0$이다.
② X와 Y가 서로 독립일 때, $\text{Cov}[X,Y]=0$이다.
③ $X=Y$일 때, $\text{Cov}[X,Y]$는 X의 분산과 같다.
④ 랜덤변수 $Z=X+Y$일 때, $E[Z]=E[X]+E[Y]$이다.

해설
① $\text{Cov}[X,Y] = E[(X-m_X)(Y-m_Y)]$
$= E[XY] - m_X m_Y = 0 - m_X m_Y = -m_X m_Y$
$E[(X-m_X)(Y-m_Y)] = E[XY - m_Y X - m_X Y - m_X m_Y]$
$= E[XY] - m_Y E[X] - m_X E[Y] + m_X m_Y$
$= E[XY] - 2m_X m_Y + m_X m_Y$
$= E[XY] - m_X m_Y$

② 독립랜덤변수 X와 Y에 대해
$\text{Cov}[X,Y] = \rho_{X,Y} = 0$, $\text{Var}[X+Y] = \text{Var}[X] + \text{Var}[Y]$
③ $X=Y$이면 $\text{Cov}[X,Y] = \text{Var}[X] = \text{Var}[Y]$, $r_{X,Y} = E[X^2] = E[Y^2]$
④ 랜덤변수 $Z=X+Y$일 때, $E[Z]=E[X]+E[Y]$이다.

13 두 확률변수 X, Y의 기댓값에 대한 설명 중 가장 옳지 않은 것은?

① $E[X+Y] = E[X] + E[Y]$
② $E[XY] = E[X]E[Y]$
③ X가 항상 양의 값을 가질 때, $E[X] \geq 0$
④ $E[(X-E[X])(Y-E[Y])] = E[XY] - E[X]E[Y]$

해설
① $E[X+Y] = E[X] + E[Y]$
② X, Y가 통계적 독립일 때만 $E[XY] = E[X]E[Y]$이다. 두 변수 X, Y가 독립이라는 조건이 없다.
③ $X>0$이면 $E[X] = \int_0^\infty x f_X(x)\,dx > 0$
④ $E[(X-m_X)(Y-m_Y)] = E[XY - m_Y X - m_X Y - m_X m_Y]$
$= E[XY] - m_Y E[X] - m_X E[Y] + m_X m_Y$
$= E[XY] - 2m_X m_Y + m_X m_Y$
$= E[XY] - m_X m_Y$
$E[X] = m_X$, $E[Y] = m_Y$

Answer
12.① 13.②

14 확률변수 X와 $Y=aX+b(a\neq 0)$에 대한 설명 중 가장 옳지 않은 것은?
(단, a와 b는 상수이고, 모든 변수와 상수는 실수라고 가정한다.)

① $a<-1$이면 X와 Y의 분산은 같다.
② $a<-1$이면 Y의 분산이 X의 분산보다 작다.
③ X와 Y의 상관계수(correlation coefficient)는 -1 또는 1이다.
④ $a>1$일 때 Y의 평균이 X의 평균보다 작을 수 있다.

해설
㉠ $Var[aX+b]=a^2\,Var[X]$
㉡ $Y=aX+b$, $Var[aX+b]=a^2\,Var[X]$,
$Var[Y]=a^2(Var[X])<Var(X)$
$a<-1$이면 Y의 분산이 X의 분산보다 크다.
㉢ 두 랜덤변수 X와 Y간에 $Y=aX+b$를 만족하면 다음이 성립한다.
상관계수 $\rho_{X,Y}=\begin{cases}-1,&a<0\\0,&a=0\\1,&a>0\end{cases}$
㉣ $E[aX+b]=aE[X]+b$, $a>1$이면 $E[Y]<E[X]$

15 X와 Y를 각각 평균이 0이고 분산이 1이며 서로 독립인 가우시안 랜덤 변수라고 하자. 새로운 랜덤변수 N을 다음 식과 같다고 했을 때 N의 분산은?

$$N=\frac{1}{2}X+Y$$

① 0.5 ② 1
③ 1.25 ④ 1.5

해설
$Var\left[\frac{1}{2}X\right]=\left(\frac{1}{2}\right)^2 Var[X]=\frac{1}{4}Var[X]$
$Var[N]=Var\left[\frac{1}{2}X+Y\right]=\frac{1}{4}Var[X]+Var[Y]=\frac{1}{4}\times 1+1=1.25$
통계적 독립이면 $Var[X+Y]=Var[X]+Var[Y]$,
$Var[aX+b]=a^2\,Var[X]$

Answer
14.② 15.③

16 가우시안 랜덤변수 또는 가우시안 랜덤과정에 대한 설명으로 옳지 않은 것은?

① 두 개의 독립인 가우시안 랜덤변수의 합 역시 가우시안 랜덤변수이다.
② 가우시안 랜덤변수에 상수를 더해도 가우시안 랜덤변수가 된다.
③ 두 개의 가우시안 랜덤변수가 서로 상관관계가 없다면, 그 두 가우시안 랜덤변수는 통계적으로 독립이다.
④ Wide-sense stationary(WSS) 가우시안 랜덤과정은 strict-sense stationary가 아니다.

해설
① 두 개의 독립인 가우시안 랜덤변수의 합 역시 가우시안 랜덤변수이다.
② 가우시안 랜덤변수에 상수를 더해도 가우시안 랜덤변수가 된다.
③ 상관계수가 0이면 통계적 독립이다. 역은 항상 성립하는 것은 아니다.
④ 광의의 가우시안 랜덤과정은 협의의 정상과정이다.

Answer
16.④

제3절　랜덤 프로세서

01 랜덤 프로세스에 대한 설명으로 옳은 것만을 모두 고르면?

> ㄱ. 에르고딕(ergodic) 프로세스의 경우 시간 평균을 통해 통계적(앙상블) 평균을 구할 수 있다.
> ㄴ. 넓은 의미의 정상(wide-sense stationary) 프로세스인 경우 자기상관함수 $R(t_1, t_2)$는 $t_1 - t_2$가 동일하면 어느 시점에서 측정하든 일정하다.
> ㄷ. 모든 정상 프로세스는 에르고딕 프로세스이다.
> ㄹ. 모든 넓은 의미의 정상 프로세스는 어느 시점에서 측정하든 일정한 확률분포함수를 갖는다.

① ㄱ, ㄴ　　　② ㄴ, ㄷ
③ ㄷ, ㄹ　　　④ ㄱ, ㄹ

해설
ㄱ. 시간 평균과 앙상블 평균이 같으면 에르고딕 과정이라고 부른다.
ㄴ. 광의의 정상과정은 랜덤변수의 평균값이 일정하고 자기상관함수가 시간차(τ)에 의존하는 랜덤과정을 광의의 정상과정이라고 한다.
ㄷ. 시간 평균값과 앙상블 평균값이 같은 특별한 경우에만 에르고딕 과정이라고 한다.
ㄹ. 평균값이 일정하고 자기상관함수가 시간차의 함수이면 광의의 정상과정이다. 하지만 광의의 정상과정은 평균값이 일정한 것은 아니다. 즉, 역은 반드시 성립하지는 않는다.

※ 시간 평균값과 앙상블 평균값이 같은 특별한 경우에만 에르고딕 과정이라고 하고 광의의 정상과정은 항상 평균값이 일정한 것은 아니다.

02 랜덤과정(random process)에 관한 설명으로 옳지 않은 것은?

① 통계적 평균값과 시간 평균값이 같은 과정을 에르고딕 과정(ergodic process)이라고 한다.
② $x(t)$의 자기상관(autocorrelation)함수 $R_X(t_1, t_2)$에 대해, 정상과정(stationary process)의 경우 $R_X(t_1, t_2) = R_X(t_2 - t_1)$이 성립한다.
③ 자기상관함수를 푸리에 변환하면 전력스펙트럼밀도(power spectrum density)함수를 얻는다.
④ 에르고딕 과정(ergodic process)이 항상 정상과정인 것은 아니다.

Answer
01.①　02.④

해설 정상과정의 특별한 형태인 시간평균과 앙상블평균이 같은 랜덤과정을 에르고딕이라고 한다.

03 랜덤 신호에 대한 설명 중 옳은 것은?

① 에르고딕(ergodic) 과정에서 시간평균(time average)과 앙상블평균은 같지 않다.
② 정상(stationary)과정이 반드시 에르고딕 과정이 되는 것은 아니다.
③ 비에르고딕(nonergodic) 과정은 반드시 정상과정이 된다.
④ 정상과정에서 확률밀도함수는 시간에 따라 항상 변한다.

해설
① 에르고딕(ergodic) 과정에서 시간평균(time average)과 앙상블평균은 같다.
② 에르고딕 과정은 정상과정이지만 정상(stationary)과정이 반드시 에르고딕 과정이 되는 것은 아니다.
③ 비에르고딕 과정은 반드시 비정상과정은 아니다.
④ 정상과정에서 확률밀도함수는 시간에 따라 변하지 않는다.

04 랜덤 프로세스(random process)에 대한 설명으로 옳지 않은 것은?

① 에르고딕(ergodic) 랜덤 프로세스는 앙상블(ensemble) 평균과 시간평균이 같다.
② 자기상관함수의 퓨리에 변환은 해당 랜덤 프로세스의 전력 스펙트럼 밀도이다.
③ 모든 정상(stationary) 프로세스는 에르고딕 랜덤 프로세스이다.
④ 정상 프로세스의 결합(joint)확률밀도함수는 시간에 따라 변하지 않는다.

해설
① 에르고딕 랜덤과정은 앙상블 평균과 시간평균이 같다.
② 자기상관함수를 퓨리에 변환하면 랜덤 프로세서의 전력 스펙트럼밀도이다.
③ 모든 정상과정은 에르고딕 랜덤 프로세서가 아니다.
④ 정상과정의 결합확률밀도함수는 시간에 따라 변하지 않는다. 이를 2차 정상과정이라 한다.

Answer
03.② 04.③

05 넓은 의미에서 정적(Wide-Sense Stationary)인 랜덤프로세스 $X(t)$의 자기상관함수를 $R_X(\tau)$라 하면 $R_X(\tau) = E[X(t)X(t+\tau)]$로 정의된다. 자기상관함수에 대한 다음 설명 중 옳지 않은 것은? (여기서, $X(t)$는 전력신호이며 $E[X(t)]$는 $X(t)$의 기댓값을 나타낸다)

① $R_X(\tau)$는 τ에 대하여 우함수이다.
② $\tau = 0$일 때 자기상관함수는 최댓값을 갖는다.
③ $R_X(0)$은 $X(t)$의 최대전력과 같다.
④ $R_X(\tau)$를 푸리에 변환하면 $X(t)$의 전력 스펙트럼밀도함수가 된다.

해설 ① 자기상관함수는 τ에 대하여 우함수이다. $R_{XX}(\tau) = R_{XX}(-\tau)$
② $\tau = 0$일 때 자기상관함수는 최댓값을 가지며, 평균 전력값이다.
③ $R_X(0)$은 최댓값을 가지며 $X(t)$의 평균전력과 같다.
④ $R_X(\tau)$를 푸리에 변환하면 $X(t)$의 전력 스펙트럼밀도함수가 된다.

06 넓은 의미의 정상 확률과정(wide-sense stationary random process) $X(t)$의 자기상관함수가 $R_X(\tau) = \begin{cases} 5-3|\tau|, & |\tau| \leq 1 \\ 2, & |\tau| > 1 \end{cases}$ 일 때 $X(t)$의 전력밀도함수는?

① $2\delta(f) + 3(\sin(\pi f)/\pi f)^2 + 5(\cos(\pi f)/\pi f)$
② $2\delta(f) + 3(\sin(\pi f)/\pi f)^2$
③ $2\delta(f) + 3\delta^2(f-3)$
④ $2\sin(f) + 5(\sin(\pi f)/\pi f)^2$

해설 $R_X(\tau)$는 다음과 같이 직류신호와 삼각파로 분리할 수 있다.
$S(f) = \dfrac{1}{j2\pi f} X(f) = j2A \dfrac{\text{sinc}(f\tau)\sin(\pi f\tau)}{j2\pi f\tau} = A\tau \text{sinc}^2(f\tau)$,
$(\tau = 1, A = 3)$
$X(f) = 2\delta(f) + 3\left(\dfrac{\sin(\pi f)}{\pi f}\right)^2$

Answer
05.③ 06.②

07 실수값을 갖는 전력신호 $x(t)$의 자기상관함수 $R_x(\tau)$의 성질로 옳지 않은 것은?

① 자기상관함수는 $R_x(\tau) = \int_{-\infty}^{\infty} x(t)x(t+\tau)dt$로 정의된다.
② 자기상관함수는 우함수이다.
③ $\tau=0$에서 최댓값을 갖는다.
④ 자기상관함수의 푸리에 변환은 전력스펙트럼 밀도함수가 된다.

해설
① $R_{XX}(\tau) = \overline{x(t+\tau)x(t)} = \lim_{T \to \infty} \frac{1}{2T} \int_{-T}^{T} x(t+\tau)x(t)\,dt$
② 우함수 $R_{XX}(\tau) = R_{XX}(-\tau)$이다.
③ $\tau=0$일 때 자기상관함수는 최댓값을 가지며 평균 전력값이다.
④ $R_{XX}(\tau) \to G_{XX}(f)$

08 랜덤신호 $x(t)$의 자기상관함수가 $R(\tau) = \delta(\tau)$일 때, 이에 대한 설명으로 옳은 것은? (단, $\tau = t_2 - t_1$)

① 전력 스펙트럼 밀도는 전 주파수 구간에서 균일한 값을 갖는다.
② 전력 스펙트럼 밀도는 대역 제한된 형태를 갖는다.
③ 전력 스펙트럼 밀도 값이 주파수에 따라 변화한다.
④ $t_1 \neq t_2$일 때 $x(t_1)$와 $x(t_2)$ 사이의 상관값은 항상 0보다 크다.

해설
㉠ 자기상관함수를 푸리에 변환하면 전력 스펙트럼밀도가 된다.
 $\delta(\tau) \to 1$ 모든 주파수 영역에서 일정한 1의 값을 갖는다.
㉡ 전력 스펙트럼밀도가 모든 주파수 영역에서 일정한 값을 가지므로 대역제한되지 않았다.
㉢ 전력 스펙트럼밀도가 모든 주파수 영역에서 일정한 값을 갖는다.
㉣ $t_1 \neq t_2$일 때 $x(t_1)$와 $x(t_2)$ 사이의 상관값은 항상 0보다 크다.

키워드 자기상관함수를 푸리에 변환하면 전력 스펙트럼밀도가 된다.
$\delta(\tau) \to 1$ 모든 주파수 영역에서 일정한 1의 값을 갖는다.

Answer 07.① 08.①

09 대역폭이 1[MHz]이고 최대 전송률이 10[Mbps]인 가산성 백색 잡음(AWGN) 채널에서, 신호의 송신전력을 두 배로 증가시킬 때 최대 전송률의 증가비율에 가장 가까운 값은?

① 1% ② 10%
③ 50% ④ 100%

해설 $C = BW\log_2(1+S/N)$, $C = 1\text{MHz}\log_2(1+S/N) = 10\text{Mbps}$
$\log_2(1+S/N) = 10$, $1+S/N = 2^{10}$, $S/N = 2^{10} - 1 = 1023$이다.
$2 \times S/N = 2046$
$C = 1\text{MHz}\log_2(1+2046) = 1\text{MHz} \times 11 = 11\text{MHz}$
증가비율은 $\dfrac{11\text{MHz} - 10\text{MHz}}{10\text{MHz}} = \dfrac{1}{10} = 0.1$, 10% 증가한다.

10 가산성 백색 가우시안 잡음(AWGN)에 대한 설명으로 옳지 않은 것은?

① 정보신호에 더해져 검파과정에서 오류를 발생시킨다.
② 전 대역의 주파수 성분을 포함한다.
③ 자기상관함수는 임펄스함수가 된다.
④ 심볼 간 간섭(ISI)을 발생시키는 원인이 된다.

해설 ① 가산성이므로 신호에 잡음이 더해지는 것이다.
② 백색잡음은 모든 주파수 영역에서 일정하게 분포한다.
③ 주파수 영역에서 일정한 값을 가지므로 시간영역에서는 임펄스 함수이다.
④ 심볼 간 간섭은 심볼 사이에 발생하는 것이다.

11 가산 백색 가우시안 잡음이 존재하는 채널을 통하여 정보를 전송할 때 용량은 섀넌-하틀리(Shannon-Hatley) 이론이 적용된다고 알려졌다. 이에 대한 설명으로 옳지 않은 것은?

① 전송 대역폭이 증가하면 단위 시간당 전송할 수 있는 최대 정보량도 증가한다.
② 채널 잡음이 증가하면 단위 시간당 전송할 수 있는 최대 정보량은 감소한다.
③ 신호 대 잡음비(signal-to-noise ratio)가 증가하면 단위 시간당 전송할 수 있는 최대 정보량이 증가한다.
④ 섀넌-하틀리 이론은 오류확률의 한계를 정하는 것이다.

Answer
09.② 10.④ 11.④

해설 섀넌의 정리 $C = BW\log_2(1+S/N)\,[\text{bps}]$, C는 최대 전송용량이다.
  ㉠ BW가 증가하면 C도 증가한다.
  ㉡ N이 증가하면 C는 감소한다.
  ㉢ S/N이 증가하면 C는 증가한다.
  ㉣ 섀넌-하틀리 이론은 전송용량의 이론적 한계를 정한 것이다.
  ㉤ S이 증가하면 C는 증가한다.

12 어떤 통신 시스템에서의 신호 손실과 잡음의 원인을 설명한 것으로 옳지 않은 것을 〈보기〉에서 모두 고르면?

〈보기〉
ㄱ. 통신 시스템에서 송신기, 수신기, 채널에서 필터링은 심볼 간 간섭에 영향을 미친다.
ㄴ. 신호가 혼합될 때 국부 발진기의 지터(Jitter)는 신호의 위상 잡음을 증가시킨다.
ㄷ. 무선통신 시스템의 안테나 구경의 크기는 안테나 효율에 영향을 미치지 않는다.
ㄹ. 무선통신 채널에서 대기 공간은 신호 손실의 원인이며 주파수에 따라 대기 손실의 특성은 변하지 않는다.
ㅁ. 이동통신 채널은 다중 경로 페이딩으로 인하여 신호의 열화가 발생한다.

① ㄱ, ㄹ
② ㄴ, ㄷ
③ ㄴ, ㄹ
④ ㄷ, ㄹ

해설 ㄷ. 안테나 효율은 안테나에서 복사되는 전력과 안테나에 공급되는 전력의 비율
  $\eta =$ (방사되는 전력)/(공급되는 전력), 또는 안테나에 $\eta =$ (방사 저항)/(공중선 저항)
  평면개구 안테나의 경우에는, (최대 실효 개구 면적)/(안테나 개구 면적)의 비율이다.
ㄹ. 무선통신 채널에서 주파수에 따른 송신기와 수신기 사이의 경로 손실은 주파수의 제곱에 반비례한다.
  $L = \left(\dfrac{\lambda}{4\pi d}\right)^2$, $\lambda = \dfrac{v}{f}$ (v : 전파 속도)
  안테나 효율은 (최대실효 개구면적)/(안테나 개구면적)의 비율
  경로손실은 $L = \left(\dfrac{\lambda}{4\pi d}\right)^2$ 이다.

Answer
12.④

13 통신 시스템의 입력측에서 신호 대 잡음의 전력을 측정한 결과 40[dB]이 었다. 이 시스템에서 신호의 전력이 3[W]라면 잡음의 전력은 얼마인가?

① 30[mW] ② 3[mW]
③ 0.3[mW] ④ 0.03[mW]

해설 $C = BW\log_2(1+S/N)$, $(S/N)_{dB} = 10\log_{10}\left(\dfrac{S}{N}\right) = 40\text{dB}$, $\dfrac{S}{N} = 10^4$

$S = 3\text{W}$, $N = \dfrac{S}{10^4} = \dfrac{3}{10^4} = 0.3 \times 10^{-3} = 0.3\text{mW}$

키워드 섀넌의 정리 $C = BW\log_2(1+S/N)$ [bps]

14 백색 잡음에 대한 설명으로 가장 옳지 않은 것은?

① 자기상관함수는 델타함수로 표현된다.
② 무한대의 평균 전력을 갖는다.
③ 전력밀도스펙트럼의 단위는 W/Hz이다.
④ 가시광선 대역에서만 전자기파 성분이 존재한다.

해설 ④ 전자기파는 모든 대역에서 존재한다.

15 상온에서 열저항 R을 대역폭 1[MHz]의 대역통과 여파기에 연결하였을 때 여파기 출력에서 발생되는 최대 가용 열잡음 전력은? (단, 상온은 절대온도 290[K], 볼츠만 상수는 1.38×10^{-23}[J/K]이다)

① −114[dBm] ② −144[dBm]
③ −174[dBm] ④ −204[dBm]

해설 열잡음 전력밀도는
$P_a = kTB = 1.38 \times 10^{-23} \times 290 \times 10^6 = 400.2 \times 10^{-17}$

$P_a[\text{dBm}] = 10\log_{10}\left(\dfrac{400.2 \times 10^{-17}}{10^{-3}}\right) = -140 + 26 = -114[\text{dBm}]$

키워드 최대 가용 열잡음 전력은 $P_a = kTB$이다.

Answer
13.③ 14.④ 15.①

16 AWGN(Additive White Gaussian Noise) 채널 환경에서 평균수신신호전력이 15[μW], 평균잡음전력이 5[μW]이고, 오류 없이 전송할 수 있는 최대 전송률이 10[Mbps]이라고 할 때, 요구되는 최소 전송 채널 대역폭 [MHz]은?

① 1[MHz] ② 2.5[MHz]
③ 5[MHz] ④ 10[MHz]

[해설] $C = BW\log_2(1+S/N) = BW\log_2(1+15/5) = 10$[Mbps]
$BW = \dfrac{10\text{Mbps}}{\log_2 4} = \dfrac{10\text{Mbps}}{2} = 5$[Mbps]

[키워드] 섀넌의 정리 $C = BW\log_2(1+S/N)$ [bps]

17 수신신호가 $r(t) = s(t) + w(t)$일 때, 신호 $s(t) = 10\cos(400\pi t) + 20\cos(200\pi t)$이고 백색잡음 $w(t)$는 전력스펙트럼밀도가 0.25[W/Hz]이다. 통과대역이 190[Hz]에서 210[Hz]이고 이득이 1인 이상적인 대역통과필터에 수신신호 $r(t)$를 통과시켰을 경우, 필터 출력에서 신호 대 잡음비는? (단, 신호 $s(t)$의 단위는 [V]이다)

① 0 ② 5
③ 10 ④ 20

[해설] $S(f) = \dfrac{10}{2}[\delta(f-200) + \delta(f+200)] + \dfrac{20}{2}[\delta(f-100) + \delta(f+100)]$
$R(f) = S(f) + N(f)$
$R_o(f) = (S(f) + N(f))H(f) = S(f)H(f) + N(f)H(f)$
$S(f)$는 $S(f) = \dfrac{10}{2}[\delta(f-200) + \delta(f+200)]$
200[Hz]만 필터를 통과하므로
$H(f) = \begin{cases} 1, & 190 \leq f \leq 210 \\ 0, & \text{기타} \end{cases}$
$P_N = 0.25 \times 20 = 5$[W] (주파수 영역의 190~210[Hz])
$P_S = 2 \times 5^2 = 50$[W]
$S/N = \dfrac{50}{5} = 10$

Answer 16.③ 17.③

05 CHAPTER

정보이론과 부호화

공기업(교통공사)
통신일반
적중예상문제집

정보이론과 부호화

제1절 정보이론

01 정보량에 관한 설명으로 옳지 않은 것은?

① 발생확률이 1인 사건에 대한 정보량은 항상 0이다.
② 사건의 발생확률이 낮을수록 해당 정보량은 증가한다.
③ 통계적으로 서로 독립인 두 사건의 동시발생에 대한 정보량은 각 사건에 대한 정보량의 곱과 같다.
④ 사건에 대한 정보량은 항상 0보다 크거나 같다.

해설 두 사건이 독립이면 두 사건의 결합확률은 $P(XY) = P(X)P(Y)$이다.
① 발생확률이 1이면 정보량 $I = -\log_2 P = -\log_2 1 = 0$이다.
② 정보량은 $I = \log_2 \frac{1}{P}$이므로 확률이 낮을수록 정보량은 증가한다.
③ 두 사건이 독립이면 두 사건의 결합확률은 $P(XY) = P(X)P(Y)$이다.
④ 정보량은 $I = \log_2 \frac{1}{P}$이므로 0보다 크거나 같다.

02 어떤 디지털 데이터 전송채널에서 0과 1을 보낼 때 오류가 발생할 확률이 각각 0.01과 0.02이다. 전송된 0과 1의 개수가 각각 200개 및 800개 라면 평균 오류확률은 얼마인가?

① $\frac{3}{200}$
② $\frac{2}{125}$
③ $\frac{1}{100}$
④ $\frac{9}{500}$

해설 $P_{avg}(X) = \frac{0.01 \times 200 + 0.02 \times 800}{1,000} = \frac{2+16}{1,000} = \frac{180}{1,000} = \frac{9}{500}$

Answer
01.③ 02.④

03 4개의 신호 s_0, s_1, s_2, s_3가 각각 1/2, 1/4, 1/6, 1/12의 확률로 발생하는 정보원이 있다. 각 신호들이 통계적으로 독립일 때, 정보원의 엔트로피(entropy)는? (단, $\log_2(6) ≒ 2.5$로 계산한다)

① $\dfrac{14.5}{12}$ ② $\dfrac{16.5}{12}$

③ $\dfrac{18.5}{12}$ ④ $\dfrac{20.5}{12}$

해설
$$H(X) = \frac{1}{2} \times \log_2 2 + \frac{1}{4} \times \log_2 4 + \frac{1}{6} \times \log_2 6 + \frac{1}{12} \times \log_2 12$$
$$= \frac{1}{2} + \frac{1}{2} + \frac{2.5}{6} + \frac{1}{12} \log_2(2 \times 6)$$
$$= \frac{1}{2} + \frac{1}{2} + \frac{2.5}{6} + \frac{1}{12} \log_2 2 + \frac{1}{12} \times \log_2 6$$
$$= \frac{1}{2} + \frac{1}{2} + \frac{2.5}{6} + \frac{1}{12} + \frac{2.5}{12}$$
$$= \frac{6 + 6 + 5 + 1 + 2.5}{12}$$
$$= \frac{20.5}{12}$$

키워드 엔트로피는 $H(X) = \dfrac{I_{total}}{N} = \sum_{i=0}^{M-1} P(x_i) \log_2 \left[\dfrac{1}{P(x_i)}\right]$ [bit/symbol]이다.

04 총 16가지 종류의 메시지 $m_1, m_2, \cdots, m_{16}$에 대한 발생확률을 $p_1, p_2, \cdots, p_{16}$이라 할 때, 채널로 전송해야 하는 평균 정보량이 가장 큰 경우는?

① $p_1 = p_2 = \cdots = p_{16}$
② $p_1 = \dfrac{1}{2}$, $p_2 = p_3 = \cdots = p_{16}$
③ $p_1 = \dfrac{1}{2}$, $p_2 = \dfrac{1}{4}$, $p_3 = p_4 = \cdots = p_{16}$
④ $p_1 = \dfrac{1}{3}$, $p_2 = \dfrac{1}{3}$, $p_3 = p_4 = \cdots = p_{16}$

해설 엔트로피가 최댓값이 되려면 확률이 모두 동일해야 한다.

Answer
03.④ 04.①

05 이진 데이터 $X = \{x_1, x_2\}$이고, 각각의 확률이 $p_1 = p$와 $p_2 = 1 - p$일 때, X에 대한 엔트로피 $H(X)$에 대한 설명으로 옳은 것은? (단, $0 \leq p \leq 1$이다)

① $H(X)$는 $p\log_2 p + (1-p)\log_2(1-p)$와 같다.
② $p = 0$ 또는 1일 경우 $H(X)$는 최댓값을 갖는다.
③ $p = 0.5$이면 $H(X)$는 1이다.
④ $H(X)$값이 크다는 것은 불확실성이 거의 없다는 것과 같다.

해설 엔트로피는 $H(X) = \dfrac{I_{total}}{N} = \sum_{i=0}^{M-1} P(x_i) \log_2 [1/P(x_i)]$[bit/symbol]이다.
엔트로피가 크다는 것은 불확실성이 크다는 것이다.
① $H(X) = p\log_2 \dfrac{1}{p} + (1-p)\log_2 \dfrac{1}{1-p}$
② $H(X)$는 평균정보량이다.
③ $H(X) = p\log_2 \dfrac{1}{p} + (1-p)\log_2 \dfrac{1}{1-p}$
$= 0.5\log_2 \dfrac{1}{0.5} + 0.5\log_2 \dfrac{1}{0.5} = 0.5 + 0.5 = 1$
로 최댓값을 갖는다.
④ $H(X)$값이 크다는 것은 불확실성이 많다는 것이다.

06 4개의 알파벳을 통신시스템을 통하여 보내고자 한다. 각 알파벳이 발생할 확률이 각각 0.5, 0.25, 0.125, 0.125일 때 엔트로피[bits/symbol]는?

① $\dfrac{3}{4}$ ② $\dfrac{5}{4}$
③ $\dfrac{7}{4}$ ④ $\dfrac{9}{4}$

해설 엔트로피는 $H(X) = \dfrac{I_{total}}{N} = \sum_{i=0}^{M-1} P(x_i) \log_2 [1/P(x_i)]$[bit/symbol]이다.
$H(X) = 0.5 \times \log_2 \dfrac{1}{0.5} + 0.25 \times \log_2 \dfrac{1}{0.25} + 0.125 \times \log_2 \dfrac{1}{0.125} \times 2$
$= 0.5 \times 1 + 0.25 \times 2 + 0.125 \times 3 \times 2$
$= \dfrac{1}{2} + \dfrac{1}{2} + \dfrac{6}{8} = \dfrac{4+4+6}{8} = \dfrac{14}{8} = \dfrac{7}{4}$

Answer 05.③ 06.③

07 N개의 서로 다른 심볼 종류를 갖는 메시지 정보원(information source) 집합의 정보량과 엔트로피에 대한 설명으로 옳지 않은 것은? (단, i번째 심볼 x_i의 발생확률을 p_i로 표현하고, 발생하는 심볼들은 서로 통계적으로 독립이다)

① 엔트로피는 정보원의 심볼 출력당 평균정보의 양으로 정의된다.
② 정보량을 비트로 표현할 때, 자기 정보(self information) $I(x_i) = -\log_2 p_i$이다.
③ 집합에 속하는 심볼들의 발생확률이 모두 같을 때, 엔트로피는 최대가 된다.
④ 서로 다른 발생확률을 갖는 이진 정보원(N=2)의 집합을 X라 할 때, 엔트로피 $H(X)$는 $0 \leq H(X) \leq 2$이다.

해설 이진 정보량의 엔트로피는 $0 \leq H(X) \leq 1$ 범위를 갖는다.
① 평균정보량(엔트로피)은 $H(X) = \dfrac{I_{total}}{N} = \sum_{i=0}^{M-1} P(x_i) \log_2 [1/P(x_i)]$ [bit/symbol]
② 정보량은 비트로 표현할 때 $I(x_i) = -\log_2 p_i$이다.
③ 심볼들의 발생확률이 모두 같을 때 엔트로피는 최댓값을 갖는다.
④ 이진 정보량의 엔트로피는 $0 \leq H(X) \leq 1$ 범위를 갖는다.

08 각 심볼의 발생확률(p_i)이 1/6로 균일한 소스 알파벳 K의 엔트로피(entropy)를 각각 $H(S)$, $H(K)$라 할 때 다음 중에서 옳은 것은? (단, radiz-2를 사용한다)

$S = \{s_1, s_2, s_3, s_4, s_5, s_6, s_7, s_8\}$, $p_i = 1/8$ for all i
$K = \{k_1, k_2, k_3, k_4, k_5, k_6\}$, $p_i = 1/6$ for all i

① $H(S) = H(K)$
② $H(S) < H(K)$
③ $H(S) > H(K)$
④ $H(S) \leq H(K)$

해설 $H(S) = \dfrac{1}{8} \times \log_2 8 \times 8 = \dfrac{1}{8} \times 3 \times 8 = 3 [\text{bit/symbol}]$
$H(X) = \dfrac{1}{6} \times \log_2 6 \times 6 = \dfrac{1}{6} \times 2.5853 \times 6 = 2.5853 [\text{bit/symbol}]$
$H(S) > H(K)$

Answer 07.④ 08.③

키워드 평균정보량(엔트로피)은
$$H(X) = \frac{I_{total}}{N} = \sum_{i=0}^{M-1} P(x_i) \log_2 [1/P(x_i)] [\text{bit/symbol}]$$

09 정보이론과 관련한 아래의 설명 중 가장 옳지 않은 것은?

① 어떤 사건의 발생 가능성이 없는 경우에, 만약 이 사건이 발생한 경우 정보량은 무한대이다.
② 서로 독립인 3개의 심볼 a, b, c 중 하나를 보내는 정보원이 있다. 각 심볼의 발생확률이 각각 1/2, 1/4, 1/4인 경우 하나의 심볼에 대한 평균정보량(엔트로피)은 1.5[bits/symbol]이다.
③ 채널을 통해 보낼 수 있는 정보량과 채널 대역폭과의 관계는 비례 관계이다.
④ SNR(Signal to Noise Ratio)이 증가하는 경우 채널용량도 SNR에 선형적으로 비례하여 증가한다.

해설 ㉠ 확률이 0에 가까울수록 정보량은 무한대에 가깝다.
㉡ 평균정보량 $H(X) = \frac{1}{2}\log_2(2) + \frac{1}{4}\log_2(4) \frac{1}{4}\log_2(4)$
$= \frac{1}{2} + \frac{1}{2} + \frac{1}{2} = \frac{3}{2} = 1.5[\text{bits/symbol}]$
㉢ $C = B\log_2(1+S/N)$이므로 C와 B는 비례한다.
㉣ S/N와 C는 대수적 비례이다.

키워드 채널용량 $C = B\log_2(1+S/N)$

10 정보원 부호화에 대한 설명으로 옳지 않은 것은?

① 허프만(Huffman) 부호는 가변 길이(variable-length) 부호화방식을 사용한다.
② 렘펠-지프(Lempel-Ziv) 부호는 정보원 문자의 발생확률을 고려하지 않는 정보원 부호화방식이다.
③ 허프만(Huffman) 부호기법을 적용하기 위해서는 모든 정보원 문자의 발생확률을 미리 알아야 한다.
④ 모든 정보원 문자의 발생확률이 같을 때 부호어의 평균 비트수는 최소가 된다.

Answer
09.④ 10.④

해설 ① 허프만(Huffman) 부호는 가변 길이(variable-length) 부호화방식을 사용한다.
② 렘펠-지프(Lempel-Ziv) 부호는 이미 한번 이상 사용된 문자열은 기존의 문자열의 상대적 위치와 일치하는 길이만을 저장한다는 것이다. 이 알고리즘은 LZSS, LZ78, LZW, LZWM과 같은 알고리즘을 기반으로 문자의 발생확률을 고려하지 않는 압축방식이다.
③ 허프만(Huffman) 부호기법을 적용하기 위해서는 모든 정보원 문자의 발생확률을 미리 알아야 한다.
④ 문자의 발생확률이 같으면 엔트로피(평균정보량)가 최대가 된다.

11 소스 코딩(Source Coding)에 대한 설명으로 가장 옳지 않은 것은?
① 허프만 코딩(Huffman coding)은 가변적 길이(variable-length)를 가지는 코드를 생성한다.
② 허프만 코딩(Huffman coding) 기법을 적용하기 위해서는 모든 소스 문자(letter)의 발생확률을 미리 알아야 한다.
③ 허프만 코딩(Huffman coding)을 적용하는 경우 모든 소스 문자(letter)의 발생확률이 같을 때 소스 인코딩된 코드의 평균 비트수가 최소가 된다.
④ 허프만 코딩(Huffman coding)을 적용하는 경우 서로 다른 소스 문자(letter)가 동일한 비트수를 갖는 코드로 인코딩될 수도 있다.

해설 ① 허프만 코딩(Huffman coding)은 가변적 길이(variable-length)를 가지는 코드를 생성한다.
② 허프만 코딩(Huffman coding) 기법을 적용하기 위해서는 모든 소스 문자(letter)의 발생확률을 미리 알아야 한다.
③ 허프만 코딩(Huffman coding)을 적용하는 경우 소스 문자의 발생확률이 같을 때 평균 정보량은 최대가 된다.
④ 허프만 코딩(Huffman coding)을 적용하는 경우 서로 다른 소스 문자(letter)가 동일한 비트수를 갖는 코드로 인코딩될 수도 있다.

Answer 11.③

12 허프만(Huffman) 부호에 대한 설명으로 옳지 않은 것은?
① 같은 알파벳이라도 다른 부호어를 만들 수 있다.
② 부호어의 평균 길이가 최소인 부호화 방법이다.
③ 발생확률이 큰 알파벳일수록 부호어의 길이가 길다.
④ 정보량이 큰 알파벳일수록 부호어의 길이가 길다.

해설
① 같은 알파벳이라도 다른 부호어를 만들 수 있다.
② 허프만 부호는 부호어의 평균 길이를 최소화하는 부호화 기법이다.
③ 발생확률이 클수록 부호어의 길이는 짧다.
④ 정보량(엔트로피)이 큰 알파벳일수록 부호어의 길이가 길다.

키워드 발생확률이 클수록 부호어의 길이는 짧다.

13 정보이론과 부호화에 대한 설명으로 옳지 않은 것은?
① 정보원의 모든 심볼이 동등한 확률로 발생할 때 엔트로피함수는 최솟값을 갖는다.
② 정보원 부호화 방법에서 허프만(Huffman) 부호화는 엔트로피에 근접한 평균부호길이를 갖는다.
③ 잡음이 있는 채널에서 데이터 전송률이 채널용량보다 작으면 임의의 작은 오류확률로 신호의 전송이 가능하다.
④ 단일 패리티 검사 부호는 정보 시퀀스에 단일 패리티 심볼을 더함으로써 형성될 수 있으며, 이 부호는 단일 오류를 검출할 수 있다.

해설 정보원의 모든 심볼이 동등한 확률로 발생할 때 엔트로피함수는 최댓값을 갖는다.
① 정보원의 모든 심볼이 동등한 확률로 발생할 때 엔트로피함수는 최댓값을 갖는다.
② 정보원 부호화 방법에서 허프만(Huffman) 부호화는 엔트로피에 근접한 평균부호길이를 갖는다. 평균부호길이는 엔트로피와 유사하다.
③ 잡음이 있는 채널에서 데이터 전송률이 채널용량보다 작으면 임의의 작은 오류확률로 신호의 전송이 가능하다.
$C = B\log_2(1 + S/N)$ 값보다 작으면 전송이 가능하다.
④ 단일 패리티 검사 부호는 정보 시퀀스에 단일 패리티 심볼을 더함으로써 형성될 수 있으며, 이 부호는 단일 오류를 검출할 수 있다. 1개의 에러만 검출이 가능하다.

Answer 12.③ 13.①

14 통신시스템의 송신단에서 사용하는 기술에 대한 설명으로 옳지 않은 것은?

① 원천 부호화(Source Coding)는 디지털 데이터를 압축한다.
② 원천 부호화는 오류 검출 및 정정을 위한 비트를 추가한다.
③ 델타변조(Delta Modulation)는 한 샘플당 한 비트를 전송한다.
④ NRZ로 변환된 신호는 한 비트 구간 내에서 일정한 레벨값을 유지한다.

해설 채널코딩은 오류 검출 및 정정을 위한 비트를 추가한다. 소스코딩은 비트를 감소시키는 데 목적이 있다.

Answer
14.②

제2절 부호화

01 오류정정부호로 옳지 않은 것은?

① Convolutional 부호 ② Turbo 부호
③ Hamming 부호 ④ Huffman 부호

해설
① 컨볼루션 부호는 일정 길이의 블록 단위로 이루어지는 통신의 채널 부호화에서, 각 블록에서의 부호화가 해당 블록뿐만 아니라 그 이전의 블록에도 동일한 선형 관계식으로 의존하는 부호. 이에 비해 오류정정이 해당 블록에만 의존하고 다른 블록과는 아무 관계가 없는 것은 블록 부호라고 한다.
② 터보 부호는 통신 채널의 비트 오류확률을 최소로 유지하는 알고리즘에 기반을 둔 오류정정부호(ECC) 중 하나이다. 섀논(Shannon)의 이론적 한계에 근접하는 매우 우수한 오류 정정 성능을 제공하므로 고성능의 오류검사정정(ECC) 방식이 요구되는 IMT-2000 및 위성 통신 시스템에 적용되고 있다.
③ 해밍 부호는 1비트의 오류를 정정할 수 있는 오류정정부호. 1문자를 구성하는 데이터 비트수를 일반적으로 k, 검사 비트수를 m으로 한다면 k와 m의 관계는 다음 식으로 표시된다.
$2^m \geq k+m+1$
④ 허프만 부호는 정보원의 길이를 최단부호(compact code)로 만드는 부호이다.

02 데이터 전송 중에 발생하는 에러에 대처하는 방식은 에러정정부호화(error correcting codes)가 있다. 다음 중 에러정정에 쓰이는 부호가 아닌 것은?

① BCH codes
② CRC codes
③ Reed-Solomon codes
④ Hamming codes

해설 CRC 코드는 에러를 검출하는 데 사용되는 부호어이다.

Answer
01.④ 02.②

난이도 상 중 하

03 오류정정부호(error control code)에 해당하지 않는 것은?

① 길쌈부호
② Lempel Ziv 부호
③ Reed Solomon 부호
④ BCH 부호

해설 ①, ③, ④ 길쌈부호, Reed Solomon, BCH, 해밍부호는 에러정정부호이다.
② Lempel Ziv 부호는 압축부호이다.

난이도 상 중 하

04 채널코딩에 대한 설명으로 옳지 않은 것은?

① 채널코딩에서는 정보비트에 잉여비트를 추가한다.
② 디지털통신방식에서 전송 도중 데이터의 오류가 발생하면 수신단에서 검출은 할 수 있으나 정정은 불가능하다.
③ ARQ(automatic repeat request) 방식은 수신측에서 송신측으로 역방향 링크가 필요하다.
④ 전방오류정정(FEC)방식에는 해밍코드, 컨볼루션(convolution)코드, 터보코드 등이 있다.

해설 ① 채널코딩은 정보비트에 에러검출 및 정정을 위한 잉여비트를 추가한다.
② FEC 코드는 수신단에서 에러 검출과 정정을 한다.
③ ARQ는 수신단에서 송신단으로 재전송 요구를 하므로 역방향 채널이 필요하다.
④ 전방오류정정(FEC)방식에는 해밍코드, 컨볼루션(convolution)코드, 터보코드 등이 있다.

난이도 상 중 하

05 $s_1 = (101011)$과 $s_2 = (001101)$ 간의 해밍거리는?

① 2
② 3
③ 4
④ 5

Answer 03.② 04.② 05.②

해설 해밍거리는 두 심볼 간의 자리의 비트가 다른 비트수를 말한다. X-OR 를 해서 나온 1의 수가 해밍거리이다.

$s_1 = (101011)$
$\oplus \ s_2 = (001101)$

100110

X-OR 결과 1의 개수가 3개이므로 해밍거리는 3이다.

06 Walsh 부호에 대한 설명으로 가장 옳지 않은 것은?

① Walsh 테이블의 임의의 서로 다른 두 개의 행은 항상 직교한다.
② 2^N형태의 길이를 가진다.
③ 단말에서 기지국으로 전송할 때 사용한다.
④ 코드 중에는 절반을 기준으로 같은 값이 두 번 반복된 것과 반전된 값이 사용된 것이 함께 존재한다.

해설 기지국에서 이동국(순방향)으로 전송하는 부호이다.
즉, 왈쉬부호는 순방향 채널상에서 기지국이 이동국에 전송하여 각 채널을 구분하기 위해 사용한다. 즉 기지국에서 이동국(순방향)으로 전송하는 부호이다.

07 CDMA 통신에서 사용자 부호를 발생시키기 위하여 선형 궤환 쉬프트 레지스터(LFSR)를 사용한다. 아래와 같은 레지스터(LFSR)에서 다음 중 다섯 번째 클럭에 의한 S1, S2, S3 쉬프트 레지스터(LFSR)의 상태로 적합한 것은? (단, S1, S2, S3의 초기상태는 111이다.)

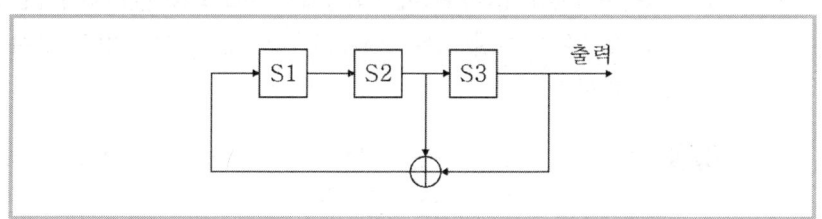

① 0 0 1
② 1 0 0
③ 0 1 0
④ 1 0 1

Answer
06.③ 07.④

해설

클럭 펄스 (i)	입력 (s_1)	상태 $s_i(1)\ s_i(2)\ s_i(3)$	출력 $c_i = s_i(3)$
0	1	1 1 1	1
1	0	0 1 1	1
2	0	0 0 1	1
3	1	1 0 0	0
4	0	0 1 0	0
5	**1**	**1 0 1**	**1**
6	1	1 1 0	0
7	1	1 1 1	1

초기값을 111로 했으므로 1클럭당 레지스터 값을 변화시키며 출력을 구한다. 그때 레지스터 값을 구하면 된다.

08 채널부호(channel coding) 기법에 대한 설명으로 옳지 않은 것은? (단, E_b와 N_0는 각각 비트당 에너지와 단측(one-side) 잡음전력 스펙트럼 밀도이다)

① 채널부호기법을 적용함으로써, 동일한 비트 오류확률을 얻기 위해 필요한 E_b/N_0가 줄어든 정도를 부호화 이득(coding gain)이라고 한다.

② 동일한 변조방식을 사용하는 경우, 채널부호기법을 적용한 시스템은 이 기법을 적용하지 않은 시스템에 비해 모든 E_b/N_0에 대해 수신 비트 오류확률 성능이 좋다.

③ 터보부호(turbo code)와 LDPC(Low Density Parity Check) 부호는 반복 복호 과정을 통해 수신 성능을 개선할 수 있다.

④ 컨볼루션부호(convolution code)에서 구속장길이(constraint length) K가 커질수록 수신 비트 오류확률 성능은 개선되지만, 구현 복잡도가 증가한다.

해설 채널부호기법을 적용한 시스템은 그렇지 않은 시스템보다 오류확률 성능이 좋으나 E_b/N_0값이 낮을 경우는 그렇지 않다.

Answer
08.②

09 다음 중 채널부호화방식에 대한 설명으로 옳지 않은 것은?

① 자동재전송요청(ARQ)방식은 수신측에서 오류가 검출되면 송신측에 데이터 재전송을 요청한다.
② 자동재전송요청(ARQ)방식은 양방향 통신시스템에서 사용한다.
③ 전방오류정정(FEC)방식에는 블록코드, 터보코드, 그레이코드 방식 등이 있다.
④ 전방오류정정(FEC)방식은 송신측에서 오류 검출 및 정정을 위한 비트를 추가한다.

해설
① ARQ는 수신측에서 송신측으로 에러가 난 부분을 재전송 요구를 하는 것이다.
② 수신측에서 송신측으로 재전송요구를 하므로 양방향 통신이다.
③ 그레이코드는 채널부호가 아니다. 즉, 자체적으로 에러를 정정할 수 없다.
④ FEC는 정보 데이터에 잉여비트를 추가하여 전송한다.

10 컨볼루션 부호(convolutional code)에 대한 설명으로 옳지 않은 것은?

① 부호기의 출력은 이전에 입력된 정보비트의 영향을 받는다.
② 부호기의 출력은 입력정보비트와 잉여비트로 구분된다.
③ 부호기의 동작을 상태 천이도로 표현할 수 있다.
④ 복호방식으로 비터비(Viterbi) 알고리즘을 사용할 수 있다.

해설
㉠ 컨볼루션 부호(convolutional code)는 블럭단위로 부호화는 실행되나 n비트로 구성된 부호어가 k비트로 구성된 현재의 정보블럭에 의존할 뿐만 아니라 과거의 정보블럭의 영향을 받는다.
㉡ 컨볼루션 부호기에 생성된 부호를 구속장 N블록의 (n, k) 컨볼루션 부호라 한다. 즉 k비트의 정보 블록이 부호기에 입력됨과 동시에 n비트 부호어 블록이 발생될 때 현재의 k비트 정보블록에 의존할 뿐만 아니라 그 앞의 $(N-1)$개의 정보블록에 의해서도 결정된다. 즉, 잉여비트와 정보비트를 구분하지 않는다.
㉢ 컨볼루션 부호기는 플립플롭을 이용하기 때문에 상태 천이도로 표현이 가능하다.
㉣ 컨볼루션 부호의 복호법의 대표적인 알고리즘이 비터비 알고리즘이다.

Answer
09.③ 10.②

11 컨볼루션(convolution) 부호의 복호법과 관계없는 것은?

① 최대 근사 복호법(maximum likelihood decoding)
② 순차 복호법(sequential decoding)
③ 임계 복호법(threshold decoding)
④ Mggitt 복호법(Meggitt decoding)

해설
① Viterbi 알고리즘에 의한 최우복호법(MLD)은 컨볼루션 부호의 복호법으로 구속장의 길이가 10 이하로 작을 때 수신데이터 계열 r와의 해밍거리가 가장 짧은 경로를 탐색하는 복호법이다.
② 순차 복호법은 convolutional code의 복호법 중 하나, 부호의 수학적 구조에 따르지 않고 통신로의 확률적 성질을 기초로 하여 차례로 하게 된다. 각 수신기호에 대하여 가정된 판정을 하고, 이 판정을 기초로 하여 그 이후 수신한 기호의 복호를 차례로 시도한다. 만약 어느 시점에서 그 이상의 복호가 곤란해지면 처음으로 되돌아와 가정된 판정을 수정하는 과정을 밟아 수행한다.
③ 임계 복호법은 convolutional code의 복호법 중 하나, 몇 개의 수신기호로부터 일정한 규칙에 따라 계산된 값을 임계값과 비교하여 원래의 정보를 추정하는 복호법. 대개의 경우 다수결 논리에 따라 실현되며, 이것을 다수결 논리 복호라고 한다.
④ Mggitt 복호법은 에러정정코드로 연집에러를 정정하기 위한 코드이다.

12 통과대역(bandpass) 디지털 통신 시스템을 다음과 같은 조건으로 설계한다고 할 때, 주어진 조건에서 왜곡 없이 송신 가능한 1초당 최대 데이터 비트의 수[Mbps]는?

○ 채널 대역폭 : 10[MHz](보호대역은 고려하지 않는다)
○ 변조방식 : 64-QAM
○ 컨볼루션 부호(convolution code)의 부호화율(code rate) : 1/2
○ Rs의 심볼 전송률[sps]로 변조 심볼을 전송하기 위해 2Rs의 대역폭[Hz]을 차지하는 펄스 성형을 사용한다.

① 60[Mbps] ② 30[Mbps]
③ 15[Mbps] ④ 5/3[Mbps]

해설 채널대역폭이 10[MHz], 심볼율은 5[Msps], 부호화율은 $\frac{1}{2}$이므로 심볼율은 2.5[Msps]이다.
64-QAM 방식을 사용하므로
$n=6$비트이므로 2.5[Msps]×6=15[Mbps]이다.
즉, 최대 데이터 비트수는 (심볼율)×(심볼당 비트수)이다.

13 생성 행렬이 $1+x^2+x^{15}+x^{16}$인 CRC에 대한 설명으로 옳지 않은 것은?

① 오류 검출을 위해 사용하는 부호 중 하나이다.
② 최소 해밍거리가 $d_{\min}$일 때, $d_{\min}$개의 오류는 언제나 검출할 수 없다.
③ 길이가 16보다 작은 모든 버스트 오류를 검출할 수 있다.
④ 홀수개의 모든 오류를 검출할 수 있다.

해설 ✚ 해밍코드 ✚
㉠ 오류 검출을 위해 사용하는 부호 중 하나이다.
㉡ 최소 해밍거리가 $d_{\min}$일 때, $d_{\min}-1$개까지만 오류를 검출할 수 있다.
㉢ 생성다항식이 16승이면 16보다 작은 버스트 오류를 검출할 수 있다.
㉣ 홀수개의 모든 오류를 검출할 수 있다. 즉, 최소 해밍거리가 $d_{\min}$일 때, $d_{\min}-1$개까지만 오류를 검출할 수 있다.

14 생성 다항식이 x^3+1인 CRC(Cyclic Redundancy Check) 기법하에 비트열 11010을 전송할 때, 이에 해당하는 CRC 코드의 체크비트 값은?

① 111
② 001
③ 011
④ 110

해설 $d(x)=x^4+x^3+x$, $g(x)=1+x^3$ $x^3d(x)=x^7+x^6+x^4$

$$\begin{array}{r}x^4+x^3+1\\x^3+1\overline{\smash{)}x^7+x^6+x^4}\\x^7+x^4\\\hline\end{array}$$

Answer
13.② 14.②

$$x^6$$
$$\underline{x^6 + x^3}$$
$$x^3$$
$$\underline{x^3 + 1}$$
$$1$$

전송데이터는 $c = x^7 + x^6 + x^4 + 1$, 11010001
체크비트는 나머지 항을 의미하므로 001이다.
즉 [(생성다항식 최고차항) × (정보비트)] ÷ 생성다항식 = 몫 + 나머지 값이다. 체크비트는 나머지 값이다.

15 다음과 같은 확률 또는 빈도수를 갖는 4개의 심벌 $\{x_1, x_2, x_3, x_4\}$로 구성된 알파벳과 그에 대한 코드워드 집합에 대한 설명으로 옳지 않은 것은?

심벌	확률 또는 빈도수	코드워드
x_1	1/2	1
x_2	1/4	01
x_3	1/8	001
x_4	1/8	000

① 평균 코드워드 길이가 7/4로서 알파벳의 엔트로피와 같으므로 최소 평균 코드워드 길이를 갖는 코드이다.
② 어떤 코드워드도 다른 코드워드의 전치(Prefix)가 아니므로 전치부호(Prefix Code)에 속한다.
③ 유일하게 복호가능(Decodable)하다.
④ 위와 같은 코드워드들을 사용하여 위 심벌들로 구성된 메시지를 부호화하기 위해서는 연속되는 심벌들 사이에 콤마(Comma) 심벌을 삽입해야 한다.

해설 ① 평균정보량(엔트로피)은

$$H(X) = \frac{I_{total}}{N} = \sum_{i=0}^{M-1} P(x_i) \log_2 [1/P(x_i)] \text{[bit/symbol]}$$
$$= \frac{1}{2}\log_2 2 + \frac{1}{4} + \log_2 2^2 + \frac{1}{8}\log_2 2^3 \times 2 = \frac{1}{2} + \frac{1}{2} + \frac{6}{8}$$
$$= \frac{2+2+3}{4} = \frac{7}{4}$$

Answer
15.④

② 프리픽스코드란 "프리픽스 특성"을 가진 코드 체계의 한 유형이다. 이는 시스템 내의 어떠한 코드워드도 다른 코드의 프리픽스(초기 세그먼트)가 아닌 것이다. 0이 프리픽시 특성을 가지만 1일 때는 프리픽스가 아니다. 따라서 프리픽스코드이다.
③ 프리픽스코드는 고유하게 디코딩할 수 있는 코드이다.
④ 코드워드 사이에는 콤마 심벌을 삽입하지 않는다.

16 (n, k) 블록 부호(block code)에 대한 설명으로 옳지 않은 것은?

① 총 2^n개의 가능한 부호어(codeword) 중 2^k개의 유효한 부호어가 사용된다.
② 패리티(parity) 비트수는 $(n-k)$개이다.
③ 부호율(code rate)은 $\frac{k}{n}$이다.
④ 부호율이 $\frac{1}{2}$일 때, 전송대역폭은 부호화하기 전보다 $\frac{1}{2}$배로 줄어든다.

해설
㉠ (n, k)이므로 총 부호어 길이(n비트)는 2^n개의 부호어이고 이 중 정보부호어 길이는 2^k개(k비트)다.
㉡ (n, k)이므로 총 부호어 길이는 n개, 정보부호어 길이는 k개, $n-k$는 패리티 비트수이다.
㉢ 부호율은 (정보비트수)/ (총 비트수) = $\frac{k}{n}$이다.
㉣ 부호율이 $\frac{1}{2}$이므로 전송대역폭은 $\frac{2}{1}$=2배 증가한다.

Answer
16.④

17 중심주파수가 900MHz, 전송대역폭이 1MHz인 채널을 사용하여 신호를 전송할 수 있다고 가정하자. 채널부호화 하기 전 2Mbps의 전송률을 가지는 정보를 채널 부호화율이 $\frac{3}{5}$인 오류정정부호로 부호화하여 전송하고자 할 때, 선택할 수 있는 변조방식은?

① BPSK
② QPSK
③ 8-PSK
④ 16-QAM

해설 부호율이 $\frac{3}{5}$이므로 부호화된 심볼 $n = 2[\text{Mbps}] \times \frac{5}{3} = \frac{10}{3}$[Mbits/symbol]이다. 전송률이 1[Msymbol/sec]로 전송되므로 심볼당 $\frac{10}{3} = 3.333$이다. 심볼당 비트수는 정수이어야 하므로 4비트이다.
$L = 2^n = 2^4 = 16$레벨이 된다. 따라서 16-QAM 방식이다.
부호율은 $\frac{k}{n}$이다.

18 이진 정보를 부호율 $\frac{1}{3}$인 반복부호로 부호화하여 전송하고 수신기에서 다수복호(majority decoding)를 한다. 채널에서의 전송 비트오율이 0.1일 때 복호 후 수신단의 정보비트오율은?

① 0.001
② 0.01
③ 0.027
④ 0.028

해설 정보비트는 k개, 부호기의 비트는 n비트 $\frac{k}{n} = \frac{1}{3}$, $n = 3k$
$k+1$개 이상이 틀리게 수신되면 에러이다. 대칭행렬이므로 채널에서의 전송오류확률은
$$P_e = \sum_{i=k+1}^{n} \binom{n}{i}(p)^i(1-p)^{n-i} = \sum_{i=1+1}^{3} \binom{3}{i}(0.1)^i(0.9)^{3-i}$$
$$= \binom{3}{2}(0.1)^2(0.9)^1 + \binom{3}{3}(0.1)^3(0.9)^0$$
$$= 0.027 + 0.01$$
$$= 0.028$$

19 4개의 서로 다른 메시지를 아래 표와 같이 7비트로 각각 부호화하여 전송하는 경우, 수신기에서 부호당 보장되는 정정 가능한 오류의 최대 비트 개수는?

부호화된 메시지
1111111
1010101
1100000
0101010

① 0   ② 1
③ 2   ④ 3

해설 ② 최소 해밍거리

```
        1111111  1111111  1111111  1010101  1010101  1100000
        1010101  1100000  0101010  1100000  0101010  0101010
        ------------------------------------------------------
        0101010  0011111  1010101  0110101  1111111  1001010
해밍거리    3        5        4        5        7        3
```
최소 해밍거리(d_{min})는 3이다.
오류정정능력은 $(d_{min}-1)/2 = (3-1)/2 = 1$이다.

20 다음과 같이 정의된 선형 블록부호(linear block code)의 부호화(encoding) 과정에 대한 설명으로 옳지 않은 것은?

정보어 심볼	00	01	10	11
부호어 심볼	00000	01101	10110	11011

① 부호율은 $\frac{2}{5}$이다.
② 최소 해밍거리는 4이다.
③ 오류정정능력은 1이다.
④ 오류검출능력은 2이다.

Answer
19.② 20.②

해설
① 부호율은 정보비트/총비트 = 2/5
② 최소 해밍거리
해밍거리는 부호 심볼 간의 X-OR를 하고 이 결과에 대한 1의 개수를 의미한다. 1의 개수가 가장 작은 값이 최소 해밍거리이다.

```
        00000  00000  00000  01101  01101  10110
        01101  10110  11011  10110  11011  11011
        ─────────────────────────────────────────
        01101  10110  11011  11011  10110  11101
해밍거리   3      3      4      4      3      4
```

최소 해밍거리(d_{min})는 3이다.
③ 오류정정능력은 $(d_{min}-1)/2 = (3-1)/2 = 1$이다.
④ 오류검출능력(t)은 $t-1 = 3-1 = 2$이다.

CHAPTER 06
디지털 변복조

공기업(교통공사)
통신일반
적중예상문제집

06 디지털 변복조

제1절 디지털 변조방식

01 다음 중 디지털 변조방식에 해당하는 것은 무엇인가?
① AM
② FM
③ PAM
④ ASK

해설
㉠ 아날로그 변조방식 : AM, FM, PM
㉡ 아날로그 펄스변조방식 : PAM, PWM, PPM
㉢ 디지털 변조방식 : ASK, FSK, PSK, QAM
㉣ 디지털 부호 : CMI

02 다음 변조방식 중에서 반송파의 진폭에 정보를 실어서 전송하는 변조방식만으로 구성된 것은?

AM, FM, ASK, PM, OOK, FSK, PSK, DPSK, QAM

① AM, FSK, QAM
② FM, ASK, PSK
③ FM, FSK, DPSK
④ AM, OOK, QAM

해설
㉠ 반송파의 진폭에 정보가 포함되는 변조방식 : AM, ASK, OOK, QAM
㉡ 반송파의 주파수에 정보가 포함되는 변조방식 : FM, FSK
㉢ 반송파의 위상에 정보가 포함되는 변조방식 : PM, PSK, QAM
㉣ 반송파의 위상차에 정보가 포함되는 변조방식 : DPSK

Answer
01.④ 02.④

03 10110의 디지털 신호가 아래와 같이 변조되었다. 어떤 변조방식을 사용한 것인가?

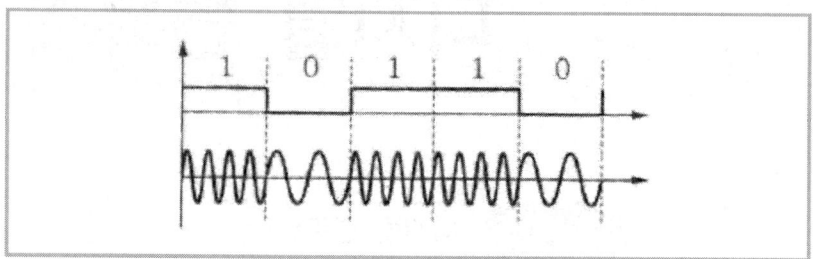

① QPSK ② ASK
③ BPSK ④ BFSK

해설 2진 데이터에 따라 반송파의 주파수가 천이되는 변조방식은 BFSK이다.

04 다음 중 전송대역효율은 낮으나 잡음에 강한 변조방식은?

① ASK ② FSK
③ OOK ④ PSK

해설 전송효율은 대역폭이 넓은 변조방식에 해당되며, 잡음에 강한 변조방식은 반송파의 진폭이 변하지 않는 변조방식을 의미한다. 그러므로 FSK에 해당된다.

05 다음 중 위상의 불연속이 발생하지 않는 변조방식은?

① PSK ② MSK
③ OQPSK ④ QAM

해설 ✚ MSK의 원리와 특징 ✚
㉠ 위상 연속이므로 MSK를 FSK의 일종으로 볼 수 있다.
㉡ 일정한 포락선 정포락선이므로 (정포락선) MSK를 PSK의 일종으로 볼 수 있다.

Answer
03.④ 04.② 05.②

ⓒ 비동기 검파를 이용한다.
　　ⓔ MSK 피변조파의 스펙트럼의 부엽(side lobe)은 QPSK나 OQPSK
　　　에 비해 좁으나 주엽(main lobe)은 더 넓어지는 단점이 있다.
　　ⓜ MSK의 오류확률은 QPSK나 OQPSK의 오류확률과 동일하다.
　　ⓑ GMSK는 MSK 피변조파 스펙트럼의 주엽을 협대역화하기 위해 사
　　　용한다.

06 서로 직교하는 두 반송파의 주파수 차이를 최소로 하여 반송파 주파수가 변화하는 순간에도 위상의 변화가 연속적으로 유지되는 디지털 변조방식은?

① DPSK　　　　　　　② PSK
③ MSK　　　　　　　 ④ QAM

해설　㉠ FSK에서는 한 주파수에서 다른 주파수로 급변하는 스위칭 특성으로 위상의 연속성을 유지하기가 곤란해 위상이 불연속성을 갖게 되는 문제가 발생(고조파가 발생되어 대역폭이 넓게 된다)하며 이와 같은 제한 요인을 개선하기 위한 방법으로 CPFSK를 이용한다. 이렇게 하여 선 spectrum을 없애므로 대역폭이 월등히 좁아지게 되는 효과를 얻을 수 있다.
　　㉡ 검파의 경우 신호가 겹치는 일이 발생하지 않기 위한 최소 주파수 편이비를 h라고 하면 $h = 0.5$인 경우의 FSK를 MSK(Minimum Shift Keying) 또는 FFSK(Fast FSK)라고 한다.

07 MSK에 대한 설명으로 틀린 것은?

① FSK 계열 중에서 대역폭이 가장 좁으며, 위상 연속이다.
② MSK의 오류확률은 QPSK나 OQPSK의 오류확률과 같다.
③ MSK의 주엽은 QPSK보다 크지만, 부엽은 크기는 상당히 적다.
④ MSK는 동기검파만 가능하고, 비동기검파는 사용할 수 없다.

해설　MSK는 동기검파뿐만 아니라 비동기검파도 사용할 수 있다.

Answer
06.③　07.④

08 디지털 신호를 진폭변조방식만으로 송신할 때 옳은 파형은?

①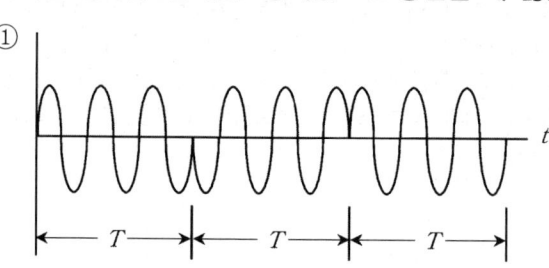

②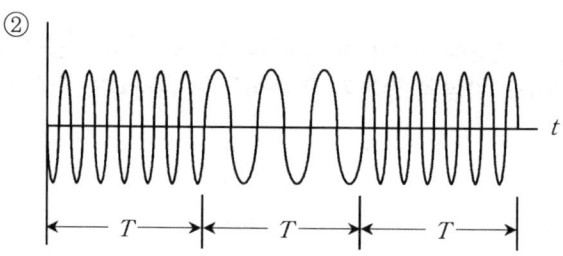

③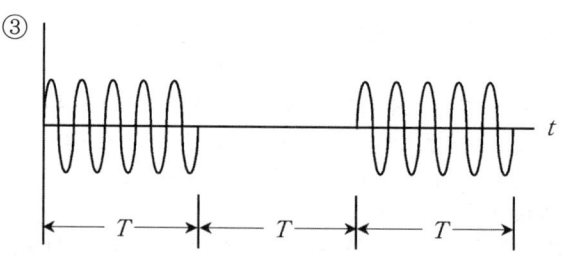

④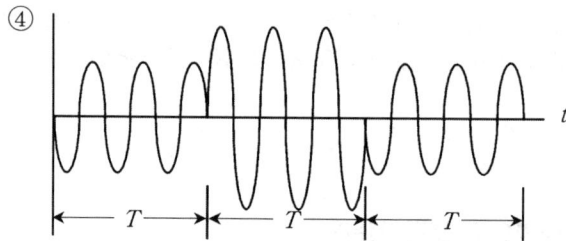

해설
① 위상변조방식이다(BPSK, 2-PSK).
② 주파수변조방식이다(BFSK, 2-FSK).
③ 진폭변조방식이다(BASK, 2-ASK).
④ 진폭위상변조방식이다(QAM).

키워드 진폭변조는 정보신호(데이터)의 진폭에 따라 반송파의 진폭변화를 갖는다.

Answer
08.③

09 아래의 구형파 신호를 고주파의 반송파 신호에 의해 주파수 변조하였을 때의 파형은?

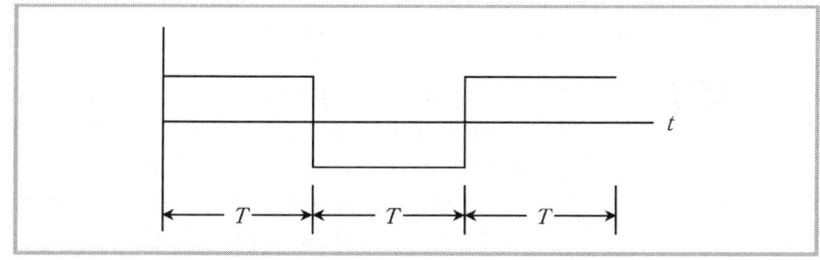

①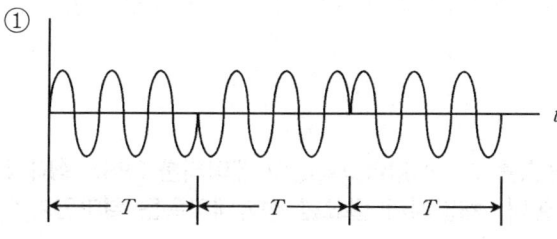

②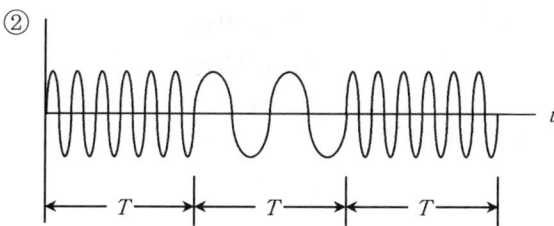

③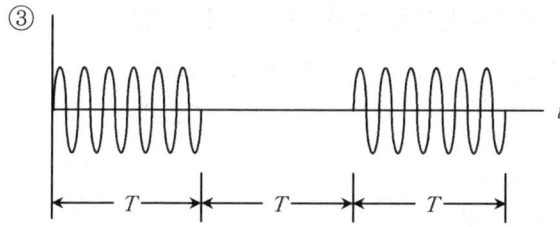

④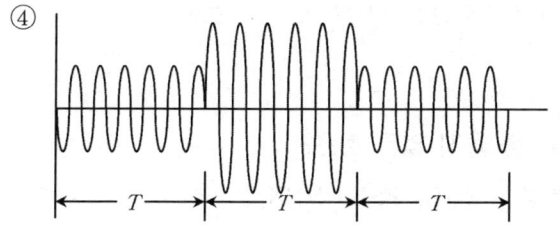

해설 　주파수 변조는 정보신호(데이터)의 진폭에 따라 반송파의 주파수의 변화를 갖는다.

Answer
09.②

10 다음 중 위상의 불연속이 발생하지 않는 변조방식은?

① PSK ② MSK
③ OQPSK ④ QAM

해설
① PSK : 데이터에 따라 위상을 변화시키는 변조방식
② CPFSK : 주파수 변환점에서 불연속한 변조된 신호의 위상을 연속케 한 FSK이다. 이때 변조지수 $h=0.5$일 때를 MSK라 한다.
③ OQPSK : 두 채널(I와 Q 채널)의 데이터 간의 주기를 1비트의 주기, T_b 만큼의 상대적인 시간차를 갖도록 한 것이다.
④ QAM : 데이터에 따라 진폭뿐만 아니라 위상도 변화시키는 변조방식

11 다음과 같이 전송률 $R=3M[bits/sec]$의 데이터를 8PSK 형태로 디지털 변조하여 전송한다. 채널에서 필요한 전송대역폭은 얼마인가?

① 3[MHz] ② 2[MHz]
③ 1[MHz] ④ 0[MHz]

해설 R/n=3Mbps/3bit=1MHz

12 다음 중 디지털 변조방식으로 올바르게 짝지은 것은?

① Bipolar, NRZ ② PCM, DM
③ ASK, PM ④ PSK, QAM

해설
① 펄스부호
② 디지털 펄스변조
③ ASK는 디지털변조, PM은 아날로그변조

13 변조방식의 분류 중 옳지 않은 것은?

① 일정진폭 특성 - PSK, FSK, MSK
② 연속적인 위상변화 - ASK, PSK, MSK
③ 주파수 변조 계열 - FM, FSK, MSK
④ 진폭 변조 계열 - AM, ASK, QAM

Answer
10.② 11.③ 12.④ 13.②

해설 PSK는 연속적인 위상변화를 갖지 않는다.

14 이진(binary)디지털 통신에서, 각 비트를 전달하기 위하여 두 신호 $A_c\cos(2\pi f_c t+\theta_1)$와 $A_c\cos(2\pi f_c t+\theta_2)$를 사용하는 통신방법을 무엇이라 하는가? (단, $f_c>0$이고 $\theta_1\neq\theta_2$이다.)

① PSK(phase shift keying)
② ASK(amplitude shift keying)
③ FSK(frequency shift keying)
④ MSK(mininum shift keying)

해설 2진 신호인 두 신호의 주파수는 같고 위상이 다른 통신방식은 2-PSK 방식이다.

15 M진 PSK 신호에서 반송파 간의 위상차는 얼마인가?

① $\dfrac{M}{2\pi}$
② $\dfrac{M}{\pi}$
③ $\dfrac{\pi}{M}$
④ $\dfrac{2\pi}{M}$

해설 M진 PSK의 반송파 간 최소 위상차는 $\dfrac{2\pi}{M}$이다.

16 MPSK(M-ary Phase Shift Keying) 변조방식에서 성상도(Constellation) M상 인접한 두 심벌 간의 위상 차이[rad]는?

① $\dfrac{\pi}{2M}$
② $\dfrac{\pi}{M}$
③ $\dfrac{2\pi}{M}$
④ $\dfrac{4\pi}{M}$

해설 MPSK 변조방식에서 인접한 두 심벌 간의 위상차는 $\dfrac{2\pi}{M}$이다.

Answer
14.① 15.④ 16.③

17 10[ms] 동안 16-PSK 심벌 10개가 전송될 때, 보오율[baud]과 비트율[bps]은?

	보오율[baud]	비트율[bps]
①	1,000	2,000
②	1,000	4,000
③	2,000	4,000
④	2,000	8,000

해설 ㉠ 비트율은 (보오율)×비트수이다. 보오율은 (전송시간)/심벌수
㉡ 보오율은 10/10[ms]=1[kbaud]
㉢ 비트율은 $1[\text{kbaud}] \times \log_2 16 = 1k \times 4 = 4[\text{kbps}]$

18 QPSK(Quadrature Phase Shift Keying)에 대한 설명 중 옳지 않은 것은?

① 심볼 레이트(Symbol Rate)와 비트 레이트(Bit Rate)가 같다.
② BPSK(Binary Phase Shift Keying)보다 수신 특성이 좋지 않다.
③ 동일 용량의 데이터를 전송하기 위한 최소 대역폭은 BPSK에 비하여 절반이다.
④ 송신기 구조가 BPSK보다 복잡하다.

해설 ㉠ QPSK는 4-PSK이므로 심볼당 2비트씩 전송된다. 심볼율은 비트율의 1/2배이다.
㉡ QPSK는 BPSK보다 수신 특성이 좋지 않다.
  ⓐ QPSK 에러율 $P(e) = \text{erfc}\left(\sqrt{\dfrac{E_b}{N_0}}\right)$
  ⓑ BPSK 에러율 $P(e) = \dfrac{1}{2}\text{erfc}\left(\sqrt{\dfrac{E_b}{N_0}}\right)$

19 MPSK(M-ary Phase Shift Keying) 변조방식에서 성상도(Constellation) 상 인접한 두 심벌 간의 위상차이[rad]는?

① $\dfrac{\pi}{2M}$ ② $\dfrac{\pi}{M}$
③ $\dfrac{2\pi}{M}$ ④ $\dfrac{4\pi}{M}$

Answer
17.② 18.① 19.③

해설 MPSK 방식은 최소 위상차이가 $\frac{2\pi}{M}$[rad]이다.

20 다음 디지털 변조방식 가운데 대역효율이 가장 높은 방식은?
① BPSK
② QPSK
③ 16-QAM
④ 32-ary orthogonal FSK

해설 대역폭이 가장 좁은 변조방식은 M값이 가장 큰 변조방식을 말한다. 단, FSK는 제외이다.
① BPSK는 $M=2$
② QPSK는 $M=4$
③ 16-QAM은 $M=16$
④ 32-ary orthogonal FSK는 $M=32$이지만 반송파가 32개가 되므로 대역효율은 낮다.

21 16-QAM 변조에서 하나의 심벌은 몇 개의 비트인가?
① 2[bit]
② 4[bit]
③ 6[bit]
④ 8[bit]

해설 심벌의 비트수는 $\log_2 M$[bit]이다. 여기서, M은 레벨수(진수)이다.
16-QAM은 $M=16$이므로 $\log_2 M = \log_2 2^4 = 4$[bit]이다.

22 디지털 데이터를 아날로그 신호 형태로 변조하는 방식은?
① FM
② QAM
③ AM
④ PM

해설 ㉠ 아날로그 변조 : AM(DSB), FM, PM
㉡ 디지털 변조 : ASK, FSK, PSK, QAM, QPSK, MSK, CPSK, OQPSK

디지털 변조방식은 디지털 데이터를 아날로그 신호 형태로 변환하여 전송하는 방식이다.

Answer
20.③ 21.② 22.②

23 동일한 비트율(bit rate)을 가지는 BPSK(Binary Phase-Shift Keying)와 QPSK(Quadrature Phase Shift Keying)방식의 디지털 통신에서, 두 방식의 심벌 전송률(symbol rate) 관계는?

① BPSK 심벌 전송률이 QPSK 심벌 전송률의 2배
② BPSK 심벌 전송률이 QPSK 심벌 전송률의 1/2배
③ BPSK 심벌 전송률이 QPSK 심벌 전송률의 4배
④ BPSK 심벌 전송률이 QPSK 심벌 전송률의 1/4배

해설 동일한 비트율을 가지고 있기 때문에 BPSK 심볼 전송률은 QPSK 심볼 전송률의 2배이다.

24 아래의 DPSK(Differential Phase Shift Keying) 변조기 블록도에서 입력 데이터 $d(t) = [010011]$에 대한 $b(t)$ 부호열은? (단, $b(t-T_b)$의 초기값은 0이고, $d(t)$의 왼쪽 비트부터 입력된다.)

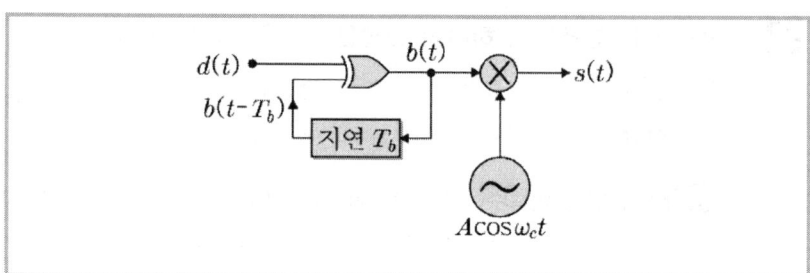

① 1 1 0 1 0 0
② 1 0 0 1 1 0
③ 0 1 0 1 1 0
④ 0 1 1 1 0 1

해설 $b(t) = d(t) \oplus b(t-T_b)$ 이다.
$d(t)$ 0 1 0 0 1 1
$b(t)$ 0   0 1 1 1 0 1
     (초기값)

Answer
23.① 24.④

25 다음 PSK 및 DPSK 방식에 대한 설명으로 옳지 않은 것은?

① PSK 방식에서는 매 심벌의 위상이 데이터를 실어 송신하는 반면 DPSK 방식에서는 연이은 두 심벌의 위상차에 데이터를 실어 보낸다.
② DPSK 방식은 PSK 방식에 비해 송수신측 간의 동기를 정확히 맞출 필요가 없어 복조회로가 간단해질 수 있다.
③ DPSK 방식에서는 수신측에 도착한 심벌의 위상으로부터 바로 전에 도착한 심벌의 위상을 빼서 정보를 추출하는데, 심벌의 위상에 묻어 있는 잡음 간에도 뺄셈이 되어 잡음의 크기도 작아지는 셈이므로 PSK 방식에 비해 오류확률이 좋아진다.
④ 심벌 에너지가 같다면, 심벌당 비트의 개수가 증가할수록 오류확률 성능은 나빠진다.

해설
① DPSK는 연속되는 두 심벌 간의 위상차를 이용하여 데이터를 전송한다.
② 바로 전에 도착한 심벌의 위상을 곱해서 정보를 추출하므로 동기를 맞출 필요가 없다. 즉, 비동기 검파를 하므로 복조회로가 간단하다.
③ DPSK 방식에서는 수신측에 도착한 심벌의 위상으로부터 바로 전에 도착한 심벌의 위상을 곱해서 정보를 추출한다. 같으면 (+) 값, 다르면 (−) 값을 얻는다. 지연검파는 위상 동기된 기준 신호가 필요하지 않고 단지 BPSK를 차동부호화한 것이다. PSK 동기검파방식보다 오류확률이 나빠진다.
④ 심볼 에너지가 같다면 심볼당 비트의 개수가 증가할수록 오류확률은 높아진다. 즉 성능은 나빠진다.

Answer
25.③

26 다음 그림은 DPSK 수신기의 블록도이다. 해당 블록에 들어갈 장치가 옳은 것은?

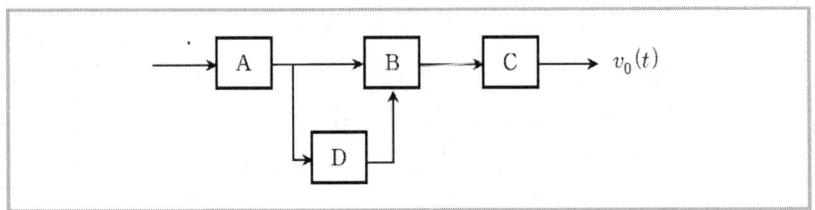

① A 블록 : 저역통과 필터   B 블록 : 덧셈기
② B 블록 : 덧셈기   C 블록 : 대역통과 필터
③ A 블록 : 저역통과 필터   C 블록 : 대역통과 필터
④ C 블록 : 저역통과 필터   D 블록 : 1개 심볼 시간 지연 장치

해설 DPSK 수신기 블록도는 다음과 같다.

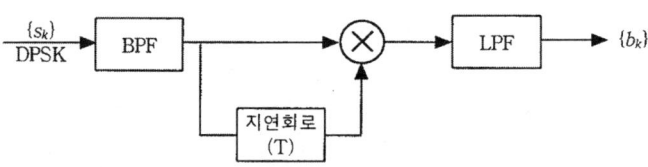

㉠ A 블록 : BPF
㉡ B 블록 : 곱셈기
㉢ C 블록 : LPF
㉣ D 블록 : 심볼 지연 장치

27 대역폭이 100kHz인 잡음이 없는 채널로 1Mbps의 신호를 전송하려고 할 때 최소 몇 개의 레벨로 나누어야 전송이 가능한가?

① 5   ② 8
③ 16   ④ 32

해설 $C = 2BW\log_2 M$, BW는 대역폭, M은 레벨수이다.
$\log_2 M = \dfrac{C}{BW}$, $M = 2^{\frac{C}{2BW}} = 2^{\frac{1M}{200k}} = 2^5 = 32$

키워드 잡음이 없는 채널의 전송용량(C)은 나이키스트율을 이용한다.
$C = 2BW\log_2 M$

Answer
26.④   27.④

28 디지털 통신의 기본적인 성능 측정 단위인 E_b/N_o에 대한 설명으로 옳지 않은 것은?

① E_b는 신호전력과 비트 전송률의 곱이다.
② N_o는 잡음전력을 채널대역폭으로 나눈 값이다.
③ E_b는 신호전력의 크기에 비례한다.
④ N_o는 잡음전력의 크기에 비례한다.

해설
㉠ E_b는 비트당 전력이다. 심볼전력은 $E_s = nE_b$이다. n는 비트수
$E_b = \dfrac{E_s}{n}$로 심볼전력을 비트수로 나눈 값이다.
㉡ N_o는 대역 내에 있는 잡음전력을 채널대역폭으로 나눈 값이다.
$N_o = \dfrac{N}{BW}$
㉢ 비트당 전력 $E_b = \dfrac{A^2T}{2}$이다. A는 비트의 진폭이고, T는 비트의 폭이다.
㉣ 잡음전력(N_o)은 전체 잡음전력을 채널대역폭으로 나눈 값이다.
$N_o = \dfrac{N}{BW}$

29 16QAM(Quadrature Amplitude Modulation)에서 심벌(symbol)들이 실수축과 허수축에 각각 $-3A$, $-A$, $+A$, $+3A$점에 배치된다고 할 때, 두 심벌 간의 거리로 가장 옳지 않은 것은?

① $2A$
② $5A$
③ $2\sqrt{2}A$
④ $6\sqrt{2}A$

해설 최소 심볼 간의 거리 $d_Q = \dfrac{\sqrt{2P}}{L-1}$이다.
여기서, P : 반송파 신호의 평균전력
L : I, Q채널에서의 레벨수
최소 심볼 간의 거리는 $d_Q = \dfrac{\sqrt{2P}}{L-1} = \dfrac{\sqrt{2(3A)^2}}{4-1} = \dfrac{3A\sqrt{2}}{3} = A\sqrt{2}$
(A, A)와 (A, -A)는 2A 거리
(A, -A)와 (-A, A)는 $2\sqrt{2}$ A 거리
(3A, 3A)와 (-3A, -3A)는 $6\sqrt{2}$ A 거리

Answer
28.① 29.②

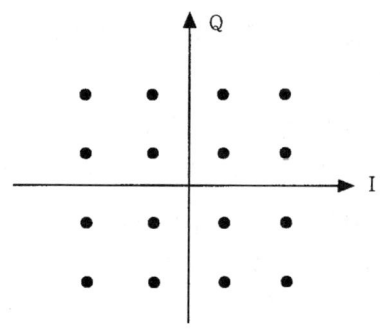

따라서 가로 또는 세로끼리 심볼간격 $\sqrt{2}A$, $2\sqrt{2}A$, $3\sqrt{2}A$
대각선이 되는 심볼 간의 간격은 $\sqrt{2}\cdot\sqrt{2}A=2A$, $4A$, $6A$
조합하여 발생되는 심볼 간의 간격은

$\sqrt{(\sqrt{2}A)^2+(\sqrt{2}A)^2}=\sqrt{2A^2+2A^2}=\sqrt{4A^2}=2A$

$\sqrt{(\sqrt{2}A)^2+(2\sqrt{2}A)^2}=\sqrt{2A^2+8A^2}=\sqrt{10A^2}=\sqrt{10}A$

$\sqrt{(2\sqrt{2}A)^2+(2\sqrt{2}A)^2}=\sqrt{8A^2+8A^2}=\sqrt{16A^2}=4A$

$\sqrt{(2\sqrt{2}A)^2+(3\sqrt{2}A)^2}=\sqrt{8A^2+18A^2}=\sqrt{26A^2}=\sqrt{26}A$

$\sqrt{(3\sqrt{2}A)^2+(3\sqrt{2}A)^2}=\sqrt{18A^2+18A^2}=\sqrt{36A^2}=6A$

최대 $6A$간격이 발생한다.

M진으로 확장한다면 $\sqrt{2}A$의 정수배와 $2A$의 정수배 등으로 생각할 수 있다. 그러므로 $5A$의 정수는 이에 해당되지 않으므로 가장 거리가 멀다고 볼 수 있다.

30 M-QAM(Quadrature Amplitude Modulation) 디지털 변조방식에 대한 설명으로 옳지 않은 것은?

① APK(Amplitude-Phase shift Keying) 변조이다.
② 상태 수 $M \geq 8$인 경우에 M-PSK 방식보다 비트오류율이 작다.
③ 상태 수 $M \geq 8$인 경우에 성상도에서 M-PSK 방식보다 심벌 간의 최소 간격이 크다.
④ 포락선이 균일하다.

해설 QAM은 진폭과 위상을 동시에 변화시키므로 APK라고도 하며 위상도 변하므로 동기검파로만 복조할 수 있다. PSK의 반송파는 항상 일정하다.
㉠ QAM은 진폭과 위상을 동시에 변화시키므로 APK라고도 한다.
㉡ M-QAM 변조방식에서 M이 클수록 비트오류율은 높아진다. 즉, 성능은 나빠진다.

Answer 30.④

4-QAM은 4-PSK(QPSK)와 같다.

QAM은 $4(2^2)$, $16(4^2)$, $64(8^2)$, $256(16^2)$, $1024(32^2)$ 등으로 존재한다.

ⓒ PSK 변조방식에서 심볼 간의 간격은 $d_Q = 2\sqrt{P}\sin\frac{\pi}{M}$ (여기서 M은 레벨수)이고 QAM은 최소 심볼 간의 거리는 $d_Q = \frac{\sqrt{2P}}{L-1}$ (여기서 L은 I, Q채널에서의 레벨수)이다.

4-PSK : $M = 2$, $d_Q = 2\sqrt{P}\sin\frac{\pi}{2} = 2\sqrt{P}$

4-QAM : $L = 2$, $d_Q = \frac{\sqrt{2P}}{2-1} = \sqrt{2P}$

QPSK가 심볼간격이 넓다.

16-PSK : $M = 16$, $d_Q = 2\sqrt{P}\sin\frac{\pi}{16} = 2\sqrt{P} \times 0.195 = 0.39\sqrt{P}$

16-QAM : $L = 4$, $d_Q = \frac{\sqrt{2P}}{4-1} = \frac{\sqrt{2P}}{3} = 0.471\sqrt{P}$

QAM의 심볼간격이 넓다.

ⓔ QAM은 반송파의 위상과 진폭이 변한다. PSK는 반송파의 진폭이 일정하고 위상만 변한다.

31 16-QAM 변조방식을 사용하는 통신시스템의 전송속도가 100Mbps일 때 이와 동일한 심벌률(Symbol Rate)을 이용하여 QPSK 변조방식으로 데이터를 전송할 때 전송속도는? (단위 : Mbps)

① 200[Mbps] ② 100[Mbps]
③ 50[Mbps]   ④ 16[Mbps]

해설 ㉠ 16-QAM에서 전송속도가 100[Mbps]일 때
심볼률은 $\frac{100[\text{Mbps}]}{4\text{bit}} = 25[\text{Msymbol/s}]$이다.

㉡ QPSK는 하나의 심볼이 2비트이므로 데이터 전송속도는 (심볼률)×(비트수)이다.

㉢ 데이터 전송속도는 $25\text{M} \times 2\text{bit} = 50[\text{Mbps}]$이다.

Answer
31.③

32 디지털 변조방식 중 하나인 64QAM에서 심볼당 할당되는 비트의 수는?

① 1[bit]　　② 2[bit]
③ 4[bit]　　④ 6[bit]

해설 ㉠ $n = \log_2 M \,[\text{bit}] = \log_2 64 = \log_2 2^6 = 6\text{bit}$ 이다.
㉡ 심볼당 비트수는 $n = \log_2 M \,[\text{bit}]$, M은 레벨수이다.

33 16진 QAM 디지털 변조방식을 사용할 때 한 번의 신호로 보낼 수 있는 정보량은?

① 1비트　　② 2비트
③ 4비트　　④ 8비트

해설 ㉠ 심볼당 비트수 $n = \log_2 M \,[\text{bit}] = \log_2 16 = \log_2 2^4 = 4\text{bit}$ 이다.
㉡ 한번에 보낼 수 있는 정보비트수는 심볼당 비트수를 의미한다.

34 8종류의 위상과 2종류의 진폭을 이용하는 8위상 2진폭 직교 진폭변조(QAM) 모뎀이 보오율(baud rate) 2,400으로 동작하고 있다면 데이터율 [bps]은?

① 9,600[bps]　　② 4,800[bps]
③ 2,400[bps]　　④ 1,200[bps]

해설 ㉠ $8 \times 2 = 16$진수($M = 16$),
$\log_2 M \times \text{baud} = \log_2 16 \times 2400 = 4 \times 2400 = 9600\text{bps}$
㉡ 위상수와 진폭수의 곱은 M진수를 의미한다.
㉢ 데이터율은 $\log_2 M \times \text{baud}$ 이다.

Answer 32.④　33.③　34.①

제2절 디지털 복조방식

01 가우시안 채널 환경에서 디지털 부호를 수신할 때, 동일한 신호 대 잡음비에서 가장 적은 비트오율을 갖는 복조방식은?

① 동기(Coherent) binary FSK
② 동기(Coherent) binary PSK
③ 비동기(Non-coherent) binary FSK
④ 비동기(Non-coherent) binary PSK

해설 비동기식보다 동기식방식이 비트오율이 적으며 비트오율이 가장 적은 변조방식은 동기 2-PSK 방식이다.

02 다음 변조방식 중 동기검파로만 복조가 가능한 것은?

① ASK(amplitude shift keying)
② PSK(phase shift keying)
③ DPSK(differential phase shift keying)
④ FSK(frequency shift keying)

해설 PSK는 비동기검파로 복조가 불가능하고 동기검파만 가능하다.
키워드 PSK 계열은 반드시 동기검파를 통해 복조할 수 있다. 단, DPSK는 예외이다.

Answer
01.② 02.②

03 다음 성상도(Constellation Diagram)로 표현된 2진 신호 ㄱ, ㄴ, ㄷ에 대한 오류율을 구한 식들로 옳게 짝지어진 것은?

$$Q(x) = \frac{1}{\sqrt{2\pi}} \int_x^\infty e^{-t^2/2} dt$$

E_s : 심벌에너지, N_0 : 잡음 스펙트럼 밀도

ㄱ. $\underset{-\sqrt{E_s}}{\overset{S_1}{\circ}} \quad 0 \quad \underset{\sqrt{E_s}}{\overset{S_0}{\circ}}$

ㄴ. $\underset{0}{\overset{S_1}{\circ}} \quad \underset{\sqrt{E_s}}{\overset{S_0}{\circ}}$

ㄷ. $\sqrt{E_s}\, S_1$ 축, S_0 축 $\sqrt{E_s}$

A. $Q\left(\sqrt{\dfrac{E_s}{N_0}}\right)$ B. $Q\left(\sqrt{\dfrac{2E_s}{N_0}}\right)$ C. $Q\left(\sqrt{\dfrac{E_s}{2N_0}}\right)$

① ㄱ - A, ㄴ - B, ㄷ - C
② ㄱ - A, ㄴ - C, ㄷ - B
③ ㄱ - C, ㄴ - B, ㄷ - A
④ ㄱ - B, ㄴ - C, ㄷ - A

해설 BPSK의 오류확률은

ㄱ. BPSK(BASK, 양극 NRZ) : $P(e) = \dfrac{1}{2}\text{erfc}\sqrt{\dfrac{E_s}{N_o}} = Q\left(\sqrt{\dfrac{2E_s}{N_o}}\right)$

ㄴ. OOK(단극 NRZ) : $P(e) = \dfrac{1}{2}\text{erfc}\sqrt{\dfrac{E_s}{4N_o}} = Q\left(\sqrt{\dfrac{E_s}{2N_o}}\right)$

ㄷ. 직교신호 : $P(e) = \dfrac{1}{2}\text{erfc}\sqrt{\dfrac{E_s}{2N_o}} = Q\left(\sqrt{\dfrac{E_s}{N_o}}\right)$

직교신호는 양극펄스에 비해 1/2 즉, 3dB 적다.

BPSK는 2진이므로 360/2=180°로 심볼 간의 위상차가 180°이다.
$Q(\sqrt{2}\,x) = \dfrac{1}{2}\text{erfc}(x)$

Answer 03.④

04 다음 변조방식 중 동기검파로만 복조가 가능한 것은?

① ASK(amplitude shift keying)
② PSK(phase shift keying)
③ DPSK(differential phase shift keying)
④ FSK(frequency shift keying)

해설
㉠ 비동기검파방식이 가능 : DSB-LC, ASK, FSK, AM
㉡ 차동검파방식이 가능 : DPSK
㉢ 동기검파방식이 가능 : DSB-LC, ASK, FSK, PSK, QAM
※ PSK는 동기검파만 가능하다.

05 다음 중 변조방식과 복조방식의 조합이 잘못된 것은?

① FSK - 비동기검파
② DPSK - 동기검파
③ QAM - 동기직교검파
④ QPSK - 동기직교검파

해설
㉠ 비동기검파방식이 가능 : DSB-LC, ASK, FSK, AM
㉡ 차동검파방식이 가능 : DPSK
㉢ 동기직교검파방식이 가능 : DSB-LC, ASK, FSK, PSK, QAM

06 1[Mbits/s]의 비트율을 갖는 BPSK 시스템에 대한 비트오류확률 P_B로
가장 옳은 것은? (단, 수신된 파형들인 $s_1 = A\cos\omega_0 t$와 $s_2 = -A\cos\omega_0 t$
는 정합 필터로 동기적으로 검출된다. 진폭 $A = 10[\text{mV}]$이고 단측 잡음
전력 스펙트럼 밀도 $N_0 = 10^{-11}[\text{W/Hz}]$이다. 신호 전력과 비트당 에너지는
1[Ω] 부하에 대해 정규화되었다. 그리고 $Q(x) = \frac{1}{\sqrt{2\pi}} \int_x^\infty e^{-z^2/2} dz$ 이다.)

① $P_B = Q(\sqrt{2})$
② $P_B = Q(\sqrt{5})$
③ $P_B = Q(\sqrt{10})$
④ $P_B = Q(\sqrt{20})$

해설 BPSK 동기검파의 에러확률은 $P(e) = \frac{1}{2}\text{erfc}(\sqrt{E_b/N_0})$

$E_b = A^2 T/2$, $A = 10\text{mV}$, $T = \frac{1}{1\text{Mbps}} = 10^{-6}\text{s}$

$E_b = \frac{(10^{-2})^2 \times 10^{-6}}{2} = \frac{10^{-10}}{2}[\text{W/Hz}]$

Answer
04.② 05.② 06.③

$$N_o = 10^{-11}[\text{W/Hz}]$$

$$\sqrt{\frac{E_b}{N_o}} = \sqrt{\frac{(10^{-10}/2)}{10^{-11}}} = \sqrt{\frac{10}{2}}$$

$$P(e) = \frac{1}{2}\text{erfc}\left(\sqrt{\frac{10}{2}}\right) = Q\left(\sqrt{\frac{10}{2}} \times \sqrt{2}\right) = Q(\sqrt{10})$$

Q 함수와 $\text{erfc}(x)$와의 관계는 $Q(x) = \frac{1}{2}\text{erfc}\left(\frac{x}{\sqrt{2}}\right)$, $\text{erfc}(x) = 2Q(\sqrt{2}x)$이다.

07 잡음이 없는 채널을 통하여 QPSK(Quadri-Phase-Shift Keying) 규격으로 비트열 '1100'을 전송한다. 만일, 수신기가 잘못하여 BPSK(Binary Phase-Shift Keying) 규격에 따라 비트를 검출할 경우, 출력 비트열은? (단, QPSK와 BPSK의 심벌 전송률(symbol rate)은 동일하고, 동일한 반송파(carrier signal)를 사용하며, BPSK 수신기는 최적 동작을 수행한다.)

	심벌	비트열	위상
QPSK	a_1	'10'	$\pi/4$
	a_2	'11'	$3\pi/4$
	a_3	'01'	$5\pi/4$
	a_4	'00'	$7\pi/4$
BPSK	b_1	'1'	0
	b_2	'0'	π

① '10' ② '01'
③ '1100' ④ '0011'

해설 QPSK에서 11을 전송하면 위상이 [rad] $\frac{3\pi}{4}$, 00을 전송하면 위상이 $\frac{7\pi}{4} = -\frac{\pi}{4}$[rad]

BPSK는 1이 0[rad], 0이 π[rad]이므로 $-\frac{\pi}{2} < \theta_i < \frac{\pi}{2}$이면 1, $\frac{\pi}{2} < \theta_i < \frac{3\pi}{2}$이면 0이다.

따라서 11 → 0, 00 → 1이 된다. 즉, '01'을 수신한다.

Answer
07.②

08 다음 그림은 어떤 전송방식에 대한 복조기의 블록 다이어그램이다. 이 블록 다이어그램에 대한 설명으로 옳지 않은 것은?

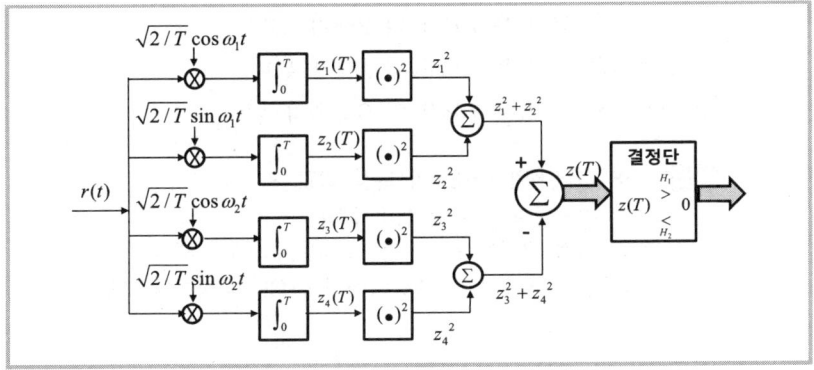

① 비동기식 복조기이다.
② BPSK와 같은 위상 변조 신호의 복조에도 이용할 수 있다.
③ 각 신호의 에너지를 구한 후 비교하여 어떤 신호가 전송되었는지 결정한다.
④ 상단 2개의 적분기는 주파수 ω_1의 신호를 검출하고, 하단 2개의 적분기는 주파수 ω_2의 신호를 검출한다.

해설 ① 적분기(LPF)를 사용하므로 포락선 검파(비동기 검파)이다.
② BPSK는 동기검파만 가능하다.
③ 각 신호의 에너지$(\cdot)^2$를 구한 후 에너지를 비교하여 판정을 통해 데이터를 검출한다.
④ 상단 2개의 적분기는 주파수 ω_1의 신호를 검출하고, 하단 2개의 적분기는 주파수 ω_2의 신호를 검출한다.

09 MSK의 오류확률은 QPSK 및 OQPSK의 경우와 비교할 때 어느 정도인가?

① MSK의 오류확률은 QPSK 및 OQPSK의 1배이다.
② MSK의 오류확률은 QPSK 및 OQPSK의 1/2배이다.
③ MSK의 오류확률은 QPSK 및 OQPSK의 1/3배이다.
④ MSK의 오류확률은 QPSK 및 OQPSK의 1/4배이다.

해설 MSK의 오류확률은 QPSK 및 OQPSK의 오류확률과 같다.

Answer
08.② 09.①

10 BPSK와 QPSK의 오류확률 관계(BER)를 나타낸 것으로 적합한 내용은?

① QPSK의 BER은 BPSK의 3배가 된다.
② QPSK의 BER은 BPSK의 2배가 된다.
③ QPSK의 BER은 BPSK의 1배가 된다.
④ QPSK의 BER은 BPSK의 0.5배가 된다.

해설 ✚ QPSK와 BPSK의 특징 비교 ✚
㉠ 비트오율은 두 방식이 같다.
㉡ 심볼 오류는 BPSK가 QPSK 방식에 비해 우수하다.
㉢ 전송 속도는 QPSK 방식이 BPSK 방식보다 2배 빠르다.

11 다음 중 디지털 통신 시스템의 성능을 실제로 측정하는 데 이용되는 기준은?

① 신호 대 잡음 전력비(SNR)
② 부호 오류확률(probability of error)
③ 매 비트당 에너지 대 잡음 전력 밀도비(E_b/N_o)
④ 평균 반송파 전력 대 잡음 전력비(C/N)

해설 디지털 통신 시스템의 성능을 측정하는 데 에러확률 Pe 값은 매우 중요하다. 실제의 경우에서는 평균 반송파 전력(C)과 잡음 전력(N)의 비를 이용한다.

$$\frac{E_b}{N_o} = \frac{CT_b}{N/B_N} = \frac{\frac{C}{f_b}}{N/B_N} = \frac{C}{N}\frac{B_N}{f_b}$$

여기서, B_N은 수신기의 잡음 대역폭, T_b는 비트열의 주기를 나타낸다.

12 2진 ASK 혹은 PSK의 복조에 동기식 검파기(coherent detector)를 사용한다. 이 검파기의 구성 요소에 해당하지 않는 것은?

① product modulation(multiplier)
② integrator
③ decision device
④ phase shifter

Answer
10.② 11.④ 12.④

해설 ✦ ASK, FSK 검파기의 구성 요소 ✦
  ㉠ product modulation(multiplier) : 곱 변조기
  ㉡ integrator : 적분기로 저역 여파기 기능
  ㉢ decision device : 판정 회로

13 디지털 통신에서 복조에 대한 다음의 설명 중 틀린 것은?
① 인코히런트 검파는 수신단에서 동기가 필요치 않기 때문에 캐리어 신호의 완전한 지식을 알 필요가 없다.
② 인코히런트 검파는 ASK와 BFSK에 사용되나 PSK에는 사용되지 않는다.
③ 인코히런트 시스템보다는 코히런트 시스템이 간단하므로 많이 쓰인다.
④ 비슷한 잡음 성능에 대해 코히런트 시스템이 단지 1[dB] 정도의 신호 전력 이익을 얻는다.

해설 비동기 형태인 인코히런트 시스템의 경우가 간단하여 많이 이용된다.

14 다음은 디지털 통신의 복조방식에 대한 설명이다. 옳지 않은 것은?
① ASK 변조방식의 복조는 반송파와 같은 주파수를 곱한 후 저역 통과 필터를 통과시켜 검파한다.
② FSK에서 두 개의 다른 반송 주파수를 사용했을 경우에는 수신된 신호파형이 다르므로 두 정합 필터를 사용하여야 한다.
③ 반송파의 위상을 변화시켜 변조하는 PSK에서는 복조 시스템이 간단한 포락선 검파를 사용할 수 있다.
④ DPSK에서는 차동 위상 검파 방식을 사용한다.

해설 비동기 검파(포락선 검파)의 경우에는 ASK와 FSK 파형을 검파하는 것이 가능하며 PSK 신호에 대한 검파는 불가능하다.

Answer
13.③ 14.③

15 FSK 동기 검파방식으로 사용되지 않는 것은?
① 포락선 검파기에 의한 동기 검파
② PLL에 의한 동기 검파
③ 상관기에 의한 동기 검파
④ 정합 필터에 의한 동기 검파

해설 포락선 검파기는 비동기 검파에서 사용하는 방법이다.

16 디지털 통신의 복조방식인 포락선 검파(envelope detection)에 대한 설명으로 옳은 것은?
① 코히런트 검파(coherent detection)의 일종이다.
② 동기 검파보다 복조 시스템이 매우 복잡하다.
③ 동기 검파보다 효율성이 떨어진다.
④ PSK 파형의 복조가 가능하다.

해설 ✚ 포락선 검파기의 특징 ✚
㉠ 동기 검파의 경우보다 시스템의 구성이 간단하다.
㉡ 동기 검파의 경우보다 효율면에서 다소 떨어진다.
㉢ 동기 검파를 이용해서 신호를 복조하는 경우에 발생할 수 있는 위상과 시간의 동기화 문제를 피하기 위해 비동기 신호를 검파할 수도 있다.
㉣ PSK는 위상을 변화시켜 PCM 신호를 전송하는 방식이므로 포락선이 일정하지 않아 PSK 파형을 검파하는 것은 불가능하다.

17 다음 중 각 디지털 변조방식의 검출 방식으로 틀린 것은?
① OOK - 포락선 검파
② DPSK - 동기 검파
③ PRK - 동기 검파
④ QPSK - 동기 직교 검파

해설 DPSK 변조에 대한 검파방식은 위상-비교 검출방식으로 위상차동검파방식은 비동기 검파이다.

Answer
15.① 16.③ 17.②

제3절　비트 전송률과 디지털방식 비교

01 다음 중 디지털 통신 시스템의 성능을 측정할 때 흔히 사용되는 에러확률(probability of error)에 대한 설명으로 틀린 것은?

① 동기검파방식이 포락선검파방식보다 에러확률 측면에서 성능이 좋다.
② 같은 에러확률을 얻기 위해서는 포락선검파방식이 동기검파방식에 비해 더 많은 전력이 요구된다.
③ 동기 PSK, 동기 FSK, 비동기 FSK 순으로 에러확률이 적다.
④ 일정한 에러확률에 대한 $E_b/N_o\,(E_s = E_b\log_2 M)$의 값은 M의 증가에 따라 증가한다.

해설 M이 증가함에 따라 에러확률에 대한 E_b/N_o값은 감소한다.

02 다음 에러확률에 대한 설명 중 틀린 것은?

① 진수(M)가 증가하면 오류확률은 증가한다.
② PSK보다 FSK가, FSK보다는 ASK의 오류확률이 적다.
③ 동일한 에러확률을 얻기 위해서는 비동기검파방식이 동기검파방식보다 더 많은 전력을 필요로 하게 된다.
④ 동기검파가 비동기검파보다 에러확률면에서 성능이 우수하다.

해설 ASK > FSK > PSK 순이다.

03 다음 중 E_b/N_o의 값에 대하여 에러확률(probability of error) P_e가 가장 작은 방식은?

① 동기 BPSK　　② DPSK
③ 동기 QPSK　　④ 비동기 FSK

해설 일반적 시스템에서 에러확률은 E_b/N_o값이 증가함에 따라 감소한다(E_b는 비트의 평균 에너지, N_o는 채널의 잡음 전력 밀도이다). 여기서 에러확률(P_e)이 가장 작은 방식을 순서대로 정리하면 동기 BPSK < DPSK < 동기 ASK(FSK) < 비동기 ASK가 된다.
M진일 경우 M이 작은 값이 에러확률이 작다.

Answer
01.④　02.②　03.①

04 다음 여러 가지 PSK와 FSK 시스템에서 E_b/N_o의 값에 따른 에러확률의 관계를 비교한 것이다. 맞는 것은? (단, N_o는 채널의 잡음 전력 밀도이고, E_b는 비트의 평균 에너지이다.)

① P_e(동기 PSK) < P_e(비동기 FSK) < P_e(동기 DPSK)
② P_e(DPSK) < P_e(비동기 FSK) < P_e(동기 PSK)
③ P_e(비동기 FSK) < P_e(동기 DPSK) < P_e(동기 PSK)
④ P_e(동기 PSK) < P_e(DPSK) < P_e(비동기 FSK)

해설 에러확률은 P_e(동기 PSK) < P_e(DPSK) < P_e(비동기 FSK) 순이다.

05 디지털 통신에서 복조방식에 대한 설명으로 틀린 것은?

① OOK(On-Off Keying) 변조방식에 대한 복조방식은 비동기식의 포락선검파(envelop detection)를 이용한다.
② ASK의 정합 여파기 검파는 인코히런트(incoherent) 검파기이다.
③ FSK의 동기검파에 정합 필터 검파를 사용할 수 있다.
④ 비동기검파의 포락선 검파방식은 ASK와 FSK의 경우에만 가능하고 PSK의 복조에는 사용할 수 없다.

해설 ㉠ 비동기검파 = 포락선검파 = 인코히런트
㉡ 포락선검파는 높은 주파수로 천이된 신호를 수신단에서 비선형 소자와 LPF를 이용하여 원래의 신호로 복조하는 방식을 말한다. 정합 여파기는 동기식에서 사용되는 여파기이다.

06 [Baud]와 [bps]관계에서 4위상 변조 시 서로 비율이 같은 경우는 몇 [Baud]일 때인가?

① 2[Baud] ② 4[Baud]
③ 8[Baud] ④ 16[Baud]

해설 ✢ [bps]와 [Baud]의 관계 ✢
[bps] = $n \times$[Baud]
= $\log_2 M \times$[Baud]
여기서, $n = \log_2 M$ (n은 정보 비트수, M은 레벨, 위상)
[bps] = $\log_2 4 \times$[Baud] = 2[Baud]

Answer
04.④ 05.② 06.①

07 신호 펄스가 8위상인 변조방식을 사용하여 4,800[bps]의 속도로 데이터를 전송하고자 한다. [baud] 속도는 얼마인가?

① 600[Baud]   ② 1,600[Baud]
③ 4,800[Baud]   ④ 9,600[Baud]

해설 보오의 속도는 비트전송률을 심볼당 비트수로 나눈 것이다.
4,800[bps]/3 = 1,600[baud]

08 다음 중 전송속도가 가장 빠른 변조방식은?

① B-FSK   ② 4위상 변조
③ 8위상 변조   ④ baseband 전송

해설 전송속도가 가장 빠른 변조방식은 진수(M)가 가장 큰 변조방식이다.

09 데이터 통신방식에 있어서 4위상 변조방식을 채택할 경우 변조속도가 1,200[baud]라고 하면 데이터 신호속도[bps]는?

① 1,200[bps]   ② 2,400[bps]
③ 4,800[bps]   ④ 6,400[bps]

해설 신호속도는 변조속도에 심볼당 비트수를 곱한 것이다.
$1,200 \times 2 = 2,400$[bps]

10 다음 중 [baud]와 같은 것은?

① [bps]   ② [symbol/s]
③ [Hartley]   ④ [nat]

해설 ㉠ 보오는 변조속도의 단위로 1초당 심볼수를 나타낸다.
㉡ 정보량의 단위 : $\log_2 \frac{1}{P}$[bit], $\log_{10} \frac{1}{P}$[hartley], $\log_e \frac{1}{P}$[nat]

Answer
07.② 08.③ 09.② 10.②

11 0, 1로 나타나는 신호의 간격이 2[ms]일 때 데이터 신호속도[kbps]는 얼마인가?

① 0.5[kbps]　　② 1[kbps]
③ 2[kbps]　　　④ 4[kbps]

해설 데이터 신호속도는 1초간에 전달되는 비트의 수를 의미한다.
$$S = \frac{n}{T} = \frac{1}{2 \times 10^{-3}} = 500[\text{bps}]$$

12 전송속도가 4500[bps]이고 3개의 비트가 하나의 신호 단위를 이룬다고 할 경우 신호속도는 몇[baud]인가?

① 1,500[baud]　　② 4,500[baud]
③ 9,000[baud]　　④ 13,500[baud]

해설 변조속도 보오는 전송(신호)속도를 심볼당 비트수로 나눈 것이다.
4,500/3 = 1,500

13 M진 FSK의 비트율 대 전송 대역폭의 비는?

① M^2　　　② $1+M$
③ M　　　　④ $\log_2 M$

해설 ㉠ 전송 대역폭 = 비트율/$\log_2 M$
　　　㉡ 비트율 대 전송 대역폭의 비 = $\log_2 M$이다.

14 16진 PSK의 대역폭 효율은 QPSK 대역폭 효율의 몇 배가 되는가?

① 1배　　② 2배
③ 4배　　④ 8배

해설 16진 PSK의 대역효율은 4[bps/Hz], QPSK의 대역효율은 2[bps/Hz]이므로 2배이다.

Answer
11.① 12.① 13.④ 14.②

15 다음은 2진과 M진 신호방식을 비교한 것이다. M진 신호방식에 대한 설명으로 틀린 것은? (단, $M=2^n$, n : 메시지 비트)

① M의 증대에 따라 신호 전송률 r이 낮아진다.
② M의 증대에 따라 전송 대역폭은 더 넓어진다.
③ 비트당 에너지는 불변의 오류확률이 되도록 하려면 M의 증대에 따라 증가하여야 한다.
④ 신호 전력을 일정히 해두고 M을 증대시키면 오류의 확률이 증가한다.

해설 M이 증가하면 전송 대역폭은 좁아진다.

16 M진 ASK 신호에서 비트율(r_b) 대 전송 대역폭(B_T)의 비는?

① M ② M^2
③ $\log_2(M-1)$ ④ $\log_2 M$

해설 M진 ASK에서 $B_T = r_b/\log_2 M$이고, B-ASK의 $B_T = r_b$이다.
$\dfrac{r_b}{B_T} = \log_2 M$이다.

17 2진 OOK에서 이론적 대역효율은?

① 1[bps/Hz] ② 2[bps/Hz]
③ 1/2[bps/Hz] ④ 4[bps/Hz]

해설 OOK(on off keying)는 2-ASK 방식이며 이론적 대역효율은 1[bps/Hz]이다.

18 QPSK의 전송 대역폭 B_T는? (단, r_b는 비트전송률[bps]이다.)

① $B_T = r_b$ ② $B_T = r_b/2$
③ $B_T = r_b/4$ ④ $B_T = 2r_b$

해설 전송 대역폭은 비트전송률을 심볼당 비트수로 나눈 것이다. QPSK는 심볼당 2비트이다.

Answer
15.② 16.④ 17.① 18.②

19 4진 QAM에서 비트율 대 전송 대역폭의 비 r_b/B_T의 값은?

① 1[bps/Hz]   ② 1/2[bps/Hz]
③ 2[bps/Hz]   ④ 3[bps/Hz]

해설 변조속도를 고려하면 QAM은 2진 ASK의 변조속도의 2배 고속이다.

20 M진법 신호 전송률(M-ary signalling rate)은 얼마인가? (단, r_b는 2진 방식($M=2$)에 대한 비트율[bit/s]이다.)

① $r = \dfrac{r_b}{\log_2 M}$ ② $r = r_b \log_2 M$
③ $r = \dfrac{2r_b}{\log_2 M}$ ④ $r = r_b 2^M$

해설 신호 전송률은 비트 전송률을 심볼당 비트수($\log_2 M$)로 나눈 것이다.

21 디지털 PAM 신호에서 신호 방식률(signalling rate) r은 얼마인가? (단, D는 펄스와 펄스 사이의 간격이다.)

① $r = D$ ② $r = \dfrac{1}{D}$
③ $r = D^2$ ④ $r = \dfrac{1}{\sqrt{D}}$

해설 신호 방식률 $r = \dfrac{1}{D}$ [Baud], [symbol/s]이다.

22 다음 중 눈 패턴(eye pattern)과 관련된 시스템의 성능에 대한 정보를 설명한 내용으로 틀린 것은?

① 눈을 뜬 좌우의 폭은 수신파를 ISI 간섭 없이 샘플링(sampling)할 수 있는 주기이다.
② 최적 샘플링 주기는 눈을 가장 작게 뜬 경우에 해당된다.
③ 눈을 뜬 상하의 높이(height of the eye)는 특정 샘플링 시간에 대한 잡음 여유도(noise margin)를 나타낸다.
④ 타이밍 오차에 대한 시스템의 감도(sensitive)는 샘플링 시간의 변동에 따라 눈이 감기는 비율로 결정된다.

해설 ISI의 간섭이 매우 심한 경우에는 눈이 완전히 감긴 상태이다. 즉, 눈을 가장 크게 뜬 경우가 최적 샘플링 주기에 해당된다.

23 간섭(ISI)을 실험적으로 측정하는 방식으로 오실로스코프를 사용한다. 이때 관측 대상이 되는 것은 무엇인가?

① eye pattern
② character pattern
③ energy spectral density
④ fast-hope spread spectrum

해설 오실로스코프로 측정가능한 ISI는 잡음여유도 등 다양한 성능을 알 수 있으며 오실로스코프로 눈패턴을 측정한다.

24 8진 FSK 신호 에너지가 E_s일 때 비트 에너지는 얼마인가?

① $3E_s$
② $8E_s$
③ $\dfrac{E_s}{3}$
④ $\dfrac{E_s}{4}$

해설 신호 에너지(M진 에너지)=2진 에너지×$\log_2 M$=2진 에너지×3
비트 에너지(2진 에너지)=$\dfrac{E_s}{3}$

Answer
22.② 23.① 24.③

25 정보 비트의 전송률[bit/s]이 일정한 경우 채널 대역폭이 가장 넓은 변조 방식은?

① B-FSK
② 16-PSK
③ 4-PSK
④ 8-ASK

해설 채널 대역폭은 한번에 전송할 수 있는 비트수가 가장 적은 변조방식일수록 넓다. 그러므로 BFSK 방식이 가장 넓다.

$$채널\ 대역폭 = \frac{r(데이터\ 신호\ 속도)}{n}$$

Answer
25.①

CHAPTER 07

다중화
(CDMA, OFDM)

공기업(교통공사)
통신일반
적중예상문제집

다중화(CDMA, OFDM)

제1절 FDMA, TDMA, CDMA

01 무선통신방식의 종류인 FDMA, TDMA, CDMA의 특징 중 옳지 않은 것은?

① TDMA는 주파수대역과 타임슬롯수에 의해 용량이 제한되지 않는다.
② FDMA는 음성부호화가 불필요하다.
③ CDMA는 사용자별로 의사잡음부호(PN : Pseudo Noise)를 할당하여 준다.
④ FDMA는 망의 동기화가 필요하지 않다.

해설 TDMA는 주파수대역에서 타임슬롯수에 의해 용량에 제한을 받는다.

02 TDMA(시간분할다중접속) 시스템에서 전송 데이터를 사용자별로 구별하기 위해 사용하는 것은?

① 주파수
② 부호
③ IP 주소
④ 시간슬롯

해설 TDMA는 동일한 주파수대의 전파를 공유하나 각 사용자에게 타임 슬롯(time slot)이라 부르는 짧은 시간만 통화 채널로 할당하는 방식이다.
㉠ 사용자별로 주파수를 구별하는 방식은 FDMA
㉡ 사용자별로 주파수를 구별하는 방식은 CDMA
㉢ IP 주소는 인터넷에 연결된 기기를 식별하는 유일한 번호이다.
㉣ 사용자별로 시간슬롯을 구별하는 방식은 TDMA

Answer
01.① 02.④

03 다음 중 대역확산(Spread Spectrum)방식에 대한 설명으로 옳지 않은 것은?

① 대역확산에 의해 전파 방해에 강하다.
② 대역확산에 의해 잡음에 강해진다.
③ 대역확산에 의해 보안성이 좋아진다.
④ 직접 시퀀스 대역확산(DS-SS)방식은 입력 데이터에 비해 비트율이 낮은 PN 코드를 사용한다.

[해설] DS-SS 방식은 입력 데이터에 비해 비트율이 높은 PN 코드를 사용한다. 그러므로 처리이득을 통해 확산정도를 파악한다.

처리이득은 $G_p[\text{dB}] = 10\log_{10}\left(\dfrac{W_b}{f_b}\right)[\text{dB}]$

여기서, W_b는 확산대역폭, f_b는 데이터 전송속도이다.

[키워드] DS-SS 방식은 입력 데이터에 비해 비트율이 높은 PN 코드를 사용한다.

04 스펙트럼 확산(spread spectrum) 통신 시스템에 대한 설명으로 옳지 않은 것은?

① 메시지 신호의 대역폭에 비해 상당히 넓은 전송 대역폭을 갖는다.
② 메시지 신호와 상관이 큰 부호열에 의해 대역이 확산되는 시스템이다.
③ 송신측에서 대역 확산에 사용된 부호열을 사용하여 수신측에서 역확산이 이루어진다.
④ 다중경로 페이딩(multipath fading)에 의한 왜곡이나 간섭에 강하다.

[해설] 스펙트럼 확산통신은 메시지 신호와 상관이 없는 부호열에 의해 대역을 확산시킨다.

05 스펙트럼 확산 통신방식의 장점으로 가장 옳지 않은 것은?

① 통신 내용의 보안 유지 가능
② 전송 중 발생하는 간섭에 강함
③ 통신 자원인 주파수의 공동 이용 가능
④ 전송 대역폭이 좁음

해설 사용자의 신호를 주파수 선택성 페이딩(frequency selective fading)의 대역폭보다 훨씬 넓게 확산시켜서 무선통신에서 발생하는 유일한 선택성 페이딩을 제거하는 장점을 갖는다.

06 확산스펙트럼(spread spectrum) 통신방식에 대한 설명으로 옳지 않은 것은?

① 직접 시퀀스(Direct Sequence) 확산방식에서는 전송신호의 주파수 대역이 수시로 변경된다.
② 일반적으로 자기상관(autocorrelation) 특성이 우수한 의사잡음(Pseudo Noise) 시퀀스가 사용된다.
③ 부호분할다중접속(Code Division Multiple Access)방식에 적용될 수 있다.
④ 주파수 도약(Frequency Hopping)과 직접 시퀀스 확산방식 등이 있다.

해설 직접 시퀀스(Direct Sequence)확산방식에서는 전송신호의 주파수 대역은 일정하다.

07 어떤 DS(Direct Sequence) 기반의 확산대역(Spread Spectrum) 통신시스템의 처리이득(Processing Gain)이 100이고, 확산되기 전 신호의 대역폭이 50[kHz]라면 확산된 후 신호의 대역폭은 얼마인가?

① 5[MHz]   ② 2.5[MHz]
③ 500[kHz]   ④ 50[kHz]

해설 $G_p[\text{dB}] = 10\log_{10}\left(\dfrac{W_b}{f_b}\right)[\text{dB}]$, $G_p = \dfrac{W_b}{f_b} = 100$

$W_b = G_p \times f_p = 100 \times 50[\text{kHz}] = 5 \times 10^6 = 5[\text{MHz}]$

키워드 처리이득은 $G_p[\text{dB}] = 10\log_{10}\left(\dfrac{W_b}{f_b}\right)[\text{dB}]$

여기서, W_b는 확산대역폭, f_b는 데이터 전송속도이다.

Answer
06.① 07.①

08 코드분할 다중접속(CDMA) 이동통신 시스템의 특성으로 옳지 않은 것은?

① 원근문제(near-far problem)는 근거리에서 전송된 강한 신호에 의해 원거리에서 전송된 약한 신호가 영향을 받는 현상이다.
② CDMA에서 성능을 열화시키는 주된 요소는 잡음과 타사용자에 의한 간섭신호이다.
③ 단말기는 기지국으로부터의 거리와 무관하게 동일한 전력으로 송신한다.
④ 단말기가 셀 간을 이동할 때 소프트 핸드오프를 지원한다.

해설 기지국은 단말기의 거리에 따라 송신전력을 제어한다.

09 혼합 대역확산(Hybrid Spread Spectrum)방식에 대한 설명 중 옳지 않은 것은?

① 직교신호에 의한 많은 통화 채널을 구성한다.
② FH/DS 방식이란 반송파가 비주기적으로 도약(Hopping)하는 DS 방식이다.
③ 부분대역 간섭을 극복할 수 있다.
④ 수신기에서 부호동기를 포착하는 시간이 짧아진다.

해설 ✛ DS(Direct Sequence) 및 FH(Frequency Hopping) 비교 ✛
㉠ DS 방식 : 의사랜덤성 부호계열에 의해 반송파를 직접 변조하는 것
㉡ FH 방식 : 의사랜덤성 부호계열에 의해 정해진 패턴에 따라 불연속적으로 반송파 주파수 편이시키며 여러 주파수들을 무작위로 호핑하며 전송하고 주기적 특성을 갖는다.
  ⓐ 느린 도약 FH(SFH, Slow FH) : ($T_s < T_h$)
    - 한번의 도약 구간(T_h)에 여러 심볼(T_s)들이 전송
      • 통상, 주파수 도약속도가 심볼속도와 엇비슷하거나 느리게 변화됨
      • 한편, (심볼율= $R_s = 1/T_s$), (도약률= $R_h = 1/T_h$)
  ⓑ 빠른 도약 FH(FFH, Fast FH) : ($T_s > T_h$)
    - 한 심볼 구간(T_s)에 여러 번의 빠른 도약이 있게 됨(한 심볼이 여러 주파수에 걸쳐 전송)

10 다중화와 다원접속에 대한 용어 설명으로 옳지 않은 것은?

① FDMA는 보호대역(Guard Band)을 필요로 한다.
② TDMA는 보호시간(Guard Time)을 필요로 한다.
③ TDD는 듀플렉스 여파기(Duplex Filter)를 사용한다.
④ FDD는 송신과 수신에 각각 다른 주파수를 사용한다.

해설 ㉠ FDD(frequency division duplexing)와 TDD(time division duplexing)의 차이점은 상향링크와 하향링크를 어떻게 나누어 쓰는가이다. FDD는 상향링크와 하향링크를 서로 다른 주파수에 배정한다.
㉡ TDD는 상하향링크가 주파수로 구분되지 않고 동일한 주파수 내에서 서로 다른 시간만으로 구분된다. TDD에서는 듀플렉스 여파기를 사용하지 않는다.

11 부호분할 다중접속(CDMA)방식을 이용하는 셀룰러 이동통신망에 대한 설명으로 옳은 것은?

① 주파수 이용효율을 극대화하기 위해 서로 다른 주파수 채널을 할당해야 한다.
② 상향링크에서는 사용자 부호 간의 직교성이 유지되지 않을 수 있기 때문에 수신단에서 다른 사용자 간섭이 존재할 수 있다.
③ 셀 간의 핸드오프를 수행할 때, 현재 통신하고 있는 기지국과의 연결을 끊은 후에 새로운 기지국으로 연결이 이루어진다.
④ 단말의 위치와 채널 상태에 상관없이 통화 품질을 극대화하기 위해 단말기에서 송출할 수 있는 최대 전력으로 송신해야 한다.

해설 ① 주파수 재사용계수는 1이고 같은 주파수 대역을 사용하여 코드로 채널을 할당한다.
③ CDMA 방식은 셀 간의 핸드오프는 소프트 핸드오프를 하며 통화채널 전환 시 끊김이 없다.
④ 수신신호의 세기를 동일하게 하기 위해 반드시 전력제어가 필요하다.

Answer 10.③ 11.②

12 다중화(Multiplexing)를 위해 채널별로 서로 다른 부호를 사용하는 위성 DMB시스템에서 DS-CDM(Direct Sequence Code Division Multiplexing) 방식에 대한 설명으로 옳지 않은 것은?

① 각 전송 채널마다 다른 확산 부호를 사용하여 구분한다.
② 왈쉬(Walsh) 부호와 의사잡음(Pseudo Noise) 부호를 사용한다.
③ 수신단에서 채널 분리를 위해 송신단에서 사용한 부호를 알고 있어야 한다.
④ 여러 개의 채널을 다중화한 신호에서 각각의 채널 신호는 서로 다른 주파수 대역으로 송신된다.

해설 ㉠ 위성 DMB는 서비스가 2012년에 시작됨. 현재 국내에서 위성 DMB 서비스는 종료됨
㉡ 직접확산방식은 현재 사용하고 있는 모든 CDMA 이동통신시스템에 적용되고 있으며 원래의 기저대역 신호를 매우 넓은 대역폭의 디지털 신호로 직접 변조하여 확산시키는 방식이다. 기지국 내의 모든 단말들은 주파수가 동일하기 때문에 기지국으로부터 송신되는 모든 신호들을 수신할 수 있지만 각 단말기에 부여된 코드와 일치하지 않은 다른 신호는 제대로 수신하지 못하게 된다.
㉢ CDMA에서 사용되는 코드는 왈시 코드(Walsh Code)와 의사잡음 코드(Pseudo Noise Code, PN Code)이다.

13 다음 이동통신방식들 중 사용하는 다중접속방식이 다른 하나는?

① IS-95
② WCDMA
③ WiBro
④ HSDPA

해설 ㉠ Wibro는 무선인터넷을 하는 서비스이고 나머지는 이동통신 서비스 기술이다.
㉡ 특히 HSDPA는 화상통화, 고속 데이터 등을 제공하는 3세대 이동통신인 WCDMA의 속도를 더욱 발전시킨 기술로, 한마디로 '고속 인터넷 이동전화'라고 말할 수 있다.

Answer 12.④ 13.③

14 코드분할 다중접속(CDMA)방식에서 통신 사용자 간의 구별을 위하여 사용되는 코드는?

① 길쌈코드(Convolutional code)
② RS코드(Reed-Solomon code)
③ PN코드(Pseudo-Noise code)
④ 터보코드(Turbo code)

해설 길쌈코드 및 RS코드, 터보코드, 해밍코드는 에러 검출 및 정정코드이다. PN코드는 사용자 간의 구별을 위해 사용되는 코드이다.
IS-95 등 CDMA 방식의 이동전화에서는 다음 2종류의 PN코드를 사용
㉠ Short PN Code : 215 chips : 기지국을 구분하기 위해 주로 사용
㉡ Long PN Code : 242 chips : 기지국이 이동국을 구분하고, 음성신호를 확산하기 위해 사용

15 스펙트럼 확산(Spread Spectrum) 통신의 장점에 대한 설명 중 옳지 않은 것은?

① 재밍(jamming)에 강하다.
② 사용자마다 고유한 코드를 사용해 암호화함으로써 통화비밀을 유지할 수 있다.
③ 페이딩(Fading) 채널 전파환경에서 영향이 적다.
④ TDMA에 비해 정확한 전송시간 조정이 필요하다.

해설 CDMA는 코드를 분할하여 전송하기 때문에 코드 간의 동기를 맞춰 수신한다. TDMA는 정확한 동기화가 필요하며 CDMA는 TDMA보다 동기화에 덜 민감하다.

16 CDMA(code division multiple access) 방식의 이동통신에 대한 설명으로 옳지 않은 것은?

① 채널 구분은 직교 부호인 의사잡음 부호에 적용하여 이루어진다.
② 기지국과 단말기 간의 거리와 전파환경 특성에 따른 전력제어가 필요하다.
③ 여러 사용자가 데이터를 전송하는 시간슬롯을 다르게 한다.
④ 인접 기지국의 사용자 부하가 적을수록 용량이 증가한다.

Answer
14.③ 15.④ 16.③

해설 각 사용자가 서로 겹치지 않는 주파수 영역을 사용하는 방식은 TDMA 방식이다.

17 CDMA에 대한 설명 중 가장 옳지 않은 것은?
① 간섭 신호가 가우시안 잡음과 유사한 성질을 갖도록 설계한다.
② 망 가장자리에 위치한 사용자가 다수의 기지국으로부터 신호를 전달받는 소프트 핸드오프가 가능하다.
③ 각 사용자가 서로 겹치는 시간 영역을 사용한다.
④ 각 사용자가 서로 겹치지 않는 주파수 영역을 사용한다.

해설 CDMA 방식은 넓은 주파수 대역을 여러 사용자가 공용으로 사용하며 동일한 대역에서 발생되는 서로 다른 직교코드를 이용하여 사용자에게 할당한다. CDMA는 동일한(겹치는) 주파수 영역을 사용한다.

18 다음 중 CDMA 방식의 특징에 대한 설명으로 옳지 않은 것은?
① 대용량이며 추가적으로 사용자를 더하는 것이 용이하다.
② 모든 사용자가 동일한 코드를 사용하므로 효율적이다.
③ 잡음이나 간섭 등에 강하다.
④ 수신측에서 PN코드 추적 실현을 위한 하드웨어가 다소 복잡하다.

해설 모든 사용자는 서로 다른 직교코드를 이용하여 사용한다.

19 CDMA 이동통신시스템에서 기지국과 단말기 간 전력을 제어하는 필요성으로 옳지 않은 것은?
① 시스템 용량 최대화
② 원근문제 극복
③ 일정한 통화품질 유지
④ 변조기 복잡도 감소

해설 CDMA는 신호를 변조한 후 확산시키므로 송신단(변조기)이 복잡하다.

Answer
17.④ 18.② 19.④

20 이동통신 시스템의 다중접속(Multiple Access)방식에 대한 설명으로 가장 옳지 않은 것은?

① FDMA 방식은 사용자별로 다른 주파수를 할당하고, 각 사용자들은 할당된 주파수 자원을 사용하여 동시에 신호를 전송한다.
② TDMA 방식은 사용자별로 다른 시간 슬롯(time slot)을 할당하고, 각 사용자들은 할당된 시간 슬롯을 사용하여 신호를 전송한다. 이때, 다른 사용자가 동일한 주파수로 전송할 수 있다.
③ CDMA 방식은 사용자별로 다른 코드를 할당하고, 각 사용자들은 할당된 코드를 사용하여 신호를 전송한다. 이때, 모든 사용자가 동일한 주파수와 시간 자원을 사용하여 신호를 전송할 수 있다.
④ OFDMA 방식은 FDMA와 비슷한 방식이지만, FDMA와는 달리 사용자별로 다른 직교수열(Orthogonal Sequence)을 할당하여 사용자를 구분한다.

해설 OFDM은 다중 반송파 전송기법의 일종으로 직렬로 입력되는 고속 데이터열을 다수의 부반송파에 실어 저속의 병렬채널로 동시에 전송하는 변조기법 또는 다중화기법의 개념이다. 이때 각각의 부반송파들은 스펙트럼상에서 직교성을 유지하는 최소 주파수 간격으로 중첩을 허용하여 전송할 수 있으므로 스펙트럼 효율을 극대화할 수 있으며 수신기에서는 간단한 신호처리기법을 이용하여 각각의 부반송파에 실린 정보를 복원해 낼 수 있다.
① FDMA : 사용자별로 다른 주파수를 할당하여 다수의 할당된 주파수를 동신에 전송하는 다중화방식이다.
② TDMA : 사용자별로 슬롯을 할당하여 다수의 사용자가 동일한 주파수를 전송함으로써 동시에 다수 채널을 전송하는 다중화방식이다.
③ CDMA : 사용자별로 서로 다른 코드를 할당받고 각 사용자들은 할당받은 코드를 사용하여 신호를 전송하므로 동일한 주파수와 시간 자원을 사용하여 전송하는 다중화방식으로 개념적으로는 FDMA + TDMA의 조합으로 볼 수 있다.
④ OFDMA : FDMA 방식과 유사하게 서로 직교성을 갖는 부반송파들을 다수의 사용자가 할당하여 동시에 전송하는 다중화방식이다. 직교수열(직교부호열)이 아니라 직교 부반송파이다.

Answer
20.④

제2절 OFDM

01 OFDMA(Orthogonal Frequency Division Multiple Access)에 대한 설명으로 옳은 것은?

① CDMA와 TDMA 방식을 결합한 것이다.
② 전송신호에 특정 부호를 곱하여 스펙트럼을 확산시킨다.
③ 주어진 통신 대역을 작은 부반송파 대역으로 나누어 사용자에게 할당한다.
④ BASK 변조방식과 결합될 때 최적 수신 성능을 나타낸다.

해설
① OFDM은 FDM 방식에 직교성을 이용한 방식이다.
② CDMA 방식은 전송신호에 특정 부호를 곱하여 스펙트럼을 확산시킨다.
③ OFDM은 부반송파의 직교성을 이용하여 작은 대역의 부반송을 중첩시켜 사용한다.
④ BPSK 변조방식과 결합될 때 최적 수신 성능을 나타낸다.

02 다음 중 OFDM(Orthogonal Frequency Division Multiplexing) 방식에 대한 설명으로 옳지 않은 것은?

① 도플러 확산 조건하에서 주파수 오차에 민감하여 성능이 좋아진다.
② 직교하는 부반송파를 사용한다.
③ 시간 보호구간을 사용한다.
④ 피크 대 평균전력비(PAPR)가 높은 구간이 발생하여 증폭기의 전력 효율이 나쁘다.

해설
OFDM은 다중경로 페이딩이나 도플러 효과에 강하다. 하지만 주파수 오프셋에는 민감하여 성능을 열화시킨다.
① 주파수 오차 즉, 주파수 오프셋에 민감하여 SNR을 낮게 한다.
② 부반송파 사이에는 직교성을 이용하여 분리할 수 있다.
③ 보호구간(GP)을 삽입하여 심볼 간 간섭을 완화시킨다.

Answer
01.③ 02.①

④ 최대전력 대 평균전력비(PAPR : Peak to Average Power Ratio)가 큰 단점이 있다. PAPR이 커지면 송신기 출력이 커지는 단점이 있다. 일반적으로 송신기 전력은 평균 전력을 의미하는데 실제로 송신되는 전력에는 최대 전력이 존재하고 이것이 적절하지 않으면 상호 변조를 일으켜 품질저하의 원인이 된다.

03 OFDM(Orthogonal Frequency Division Multiplexing) 통신방식에 대한 설명으로 옳지 않은 것은?

① 송신측에서는 보내고자 하는 데이터를 FFT(Fast Fourier Transform) 처리하고, 수신측에서는 수신된 신호를 IFFT(Imverse FFT) 처리하여 원래 신호를 복원한다.
② ACI(Adjacent Channel Interference)에 대비하여 VC(Virtual Carrier)를 사용한다.
③ 부반송파(subcarrier)의 개수가 많을수록 스펙트럼 효율(Spectrum Efficiency)이 높다.
④ 인접한 부반송파들의 대역이 부분적으로 중첩되지만, 기본적으로 그들 간의 직교성(Orthogonality)이 보장되므로 ICI(Inter-Carrier Interference) 문제가 없다.

해설 ① 송신측에서는 보내고자 하는 데이터를 IFFT(Inverse FFT)하고, 수신측에서는 수신된 신호를 FFT(Fast Fourier Transform)하여 원래 신호를 복원한다.
③ 부반송파(subcarrier)의 개수가 많을수록 많은 채널을 전송할 수 있으므로 스펙트럼 효율(Spectrum Efficiency)이 높다.
④ 부반송파 간에 직교성을 이용하여 다수의 부반송파를 중첩시켜 전송한다.

Answer 03.①

04 직교주파수분할다중화(OFDM) 기술에 대한 설명으로 옳지 않은 것은?

① 이산퓨리에변환(DFT) 기법을 사용한다.
② 직교하는 부반송파의 스펙트럼끼리 중첩될 수 없다.
③ 다중 반송파 변조방식의 일종이다.
④ 4세대 이동통신 시스템에서 사용한다.

해설
① 이산적퓨리에변환(DFT)을 더 빠르게 처리하기 위하여 IFFT(송신단), FFT(수신단)를 이용한다.
② 직교성 부반송파를 스펙트럼에서 중첩시켜 전송한다.
③ 다수의 부반송파를 중첩시켜 동시에 전송하기 때문에 다중화 반송파 변조방식이다.
④ 4세대 이동통신에 사용된다.

05 무선통신에서의 OFDM(Orthogonal Frequency Division Multiplexing)에 대한 설명으로 옳지 않은 것은?

① 고속 데이터 전송에 적합하다.
② 다중 반송파를 이용하는 방식이다.
③ OFDM 심볼 간 간섭을 억제할 수 있다.
④ OFDM 심볼의 동기화가 불필요하다.

해설 OFDM은 하나의 부반송파 주파수들은 $1/T_B$의 정수배 간격으로 배치되어, 전송 시에 왜곡이 발생하지 않으며, 수신단에서 OFDM 시스템의 어떠한 부채널에 대한 동기검파 시에도 다른 부채널에 대한 신호성분은 출력되지 않는다.
① 다수의 부채널 반송파를 이용하여 병렬로 다중화 전송하므로 고속 전송에 적합하다.
② 다수의 부채널 반송파를 이용하는 방식이다.
③ CP(Cyclic Prefix)를 삽입하여 ISI(심볼 간 간섭)을 완화시킨다.
④ 반드시 심볼 동기화가 필요하다.

Answer 04.② 05.④

06 단일 반송파 변조와 비교되는 다중 반송파 변조의 특징으로 옳지 않은 것은?

① 다중 경로로 인한 심벌 간 간섭의 영향이 더 작다.
② 주파수 선택적 페이딩을 평탄(flat) 페이딩으로 근사화할 수 있다.
③ PAPR(Peak-to-Average Power Ratio)이 낮다.
④ 더 긴 심벌시간으로 동일한 전송률을 달성할 수 있다.

해설 ✛ OFDM ✛
㉠ OFDM은 직교성을 가지는 부반송파들을 병렬로 전송하는 방식
㉡ 고속의 데이터를 저속의 부반송파로 변화하여 심볼간격을 넓혀 전송하는 기법
㉢ 고속 데이터 : 심볼간격이 좁아 ISI 발생확률이 높아짐, 반사파 상황에선 더욱 문제
㉣ 직교성 유지 : 정수배 배치, 병렬로 전송하는 부반송파 간의 간섭이 "0"
㉤ PAPR이 높아 전력효율이 낮다.

07 하나의 정보를 여러 개의 반송파로 분할하고, 분할된 반송파 사이의 주파수 간격을 최소화하기 위해 직교 다중화해서 전송하는 통신방식으로, 와이브로 및 디지털 멀티미디어 방송 등에 사용되는 기술은?

① OOK   ② FHSS
③ DSSS   ④ OFDM

해설 ✛ OFDM의 장·단점 ✛
㉠ 장점
　ⓐ 주파수 효율성이 높다.
　　– 부채널들을 주파수상에서 중첩으로 겹치게 하는 등 주파수 대역 효율이 매우 좋음
　　– 또한, 주파수 영역에서도 스케줄링 가능
　ⓑ 다중경로 페이딩에 강하다.
　　– 원리
　　　· 데이터를 낮은 데이터율로 여럿으로 나누어 병렬로 전송하면 각각의 나뉜 데이터의 심볼 주기는 길어지기 때문에 지연 확산(Delay Spread)에 의한 심볼 간 간섭(ISI)이 줄어든다.

Answer
06.③ 07.④

- 또한, 보호구간(CP)을 인접하는 OFDM 심볼 사이에 적당히 두면, 심볼 간 간섭을 완전히 없앨 수 있음
- 도플러 효과에 강하다.
  - 송수신 양단 사이에 상대적 이동이 있게 되면 도플러천이 효과가 발생됨
- 협대역 간섭에 강함
  - 협대역 간섭이 일부 부반송파에만 영향을 줌
  - 다중경로에 의한 주파수 선택적 페이딩의 극복이 용이
ⓒ 고속 구현이 용이
  - FFT를 이용하여 고속의 신호처리 가능
ⓓ 복잡한 등화기가 필요하지 않고, 임펄스 잡음에 강함
  - OFDM은 복잡한 등화기가 필요로 하지 않는 대신에 다수의 부반송파를 복조하기 위해 사용되는 FFT에 의해 그 복잡도가 결정된다.
  - 그러나, 복잡도는 단일 반송파 변조방식에 비해 크게 감소
  - FFT 및 단일 탭 등화기(간단한 채널 등화방식) 사용
  - 각 부채널에서 간단한 단일탭 등화기를 사용하여 채널의 왜곡을 보상
ⓔ 이동통신 셀 간 간섭이 없고, 자원할당이 용이함
  - 부반송파 간에 직교성이 유지되므로 셀 간 간섭이 거의 없음
ⓒ 단점
  ⓐ 위상잡음 및 송수신단 간의 반송파 주파수 옵셋에 민감하다.
    - 송수신단 간에 반송파 주파수 옵셋이 존재할 경우 SNR 열화 발생
    - 결국, 수신되는 부반송파 간의 직교성(Orthogonality)이 상실되어 신호 대 잡음비(Signal-to-Noise Ratio : SNR)가 크게 감소하는 단점이 있음
  ⓑ 큰 PAPR 값을 갖는다.
    - 단일 반송파 변조방식에 비해 상대적으로 큰 첨두전력 대 평균전력비(PAPR, Peak to Average Power Ratio)를 갖는다. 즉, 전송 순시전력이 많은 변동을 갖게 된다.
    - 이는 RF 증폭기의 전력 효율을 감소시킴
    - 특히, 무선단말의 경우에 휴대성 때문에 전력효율 및 비용이 매우 중요함
  ⓒ 프레임 동기, 심볼 동기에 민감하다.
    - 프레임 동기, 심볼 동기에 민감하게 동작하기 때문에 해당 시스템의 수신단 구현 시 이를 극복할 수 있는 최적의 알고리즘이 요구된다.

08 OFDM(Orthogonal Frequency Division Multiplexing)에 대한 설명으로 옳지 않은 것은?

① 이동통신에서는 5G 통신부터 적용되고 있다.
② 전송채널의 영향에 의한 심볼 간 간섭을 피하기 위해 시간영역의 보호구간이 필요하다.
③ 다수 부반송파 신호를 변복조하기 위하여 고속 푸리에변환(FFT, Fast Fourier transform) 알고리즘을 이용한다.
④ 단일반송파 변조방식에 비해 다중경로 페이딩에 강인한 특성이 있다.

해설 이동통신에서는 4G 통신부터 적용되고 있다.

키워드 OFDM은 병렬로 처리하며 고속전송이 가능하고 이동통신뿐만 아니라 데이터통신 등 다양한 분야에서 응용되고 있다. 4G부터 이동통신에 적용하였다.

09 OFDM(Orthogonal Frequency Division Multiplexing)에 대한 설명으로 가장 옳은 것은?

① 데이터를 직렬로 처리하기 때문에 고속 데이터 전송이 가능하다.
② 신호를 처리하는 주기는 각 데이터 심벌 간격 T와 부반송파(sub-carrier) 수 N의 곱인 NT이다.
③ 수신기에서는 IFFT(Inverse Fast Fourier Transform) 연산 후에 채널 등화기(channel equalizer)를 사용하여 심벌을 재생한다.
④ 4세대 LTE(Long Term Evolution) 이동통신에서만 사용되고 있다.

해설 ① 변조단에서는 데이터를 S/P로 처리하고 복조단에서는 P/S로 처리한다. 즉 전송 시 병렬전송한다.
② OFDM 송신부에서는 시간폭이 $T = 1/f_s$인 직렬심벌 N개가 직/병렬 변환기를 통과하여 NT의 시간구간을 가지는 N개의 병렬데이터를 구성하게 된다. N개의 병렬데이터 심벌들이 N개의 직렬데이터 심벌 전체의 시간구간인 NT의 시간구간에서 N개의 부반송파들을 변조시킨 후 각각을 시간영역에서 더함으로써 직교 주파수 다중화가 이루어지고 하나의 OFDM 심벌을 구성하게 된다.
③ 수신기에서는 FFT 연산 후 채널 등화기(channel equalizer)를 사용하여 심벌을 재생한다.
④ OFDM은 병렬로 처리하며 고속전송이 가능하며 이동통신뿐만 아니라 데이터 통신 등 다양한 분야에서 응용되고 있다.

Answer
08.① 09.②

10 직교주파수분할다중화(OFDM) 기술에 대한 설명으로 옳지 않은 것은?

① 이산푸리에변환(DFT) 기법을 사용한다.
② 직교하는 부반송파의 스펙트럼끼리 중첩될 수 없다.
③ 다중 반송파 변조방식의 일종이다.
④ 4세대 이동통신 시스템에서 사용한다.

해설
① 이산적푸리에변환(DFT)을 더 빠르게 처리하기 위하여 IFFT(송신단), FFT(수신단)을 이용한다.
② 직교성 부반송파를 스펙트럼에서 중첩시켜 전송한다.
③ 다수의 부반송파를 중첩시켜 동시에 전송하기 때문에 다중화 반송파 변조방식이다.
④ 4세대 이동통신에 사용된다.

[3. 4세대 이동통신시스템의 특징]

항목	CDMA 20001x (음성, 동영상)	WCDMA (음성, 동영상)	CDMA 20001x-EVDO (데이터)	HSDPA/HSUPA (HSPA) (데이터)	Mobile WiMAX (IEEE 802.16a)	LTE (3GPP Rei.8&9)	WiMAX-Evolution (IEEE 802.16a)	LTE-Advanced (3GPP Rei.10)
다중접속 방식	CDMA	CDMA	CDMA	CDMA	OFDMA/DL OFDMA/UL	OFDMA/DL SC-FDMA/UL	OFDMA/DL OFDMA/UL	OFDMA/DL SC-FDMA/UL
이중화	FDD	FDD	FDD	FDD	TDD	FDD/TDD/H-FDD	FDD/TDD/H-FDD	FDD/TDD/H-FDD
시스템 대역폭	1.25[MHz]	3.84[MHz]	1.25[MHz]	3.84[MHz]	5/7/8.5/10	3/5/10/15/20	5/10/15/20/40	Up to 100
최대 전송 속도	384[kbps]	384[kbps]	4.9[Mbps]/DL 1.8[Mbps]/UL	14.4[Mbps]/DL 5.8[Mbps]/UL	46[Mbps]/DL 14[Mbps]/UL	100[Mbps] 50[Mbps]	100[Mbps]-1[Gbps]	100[Mbps]-1[Gbps]
단말 이동성	250[km/h]	250[km/h]	20[km/h] 내외(보행자)	20[km/h] 내외(보행자)	120[km/h] 내외	250[km/h] 내외	120[km/h] 내외	250[km/h] 내외
커버리지 (셀반경)	3[km]	3[km]	2[km]	2[km]	1[km]	1[km]	1[km]	1[km]

*DL : Downlink(하향링크), UL : Uplink(상향링크) **Mobile Wimax → Wibro

- 다중경로 채널에 의한 심볼 간의 간섭을 최소화하기 위해 CP(Cyclic Prefix)를 사용한다.
- 다중경로에 의한 심볼 간 간섭을 제거하기 위해 GI(Guard Interval, Guard Period(GP))를 삽입한다.

Answer
10.②

그러나 GI구간에 신호가 없으면 부반송파들 간의 직교성이 무너져 채널 간 간섭이 발생한다. 이를 방지하기 위하여 심볼구간 뒷부분의 신호 일부를 복사하여 삽입하며, 이 신호를 주기적 전치부호(CP)라고 한다.

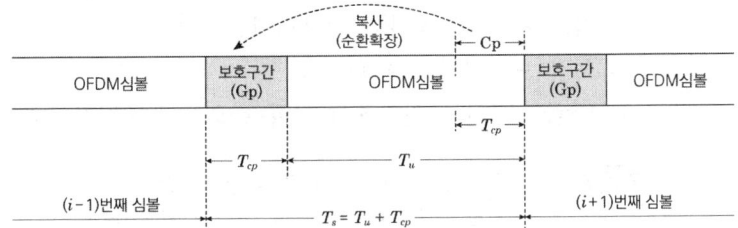

11 OFDM(Orthogonal Frequency Division Multiplexing) 통신방식에 대한 설명으로 옳지 않은 것은?

① 송신측에서는 보내고자 하는 데이터를 FFT(Fast Fourier Transform) 처리하고, 수신측에서는 수신된 신호를 IFFT(Inverse FFT) 처리하여 원래 신호를 복원한다.
② ACI(Adjacent Channel Interference)에 대비하여 VC(Virtual Carrier)를 사용한다.
③ 부반송파(subcarrier)의 개수가 많을수록 스펙트럼 효율(Spectrum Efficiency)이 높다.
④ 인접한 부반송파들의 대역이 부분적으로 중첩되지만, 기본적으로 그들 간의 직교성(Orthogonality)이 보장되므로 ICI(Inter-Carrier Interference) 문제가 없다.

해설 ① 송신측에서는 보내고자 하는 데이터를 IFFT(Inverse FFT) 처리하고, 수신측에서는 수신된 신호를 FFT(Fast Fourier Transform) 처리하여 원래 신호를 복원한다.
③ 부반송파(subcarrier)의 개수가 많을수록 많은 채널을 전송할 수 있으므로 스펙트럼 효율(Spectrum Efficiency)이 높다.
④ 부반송파 간에 직교성을 이용하여 다수의 부반송파를 중첩시켜 전송한다.

Answer
11.①

12 다음 중 OFDM(Orthogonal Frequency Division Multiplexing) 방식에 대한 설명으로 옳지 않은 것은?

① 다중 반송파 변조 기술이다.
② 직교하는 부반송파를 사용한다.
③ 시간 보호구간을 사용한다.
④ 도플러 확산 조건하에서 주파수 오차에 민감하여 성능이 좋아진다.

해설
㉠ OFDM은 다중경로 페이딩이나 도플러 효과에 강하다. 하지만 주파수 오프셋에는 민감하여 성능을 열화시킨다.
㉡ 다수의 부반송파를 이용하여 다중화 전송하는 방식이다.
㉢ 부반송파 사이에는 직교성을 이용하여 분리할 수 있다.
㉣ 보호구간(GP)을 삽입하여 심볼 간 간섭을 완화시킨다.
㉤ 주파수 오차 즉, 주파수 오프셋에 민감하여 SNR을 낮게 한다.

13 OFDMA(Orthogonal Frequency Division Multiple Access)에 대한 설명으로 옳은 것은?

① CDMA와 TDMA 방식을 결합한 것이다.
② 전송신호에 특정부호를 곱하여 스펙트럼을 확산시킨다.
③ 주어진 통신 대역을 작은 부반송파 대역으로 나누어 사용자에게 할당한다.
④ BASK 변조방식과 결합될 때 최적 수신 성능을 나타낸다.

해설
㉠ OFDM은 FDM 방식에 직교성을 이용한 방식이다.
㉡ CDMA 방식은 전송신호에 특정부호를 곱하여 스펙트럼을 확산시킨다.
㉢ OFDM은 부반송파의 직교성을 이용하여 작은 대역의 부반송을 중첩시켜 사용한다.
㉣ PSK 변조방식과 결합 시 최적 수신 성능을 나타낸다.
㉤ FDMA 방식과 CDMA 방식을 응용한 방식이다.

Answer
12.④ 13.③

08 CHAPTER

이동통신

공기업(교통공사)
통신일반
적중예상문제집

08 이동통신

제1절 이동통신의 기본이론

01 셀룰러 이동통신의 핵심기술에 해당하지 않는 것은?

① 소프트 핸드오프 기술
② 동기검파 기술
③ 주파수 재사용 기술
④ 셀분할 기술

해설 ✛ 이동통신 핵심기술 ✛
㉠ 핸드오프 기술 : 셀 간의 채널전환을 할 수 있음
  ⓐ 소프트 핸드오프 기술 : 셀과 셀 간의 채널전환 기술
  ⓑ 소프터 핸드오프 기술 : 섹터와 섹터 간의 채널전환 기술
㉡ 주파수 재사용 기술 : 채널수를 증가시킬 수 있음(주파수 효율을 증가시킬 수 있음)
㉢ 셀분할 기술 : 음영지역을 최소화할 수 있음
㉣ 동기검파는 수신시스템에서 신호를 검출하는 기술로 일반적인 수신기에서 적용되는 기술이다.

02 이동통신에서 수신신호의 크기가 불규칙적으로 변하는 것은 무선채널의 어떤 특성으로 인한 것인가?

① 페이딩
② 경로손실
③ 백색잡음
④ 다이버시티

해설 ① 페이딩 : 경로가 다른 2 이상의 전파가 상호간섭(상보간섭, 소멸간섭)하여 신호 진폭 및 위상 등이 시간적으로 불규칙하게 변하는 현상
② 경로손실 : 전자파가 전파되는 데 따른 각종 기구에 의한 손실을 말한다.
③ 백색잡음 : 수신기, 전송선로 또는 전파매체 내에서 열교란에 의해 발생하는 잡음을 말한다.

Answer
01.② 02.①

④ 다이버시티 : 수신 전계의 불규칙한 변동과 같은 페이딩 발생 영향을 적게 하기 위해서 취해지는 방식
  ㉠ 다이버시티 적용을 위한 2단계 방법
    ⓐ 시간, 주파수, 공간 영역에서 전송된 신호의 복제본을 서로 다르게 하여, (다수 복제본 발생) 이를 페이딩 영향이 적도록 합성하여 수신 처리하는 방법(힙싱, Combining)
  ㉡ 다이버시티 이득
    ⓐ 전송률의 직접 향상보다는 페이딩 현상의 완화처럼 전송의 신뢰성 확보를 통한 성능 이득을 말한다.
  ㉢ 다이버시티 종류
    ⓐ 공간 다이버시티(Space Diversity)방식
      - 종류 : 안테나 다이버시티, 각도 다이버시티, 경로 다이버시티, 사이트 다이버시티
      - 안테나 다이버시티 : 공간적으로 분리된 2 이상의 안테나를 이용
      · 2 이상의 안테나를 페이딩 상관성이 적게 되는 위치에 이격 설치하여, 이 중 가장 좋은 신호를 선택 수신하며 페이딩 영향을 개선하는 방식
    ⓑ 주파수 다이버시티(Frequency Diversity)방식
      - 주파수가 다르면, 수신 전계의 페이딩 상태가 달라지는 것을 이용하는 방식
      · 2 이상의 주파수에서 주파수 간격이 클수록 페이딩 상관이 적어지는 것을 이용
    ⓒ 시간 다이버시티(Time Diversity)방식
      - 동일 정보를 시간 차이를 두어 반복적으로 보내는 방법 등을 통해 구현
      · 예) 일정 시간 구간에 집중 발생하는 에러(Burst Error)의 방지를 위해 인터리빙 사용 등
    ⓓ 편파 다이버시티(Polarization Diversity)방식
      - 편파가 다르면 페이딩의 상태가 달라지는 것을 이용하는 방식
      · 2개의 편파(수직편파, 수평편파)를 따로 송수신하여 페이딩의 영향을 개선
      - 도플러 효과 : 이동체가 이동할 때 수신되는 주파수가 변하는 현상을 말한다.

03 이동통신 채널의 특성에 대한 설명으로 옳지 않은 것은?

① 시간에 따른 채널특성의 변화가 적어 유선통신보다 안정적인 통신이 가능하다.
② 다중경로에 따른 페이딩 채널 특성을 가진다.
③ 도플러 확산(Doppler spread)이 클수록 채널 변화가 심하다.
④ 다이버시티 기법을 통해 성능을 개선할 수 있다.

해설 이동통신 채널은 유선통신 채널보다 불안정한 통신이다.
ⓐ 이동통신 채널 특성
   ⓐ 반사, 회절, 산란 현상을 모두 겪음. 즉, 비직진파를 무시 못함
   ⓑ 주위 환경이 계속해서 시변적/시간의존적으로 변화됨
   ⓒ 유선보다 불안정한 채널 특성을 가짐
ⓛ 다중경로 페이딩
   ⓐ 서로 다른 경로를 따라 수신된 전파들이 여러 물체에 의한 다중 반사 등으로 인해 왜곡특성이 나타남
   ⓑ 서로 다른 진폭, 위상, 입사각, 편파 등이 간섭(보강간섭, 소멸간섭)을 일으켜, 불규칙 요동치는 현상으로, 육상 이동전화 통신에서 나타나는 주요 특징(통화 끊김 등 초래)
ⓒ 도플러 확산은 도플러 효과 등에 의해 주파수 변동/퍼짐/늘려짐을 겪게 되는 현상
   ⓐ 통신 채널 응답이 시간적으로 변화되는 시변채널(時變)로 인하여, 수신 신호가 주파수 축상으로 넓게 늘여지며 확산되는 효과로 보이는 현상
      – 일명 주파수 분산(Frequency Dispersion)이라고도 한다.
ⓔ 다이버시티 기법 : 신호를 여러 개 수신하고, 그 중 페이딩이 좀 더 적은 신호를 수신하게 한다. 공간 다이버시티 또는 경로 다이버시티, 주파수 다이버시티 등의 기법을 많이 활용한다.

Answer
03.①

04 이동통신 시스템에 대한 설명으로 옳지 않은 것은?

① 셀룰러 시스템에서 셀 크기를 줄이면 전체 가입자 용량을 증대시킬 수 있다.
② TDMA 시스템에서는 레이크 수신기(Rake receiver)를 사용하여 다중경로 페이딩의 영향을 극복할 수 있다.
③ CDMA 셀룰러 시스템에서는 FDMA 셀룰러 시스템과 달리 인접한 셀에서 동일한 주파수를 사용할 수 있다.
④ 동기식 DS-CDMA 셀룰러 시스템에서는 PN 코드의 오프셋 값에 의해 기지국을 구별하며 멀리 떨어진 기지국에서는 PN 코드의 오프셋 값을 재사용할 수 있다.

해설 레이크 수신기는 CDMA 방식 등에서 서로 다른 경로로 도착한 시간차이(지연확산)가 있는 다중경로 신호들을 잘 묶어서 보다 더 나은 신호를 얻을 수 있도록 해주는 수신기이다.

05 전파가 도달할 수 없는 빌딩의 뒷편에서도 전파가 수신된 현상을 통해 알 수 있는 전파의 특성은?

① 회절성　　　　② 직진성
③ 간섭성　　　　④ 굴절성

해설
㉠ 회절성 : 건물 등과 같은 장애물 뒤쪽으로 전파 일부가 휘어져 수신되는 현상
㉡ 직진성 : 전파가 직진하려는 성질
㉢ 간섭성 : 두 개의 파가 겹쳤을 때 간섭을 일으키는 성질
㉣ 굴절성 : 다른 물질로의 유입 시 진행 방향 및 진행 속도 변화로 인해 물속의 물체가 휘어져 보이는 현상
㉤ 반사성 : 지형적인 영향으로 전파가 반사되어 수신되는 전파특성 현상

Answer
04.② 05.①

06 무선 송수신기 간의 경로감쇄에 직접적으로 영향을 미치는 요소가 아닌 것은?

① 송신기와 수신기 간의 거리
② 송신안테나의 이득
③ 송신주파수 대역
④ 송신기의 변조방식

해설 후리스 공식에 의한 경로 손실은 거리의 제곱에 반비례하고 파장의 제곱에 비례한다.

$$P_r(d) = P_t G_t G_r \left(\frac{\lambda}{4\pi d}\right)^2$$

$P_r(d)$: 송수신간 거리 d에 따른 수신전력
P_r : 송신전력
G_t : 송신안테나 이득
G_r : 수신안테나 이득
λ : 사용주파수의 파장
d : 송수신 간의 거리

자유공간 경로손실은 $L_{FS} = \dfrac{P_t}{P_r} = k\left(\dfrac{\lambda}{4\pi d}\right)^2$, k는 자유공간 경로손실계수

07 전파경로상에 장애물이 존재하는 경우, 장애물 뒤쪽으로 전파의 일부가 휘어져서 전파되는 현상은?

① 전파의 회절
② 전파의 감쇠
③ 전파의 굴절
④ 전파의 편파

해설
㉠ 회절성 : 건물 등과 같은 장애물 뒤쪽으로 일부가 휘어져 수신되는 현상
㉡ 감쇠성 : 도전성을 가진 매질 내에서의 파장은 대단히 짧아 감쇠되는 현상
㉢ 굴절성 : 다른 물질로의 유입 시 진행 방향 및 진행 속도 변화로 인해 물속의 물체가 휘어져 보이는 현상
㉣ 편파성 : 동일 편파의 경우에만 전송이 가능한 현상, 편파에는 수직편파, 수평편파, 원편파, 타원편파가 있다.

Answer
06.④ 07.①

08 이동통신 시스템은 셀(cell)을 기본 서비스 단위로 하여 이동성을 제공하는 시스템이다. 현재 사용하는 이동전화에서의 매크로 셀(macro cell)의 반지름은 몇 km인가?

① 0.2 이내
② 0.5~1
③ 5~35
④ 35~50

해설 ✦ 이동통신 시스템의 셀 ✦
㉠ 메가 셀(Mega Cell) : 인공위성 통신 등에 사용되는 광범위 셀로 반지름 100~500[km]의 셀이다.
㉡ 매크로 셀(Macro Cell) : 반경 35[km] 이내의 셀로 이동통신 가입자가 적은 교외지역에 쓰인다.
㉢ 마이크로 셀(Micro Cell) : 0.5~1[km]의 반경을 갖는 셀로 이동통신 안테나를 눈으로 볼 수 있는 정도의 거리가 주요 전파경로이다. 셀의 반경이 작아 전파가 여러 경로를 통해 안테나에 수신되는 다이버시티 효과가 일어난다.
㉣ 피코 셀(Pico Cell) : 반경 50[m] 이내의 셀로 도심 밀집지역 및 지하에 배치된다.
㉤ 펨토셀(femtocell) : 서비스 범위가 0.5~5[km]인 기존 이동통신의 기지국보다 훨씬 범위가 작은 가정이나 사무실 등의 제한된 영역에 서비스를 제공하는 차세대 통신기술을 말한다. 펨토셀은 실내중계기를 거치지 않고 곧바로 기지국에서 교환기로 데이터를 전송하므로 통신사업자는 통신망 구축비용이 절감되고, 통화품질이 향상되는 장점이 있다.

09 이동통신 시스템에서 사용되는 기술에 대한 설명 중 옳지 않은 것은?

① 인터리버(interleaver)는 랜덤오류(random error) 형태를 연집오류(burst error) 형태로 변환시킨다.
② 비터비(Viterbi) 알고리즘은 컨볼루션 코드의 복호 기법이다.
③ GMSK는 GMS 시스템의 신호 변조 기법이다.
④ OFDM을 이용하여 정보 전송률을 높일 수 있다.

해설 인터리버(interleaver)는 연집오류(burst error) 형태를 랜덤오류(random error) 형태로 변환시킨다.
㉠ 컨볼루션 코드는 에러가 드문 드문 산재되어 있을 경우에 복구가 가능하다. 만약에 에러가 일정 부분에 집중되어 있으면 에러 정정

Answer 08.③ 09.①

코드로는 정정이 불가능해지게 된다. 아무리 좋은 에러 정정 코드를 사용한다해도 특정 부분에 에러가 집중되면 연속적인 데이터를 한꺼번에 잃어버리게 되는 것을 방지할 수 없다. 그러나 블록 인터리버를 사용하여 이를 최소화할 수는 있다. 컨볼루션 코드화된 데이터는 블록 인터리버로 입력되어 인터리빙된다. 이렇게 집중적으로 특정 부분에 에러가 생기는 것을 버스트에러(Burst Error)라고 하고 드문 드문 에러가 생기는 것을 랜덤에러(Random Error)라고 한다. 즉, 블록 인터리버는 버스트에러를 랜덤에러화시키는 역할을 한다.
ⓒ 비터비 알고리즘은 잡음 있는 통신 링크상에서 길쌈 부호(컨볼루션 부호)의 해독 알고리즘이다.
ⓒ GMSK 일종의 연속적인 위상 변조이다. 펄스는 가우스(Gaussian) 모양의 신호로 변환된다. 기본 대역 신호는 FM 변조를 사용해 변조되어 완전한 GMSK 신호를 만들어내며 GSM 시스템의 변조 기법으로 사용된다. GSM은 전세계에서 가장 널리 사용되는 개인이동통신 시스템으로, 기술적으로는 TDMA를 기본으로 하고 있다.
ⓔ OFDM은 고속의 송신 신호를 다수의 직교(Orthogonal)하는 협대역 반송파로 다중화시키는 변조방식을 말한다.

10 이동통신 시스템에서 사용되고 있는 다중 안테나 기술에 대한 설명으로 옳지 않은 것은?

① 다수의 수신 안테나를 사용하는 경우 수신 다이버시티(diversity)의 이득은 안테나 간 상관도(correlation)가 높을수록 더 클 수 있다.
② 다수의 송신 안테나를 사용하여 공간시간 블럭코딩(space time block coding) 기법을 이용하면 수신 안테나가 하나인 경우에도 다이버시티 이득을 얻을 수 있다.
③ 송신 안테나와 수신 안테나가 각각 두 개일 때 공간다중화(spatial multiplexing) 기법을 사용하면 송신 안테나와 수신 안테나가 각각 한 개일 때보다 이론적으로 최대 전송속도는 2배가 될 수 있다.
④ 송신 안테나에서 빔포밍(beamforming)을 하면 수신기의 수신 신호 대 잡음비(SNR)가 개선되어 데이터 전송속도를 증가시킬 수 있다.

Answer 10.①

해설

㉠ 다중 안테나 또는 MIMO 기술
ⓐ 송수신 양단 또는 한쪽에 2 이상의 복수의 안테나를 사용
- 페이딩 영향 감소, 대용량, 고속, 커버리지 증대 등의 효과를 얻는 다중 안테나 기술
  - 주파수 대역폭 및 송신 전력을 증가시키지 않아도 채널용량을 크게 할 수 있음
ⓑ 기존의 디지털통신은 주로 시간 차원 만의 신호처리 위주였으나, MIMO는 시간 차원뿐만 아니라 공간 차원의 신호처리를 결합한 것
ⓒ 1990년대 초 벨 연구소에서 처음 거론, BLAST MIMO 개발
- BLAST 기술(Bell Lab Layered Space Time)

㉡ 다중 안테나 사용시 얻을 수 있는 성능 이득(이점)
ⓐ 공간 다이버시티 이득(Spatial Diversity Gain)
- 공간 병렬 경로 중 가장 좋은 신호를 선택함으로써 신뢰성(Reliability) 제고됨
- 이점 : 페이딩 영향 감소, 다이버시티 효과 달성
- 안테나 간 이격 거리는 10λ 이상
  - 수신 안테나 다이버시티
    상향(역방향) 기지국 수신 안테나를 2개 이상 사용하여 그 이격 간격을 파장의 10배로 하는 등의 방법으로 공간 다이버시티 효과를 얻음(과거부터 사용되어 온 방식)
  - 송신 안테나 다이버시티
    하향(순방향) 기지국 송신 안테나를 2개 이상 사용하여 송신측 공간 시간 코딩 및 수신측 공간 시간 디코딩을 통해 공간 다이버시티 효과를 얻음
    * S. M. Alamouti가 가장 대표적인 시공간 코딩방식 제안

ⓑ 공간 다중화 이득(Spatial Multiplexing Gain)
- 공간 다중화를 통한 용량/수율(Throughput) 제고
  - 용량이 큰 정보 신호를 여러 공간 스트림으로 나누어 동시에 다중 전송
  - 서로 다른 개별 신호들을 공간적으로 여러 경로를 통해 동시에 다중 전송
- 이점 : 대역폭 증대 없이도 고속화, 대용량 전송 가능
  * G. J. Foschini가 다중 안테나에서의 채널 용량의 증가를 최초로 입증

ⓒ 빔포밍 이득(Beamforming Gain)
- 어레이 이득(Array Gain)
  - 채널 상태 정보에 따라 여러 송신기 중 가장 이득이 높은 채널 송신기로 송신하는 등 채널 정보를 알고서 공간 신호처리를 통해, 다중 채널로 전송되는 신호 중 원하는 수신 신호의 SNR를 최대화 가능

- 전송 채널 상태 정보의 송신기 쪽으로 귀환되는지 여부에 따라 개루프방식, 폐루프방식으로 구분
- 간섭 제거 이득(Interference Reduction)
  - 여러 다중 경로를 통해 전송되는 신호 중 유난히 큰 간섭을 받는 경로 신호에 감쇠를 줌으로써 얻게 되는 이득
    * 주로, 배열 안테나(위상배열안테나)를 통해 달성됨

ⓒ 수신 다이버시티 / 수신 안테나 다이버시티(Receive Antenna Diversity)
  ⓐ 수신단에 다중 안테나를 사용하여, 다이버시티 효과를 내도록 한 기술
    - 과거부터 사용되던 방식
      - IS-95의 역방향 링크(무선단말 → 기지국)에서부터 사용 등
  ⓑ 구분
    - 선택형 다이버시티(Selection diversity, Selective Combining)
      - 복수개 안테나로 들어온 신호 중 제일 좋은 신호만을 취함
    - EGC(Equal Gain Combining)
      - 여러 다른 신호를 동등 이득으로 그냥 합성
    - MRC(Maximal Ratio Combining) 또는 MRRC(Maximal Ratio Receive Combining)
      - 합성 전에, 신호마다 신호 대 잡음비를 평가하여, 그 크기별로 합성하는 방식
      - Optimum Linear Receive Combining 기술의 일종

ⓓ 송신 다이버시티 / 송신 안테나 다이버시티(Transmit Antenna Diversity)
  ⓐ 송신단에 다중 안테나를 사용하여, 다중경로 페이딩에 대처하기 위한 기술
    - 단말기 측에 크기 등 한계가 있으므로 송신단에만 다중 안테나를 사용
      - 하향 방향으로 많은 데이터가 보내지는 비대칭형 전송 형태에 유리
  ⓑ 같은 데이터를 다중의 송신 안테나에서 동시에 전송하여 송신 다이버시티 이득을 얻음
    - 공간-시간 채널 코딩(Space Time Channel Coding) 기법 등

ⓔ 다이버시티 주요 구성방식
  ⓐ 가시거리 내의 통신은 주로 공간 다이버시티방식
  ⓑ 장거리 중계 방식은 편파 다이버시티방식
  ⓒ 가시거리 외의 통신은 공간 다이버시티방식, 주파수 다이버시티방식, 각도 다이버시티방식 또는 편파 다이버시티방식이 단독 혹은 2 이상의 조합으로 사용

ⓑ 다이버시티 Branch 구성
　ⓐ 공간 다이버시티(Space Diversity)
　　• 공간적으로 충분히 떨어진 거리에 2개 이상의 수신 안테나를 이용하여 수신하는 방식임
　　• 안테나 간 이격 거리는 10λ 이상
　　• 2 이상의 안테나를 페이딩 상관성이 적게 되는 위치에 이격 설치하여, 가장 좋은 신호를 선택 수신하며 페이딩 영향을 개선하는 방식
　ⓑ 편파 다이버시티(Polarization Diversity)
　　• 수직 편파와 수평 편파를 따로 수신하는 방법
　　• 공간 다이버시티처럼 거리를 유지할 필요는 없음
　　• 2개의 편파(수직편파, 수평편파)를 따로 송수신하여 페이딩의 영향을 개선
　ⓒ 시간 다이버시티(Time Diversity)
　　• 일정한 시간 간격으로 동일한 정보를 복수회 전송하고, 이를 일정시간 지연 후에 비교하여 양호한 신호를 선택하는 방식이다.
　　• 일정 시간 구간에 집중 발생하는 에러(Burst Error)의 방지를 위해 인터리빙 사용
　ⓓ 주파수 다이버시티(Frequency Diversity)
　　• 동일한 송신점에서 동시에 서로 다른 둘 이상의 주파수를 방사하는 방식
　　• 주파수가 다르므로 감쇠정도가 다르며, 수신된 출력이 매우 나쁠 확률이 적어져 페이딩의 영향을 적게 할 수 있음
　　• 주파수 차이가 수백KHz 이상 떨어져야 서로 독립된 페이딩 효과를 얻을 수 있음
　　• 주파수가 다르면, 수신 전계의 페이딩 상태가 달라지는 것을 이용하는 방식으로 2 이상의 주파수에서 주파수 간격이 클수록 페이딩 상관이 적어지는 것을 이용
　ⓔ 각도 다이버시티(Angle Diversity)
　　• 지향성이 다른 수신 안테나를 이용하는 방식
　　• 다중파 수신 방향의 폭이 넓은 이동국 수신에 적합한 방식
　　• Branch 수를 증가시키기 위해서는 Beam폭이 좁고 첨예한 지향성 수신 안테나가 필요함

ⓐ 합성 수신법
　ⓐ 선택 합성법(Selective Combining)
　　• 주어진 시간에 서로 다른 Branch에서 수신된 모든 신호를 비교하여 가장 좋은 신호를 선택하는 방식으로 여러 개의 수신기가 필요함
　　• 약 2.2[dB] 이득 개선 효과 있음
　ⓑ 동 이득 합성법(Equal Gain Combining)
　　• 모든 가지에서 같은 이득을 가지도록 정합기를 설치하여 동일한 가중치를 갖도록 하여 합성함
　　• 약 2.6[dB] 이득 개선 효과 있음
　ⓒ 최대비 합성법(Maximum Ratio Combining)
　　• 모든 가지에서 최대비가 나오도록 각 가지에 weighting ratio를 가진 정합기를 설치하여, 여러 가지(Branch)로부터 입력된 신호를 최적의 성능을 얻기 위하여 중첩하고, 합성 전에 동기를 취하는 방식임
　　• 극심한 페이딩 신호에 대해서는 기여도를 적게 하고, 수신 신호의 크기가 클수록 기여도를 크게 하여 합성효과가 커지도록 함
　　• 약 3[dB] 이득 개선 효과 있음

✚ MIMO 기술 ✚

다중안테나 시스템은 송/수신기 모두에 다수의 안테나를 채용한 것으로 추가적인 주파수 할당이나 송신전력증가 없이도 채널(통신) 용량 및 송수신 성능을 획기적으로 향상시킬 수 있는 방법으로 안테나 수에 비례하여 증가시킬 수 있다. MIMO 기술은 동시에 같은 데이터를 전송하고 다양한 채널 경로를 통과한 심볼들을 이용하여 송/수신안테나 수의 곱에 해당하는 다이버시티 이득을 얻어 전송 신뢰도를 높이는 공간 다이버시티 기반 방식, 동시에 다수 개의 데이터 심볼을 전송하여 전송률을 높이는 공간 멀티플렉싱방식, 이 두 가지를 결합한 방식 등이 있다.

※ 공간 다이버시티 이득만을 얻을 경우 다이버시티 차수의 증가에 따른 성능개선 이득이 점차 포화되며, 공간 멀티플렉싱 이득만을 취하면 무선채널에서 전송 신뢰도가 떨어진다. 이를 해결하면서 두 가지 이득을 모두 얻는 방식들이 연구되어 왔으며 이 중 시공간 블록 부호(Double-STTD), 시공간 BICM(ST-BICM)등의 방식이 있다.

11 이동통신 채널의 특성에 대한 설명으로 옳지 않은 것은?

① 시간에 따른 채널특성의 변화가 적어 유선통신보다 안정적인 통신이 가능하다.
② 다중경로에 따른 페이딩 채널 특성을 가진다.
③ 도플러 확산(Doppler spread)이 클수록 채널 변화가 심하다.
④ 다이버시티 기법을 통해 성능을 개선할 수 있다.

해설 ㉠ 이동통신 채널 특성
　　ⓐ 반사, 회절, 산란 현상을 모두 겪음. 즉, 비직진파를 무시 못함
　　ⓑ 주위 환경이 계속해서 시변적/시간의존적으로 변화됨
　　ⓒ 유선보다 불안정한 채널 특성을 가짐
㉡ 다중경로 페이딩
　　ⓐ 서로 다른 경로를 따라 수신된 전파들이 여러 물체에 의한 다중 반사 등으로 인해,
　　ⓑ 서로 다른 진폭, 위상, 입사각, 편파 등이 간섭(보강간섭, 소멸간섭)을 일으켜, 불규칙 요동치는 현상으로, 육상 이동전화 통신에서 나타나는 주요 특징(통화 끊김 등 초래)
㉢ 도플러 확산은 도플러 효과 등에 의해 주파수 변동/퍼짐/늘려짐을 겪게 되는 현상
　　ⓐ 통신 채널 응답이 시간적으로 변화되는 시변채널로 인하여, 수신 신호가 주파수 축상으로 넓게 늘여지며 확산되는 효과로 보이는 현상, 일명 주파수 분산(Frequency Dispersion)이라고도 한다.
㉣ 다이버시티 기법 : 신호를 여러 개 수신하고, 그 중 페이딩이 좀 더 적은 신호를 수신하게 한다. 공간 다이버시티 또는 경로 다이버시티, 주파수 다이버시티 등의 기법을 많이 활용한다.

12 이동통신의 전파 특성 중 이동체가 송신측으로 빠르게 다가오거나 멀어짐에 따라 수신 신호의 주파수천이가 발생하는 현상을 무엇이라 하는가?

① 도플러 효과　　② 지연확산
③ 심볼 간 간섭현상　　④ 경로손실

해설 이동체의 속도에 의해 수신되는 주파수가 변화하는 현상을 도플러 효과라고 한다.

Answer
11.① 12.①

13 3[GHz]의 반송파를 사용하는 송신기가 있다. 시속 36[km]로 송신기를 향하여 정면으로 움직이고 있는 차량용 수신기에 발생하는 도플러 주파수 편이는? (단, 전파의 속도는 3×10^8[m/sec]이다.)

① 10[Hz] ② 12[Hz]
③ 100[Hz] ④ 120[Hz]

해설 도플러 주파수 $f_D = \dfrac{v}{\lambda}\cos\theta = \dfrac{fv}{c}\cos\theta$
정면으로 움직이고 있으므로 $\theta = 0°$이다.
$\lambda = \dfrac{c}{f} = \dfrac{3 \times 10^8}{3 \times 10^9} = 0.1\text{m}$, $f_D = \dfrac{36 \times 10^3}{0.1} \times \dfrac{1}{3600} = \dfrac{10}{0.1} = 100\text{Hz}$

14 위치가 고정된 송신기를 향해 수신기가 그림과 같이 이동할 경우, 도플러천이가 가장 크게 발생하게 되는 각도는?

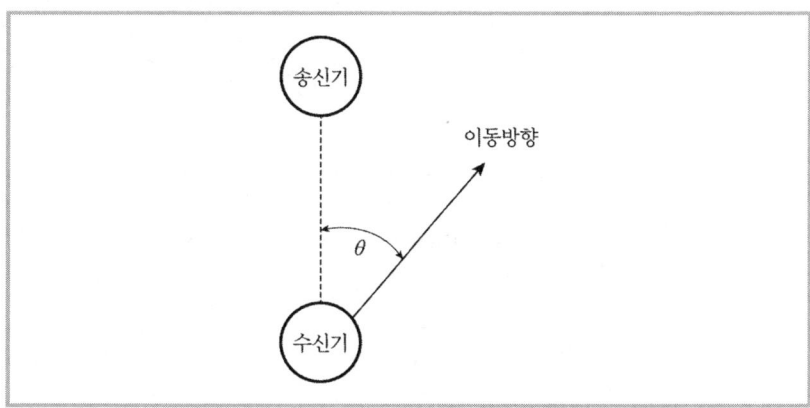

① 0° ② 45°
③ 90° ④ 135°

해설 도플러 주파수 $f_D = \dfrac{v}{\lambda}\cos\theta = \dfrac{fv}{c}\cos\theta$이므로 $\theta = 0°$일 때 최대의 도플러 주파수가 발생한다.

Answer 13.③ 14.①

15 2[GHz] 마이크로파 신호가 자유공간에서 3[cm] 진행하였을 때, 두 지점 사이의 위상차는? (단, 전자기파의 속도는 300,000[km/s]이다.)

① 18°
② 36°
③ 54°
④ 72°

해설 $\lambda = \dfrac{c}{f} = \dfrac{3 \times 10^8}{2 \times 10^9} = 0.15\text{m}$

위상차 $= \dfrac{0.03}{0.15} \times 360 = 72°$

16 그림과 같이 이동체가 72[km/h]의 속도로 X에서 Z 방향으로 이동하고 있다. 송신기(S)가 3[GHz]의 반송파로 신호 전송 시, 세 지점 X, Y, Z에서 발생하는 이동체 수신기에서의 도플러천이(Doppler shift)[Hz]는? (단, $\sqrt{3} = 1.73$이고, 전파의 속도는 3×10^8[m/s]이다)

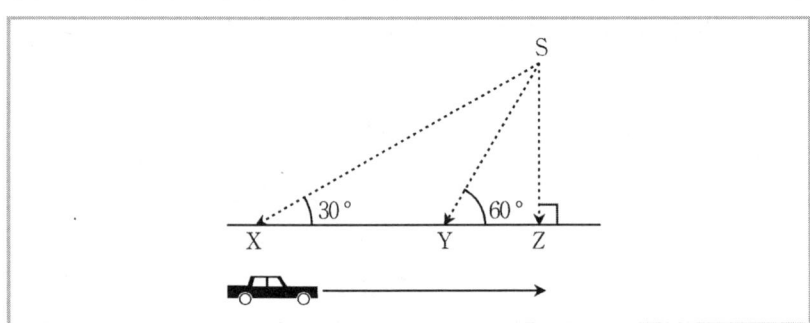

	X	Y	Z
①	0	100	173
②	173	100	0
③	100	173	346
④	346	173	100

해설 ㉠ 도플러천이(Doppler Shift, Frequency Shift)
ⓐ 무선통신에서 도플러 효과(Doppler Effect)에 따른 겉보기 주파수의 천이/편이
㉡ 도플러 주파수 옵셋(Doppler Frequency Offset)
ⓐ 레이더 등에서의 송신, 수신 주파수 간의 차이/편차
- 이동 무선단말의 도플러천이(Doppler Shift, Frequency Shift) 근사 관계식

Answer
15.④ 16.②

ⓒ 이동에 따른 도플러 효과에 의한 겉보기 수신 주파수의 변동 측도 (measure)
　ⓐ 도플러천이는 이동체의 속도, 수신전파 주파수, 전파도래각도 (AoA)와 관련됨

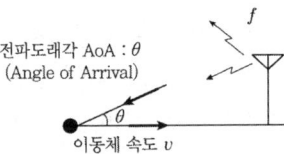

$$f_D = \frac{v}{\lambda}\cos\theta = \frac{fv}{c}\cos\theta$$

$\theta = 0°$(전파 방향과 반대) : $f_D = +\left(\dfrac{vf}{c}\right) = +\dfrac{v}{\lambda}$

$\theta = 90°$(전파 방향과 수직) : $f_D = 0$

$\theta = 180°$(전파 경로와 같음) : $f_D = -\left(\dfrac{vf}{c}\right) = -\dfrac{v}{\lambda}$

도플러천이(주파수천이)는,
- 이동방향이 전파방향과 반대면 양(+)
- 이동방향이 전파방향과 같은 방향이면 음(−)
- 이동방향이 전파방향과 수직이면 거의 변화 없음

최대 도플러 주파수천이(f_{Dmax}) 근사식

$$f_{Dmax} = \frac{v}{c}f_0 \approx \frac{v}{3\times 10^8 \text{m/s}\ \dfrac{3600s}{h}\ \dfrac{\text{km}}{10^3\text{m}}} f_0 \frac{10^6}{\text{MHz}}$$

$$= \frac{1}{1080}\frac{f_0}{\text{MHz}}\frac{v}{\text{km/h}}\text{Hz}$$

f_{Dmax} : 최대 도플러 주파수천이
　v : 이동속도,　c : 빛의 속도,　f_0 : 전송 주파수
- 전송 주파수 및 이동속도가 커질수록 커지게 된다.

$f = 3\times 10^9 [\text{Hz}]$, $\lambda = \dfrac{c}{f} = \dfrac{3\times 10^8}{3\times 10^9} = 0.1[\text{m}]$,

$v = \dfrac{72\times 10^3}{36\times 10^2} = 2\times 10 = 20[\text{m/s}]$

$f_D = \dfrac{v}{\lambda}\cos\theta = \dfrac{fv}{c}\cos\theta$

X : $f_D = \dfrac{20}{0.1}\cos(30°) = 200\times\dfrac{\sqrt{3}}{2} = 200\times\dfrac{1.73}{2} = 173[\text{Hz}]$

Y : $f_D = \dfrac{20}{0.1}\cos(60°) = 200\times\dfrac{1}{2} = 100[\text{Hz}]$

Z : $f_D = \dfrac{20}{0.1}\cos(90°) = 200\times 0 = 0[\text{Hz}]$

17 이동통신에 대한 설명으로 옳지 않은 것은?

① FDD 방식은 기지국과 단말기에서 사용하는 송수신 주파수 채널을 분리한다.
② 셀룰러 통신망은 이동통신에서 서비스 지역을 셀의 형태로 나누어 기지국을 설치하고 다수의 기지국을 연결해 제어하는 방식이다.
③ 가입 통신사업자의 서비스 지역을 벗어나 다른 통신사업자의 서비스 지역으로 이동한 단말기에 대한 서비스를 로밍이라고 한다.
④ 통화 중이던 이동 단말기가 인접한 다른 기지국으로 이동할 때 이전 기지국과의 연결 단절 후, 인접 기지국에서 연결하는 방법을 소프트 핸드오프라고 한다.

해설 셀과 셀 간의 이동 시 연결 단절 후 기지국과 연결하는 방법을 하드 핸드오프라고 한다.

18 무선이동통신 채널에 대한 설명으로 옳지 않은 것은?

① 한 송신기로부터 장소는 다르지만 거리가 같은 곳에 있는 수신기들의 평균 수신 전력은 서로 다를 수 있다.
② 경로손실에 영향을 미치는 요인들로 기지국 안테나 높이, 이동국 안테나 높이, 반송파의 주파수 등이 있다.
③ 전송신호가 서로 다른 시간 지연을 갖는 다중 전파 경로를 통해 수신기에 도달한다.
④ 도플러 주파수변이는 이동성으로 인하여 발생하고 반송파의 주파수가 낮을수록 변이값이 크다.

해설 도플러 주파수변이는 이동성으로 인하여 발생하고 반송파의 주파수가 높을수록 변이값이 크다.
$$f_D = \frac{v}{\lambda}\cos\theta = \frac{fv}{c}\cos\theta$$

Answer 17.④ 18.④

제2절 이동통신 시스템

01 이동통신 시스템에서 이동전화 교환국(MTSO)의 기능이 아닌 것은?

① 통화 회선의 수용과 상호 접속에 의한 교환기능
② 회선구간별 통화량 감시 및 분석
③ 일반 공중 전화망과 이동 통신망 접속 기능
④ 통화 채널 지정 및 감시 기능

해설 통화 채널 지정 및 감시 기능은 기지국 제어기에서 하는 역할이다.
  ㉠ MSC(Mobile Switching Center), PCX(Personal Communicaion Exchanger) : 이동통신 교환기
    ⓐ 이동통신 서비스를 제공하는 교환기(센터)
    ⓑ 이동단말 이동성 관리
    ⓒ MSC는 보통의 PSTN 교환기와는 달리 이동단말의 이동성 등을 관리
    ⓓ MSC는 여러 개의 기지국 제어기(BSC, Base Station Controller)들을 관리
    ⓔ 보통 VLR(Visitor Location Register, 방문자 위치 등록) 기능을 포함
    ⓕ 한편, MSC는 MTSO(이동전화 교환국)라고도 불리움
  ㉡ BTS(Base Tranceiver System) : 기지국
    ⓐ 이동국과의 음성, 데이터의 실제 전송기능 수행
    ⓑ 안테나 및 탑 구조물 등
  ㉢ BSC(Base Station Controller) : 기지국 제어기
    기지국 제어장치(BSC:Base Station Controller)는 기지국과 이동통신교환기 사이에 위치하여 기지국관리 및 제어를 담당한다.
    CDMA 방식의 가변음성 부호를 효율적으로 처리할 수 있도록 패킷 교환 구조로 되어 있고, 각종 신호처리는 No.7 신호방식을 이용한다. 기능은 다음과 같다.
    ⓐ 각 단말기에 대한 무선채널 할당 및 해제기능
    ⓑ 단말기와 기지국의 송신출력 제어기능
    ⓒ 셀 간 소프트 핸드오프 수행 및 하드 핸드 오프 결정
    ⓓ 트랜스 코딩(16kbps ⇔ 64kbps) 및 보코딩 기능(13kbps, 8kbps)
    ⓔ 핸드오프 및 신호처리를 위한 GPS(Global Position System) 클릭 분배기능
    ⓕ 기지국에 대한 운용 및 유지 보수 기능
      기지국 제어장치(BSC)는 네트워크 인터페이스(Network Interface), 트랜스코더 및 보코더(Transcoder & Vocoder), 호 처리 프로세서, 게이트웨이 연결(Gateway Connection) 및 기지국 유지보수 장치, GPS 및 클럭 분배기로 구성된다.

Answer
01.④

02 다음 중 LTE 시스템이 단말에서 기지국으로 신호를 전송하는 상향링크(uplink)에 사용되는 다중접속방식은 어떤 것인가?

① CDMA(Code Division Multiple Access)
② OFDMA(Orthogonal Frequency Division Multiple Access)
③ TDMA(Time Division Multiple Access)
④ SC-FDMA(Single Carrier-Frequency Division Multiple Access)

해설 ㉠ LTE 상향링크 : SC-FDMA
㉡ LTE 하향링크 : OFDMA

03 LTE(Long-Term Evolution)에 사용되는 직교주파수분할다중화(OFDM) 방식에 대한 설명으로 옳지 않은 것은?

① 단일반송파 전송방식에 비해 일반적으로 피크 대 평균전력비(peak to average power ratio)가 크다는 단점이 있다.
② 고속 퓨리에 변환(FFT)을 사용하여 구현을 간단히 할 수 있다.
③ 페이딩을 극복하기 위해 등화기를 사용할 수 있다.
④ 직교주파수분할다중화(OFDM)는 직렬 전송 기술이다.

해설 OFDM은 송신측 반사파에 취약한 고속의 데이터를 반사파에 강한 저속의 데이터로 변환하여 다수개의 부반송파(Subcarrier)를 통해 병렬 전송한다.
- 수신측, 병렬 수신된 저속 데이터로부터 고속의 데이터를 복원한다.

04 이동통신시스템에 대한 설명으로 옳지 않은 것은?

① 1세대 이동통신시스템의 하나인 AMPS는 아날로그통신시스템이다.
② 셀룰러 개념은 주파수 재사용을 통해 시스템 용량을 획기적으로 증가시킬 수 있다.
③ 셀과 셀 간에 핸드오버 기능이 없이도 이동성을 보장할 수 있다.
④ W-CDMA는 3세대 이동통신시스템의 하나이다.

Answer 02.④ 03.④ 04.③

해설 셀과 셀 간에 핸드오버 기능이 있어야 이동성을 보장할 수 있다.
㉠ 1세대 이동통신(1G, ~1980년대) : 아날로그 셀룰러 통신(FDMA 방식)
　ⓐ analog FM, FDM, FDMA 방식이 특징
　　- 단지 음성만 가능
　ⓑ 북미 : AMPS
㉡ 2세대 이동통신(2G, 1990년대 초 등장) : 디지털 셀룰러 통신 (CDMA 및 TDMA 방식)
　ⓐ CDMA 및 TDMA 방식에 기초한 디지털 셀룰러 이동통신
　　- PCS(개인휴대통신서비스) 등장
　　- 국내 및 제한적 국제 로밍, SMS(단문메세지서비스) 구현 등
　　- 음성 위주
　　- 아날로그 → 디지털, 데이터 서비스 가능 그러나 음성 위주, 용량의 개선
　　- 디지털신호처리 기술 본격 도입(음성부호화, 오류정정부호화 등)
　　- 데이터 속도 : 9.6~14.4[kbps]
　　- 유럽 : GSM(TDMA/FDMA), 북미 : IS-95A(CDMA), IS-136(TDMA)
㉢ 2.5세대 이동통신
　ⓐ 유럽 : GPRS/EDGE
　ⓑ 북미 : IS-95B(56k 데이터 가능), CDMA 2000[1x] / EV-DO (수백 Mbps 데이터 가능)
㉣ 3세대 이동통신(3G) : IMT-2000
　ⓐ 광대역 CDMA 방식에 기초한 전 세계 표준화
　　- 데이터 서비스 위주, 영상 통신서비스 구현
　　- 전 세계 표준화 및 동일 주파수를 통한 글로벌 로밍 제공
　　- 데이터 속도 : 144[kbps]~2[Mbps]
　ⓑ 유럽 : W-CDMA(UMTS, 비동기식 광대역 CDMA)
　　최초 완성 규격 Release 99(1999년 완료), 이후 기술 향상 규격들이 계속 릴리즈 되어옴
　ⓒ 북미 : CDMA 2000[Mx](IS-2000, 동기식 광대역 CDMA)
㉤ 3.9세대 이동통신은
　ⓐ All-IP 데이터 전용 네트워크
　ⓑ LTE(2009년 상용화)
　ⓒ 최초 LTE 규격이 Release 8에서 이루어짐
㉥ 4세대 이동통신(4G) : System beyond IMT-2000(Beyond 3G, B3G, IMT-Advanced)
　ⓐ 회선교환방식의 음성 지원 없이, 패킷 데이터만을 지원
　ⓑ 주파수 선택적 페이딩에 강한 OFDM 기술에 기초함
　ⓒ ITU-R의 WP8F에서 4세대 이동통신을 「System beyond IMT-2000」이라는 명칭하에 2010년 이후 상용

ⓓ 데이터 속도 : ~1[Gbps]
ⓔ LTE-Advanced
ⓐ 5세대 이동통신(5G) : IMT-2020
  ⓐ 초고용량 : 4G 대비 100~1,000배의 데이터 처리 용량
  ⓑ 초연결성 : 500[km/h] 이상 이동 중에도 많은 수의 지속성 있는 연결 가능
  ⓒ 초반응성 : 수 ms 이내 연결 수립 가능(저 지연)
  ⓓ 초저전력 : 단위 용량당 소비전력이 1/1,000~1/100 이하

05 5G 이동통신시스템에 대한 설명으로 옳지 않은 것은?

① 모바일 환경에서 LTE보다 높은 데이터 전송률을 제공하여 UHD급 콘텐츠와 AR/VR 등의 실감 미디어서비스가 가능하다.
② 여러 서비스들이 요구하는 상이한 요구사항을 충족하기 위해 서비스별로 별도의 네트워크를 물리적으로 구축하여 서비스를 제공한다.
③ 대량의 디바이스가 연결되는 초연결성 제공으로 IoT 인프라 구축이 가능하다.
④ 초저지연 및 초신뢰성 제공으로 자율주행자동차 등의 서비스가 가능하다.

해설 하나의 네트워크로 다양한 서비스를 제공하여야 한다.

✚ 5세대 이동통신서비스의 주요 개념 ✚

㉠ IMT-2020 서비스는 전송속도를 4G와 비교하여 20배 이상 높인 20[Gbps]로 데이터를 전송한다. 데이터 전송속도를 20[Gbps]까지 높이면 5세대 이동통신에서는 간단한 센서부터 3D 영상 서비스까지 다양한 서비스를 제공할 수 있다.
㉡ 단말과 네트워크 사이 지연 시간을 1[ms] 이내로 통신판 능력을 가진다. 원격 제어, 원격 수술, 원격 공장 제어, 자율주행차량 등 사람의 실시간 통신 환경을 제공할 수 있다.
㉢ 대규모의 사물과 통신할 수 있는 능력(1,000,000/km^2)을 가진다. 이동통신 네트워크의 범위를 사람에서 사물로 확대하면 이동통신은 기존 ICT 인프라를 넘어 사회의 인프라로서 역할이 확대될 것이다.

Answer
05.②

06. 제5세대 이동통신인 IMT-2020에서 제시하는 사용자 시나리오(Usage Scenario)에 해당하지 않는 것은?

① eMBB(enhanced Mobile BroadBand)
② IoT(Internet of Things)
③ URLLC(Ultra-Reliable and Low Latency Communications)
④ mMTC(massive Machine Type Communications)

해설 ✦ 5G 시나리오(초고속, 초지연, 초연결) ✦
㉠ eMBB(enhanced Mobile BroadBand) : 가상현실, 증강현실 분야에 활용
㉡ mMTC(massive Machine Type Communications) : IoT기반 공장 제어 분야 등 다양한 산업융합에 활용
㉢ URLLC(Ultra-Reliable and Low Latency Communications) : 원격수술, 커넥티드카 분야에 활용

Usage scenarios of IMT for 2020 and beyond

㉣ 초고속 : 4k/8k UHD, 홀로그램, 가상현실(VR)/증강현실(AR)
㉤ 저지연 : 실시간 통신 및 촉감 인터넷, 로봇 실시간 원격조종, 커넥티드 카(V2X)
㉥ 초연결 : 시설·환경 원격감시 및 제어, 스마트 빌딩/도시, 사물인터넷 8대 핵심지표

Answer 06.②

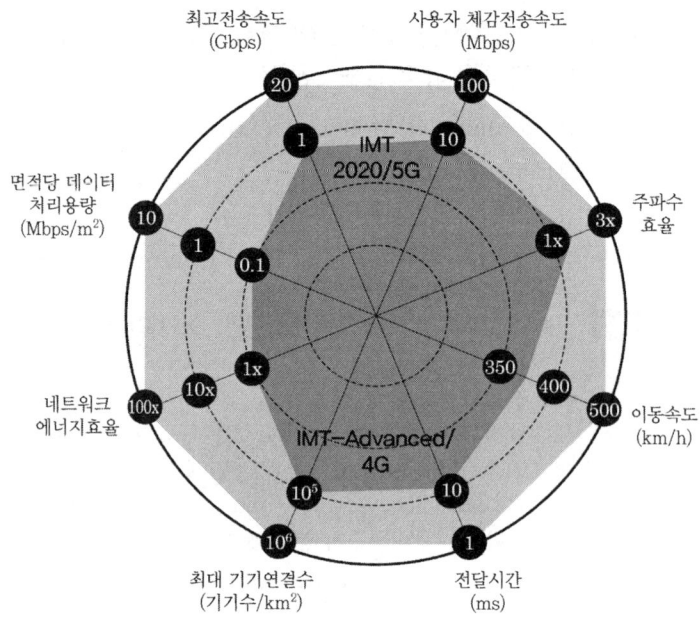

07 이동통신시스템에 대한 설명으로 옳지 않은 것은?

① 1세대 이동통신시스템의 하나인 AMPS는 아날로그통신시스템이다.
② 셀룰러 개념은 주파수 재사용을 통해 시스템 용량을 획기적으로 증가시킬 수 있다.
③ 셀과 셀 간에 핸드오버 기능이 없어도 이동성을 보장할 수 있다.
④ WCDMA는 3세대 이동통신시스템의 하나이다.

해설 셀과 셀 간에 핸드오버 기능이 없어도 이동성을 보장할 수 없다.

Answer
07.③

08 다음 중 셀룰러 이동통신시스템에 대한 설명으로 옳지 않은 것은?

① 다른 셀로 이동해도 지속적으로 통화가 유지되게 해주는 기술을 핸드오버라고 한다.
② 4세대 이동통신기술인 LTE-A 기술은 대역 확산방식을 사용한다.
③ CDMA에서 주파수 재사용 계수는 1이다.
④ LTE-A 기술은 MIMO 방식을 지원한다.

해설 LTE-A기술은 OFDM과 SC-FDMA 다중화를 사용한다.

09 CDMA(Code Division Multiple Access)의 순방향 채널이 아닌 것은?

① 파일럿 채널(Pilot Channel)
② 동기 채널(Sync Channel)
③ 호출 채널(Paging Channel)
④ 액세스 채널(Access Channel)

해설

순방향(하향링크) 채널 (기지국→단말기)	역방향(상향링크) 채널 (단말기→기지국)
• Sync 채널(동기 채널) • Pilot 채널(파일럿 채널) • Paging 채널(페이징 채널) • Traffic 채널(순방향통화 채널)	• Access 채널(접속 채널) • Traffic 채널(역방향통화 채널)

Answer
08.② 09.④

공기업(교통공사)
통신일반
적중예상문제집

09

CHAPTER

무선통신과 위성통신

공기업(교통공사)
통신일반
적중예상문제집

무선통신과 위성통신

제1절 무선통신

01 무선채널에 대한 설명으로 옳지 않은 것은?

① 송신된 전파가 다중 경로로 진행하여 수신 시간이 퍼지는 현상을 지연확산(Delay spread)이라고 한다.
② 지연확산으로 인하여 주파수 선택적 페이딩 현상이 발생한다.
③ 이동체의 속도가 느릴수록 도플러 확산(Doppler spread)이 커진다.
④ 도플러 확산은 시간 선택적 페이딩을 발생시킨다.

해설 도플러 주파수천이 $f_D = \dfrac{v}{\lambda}\cos\theta = \dfrac{fv}{c}\cos\theta$

도플러 주파수천이는 이동속도가 빠를수록, 사용주파수가 높을수록 커진다.

02 주파수 대역과 무선통신 또는 방송기술이 바르게 짝지어진 것은?

	주파수 대역	무선통신/방송기술
①	30[kHz]	AM 라디오 방송
②	200[MHz]	위성 DMB
③	1.8[GHz]	잠수함 간 무선통신
④	2.4[GHz]	무선 랜

해설

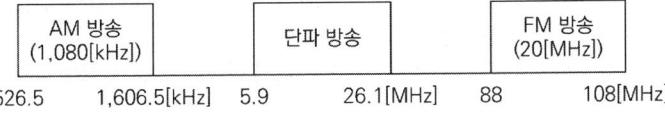

Answer
01.③ 02.④

구분	초단파(VHF)		극초단파(UHF)	
채널 주파수	CH2~CH6 (54~88[MHz])	CH7~CH13 (174~216[MHz])	CH14~CH51 (470~698[MHz])	CH52~CH69 (698~806[MHz])
2013년 채널 재배치 후	군용 등 기타용도	지상파 DMB	지상파 디지털 TV(ATSC 방식)	신규서비스 예정

위성방송 (300[MHz]) 방송용중계기	위성방송 (200[MHz]) 통신용중계기	
11.7	12.0	12.2 [GHz]

㉠ AM 라디오 방송 : MF 대역 526.5~1606.5[kHz](채널간격 10[kHz])
㉡ 위성 DMB : 11.7~12.2[GHz](6개의 좌선회 편파 대역을 활용) : 국내 디지털위성방송용(서비스 종료됨)
㉢ 잠수함 간 무선통신 : 3~30[kHz] 초장파대역(VLF)은 수심 20[m]까지 통신이 가능하지만 잠수함의 스텔스성을 확보하기에는 충분하지 않다. 하지만 한층 낮은 주파수인 3~300[Hz] 초저주파대역(ELF)이라면 수심 120m까지 통신이 가능해진다.
㉣ 무선 랜
  ⓐ 2.4[GHz] 대역 : 802.11, 802.11b, 802.11g, 802.11n
  ⓑ 5[GHz] 대역 : 802.11a, 802.11n, 802.11ac

03 자유공간의 전파에 대한 설명 중 옳지 않은 것은?

① 송신기와 수신기 사이의 거리가 멀수록 경로손실이 증가한다.
② 사용하는 신호의 파장이 클수록 경로손실은 증가한다.
③ 같은 조건에서 전송 경로상에 비가 내리면 전송손실은 증가한다.
④ 사용하는 신호의 주파수가 높을수록 경로손실은 증가한다.

해설 ㉠ 경로손실은 다음과 같은 관계를 갖는다.
$L_p(d) = \left(\frac{4\pi d}{\lambda}\right)^2$, 즉 거리의 제곱에 비례한다.
㉡ 파장의 크기의 제곱에 반비례한다. 파장이 클수록 전송손실은 감소한다.
㉢ 비가 내리면 전파의 흡수, 반사 등의 손실이 발생하여 전송손실은 증가한다.
㉣ 주파수는 파장과 반비례관계이므로 손실은 주파수의 제곱에 비례한다.

Answer
03.②

04 전파(radio wave)에 대한 설명으로 옳지 않은 것은?

① 진공상태에서 빛의 속도로 전파(propagation)하는 파동으로, 시간적으로 정현파 형태로 진동한다.
② 전기장과 자기장이 90°를 이루며 진행하는 파동이다.
③ 자유공간에서 전파의 세기는 거리의 제곱에 반비례한다.
④ 전파가 한번 진동하는 데 걸리는 시간을 파장이라고 한다.

해설 파장은 한번 진동하는 길이를 말한다. 한번 진동하는 데 걸리는 시간을 주기라고 한다.

05 무선통신의 특징으로 옳지 않은 것은?

① 무선통신을 위해서는 특정 용도에 할당된 전자파 주파수 대역을 사용해야 한다.
② 유선통신 방법에 비해 전송 과정에 잡음이 많이 발생한다.
③ 무선통신을 사용하면 유선통신에 비해 주변 통신기기나 전자기기와의 전자파 간섭을 줄일 수 있다.
④ 아날로그 무선통신의 경우 신호는 높은 주파수 대역의 반송파에 실려 전송된다.

해설 무선통신은 유선통신에 비해 주변 통신기기나 전자기기와의 전자파 간섭이 많다.

06 무선통신에서 채널 모델을 정의할 때 사용되는 확률용어와 관계가 적은 것은?

① 백색 가우시안 잡음(White Gaussian Noise)
② 레일리 분포(Rayleigh Distribution)
③ 라이시안 분포(Rician Distribution)
④ 이항 분포(Binomial Distribution)

Answer
04.④ 05.③ 06.④

해설 이항 분포는 주로 오류확률을 구할 때 사용하며 채널환경과는 거리가 멀다.
① 백색 가우시안 잡음 : 열잡음이 신호에 영향을 주는 특성에 따라 붙여진 잡음
  ㉠ AWGN : 가산적/부가적(Additive), 백색(White), 가우시안/정규분포(Gaussian)
  ㉡ 모든 통신채널에 항상 가산적으로 부가됨
  ㉢ 이러한 채널의 주파수응답 특성은
    - 진폭응답 특성 : 편평(Flat)
    - 위상응답 특성 : 선형(Linear)
  따라서, 무왜곡 채널(진폭왜곡, 위상왜곡이 없음)임
② 레일리 분포 : 우측으로만 뻗는 종 모양에 따른 특징을 보임
  ㉠ 2개 이상이 독립적으로 시행된 측정 오차에 대한 확률적 모형
  ㉡ 여러 파동이 합쳐지어 나타나는 해상파의 파면의 분포
  ㉢ 각각 독립적인 직교 성분(in-phase 및 quadrature 등) 또는 여러 다중경로 신호에 의한 수신 신호의 랜덤한 진폭들의 포락선의 통계적 시변특성을 보이는 확률적 모형
  ㉣ 직접파보다는 간접파(반사파 등)가 우세할 경우
③ 라이시안 분포 : 무선채널 환경에서
  ㉠ 반사파가 직접파보다 우세한 레일리 분포와는 달리 직접파가 반사파보다 우세한 실내와 같은 환경에 주로 나타나는 경우에 무선수신신호의 확률적 분포 특성이 라이시안 분포를 보임
④ 이항 분포 : 베르누이 시행으로부터 생성된 확률 분포, 채널환경과는 거리가 멀다.
  ㉠ 디지털 통신에서 수신비트 오류확률을 구할 때 주로 사용함

07 광대역 무선채널에서 다중경로 시간 지연확산(delay spread)으로 인한 페이딩으로 옳은 것은?

① 느린 페이딩(Slow Fading)
② 주파수 선택적 페이딩(Frequency Selective Fading)
③ 라이시안 페이딩(Rician Fading)
④ 빠른 페이딩(Fast Fading)

해설 주파수 선택적 페이딩 채널이 지연확산량이 크고, 주파수 비선택적 페이딩 채널이 지연확산량이 작다.

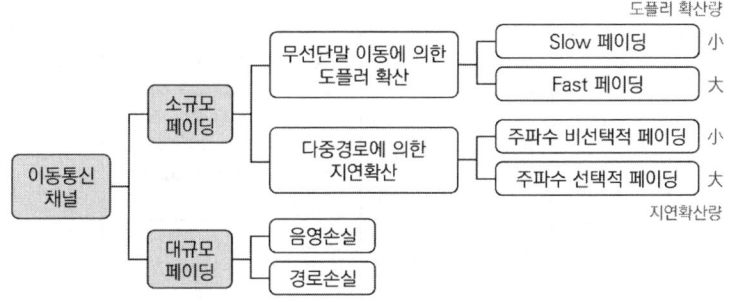

+ 이동통신 채널 +

㉠ 다중 경로에 의한 시간 지연 특성에 따라
  ⓐ 주파수 선택적 페이딩 채널(지연확산량 큼)
  ⓑ 주파수 비선택적 페이딩 채널(지연확산량 작음)
㉡ 무선단말 이동에 따른 도플러 확산량에 따라
  ⓐ Fast Fading 채널 : 도플러 확산량이 큼
  ⓑ Slow Fading 채널 : 도플러 확산량이 작음
㉢ 신호 대역폭이 협대역/광대역이냐에 따라
  ⓐ 협대역 페이딩
  ⓑ 광대역 페이딩 : (영향) ISI 유발, 주파수 선택적 페이딩
㉣ 무선채널 환경에서 반사파가 직접파보다 우세한 레일리 분포와는 달리 직접파가 반사파보다 우세한 실내와 같은 환경에 주로 나타나는 경우에 무선 수신 신호의 확률적 분포 특성이 라이시안 분포를 보인다.

08 다음 중 회절이 가장 잘되는 전파는?

① 장파
② 중파
③ 단파
④ 초단파

해설 회절, 반사, 산란 등은 주파수가 낮을수록 잘 일어난다.

[무선 주파수 대역]

대역기호	대역명	대역번호	주파수대역	파장	비고
ELF	초저주파		20~300[Hz]		
VF	음성		300~3000[Hz]		음성대역
VLF	초장파	4	3~30[kHz]	100~10[km]	선박
LF	장파	5	30~300[kHz]	10~1[km]	항해용
MF	중파	6	300~3,000[kHz]	1,000~100[km]	항공, AM 방송

Answer 08.①

HF	단파	7	3~30[MHz]	100~10[m]	단파방송, HAM
VHF	초단파	8	30~300[MHz]	10~1[m]	TV, FM방송
UHF	극초단파	9	300~3,000[MHz]	1~0.1[m]	마이크로파 (TV방송, 이동전화, 레이더)
SHF	센티미터파	10	3~30[GHz]	10~1[cm]	마이크로파 (위성통신, 레이더)
EHF	밀리파	11	30~300[GHz]	10~1[mm]	미사일, 우주통신
THF	서브밀리파	12	300~3,000[GHz]	1~0.1[mm]	

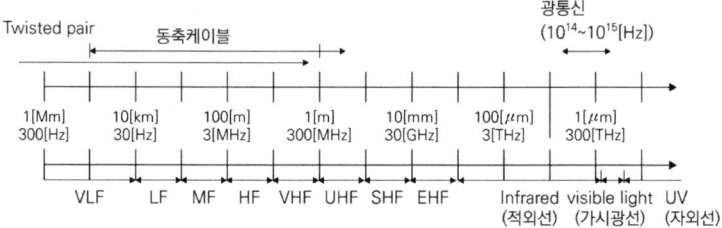

09 전파에 대한 설명으로 옳지 않은 것은?

① 주파수가 높을수록 전리층 통과가 어려워진다.
② 주파수 대역폭이 넓어지면 전송속도를 증가시킬 수 있다.
③ 주파수가 높을수록 안테나의 길이가 짧아진다.
④ 주파수가 높을수록 장애물에서 회절 능력이 감소한다.

해설 ㉠ 초단파대 이상에서는 전리층 통신을 할 수 없다. 그 이유는 전리층을 통과하기 때문이다.
㉡ 전리층 통신은 단파대 이하에서만 이루어진다.

Answer
09.①

10 전파가 도달할 수 없는 빌딩의 뒤편에서도 전파가 수신된 현상을 통해 알 수 있는 전파의 특성은?

① 회절성
② 직진성
③ 간섭성
④ 굴절성

해설 음영지역에 수신되는 현상은 회절성이라 한다.
   ㉠ 회절성 : 건물 등과 같은 장애물 뒤쪽으로 일부가 휘어져 수신되는 현상
   ㉡ 직진성 : 전파가 직진하려는 성질
   ㉢ 간섭성 : 두 개의 파가 겹쳤을 때 간섭을 일으키는 성질
   ㉣ 굴절성 : 다른 물질로의 유입 시 진행 방향 및 진행 속도 변화로 인해 물속의 물체가 휘어져 보이는 현상

11 무선 송수신기 간의 경로감쇠에 직접적으로 영향을 미치는 요소가 아닌 것은?

① 송신기와 수신기 간의 거리
② 송신 안테나의 이득
③ 송신 주파수 대역
④ 송신기의 변조방식

해설 후리스 공식에 의한 경로 손실은 거리의 제곱에 반비례하고 파장의 제곱에 비례한다.

$$P_r(d) = P_t G_t G_r \left(\frac{\lambda}{4\pi d}\right)^2$$

여기서, $P_r(d)$: 송수신간 거리 d에 따른 수신전력
P_t : 송신전력
G_t : 송신 안테나 이득
G_r : 수신 안테나 이득
λ : 사용 주파수의 파장
d : 송수신 간의 거리

자유공간 경로손실은 $L_{FS} = \dfrac{P_t}{P_r} = k\left(\dfrac{\lambda}{4\pi d}\right)^2$

여기서, k는 자유공간 경로손실계수

키워드 변조방식은 경로감쇠와 무관하다.

Answer
10.① 11.④

12 전파의 특성에 대한 설명으로 옳지 않은 것은?

① 가시경로가 없는 산 뒤쪽에서도 전파가 수신되는 것은 굴절(Refraction) 때문이다.
② 주파수가 높을수록 직진성이 강해진다.
③ 주파수가 낮을수록 회절(Diffraction)이 강해진다.
④ 전자파가 물체의 표면에 부딪쳐 에너지가 사방으로 분산되는 현상을 산란(Scattering)이라고 한다.

해설 ㉠ 가시경로가 없는 산 뒤쪽에서도 전파가 수신되는 것은 회절 때문이다.
㉡ 비가시거리에서 수신되는 것은 회절현상 때문이다.

13 무선통신의 특징으로 옳지 않은 것은?

① 무선통신을 위해서는 특정 용도에 할당된 전자파 주파수 대역을 사용해야 한다.
② 유선통신 방법에 비해 전송 과정에 잡음이 많이 발생한다.
③ 무선통신을 사용하면 유선통신에 비해 주변 통신기기나 전자기기와의 전자파 간섭을 줄일 수 있다.
④ 아날로그 무선통신의 경우 신호는 다른 반송파에 실려 전송된다.

해설 무선통신은 유선통신에 비해 주변 통신기기나 전자기기와의 전자파 간섭이 많다.

14 무선채널에 대한 설명으로 옳지 않은 것은?

① 송신된 전파가 다중 경로로 진행하여 수신 시간이 퍼지는 현상을 지연확산(Delay spread)이라고 한다.
② 지연확산으로 인하여 주파수 선택적 페이딩 현상이 발생한다.
③ 이동체의 속도가 느릴수록 도플러 확산(Doppler spread)이 커진다.
④ 도플러 확산은 시간 선택적 페이딩을 발생시킨다.

해설 도플러 주파수천이 $f_D = \dfrac{v}{\lambda}\cos\theta = \dfrac{fv}{c}\cos\theta$
도플러 주파수천이는 이동속도가 빠를수록, 사용 주파수가 높을수록 커진다.

Answer
12.① 13.③ 14.③

제2절 위성통신

01 위성통신에서 사용되는 주파수 대역에 대한 설명으로 옳지 않은 것은?

① 상향링크와 하향링크의 대역을 분리해 양방향 통신이 가능하다.
② 전리층에서 반사나 흡수가 문제되지 않는 대역을 사용한다.
③ 정지궤도 위성에서는 도플러천이 특성이 거의 나타나지 않는다.
④ 일반적으로 지구국보다 위성이 높은 주파수로 신호를 송출한다.

해설 상향링크에서 사용하는 주파수는 하향링크에서 사용하는 주파수보다 높다.

[무궁화 위성의 Ku 밴드 주파수 현황]

구분	상향(GHz)	하향(GHz)
3회(통신용중계기)	14.0~14.5(Ku 대역)	12.25~12.75(Ku 대역)
	30.085~30.835(Ka대역)	20.405~21.105(Ka 대역)
3호(방송용중계기)	14.527~14.752(Ku대역)	11.730~11.954(Ku 대역)
5호(통신용중계기)	14.0~14.5(Ku 대역)	12.25~12.75(Ku 대역)

상향링크 : 지구국 → 위성국, 하향링크 : 위성국 → 지구국
즉, 지구국이 위성국보다 높은 주파수를 사용한다.

02 정지궤도 위성과 극궤도 위성에 대한 설명으로 옳은 것은?

① 정지궤도 위성의 고도는 극궤도 위성의 고도에 비해 높다.
② 정지궤도 위성은 남극과 북극을 통과하는 궤도를 따라 지구 주위를 공전한다.
③ 극궤도 위성은 적도 상공에 궤도를 유지하면서 지구 주위를 회전한다.
④ 극궤도 위성의 공전주기는 지구의 자전주기와 같다.

해설 ✚ LEO(저궤도, 극궤도)의 특징 ✚
　㉠ 위성을 활용한 이동통신에는 정지궤도보다는 지표면과 거리가 가까운 LEO가 사용됨
　㉡ LEO 사용 이유
　　　ⓐ 정지궤도보다 전파경로의 길이가 짧아, 전파 감쇠가 적다.
　　　ⓑ 소형 소출력 단말기로 서비스할 수 있다.

Answer
01.④ 02.①

ⓒ 셀룰러서비스로는 음영지역의 완벽한 해소가 불가능하지만, LEO는 음영지역이 없어, 지구상의 사막이나 극지대에서도 서비스가 가능하다.
ⓒ LEO 위성 특징
  ⓐ LEO는 고도가 낮아 지구면에서 위성을 볼 수 있는 면적이 적기 때문에 지구 전체를 서비스하기 위해서는 수십 개의 위성을 띄어야 함
  ⓑ 위성 고도 : 약 500~2,000[km] 위치
  ⓒ 주기 : 90분 주기, 15분 지속 관측
  ⓓ 소요 위성수 : 약 18~66개

03 위성망의 특성상 도심건물 등 장애물에 의해 발생하는 음영지역을 커버하기 위한 장치는?

① 갭필러(Gap-Filler)
② 저잡음 증폭기(LNA)
③ 고출력 증폭기(HPA)
④ 발진기(Oscillator)

해설 위성통신의 음영지역을 커버하여 주는 지상중계장치는 갭필러이다.
갭필러(Gap-Filler)는 위성 DMB을 구현하는 핵심 장비 중 하나로, 방송위성이 지상을 향해 송출한 12[GHz](Ku 밴드)의 TDM(Time Division Multiplexing) 신호를 위성 DMB용 단말기가 수신할 수 있도록 2.6[GHz](S 밴드)의 CDM(Code Division Multiplexing) 신호로 변조하는 역할을 수행하여 음영지역을 커버하여 주는 지상중계장비를 말한다.

04 위성에 대한 설명으로 옳지 않은 것은?

① 저궤도(LEO) 위성은 지구의 자전속도와 동일한 속도로 공전하며 움직인다.
② 상업용 위성에서 사용되는 주파수 대역은 C, Ku, Ka, L 등이 있다.
③ Ku 대역 위성통신에서 상향링크 주파수가 하향링크 주파수보다 높다.
④ 정지궤도(GEO) 위성은 지표면에서 약 36,000[km]에 위치한다.

해설 ㉠ 정지궤도 위성은 지구의 자전속도와 위성의 공전속도가 같다.
㉡ 저궤도 위성은 지구의 자전속도보다 빠르게 공전한다.

Answer 03.① 04.①

[무궁화 위성의 Ku 밴드 주파수 현황]

구분	상향(GHz)	하향(GHz)
3회(통신용중계기)	14.0~14.5(Ku 대역)	12.25~12.75(Ku 대역)
	30.085~30.835(Ka 대역)	20.405~21.105(Ka 대역)
3호(방송용중계기)	14.527~14.752(Ku 대역)	11.730~11.954(Ku 대역)
5호(통신용중계기)	14.0~14.5(Ku 대역)	12.25~12.75(Ku 대역)

05 위성통신에서 30,000[km] 상공에 위치한 위성을 향하여 업링크로 신호가 보내진 후에 다운링크로 신호가 되돌아오기까지의 최소 시간 지연은? (단, 빛의 속도는 3×10^8[m/sec]로 계산할 것)

① 0.1초 ② 0.2초
③ 0.5초 ④ 1.0초

해설 거리는 (속도)×(시간)이다. 왕복거리이므로
$$t = \frac{2l}{v} = \frac{2 \times 30,000 \times 10^3}{3 \times 10^8} = 20,000 \times 10^{-5} = 0.2[\text{s}]$$

06 위성통신 시스템에 대한 설명으로 옳지 않은 것은?

① 저궤도 위성과 비교하였을 때, 정지궤도 위성은 지상 기지국에서 동일한 수신 전력을 얻기 위하여 보다 큰 송신 출력이 요구된다.
② 저궤도 위성 시스템의 경우, 지상 기지국에서 위성의 위치를 추적하는 기능이 요구된다.
③ 정지궤도 위성의 경우, 3개의 위성으로 지구 대부분의 영역을 커버할 수 있다.
④ 다원접속(Multiple access)이라 함은 하나의 기지국이 여러 대의 위성에 동시 접속하는 것이다.

해설 ㉠ 저궤도 위성(LEO)
ⓐ LEO는 고도가 낮아 지구면에서 위성을 볼 수 있는 면적이 적기 때문에, 지구 전체를 서비스하기 위해서는 수십 개의 위성을 띄어야 함
ⓑ 위성 고도 : 약 200~2,000[km] 위치
ⓒ 주기 : 90분 주기, 15분 지속 관측
ⓓ 소요 위성수 : 약 18~66개

Answer
05.② 06.④

ⓒ 공간분할에 의한 다원접속(SDMA)
ⓐ 서로 분리된 다른 공간을 다른 사용자에게 할당하는 방식
ⓑ SDMA 방식 자체만으로 독립 사용되지 않고 FDMA, TDMA, CDMA 방식들과 연계 사용
ⓒ 위성통신인 경우 하나의 위성이 공간을 분할하여 여러 기지국과 동시에 접속하여 통신한다.

[키워드] 다원접속은 하나의 위성이 다수의 지구국과 동시 접속하는 것을 말한다.

07 위성통신에서 사용 가능한 주파수 대역과 그 명칭이 바르게 연결되지 않은 것은?

① 1.5[GHz] 대역 – L 밴드
② 6[GHz] 대역 – C 밴드
③ 14[GHz] 대역 – K 밴드
④ 30[GHz] 대역 – Ka 밴드

[해설]

[위성통신 주파수 대역]

주파수 대역	명칭	특징	비고
1~2[GHz]	L	• 전파손실 적음 • 소형 단말 이용 가능 • 이동위성(MSS) 적합	
2~4[GHz]	S		
4~8[GHz]	C	• 강우감쇠 소 • 전통적 상업위성 • 주로 방송용(직접위성방송) • 지상 M/W와의 간섭 상존	전파자원 점차 고갈 중
8~12[GHz]	X	• 강우감쇠 중 • 군사용으로 많이 사용 • 중형 지구국 안테나	
12~18[GHz]	Ku	• 강우감쇠 심각 • 소형 지구국 안테나	전파자원 점차 고갈 중
18~27[GHz]	K	• 강우감쇠 매우 심각 • 초소형 지구국 안테나	
27~40[GHz]	Ka		
40~76[GHz]	V	• 연구 중, 실험위성	

[키워드] K 밴드는 18~27[GHz] 대역이다.

08 정지궤도위성을 이용하여 두 지구국이 서로 통신할 때 전파의 최소 지연시간[ms]은? (단, 전파의 속도는 300,000[km/s]이고, 정지궤도위성의 고도는 36,000[km]이다)

① 0.24[ms] ② 2.4[ms]
③ 24[ms]   ④ 240[ms]

해설 최소 지연시간은 수직거리일 때이다.
$$t = \frac{2l}{v} = \frac{2 \times 36,000 \times 10^3}{3 \times 10^8} = 26 \times 10^{-2} = 0.26 = 260[\text{ms}]$$
실제 정지위성의 높이는 35,786[km]이므로
$$t = \frac{2l}{v} = \frac{2 \times 35,786 \times 10^3}{3 \times 10^8} = 26 \times 10^{-2} = 0.2385 = 238.5[\text{ms}]$$

09 위성통신에 대한 설명으로 옳지 않은 것은?
① 지역 내의 여러 지구국이 동시에 정보를 수집하기에 용이하다.
② 지구국을 이동시키면 어디에서든 자유로이 단시간에 회선을 설정할 수 있다.
③ 셀룰러 통신 시스템보다 신호의 지연시간이 짧다.
④ 위성이 서비스할 수 있는 범위 내에서는 지상의 거리에 관계 없이 원거리 통신에서 경제적이다.

해설 위성통신은 지연시간이 길다는 단점이 있다.
㉠ 정지위성의 장점
  ⓐ 위성이 주어진 지구국에 대하여 거의 정지상태에 있으므로 복잡하고 고가의 추적장치가 필요 없다.
  ⓑ 위성이 상공을 지날 때 한 위성에서 다른 위성으로 스위치 할 필요가 없기 때문에 스위칭 시간으로 인한 전송중단이 전혀 없다.
  ⓒ 높은 궤도의 정지위성은 낮은 궤도의 주회위성의 경우보다 지구의 훨씬 넓은 영역을 커버한다.
  ⓓ Doppler 효과를 무시할 수 있다.
㉡ 정지위성의 단점
  ⓐ 정지위성의 궤도가 높으면 높을수록 전파시간이 많이 걸린다. 예를 들면 통신위성까지의 최단(最短) 왕복거리 72,000[km]를 왕복하는 데 요하는 지연시간은 0.24초(sec)이다. 일반적으로 전송지연시간은 약 0.3초이다.

Answer
08.④ 09.③

ⓑ 정지위성은 저궤도의 주회위성보다 높은 궤도를 돌기 때문에 거리가 더 멀고 통신로에 의한 손실이 더 크기 때문에 송신전력과 수신기의 감도가 더 커야 한다.
ⓒ 정지위성을 궤도에 진입시켜서 그 궤도를 유지시키기 위해서는 정확도 높은 우주인선(spacemanship)이 필요하다. 이를 위해서는 추진엔진(propulsion engine)이 필요하다.

10 지구 표면으로부터 정지궤도(GEO) 위성의 고도[km]는?

① 약 6,000   ② 약 12,000
③ 약 24,000 ④ 약 36,000

해설
㉠ 저궤도(LEO : Low Earth Orbit) : 수백~수천 km(160~2,000[km])
㉡ 중궤도(MEO : Medium Earth Orbit) : 1,500~20,000[km]
㉢ 정지궤도(GEO : geostationary orbit) : 35,860[km]

11 다음 위성통신 주파수 대역 중 대기감쇠의 영향이 가장 작은 것은?

① X-밴드   ② C-밴드
③ Ku-밴드 ④ Ka-밴드

해설 전파의 창은 1~10[GHz] 대역으로 대기의 영향을 적게 받는 대역이다.

주파수 대역	명칭	특징	비고
1~2[GHz]	L	• 전파손실 적음 • 소형 단말 이용 가능 • 이동위성(MSS) 적합	
2~4[GHz]	S		
4~8[GHz]	C	• 강우감쇠 소 • 전통적 상업위성 • 주로 방송용(직접위성방송) • 지상 M/W와의 간섭 상존	전파자원 점차 고갈 중
8~12[GHz]	X	• 강우감쇠 중 • 군사용으로 많이 사용 • 중형 지구국 안테나	
12~18[GHz]	Ku	• 강우감쇠 심각 • 소형 지구국 안테나	전파자원 점차 고갈 중
18~27[GHz]	K	• 강우감쇠 매우 심각 • 초소형 지구국 안테나	
27~40[GHz]	Ka		
40~76[GHz]	V	• 연구 중, 실험 위성	

Answer
10.④ 11.②

12 GPS에 대한 설명으로 옳지 않은 것은?
① 위성은 정지궤도상에 있다.
② 위도, 경도, 고도 등의 위치와 시간을 측정하는 데 사용된다.
③ 항법, 측량, 측지, 시각동기 등의 군용 및 민간용으로 사용되고 있다.
④ 수신기의 시간오차를 고려해 위치를 측정하기 위해서는 최소 4개의 위성신호가 필요하다.

해설 GPS는 중궤도상 위치해 있다.
㉠ GPS(Global Positioning System)는 GPS 위성에서 보내는 신호를 수신해 사용자의 현재 위치를 계산하는 위성항법시스템이다. 항공기, 선박, 자동차 등의 네비게이션 장치에 주로 쓰이고 있으며, 최근에는 스마트폰, 태블릿 PC 등에서도 많이 활용된다.
㉡ 인공위성을 사용해 위치를 측정하는 기술을 '전 세계위성항법시스템'이다. 이 위성항법 중 가장 널리 알려진 것이 미국이 만든 GPS이다. GPS에는 지구에서 약 2만 200km 떨어진 궤도를 도는 24대의 인공위성이 사용된다. 이 중 4대의 위성에서 나오는 전파를 분석하면 현재의 위치를 알 수 있다.

13 위성통신에 대한 설명으로 옳지 않은 것은?
① 정지궤도위성은 적도상공에 떠 있으며, 3개의 위성으로 극지방을 제외한 지구 전체에 서비스할 수 있다.
② 정지궤도위성의 공전주기는 지구의 자전주기와 같아야 하기 때문에 고도 1,000~2,000[km]의 상공에서 운용된다.
③ 극궤도위성은 남극과 북극의 상공을 통과하며, 정지궤도위성보다 고도가 낮아 전파 지연이 작다.
④ 저궤도위성 이동통신은 상시 통신을 위해 수십 개의 위성과 핸드오프가 필요하다.

해설 ㉠ 저궤도(LEO : Low Earth Orbit) : 수백~수천km(160~2,000[km])
㉡ 중궤도(MEO : Medium Earth Orbit) : 1,500[km]~20,000[km]
㉢ 정지궤도(GEO : geostationary orbit) : 35,860[km]

Answer
12.① 13.②

14 지구국과 위성 사이의 거리가 22,500[km] 떨어져 있을 때, 지구국에서 전파를 발사하여 지구국으로 되돌아올 때까지 걸리는 시간[ms]은? (단, 위성에서의 지연시간은 무시하고, 전파의 속도는 3×10^8[m/s]이다)

① 100[ms]   ② 150[ms]
③ 200[ms]   ④ 250[ms]

해설 왕복거리이므로 $t = \dfrac{2l}{v} = \dfrac{2 \times 22,500 \times 10^3}{3 \times 10^8} = 15,000 \times 10^{-5} = 0.15[s]$

15 지구국 안테나에 급전되는 송신전력이 30[dBW], 송신 안테나 이득이 50[dB], 위성 수신 안테나 이득이 40[dB], 안테나 지향 오차를 포함한 전파 경로상의 총손실이 220[dB]일 때, 위성의 수신전력[dBm]은?

① -70[dBm]   ② -100[dBm]
③ -130[dBm]   ④ -140[dBm]

해설 수신전력 = 송신전력 × 송신안테나 이득 × 수신안테나 이득 × 경로손실
수신전력[dBW] = 송신전력[dBW] + 송신안테나 이득[dB] + 수신안테나 이득[dB] + 경로손실[dB]

송신전력 $30[\text{dBW}] = 10\log_{10}\dfrac{P_S}{1\text{W}} = P_S = 10^3[\text{W}]$

수신전력 $30[\text{dBW}] + 50[\text{dB}] + 40[\text{dB}] - 220[\text{dB}] = -100[\text{dBW}]$

$-100[\text{dBW}] = 10\log_{10}\dfrac{P_r}{1\text{W}}$, $P_r = 10^{-10}$

$P_r[\text{dBm}] = 10\log_{10}\dfrac{P_r}{1\text{mW}} = 10\log_{10}\dfrac{10^{-10}}{10^{-3}} = 10\log_{10}10^{-7} = -70[\text{dBm}]$

Answer
14.② 15.①

16 다음과 같은 변수를 갖는 디지털 위성통신에서 요구되는 비트에너지 대 잡음전력밀도$(E_b/N_0)_q$가 10.0 [dB]일 때, 수신된 비트에너지 대 잡음전력밀도$(E_b/N_0)_r$와 $(E_b/N_0)_q$의 차이인 링크마진(link margin)[dB]은? (단, $\log_{10}2 = 0.3$이고, 주어진 변수 외의 영향은 고려하지 않는다)

> ○ 송신전력 P_t : 18.0 [dBW]
> ○ 송신안테나 이득 G_t : 51.6 [dBi]
> ○ 전파 경로상의 총손실 L : 214.7 [dB]
> ○ 수신안테나 이득 G_r : 35.1 [dBi]
> ○ 잡음전력밀도 N_0 : -192.5 [dBW/Hz]
> ○ 비트전송률 R : 2 [Mbps]

① 9.5[dB] ② 10[dB]
③ 10.5[dB] ④ 11[dB]

해설 수신전력 : 18[dBW] + 51.6[dBi] - 214.7[dB] + 35.1[dBi]
= 18 + 49.46 - 214.7 + 32.96 = -110[dBW]
수신전력은 10^{-11}[W]
$E_b = 10^{-11}/(2 \times 10^6) = 0.5 \times 10^{-17}$[W/Hz]
$N_0 = 10^{-19.25} = 5.6234 \times 10^{-20}$[W/Hz]
$E_b/N_0 = 5 \times 10^{-18}/(5.6234 \times 10^{-20}) = 0.889 \times 10^2 = 88.9$
E_b/N_0[dB] = $10\log_{10}88.9 = 19.5$[dB]
링크마진 = 19.5[dB] - 10[dB] = 9.5[dB]

17 다음 중 위성링크의 성능을 좌우하는 요인으로 그 영향이 가장 적은 것은?
① 기지국 안테나와 위성안테나 간의 거리
② 기지국 안테나와 위성의 목표지점 간의 지상거리
③ 대기 감쇠
④ 다중경로 전파

해설 위성링크(Satellite Link)는 송신 지구국과 수신 지구국 사이에서 위성을 경유하는 무선 전송으로, 일반적으로 업링크와 다운링크로 구성되어 있으나, 위성 간 링크가 포함되는 경우가 있다. 위성링크에서는 다중경로의 링크가 발생하지 않는다. 다중경로 전파는 지상에서 링크하는 경우에만 발생한다.

16.① 17.④

18. 정지궤도(GEO) 위성통신에 대한 설명으로 옳지 않은 것은?

① 주로 VHF대 주파수를 이용한다.
② 가시거리(line-of-sight) 통신방식이다.
③ 정지궤도(GEO) 위성의 공전주기는 지구의 자전주기와 동일하다.
④ 정지궤도(GEO) 위성통신의 단점 중의 하나는 지연시간이 길다는 것이다.

해설 위성통신은 SHF대역을 이용한다.
㉠ GEO 통신위성 주파수는 모든 전리층에서 반사나 흡수가 문제되지 않는 SHF를 사용하며 특히 우주창문(Cosmic Window)이라는 공간 대기잡음 온도가 비교적 낮은 특성을 갖는 C밴드 주파수를 RF 캐리어로 사용한다.
㉡ 그러나 트래픽이 급증하여 주파수 재사용(Frequency Reuse)의 이중편파를 사용하여도 수요에 RF 공급이 부족하여 현재 Ku밴드는 물론 20~30[GHz]의 Ka밴드까지 사용하고 있다.
㉢ 한편 이동통신 위성은 이동용 안테나 지향 특성 때문에 S 또는 L밴드의 낮은 주파수대를 선택하여 위성추적 실패를 줄이고 있다.

19. 위성통신의 특징으로 옳지 않은 것은?

① 회선의 유연한 설정이 용이하지 않다.
② 광대역 통신회선의 구성이 가능하다.
③ 일반적으로 상향링크와 하향링크에서 서로 다른 주파수를 사용한다.
④ 점 대 다점(Point-to-multipoint) 통신이 가능하다.

해설 ✚ 위성통신의 특징 ✚
㉠ 하나의 위성이 중계할 수 있는 통신구역의 광역성이다.
㉡ 회선설정이 용이하다.
㉢ 전송거리와 비용의 무관계성이다.
㉣ 지리적 장애의 극복이다.
㉤ 고주파대의 전파사용에 따른 고속전송이 가능하다.
㉥ 다지점으로 동시에 정보를 분배하는 동보 통신과 다지점 간에 회선을 설정할 수 있는 다원접속이 가능하다.
㉦ 지구국을 이동시키면 어디에서나 자유자재로 신속하게 회선을 설정할 수 있다.

Answer
18.① 19.①

20 저궤도 위성을 정지궤도 위성과 비교한 설명으로 옳지 않은 것은?

① 핸드오버 복잡도가 정지궤도 위성에 비해 높다.
② 신호 송수신 지연 시간이 정지궤도 위성에 비해 짧다.
③ 예상 수명이 정지궤도 위성에 비해 길다.
④ 서비스를 위한 위성의 수가 정지궤도 위성에 비해 많다.

해설

	저궤도(LEO)	중궤도(MEO)	정지궤도(GEO)
위성 고도(km)	160~2,000	2,000~36,000	36,000
평균 통신 지연율(ms)	25	140	500
공전 주기(분)	88~127	127~1,440	1,440(24시간)
위성 수(2019년 3월 기준)	1,338	125	554
대표 사업자	OneWeb, SpaceX 등	SES Networks	NASA 등 정부기관
위성 무게(kg)	150	700	3,500

중대형 위성은 수명이 10년 이상씩 되지만 소형 위성은 수명이 1년 정도에 그친다. 소형 위성 수명이 다하면 새로운 위성이 발사된다. 저궤도 위성은 소형 위성이다. 그러므로 저궤도(소형위성)는 정지궤도(고궤도)위성에 비해 수명이 짧다.

Answer
20.③

제3절 광통신

01 광케이블들에 있어 전반사 보각이란 무엇을 말하는가?
① 빛이 core 내로 전반사되기 위한 최소 입사각
② 빛이 clad 내로 전반사되기 위한 최소 입사각
③ 빛이 core 내로 전반사되기 위한 최대 입사각
④ 빛이 clad 내로 전반사되기 위한 최대 입사각

해설 임계값보다 크거나 같으면 빛은 굴절하지 않고 반사한다. 따라서 임계값은 최소 입사각이 된다.
입사각이 편광각 θ_1과 같을 때는 반사광선과 굴절광선이 서로 수직임을 알았다. 이 경우 굴절각 $\theta_2 = 90 - \theta_1$는 편광각 θ_1이 보각이 된다.

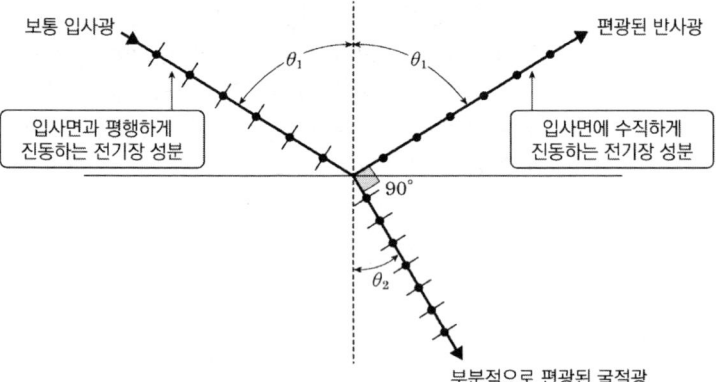

굴절의 법칙으로부터 $n_1 \sin\theta_1 = n_2 \sin\theta_2$
$n_1 \sin\theta_1 = n_2 \sin(90 - \theta_1) = n_2 \cos\theta_1$
$\tan\theta_1 = \dfrac{n_2}{n_1}$ (편광각에 대한 부루스터의 법칙)

전반사 조건 : (굴절률 및 입사각)
㉠ 굴절률 조건 : $n_1 > n_2$
 - 굴절률이 큰 매질에서 작은 매질로 입사해야 함
㉡ 입사각 조건 : $\theta_i \geq \theta_c$: $\tan\theta_c = \dfrac{n_2}{n_1}$
 - 입사각이 임계각 θ_c보다 크거나 같아야 함

Answer 01.①

02 광섬유 케이블 심선에 있어서 core의 굴절률을 점차 높이면(증가시키면) 통화용 레이저 광선의 전파속도(군속도)는 어떻게 변화되는가?

① 점차 빨라진다.
② 점차 늦어진다.
③ 굴절율과 무관하다.
④ 주기적으로 빨라졌다 한다.

해설 $v_g = \dfrac{c}{n_g}$, 굴절률이 높으면 군속도는 낮아진다.

전파속도

$v = f\lambda = \dfrac{\omega}{k}$, $k = \dfrac{\omega}{v}$ (f : 진동수, λ : 파장, ω : 각진동수, k : 파수)

㉠ 파수 : k[rad/m] ⇒ 공간적 의미
㉡ 각진동수 : ω[rad/s] ⇒ 시간적 의미
㉢ 파동의 전파속도 : v[m/s] ⇒ 매질에 따라 달라짐

ⓐ 군속도는 $v_g = \dfrac{d\omega}{dk} = \dfrac{d(kv)}{dk}$ =파동속도 v =위상속도 v_p가 됨
  - 즉, 진동수가 다른 여러 중첩된 파동들(파속) 또는 그 각각이 모두 동일한 파동속도(=군속도=위상속도)를 갖게 됨
  - 따라서, 대부분의 매질에서 군속도 및 위상속도는 다르게 됨

통상, 굴절률(Index of Refraction)이라고 하면, '위상속도 굴절률'을 말함

$n = \dfrac{c}{v} = n_p = \dfrac{c}{v_p}$

※ 진공은 비분산이나, 거의 모든 물질은 분산적 매질임

ⓑ 군속도 굴절률(군 굴절률, Group Index of Refraction)

$n_g = \dfrac{c}{v_g}$, $v_g = \dfrac{c}{n_g}$

굴절률이 높으면 군속도는 낮아진다.

※ 분산 매질에서는, 위상속도가 각 주파수 성분마다 달라지고,
  · 단일 위상속도는 존재하지 않으므로,
  · 주파수 변동 범위가 상대적으로 좁은 경우에 군속도 v_g를 정의하여 사용
  · 가시광선 영역에서, 군 굴절률은 통상의 굴절률보다 그 값이 더 큼

Answer
02.②

03 광파이버의 기본적 성질을 표시하는 구조적 파라미터가 아닌 것은?

① 편심률 ② 비원율
③ 수광각 ④ 외경

해설 ㉠ 광학적 파라미터에 수광각, 개구수, 규격화주파수가 있다.
㉡ 구조적 파라미터에는 내경, 외경, 비원율, 편심률이 있다.

04 다음은 single mode fiber에 대한 설명이다. 틀린 것은?

① core 내를 전파하는 mode가 한 개만 존재한다.
② 모드 간 간섭이 없다.
③ mode가 적어 고속 대용량 전송이 곤란하다.
④ core의 직경이 작아 제조 및 접속이 어렵다.

해설 단일모드는 고속전송에 적합하다.

✦ 단일모드 광섬유(SMF, single mode fiber) 케이블 ✦
㉠ 신호(광)를 코어 내에 적당한 임계각으로 하나만 보내는 것
㉡ 코어(core)의 지름이 작다.
㉢ 빛의 산란이 작다.
㉣ 고속 대용량 전송에 적합하다.
㉤ 광대역 전송이 가능하다.
㉥ 장거리 대용량 시스템에 주로 사용된다.
㉦ 색분산이 존재한다.
㉧ 모드 간 간섭이 없다.
㉨ 코어 내를 전파하는 모드가 한 개(HEu)만 존재한다.
㉩ 코어의 직경이 3~10[μm]로 작아 제조 및 접속이 어렵다.
㉪ ITU-T의 규격에 광통신에서 사용되는 단일모드 광섬유의 코어와 클래딩의 직경은 10[μm], 125[μm]이다.

Answer
03.③ 04.③

05 multimode fiber에 대한 다음 설명 중 틀린 것은?

① core 내의 전파하는 모드가 여러 개이다.
② 모드 간 간섭이 없다.
③ 고속, 대용량 전송이 불가능하다.
④ core의 직경이 비교적 커 단일 모드 광섬유에 비해 접속이 용이하다.

해설 다중모드에는 모드 간 간섭이 주가 된다.

✚ 다중모드 광섬유(MMF, Multi Mode Fiber) 케이블 ✚
㉠ 코어 내를 전파하는 모드가 여러 개다(HE11, TEmn, TJlf, nn).
㉡ 모드 간 간섭이 존재한다.
㉢ 고속, 대용량 전송에 부적합하다.
㉣ 근거리 전송에 사용된다.
㉤ core의 직경이 비교적 크기 때문에 $(30 \sim 90[\mu mJ])$ 제조 및 접속이 용이하다.

06 광파이버로 입사된 광은 모드의 전달속도가 다르기 때문에 파형이 순간적으로 넓어지는 분산 현상이 나타난다. 이를 무슨 분산이라고 하는가?

① 색분산
② 모드분산
③ 재료분산
④ 구조분산

해설 모드 간 분산(모드분산)은 다중 모드 광섬유에만 존재하는 것으로 입사된 빛의 모드 사이의 전파속도 차 때문에 생기는 분산으로 색분산보다 더 안 좋은 현상이다.
① 색분산(모드 내 분산) : 인입각도에 따라 달라지는 파장에 의한 전파속도 차이로 생기는 분산으로 단일 모드, 다중 모드 모두에 존재한다.
  ㉠ 색분산에는 재료분산과 구조분산(도파로 분산)이 있다.
  ㉡ 재료분산은 광파이버의 굴절율이 전파하는 광의 파장에 따라 변화함으로써 생기는 파형의 분산이다.
② 모드 간 분산 : 다중 모드 광섬유에만 존재히는 것으로 입사된 빛의 모드 사이의 전파속도 차 때문에 생기는 분산으로 색분산보다 더 안 좋은 현상
  ㉠ 이를 줄이기 위해 언덕 형(GIF) 광섬유 케이블을 사용한다.
  ㉡ 단일 모드 광섬유는 색분산만 존재한다.
  ㉢ 다중 모드 광섬유는 색분산과 모드 간 분산 모두 존재한다.

Answer
05.② 06.②

07 다음 설명 중 틀린 것은?
① 단일모드 광섬유는 색분산만 생긴다.
② 다중모드 광섬유는 색분산만 생긴다.
③ 다중모드 광섬유는 색분산과 모드분산이 생긴다.
④ 다중모드 광섬유는 모드분산이 색분산보다 훨씬 우세하다.

해설
① 단일모드 광섬유는 색분산(모드 내 분산)만 존재한다.
② 다중모드 광섬유에서는 색분산과 모드분산이 존재하며 색분산보다 모드분산 비중이 더 크다.
③, ④ 다중모드 광섬유에서는 색분산과 모드분산이 존재하며 색분산보다 모드분산 비중이 더 크다.

08 광 섬유 제조 기술상의 문제로부터 생기는 손실은 다음 중 어느 것인가?
① 구조의 불안전성에 의한 손실
② 열적 흔들림, 조성의 흔들림에 의한 레일리 산란 손실
③ 분자 진동에 기인하는 적외선 흡수 손실
④ 전자 변이에 기인하는 자외선 흡수 손실

해설
㉠ 광 섬유 제조 기술상의 문제는 구조손실이다.
　ⓐ 구조손실 : 구조 불안전(기하학적 영향)에 의한 손실, 마이크로 밴딩(micro bending)손실, 계면손실
　ⓑ 재료손실 : 산란손실(레일리 산란손실), 흡수손실(적외선 흡수손실)
　ⓒ 회선손실 : 광섬유를 접속 시 발생하는 접속손실과 결합손실
㉡ 접속손실의 원인으로는 광섬유 심선 접속 부위의 간격, 광섬유 심선 단면의 경사(기울기), 광섬유 코어의 직경 및 모양의 상이 등에 의한 손실이다.

09 다음 중 광섬유의 구조손실에 해당되지 않는 것은?
① 불균등손실　　　　　② 곡률손실
③ micro bending 손실　④ 산란손실

Answer
07.② 08.① 09.②

해설 곡률손실은 허용곡률 반경 이내로 무리하게 구부림으로써 코어와 클래드의 경계면에서 입사각이 변화되어 야기되는 손실이다.
㉠ 구조 불안전에 의한 손실은 기하학적 구조의 영향에 의한 손실
㉡ 곡률손실은 허용곡률 반경 이내로 무리하게 구부림으로써 광섬유 내에 도파하는 빛이 코어와 클래드의 경계면에서 입사각이 변화되어 야기되는 손실이다.
㉢ 마이크로 밴딩(micro bending) 손실
만드는 과정에서 측면에 힘이 가해져 광심선의 도파로 불균등으로 인한 모드분산에 의해 일어나는 손실
 • 계면손실 코어와 클래드의 경계면이 매끄럽지 않아 생기는 손실
㉣ 산란손실
 ⓐ 입자의 크기가 파장에 비해 매우 작다는 근사가 성립하지 않는 영역에서의 산란특성으로 빛의 파장과 비슷할 경우의 산란을 나타내는 것이다.
 ⓑ 입자의 크기에 따라 산란광의 색이 결정된다.
 ⓒ 전파하는 파장이 산란체에 의하여 산란되는 것으로 공진산란이라고도 한다.
㉤ 계면손실은 코어와 클래드의 경계면이 매끄럽지 않아 생기는 손실이다.

10 광케이블의 장점을 설명한 것 중 잘못된 것은?

① 광대역성이다.
② 저손실성이다.
③ 전력 유도를 받지 않는다.
④ 전파속도가 대단히 느리다.

해설 광섬유 내에는 빛으로 전송되기 때문에 전파속도가 빨라 고속전송된다.
㉠ 광섬유의 장점
 ⓐ 무·유도성 전기적인 잡음에 영향을 받지 않는다(전자파 유도에 의한 영향을 받지 않는다).
 ⓑ 광대역성 광케이블(fiber optical cable)이 전송로 가운데 가장 광대역이다(대역폭이 넓어 채널당 경제성이 있고 비용이 저렴하다).
 ⓒ 저손실, 장거리 전송이 용이하다.
 ⓓ 고속성, 대용량성
 ⓔ 경제성 : 크기가 적고 가벼워서 설치비용이 적게 든다.
 ⓕ 세경성 : 미세가공이 가능, 적은 부피로 많은 회선구성이 가능
 ⓖ 경량성 : 가볍고, 코어의 굵기가 가늘며 경량이다.
 ⓗ 보안성 우수하다.
㉡ 광섬유의 단점
 ⓐ 제조가 어렵다.
 ⓑ 접속과 유지보수하기가 어렵다.
 ⓒ 가요성(유연성) 동선에 비해 유연성이 떨어진다.

Answer
10.④

공기업(교통공사)
통신일반
적중예상문제집

CHAPTER 10

네트워크와 프로토콜

공기업(교통공사)
통신일반
적중예상문제집

10 네트워크와 프로토콜

제1절 네트워크

01 국제표준기구인 ISO에서 규정한 OSI(Open System Interconnection) 7계층에서 각 계층에 대한 설명으로 옳지 않은 것은?

① 데이터 링크 계층은 두 시스템 간의 데이터 전송에 위해 링크를 활성화하고 관리하기 위한 기계적, 전기적, 기능적, 절차적 특성 등을 정의한다.
② 세션 계층은 프로세스 간 연결을 확립하고 유지하며 동기화한다.
③ 전송 계층은 TCP/UDP와 관련된 계층으로 오류 복구, 흐름 제어기능을 담당한다.
④ 네트워크 계층은 상위 계층에 연결하는 데 필요한 데이터 전송과 경로 선택 기능을 제공하고, 라우팅 프로토콜을 사용하여 최적의 경로를 선택한다.

해설 두 시스템 간의 데이터 전송에 위해 링크를 활성화하고 관리하기 위한 기계적, 전기적, 기능적, 절차적 특성 등을 정의하는 층은 물리 계층이다.
㉠ 물리 계층(Physical Layer)은 전송 매체의 물리적 인터페이스에 관한 사항을 기술한다. 즉, 전송 매체에서는 개별 정보의 비트(Bit) 교환 문제를 다룬다. 물리 계층은 하드웨어 시스템으로 구현하고, 계층 2 이상의 프로토콜들은 소프트웨어적으로 구현한다.
물리 계층에서 다루는 전송 매체의 특성에는 데이터의 전송 속도, 송수신 호스트 사이의 클록 동기화 방법, 물리적 연결 형태 등이 있다.
㉡ 데이터 링크 계층(Data Link Layer)은 물리 계층을 통해 전송되는 데이터의 물리적 전송 오류를 해결한다. 결과적으로 상위 네트워크 계층에 신뢰성 있는 패킷 전송을 보장해 전송 오류의 부담을 없애준다. 데이터 링크 계층은 전송 경로 문제를 해결할 수 없으므로, 두 호스트가 1:1로 직접 연결된 환경에서 데이터 전송 기능을 지원한다.
데이터 링크 계층을 이용해 전송되는 데이터를 프레임(Frame)이라

Answer
01.①

고 부른다. 프레임 헤더에 표시되는 송수신 호스트 정보에는 LAN 카드에 내장된 송수신 호스트의 MAC 주소가 기록된다. 데이터 링크 계층은 다른 상위 계층처럼 송신 호스트와 수신 호스트 사이의 전송속도 차이를 고려한 흐름 제어 기능도 지원할 수 있다.

ⓒ 네트워크 계층(Network Layer)은 송신 호스트가 전송한 데이터가 어떤 경로를 통해 수신 호스트에 전달되는지를 결정하는 라우팅 문제를 처리한다. 전달 경로 선택은 미리 정해지는 정적인(Static) 방식과 네트워크의 현재 부하 상태에 따라 결정되는 동적인(Dynamic) 방식으로 구분한다. 네트워크 계층에서는 전송 데이터를 패킷(Packet)이라고 부르며, 중개 과정에서 경로 선택의 기준이 되는 호스트 주소가 필요하다. 인터넷에서는 IP 프로토콜이 네트워크 계층의 기능을 수행하는데, 호스트 IP 주소를 데이터 경로 선택의 중요한 기준으로 사용한다. 인터넷에 연결된 호스트는 네트워크 계층 주소와 데이터 링크 계층의 주소를 모두 가진다.

ⓔ 전송 계층(Transport Layer)은 송신 프로세스와 수신 프로세스를 직접 연결하는 단 대 단(End-to-End) 통신 기능을 제공한다. 전송 계층 아래에 위치한 하위 계층은 호스트와 호스트 사이의 데이터 전송 과정에서 발생하는 문제들만 반영한다. 반면 전송 계층은 컴퓨터 내부에서 논리적으로 구축되는 통신 당사자 사이의 통신 문제를 다룬다. 일반적으로 컴퓨터 시스템에서의 통신 당사자는 프로그램의 실행 상태를 의미하는 네트워크 응용 프로세스다.
전송 계층에서는 전송 오류율, 전송속도 같은 일반 사용자의 서비스 요구 유형에 대한 고려와 흐름 제어기능도 한다.

ⓜ 세션 계층(Session Layer)의 기능은 전송 계층과 유사하다. 그러나 사용자에게 원격 파일 전송이나 원격 로그인 같은 상위적 연결 개념인 세션 기능을 제공한다는 점이 다르다. 세션 계층에서는 송수신 호스트 사이의 대화 제어를 비롯해 상호 배타적인 동작을 제어하기 위한 토큰 제어, 일시적인 전송 장애를 해결하기 위한 동기(Synchronization) 기능 등을 제공한다.

ⓗ 표현 계층(Presentation Layer)은 데이터의 의미(Semantic)와 표현 방법(Syntax)을 처리한다. 즉, 통신 양단에서 서로 이해할 수 있는 표준방식으로 데이터를 코딩(Coding)하는 문제를 다룬다. 전자상거래가 활발해지면서 보안의 중요성이 강조되는데, 데이터를 암호화하는 기술도 표현 계층에서 다룬다. 또한 영상 정보 같은 대용량 데이터의 크기를 줄여주는 압축도 표현 계층의 주요 기능이다.

ⓢ 응용 계층(Application Layer)에서는 다양하게 존재하는 응용 환경에서 공통적으로 필요한 기능을 다룬다.

02 게이트웨이로 유입되는 인터넷의 프레임을 목적지로 보내는 장치로서 프레임 경로를 제어할 수 있는 기기는?

① 모뎀
② 허브
③ 리피터
④ 라우터

해설 라우터는 경로를 제어하여 최적의 경로를 설정한다. 라우팅 기능이 존재하는 곳은 OSI 7-layer 중 3 계층인 네트워크 계층이고 인터넷을 전용선을 통해 사용하고자 할 경우 필요한 장비이다.
① 모뎀(MODEM) : modulator-demodulator의 합성어. 컴퓨터를 사용한 통신에서의 변조, 복조 장치, 예를 들면 전화 회선을 사용하는 경우 송신측에서는 보내는 정보를 모뎀으로 디지털 신호에서 아날로그 신호로 변조하여 보내고, 수신측에서는 보내온 아날로그 신호를 모뎀에서 디지털 신호로 복조한다.
② 허브(Hub) : 컴퓨터 통신을 위한 네트워크 중 근거리 통신망인 LAN을 구성할 때 통신이 가능한 컴퓨터 같은 통신 기기를 네트워크에 연결시켜 주는 장치. 일반적으로 컴퓨터나 프린터 등과 네트워크의 연결, 가까운 거리에 있는 다른 네트워크끼리의 연결, 라우터 등과 같은 네트워크 장비와 연결, 네트워크 상태 점검이나 신호 증폭 기능 등의 역할을 한다.
③ 리피터(Repeater) : 디지털방식의 통신선로에서 신호를 전송할 때, 전송하는 거리가 멀어지면 신호가 감쇠하는 성질이 있다. 이때 감쇠된 전송신호를 새롭게 재생하여 다시 전달하는 재생중계장치를 리피터라고 한다. 종류는 비트 리피터(Bit Repeater)와 축적형 리피터(Buffered Repeater)가 있다.
④ 라우터(router) : LAN과 LAN을 연결하거나 LAN과 WAN을 연결하기 위한 인터넷 네트워킹 장비로서, 임의의 외부 네트워크와 내부 네트워크를 연결시켜 준다. 최적의 경로를 설정하는 라우팅 기능이 존재하는 곳은 OSI 7-layer 중 3 계층인 네트워크 계층이고 인터넷을 전용선을 통해 사용하고자 할 경우 필요한 장비이다. 라우터는 브리지와 유사한 기능을 제공하지만, 데이터 패킷을 한 네트워크에서 다음 네트워크로 넘기기 위해서는 또 하나의 계층을 필요로 한다.

Answer
02.④

03 브리지(Bridge)의 활용 용도로서 적합하지 않은 것은?

① 처리율(throughput)을 개선하기 위해 LAN을 종속망(subnetwork)들로 나눈다.
② 동종의 LAN 등을 접속(interconnect)한다.
③ 다른 매체(media)를 사용하는 LAN들을 접속한다.
④ LAN들을 네트워크 계층(network layer)에서 접속한다.

해설 브리지는 OSI-7layer의 데이터 링크 계층에서 사용한다.
　㉠ 브리지(bridge)는 두 개의 근거리통신망(LAN)을 상호 접속할 수 있도록 하는 통신망 연결 장치로서 OSI 참조 모델의 데이터 링크 계층에서 동작한다.
　㉡ 두 개의 LAN을 연결한다는 점에서 리피터(Repeater)와 같을 수도 있지만, 리피터가 모든 신호를 한꺼번에 보내서 통신량을 증가시키는 반면, 브리지는 통신량을 조정할 수 있다.
　㉢ 즉, 통신하고자 하는 노드가 같은 통신망 안에 있을 경우는 데이터가 다른 통신망으로 전달되지 않도록 한다.
　㉣ 또한 리피터와 마찬가지로 데이터를 재생성할 수 있다는 점에서는 같지만 데이터를 재생성하는 위치가 다르다.
　　ⓐ 통신망의 범위와 길이를 확장할 때
　　ⓑ 통신망에 더욱 많은 컴퓨터들을 연결시킬 때
　　ⓒ 통신망에 과다하게 연결된 컴퓨터들로 인한 병목현상을 줄이고자 할 때
　　ⓓ 서로 다른 물리적 매체(통신선로)를 구성된 통신망으로 연결할 때
　　ⓔ 이더넷(Ethernet)과 토큰링(Token Ring) 같은 서로 다른 통신망 구조의 망을 연결할 때

04 C 클래스 주소에서 기본(디폴트) 서브넷 마스크는?

① 255.255.255.0　　　② 255.255.255.224
③ 255.255.255.248　　④ 255.255.255.240

해설 C 클래스 주소의 디폴트 서브넷 마스크는 255.255.255.0이다.
　㉠ A 클래스
　　ⓐ 첫 번째 비트가 0인 주소로, 범위는 0.0.0.0 – 127.255.255.255이다.
　　ⓑ 디폴트 서브넷 마스크 : 255.0.0.0
　㉡ B 클래스
　　ⓐ 첫 번째와 두 번째 비트가 각각 1, 0인 주소로, 범위는 128.0.0.0

Answer
03.④　04.①

~191.255.255.255
    ⓑ 하나의 네트워크에서 수용할 수 있는 최대 호스트 수는 16비트로 2^{16} = 65536개다.
    ⓒ 디폴트 서브넷 마스크 : 255.255.0.0
  ⓒ C 클래스
    ⓐ 첫 번째~세 번째 비트가 각각 110인 주소로, 범위는 192.0.0.0 ~ 223.255.255.255이다.
    ⓑ 디폴트 서브넷 마스크 : 255.255.255.0

05 B 클래스 주소에서 기본(디폴트) 서브넷 마스크는?

① 255.255.0.0
② 255.255.255.0
③ 255.0.0.0
④ 255.255.1.1

해설 B 클래스 디폴트 서브넷 마스크 : 255.255.0.0이다.
✚ B 클래스 ✚
㉠ 첫 번째와 두 번째 비트가 각각 1, 0인 주소로, 범위는 128.0.0.0 ~ 191.255.255.255
㉡ 하나의 네트워크에서 수용할 수 있는 최대 호스트 수는 16비트로 2^{16} = 65536개다.
㉢ 디폴트 서브넷 마스크 : 255.255.0.0

06 한 개의 C 클래스 주소를 나누어 사용하기 위하여 호스트 필드를 8비트가 아닌 5비트만 사용하고 네트워크 식별자로 27비트만 사용한다면 이때 서브넷 마스크는?

① 255.255.255.0
② 255.255.255.224
③ 255.255.255.248
④ 255.255.255.240

해설 ✚ C 클래스 ✚
㉠ 첫 번째 ~ 세 번째 비트가 각각 1,1,0인 주소로, 범위는 192.0.0.0 ~ 223.255.255.255이다.
  - 디폴트 서브넷 마스크 : 255.255.255.0
호스트 필드를 5비트만 사용한다면

10진수	128	64	32	16	8	4	2	1
224	1	1	1	0	0	0	0	0

255.255.255.224이다.

Answer
05.① 06.②

07 B 클래스 주소에서 호스트 식별자 8비트를 서브넷팅하는 경우 이 경우 서브넷 마스크 주소는?

① 255.255.255.0
② 255.255.255.224
③ 255.255.255.248
④ 255.255.255.240

해설 호스트 주소 16비트 중 상위비트 8비트를 1로 설정하여 계산한다.

✤ B 클래스 ✤
㉠ 첫 번째와 두 번째 비트가 각각 1, 0인 주소로, 범위는 128.0.0.0~191.255.255.255
㉡ 하나의 네트워크에서 수용할 수 있는 최대 호스트 수는 16비트로 2^{16} = 65536개다.
㉢ 디폴트 서브넷 마스크 : 255.255.0.0
호스트 식별자 8비트를 서브넷팅하는 경우 서브넷 마스크 주소는 255.255.255.0이다.

08 IPv4의 C 클래스 네트워크를 26개의 서브넷으로 나누고 각 서브넷에서 4~5개의 호스트를 연결하려고 한다. 이러한 서브넷을 구성하기 위한 서브넷 마스크의 값은?

① 255.255.255.192
② 255.255.255.224
③ 255.255.255.240
④ 255.255.255.248

해설 IP 5개+대표 주소 1개+브로드 캐스트 1개+라우터 주소 1개 = 8개(2의 3승)
C 클래스로 마지막 8비트 중 최하비트에 3을 0으로 채우고 나머지는 1로 채운 후 계산한다.

✤ C 클래스 ✤
㉠ 첫 번째 ~ 세 번째 비트가 각각 1,1,0인 주소로, 범위는 192.0.0.0 ~ 223.255.255.255이다.
㉡ 디폴트 서브넷 마스크 : 255.255.255.0
네트워크를 26개의 서브넷으로 나누면 255.255.255.1100000 = 255.255.255.192

10진수	128	64	32	16	8	4	2	1
192	1	1	0	0	0	0	0	0

Answer
07.① 08.④

각 서브넷에서 호스트를 5개 두면
IP 5개 + 대표 주소 1개 + 브로드 캐스트 1개 + 라우터 주소 1개 = 8개(2의 3승)

10진수	128	64	32	16	8	4	2	1
248	1	1	1	1	1	0	0	0

따라서 서브넷 마스크는 255.255.255.248이다.

09 다음 중 라우터(Router)에 관한 설명으로 틀린 것은?

① 네트워크 계층을 지원한다.
② 전송되는 패킷들의 경로를 결정한다.
③ 게이트웨이(gateway) 기능을 지원한다.
④ 브리지(bridge) 기능만을 지원한다.

해설 라우터는 브리지 기능뿐만 아니라 게이트웨이 기능도 지원한다.
㉠ Router는 OSI 7계층 중 3계층에서 동작하며 Routing protocol을 사용하여 IP Packet이 원하는 목적지까지 원활하게 갈 수 있도록 경로를 정해주는 역할을 하는 장비를 지칭하는 것이다. 라우터의 사용용도는 서로 다른 네트워크(여기서 서로 다른 네트워크란 IP의 class나, subnetting이 틀린 경우를 의미한다.) LAN과 WAN을 연결하는 등의 서로 다른 media type을 연결할 때 주로 사용되므로, 항상 라우터는 Ethernet interface와 Wan interface를 기본으로 가지게 되는 것이다. 게이트웨이라 함은 나와 다른 네트워크로 가기 위한 관문이다.
㉡ 라우터라는 이 3계층에서 IP packet을 원하는 목적지까지 전달하도록 하는 장비라고 했는데, 이러한 기능을 비슷하거나 필요한 정도로만 가지면 굳이 라우터가 아니더라도 게이트웨이 역할을 할 수 있다. 즉, Layer 3/4 스위치, 방화벽, Unix, Linux 시스템 등은 모두 부분적인 라우터의 기능(static routing)을 가지고 있으므로 모두 게이트웨이로서 역할을 할 수 있는 것들이다.
물론 라우터라고 불릴 수 있으려면 기본적인 Static routing을 지원하는 것뿐만 아니라 RIP, OSPF, BGP 등의 dynamic한 라우팅도 지원해야 한다.
㉢ 라우터는 세그먼트, 또는 LAN → WAN → LAN을 결합하는 물리적 배치에서는 브리지와 비슷하지만 넓은 범위에서는 크게 다르다. 브리지는 tree 구조와 같은 분기부분에 배치되어, 필요하지 않은 패킷을 버리고 가지만 라우터는 폐루프를 가지는 것과 같은

Answer
09.④

network을 구성할 수 있어 필요한 패킷만을 최적의 코스로 선정해서 통과시킨다.

② 라우터는 internet protocol(network층)에 있는 network 번호에 따라 판정한 다음에 node 번호에 따라 판정을 하고 최종 도달지를 계층적으로 결정한다. network에 있는 internet protocol은 XNS, TCP/IP, OSI, DECnet 등이 protocol에 의해 정의의 방법이 다르므로 라우터는 기본적으로 단일 protocol을 support하게 된다. 거꾸로 생각하면 복수의 protocol이 혼재하는 Backbone network에서 특정 protocol의 network만을 선택할 수 있고, Ethernet(10Mbps)에서 회선(48[Kbps]~1.5[Mbps])으로 speed에 의한 부하율 저하가 필요한 곳에서는 효과적이다.

⑩ 또, 대규모 network에서 mesh나 복수의 loop형을 포함하는 복잡한 topology를 구축할 수 있고 serial link(직렬 접속)를 병행해서 사용함에 따라 load sharing을 할 수 있다.

브라우터(BROUTER)는 브리지나 라우터처럼 네트워크상의 세그먼트 분리를 유지하면서 물리적으로 떨어진 네트워크를 연결한다. Routed 프로토콜에서의 데이터 전송에서는 라우터 기능을 하며 그 외의 프로토콜에 대해서는 브리지 기능을 수행한다. 브리지나 라우터에 비해 비용 및 효과면에서 유리하다. 요즘에 말하는 라우터란 대부분 브라우터를 지칭한다.

10 다른 네트워크 또는 같은 네트워크를 연결하여 그 중추역할을 하는 네트워크로 보통 인터넷의 주가 되는 기간망을 일컫는 용어는?

① Gateway
② Backbone
③ DNS
④ ISDN

해설
㉠ Backbone은 다양한 네트워크를 상호 연결하는 컴퓨터 네트워크의 일부로 넓은 지역에 걸쳐 다양한 네트워크를 묶을 수 있다. 예를 들어, 같은 건물 안에, 다른 건물 안에, 또 캠퍼스 환경 안에, 아니면 넓은 지역에 걸쳐 다양한 네트워크를 묶을 수 있다.
㉡ 백본(backbone) 또는 백본망(backbone network, 문화어 : 중추망)은 다양한 네트워크를 상호 연결하는 컴퓨터 네트워크의 일부로서, 각기 다른 LAN이나 부분망 간에 정보를 교환하기 위한 경로를 제공한다.
㉢ ISDN(종합 정보 통신망, Integrated Service Digital Network)은 음성, 문자, 화상 등의 다양한 통신 서비스를 하나의 디지털 통신망을 근간으로 종합적으로 제공할 수 있도록 통합한 것이다.

Answer
10.②

ⓐ ISDN의 특징
- 통신방식 및 전송로가 모두 디지털방식
- 단일 통신망으로 음성, 문자, 영상 등의 다양한 서비스를 종합적으로 제공
- 고속 통신이 가능하며, 확장성과 재배치성이 좋음
- 두 개 이상의 단말 장치를 제어할 수 있기 때문에 동시에 복수 통신이 가능
- 통신망의 중복 투자를 피할 수 있어 경제적
- OSI 참조 모델의 계층 구조를 따름
- 64[kbps] 1회선 교환 서비스가 기본
- 통신망의 교환 접속 기능에는 회선 교환방식과 패킷 교환방식이 있음

ⓑ ISDN에서 제공하는 서비스
- OSI 참조 모델 1~3계층의 하위 계층 기능을 제공하는 베어러 서비스
- OSI 참조 모델 1~7계층의 모든 기능을 제공하는 텔레 서비스 (Tele Service)
- 부가 서비스로 구분

11 네트워크를 서로 연결하여 상호접속을 위한 망간 연동장치로 사용되지 않는 것은?

① 리피터 ② 브리지
③ 라우터 ④ 트랜시버

해설 트랜시버(transceiver)는 송신기와 수신기를 합친 형태이다.
㉠ 송수신기 또는 트랜시버(transceiver)는 송신기와 수신기를 합친 형태이다. 한 개의 안테나를 사용하는 트랜시버는 동시에 전송과 수신을 할 수 없다. 이를 반이중방식이라고 하며, 반이중방식의 송수신기는 어떠한 때에는 전송만, 어떠한 때에는 수신만을 한다.
㉡ 두 개 이상의 안테나를 사용하는 송수신기는 전송과 수신을 동시에 할 수 있으면 이러한 송수신기를 전이중방식의 송수신기라고 부른다.

Answer
11.④

12 통신망 간의 접속장치 중 OSI 7계층의 네트워크 계층까지를 담당하면서 통신망의 경로선택을 전달하는 장치는?

① 리피터(Repeater) ② 브리지(Bridge)
③ 라우터(Router) ④ 모뎀(Modem)

해설 라우터(Router)는 OSI 3계층 네트워크 계층에서 망을 연결한다.
㉠ 리피터(Repeater) : OSI 1계층 물리 계층에서 재생중계기 역할을 한다.
㉡ 브리지(Bridge) : OSI 2계층 데이터 링크 계층에서 망을 연결한다.
㉢ 라우터(Router) : OSI 3계층 네트워크 계층에서 망을 연결한다.
㉣ 모뎀(Modem) : 변조기와 복조기의 합성어이다.
㉤ 게이트웨이(Gateway) : 게이트웨이(Gateway)는 '관문'이나 '출입구'라는 의미로 다양한 분야에서 일반적으로 사용되는 용어다. 컴퓨터 네트워크에서의 게이트웨이는 현재 사용자가 위치한 네트워크(정확히는 세그먼트-segment)에서 다른 네트워크(인터넷 등)로 이동하기 위해 반드시 거쳐야 하는 거점을 의미한다. 자동차 고속도로로 진입하기 위해 통과하는 톨게이트(tollgate)와 유사한 개념이다.

13 동종 또는 이종의 LAN을 연결시켜 확장형 LAN을 만들거나 OSI 참조 모델의 데이터 링크 계층 중 MAC 계층에서 통신을 하며 두 세그먼트를 연결해 주는 장비는?

① 허브(HUB) ② 스위치(Switch)
③ 서버(Server) ④ 클라이언트(client)

해설 IEEE는 OSI 7계층모델 중 데이터 링크 계층을 다음 2개의 부계층(sub-layer)으로 구분함
㉠ LLC(Logical Link Control) 부계층
ⓐ 주로, 여러 다양한 매체접속제어방식 간의 차이를 보완하여 주는 역할을 함
ⓑ 에러 제어
 - 점 대점 데이터 전달의 정확성
ⓒ 필요 시 흐름제어
 - 토큰패싱방식의 경우
ⓓ 데이터 링크의 유지관리
ⓔ SAP에서의 주소(Addressing) 및 다중화
 - SAP(Service Access Point) 점을 통한 프레임 다중화
ⓕ MAC 부계층과의 독립성 유지
ⓖ LLC 프로토콜은 망내의 모든 노드들에 동등한 지위를 갖도록 하고 있음

Answer
12.③ 13.②

- MAC(Mediam Access Control) 부계층
ⓗ 프레임화
- 프레임 경계의 결정과 프레임 동기
  · 상위계층에서 전달된 패킷을 물리적인 네트워크의 프레임 포맷에 맞추어 주는 역할
  · 또한 약간의 에러 제어를 함
ⓘ 매체 엑세스 제어 관리
- 공유 매체에 대한 효율적인 접근 제어 관리
ⓙ 주소 처리
- 발신처 주소, 수신처 주소의 부가 및 식별
- 상하위 주소 간의 주소변환
ⓚ (기타 기능)
- 반송파 검출, 충돌 감지, 물리매체상의 장애의 검출 등
ⓛ 2계층은 데이터 링크 계층으로 세그먼트를 연결하는 L2 스위치를 사용한다.

14 네트워크상에 기본 서브넷 마스크가 구현되어 있다고 볼 때, IP주소가 201.200.200.15인 호스트를 위한 네트워크 주소는 무엇인가?

① 201.0.0.0
② 201.200.0.0
③ 201.200.200.0
④ 201.200.200.255

해설 IP 주소와 서브넷 주소를 AND연산하여 나온 결과값이 네트워크 주소이다. IP 주소가 201.200.200.15이며 C 클래스
• C 클래스
- 첫 번째 ~ 세 번째 비트가 각각 1,1,0인 주소로, 범위는 192.0.0.0 ~223.255.255.255이다.
• 디폴트 서브넷 마스크 : 255.255.255.0

10진수	128	64	32	16	8	4	2	1
197	1	1	0	0	0	1	0	1
201	1	1	0	0	1	0	0	1
200	1	1	0	0	1	0	0	0
15	0	0	0	0	1	1	1	1

IP 주소 1100 1001 1100 1000 1100 1000 0000 1111
서브넷 1111 1111 1111 1111 1111 1111 0000 0000
────────────────────────────
        1100 1001 1100 1000 1100 1000 0000 0000
         201   200   200   0
네트워크 주소는 201.200.200.0이다.

Answer
14.③

15 A회사에게 인터넷 클래스 B 주소가 할당되었다. 만약 A 회사조직이 64개의 서브넷을 가지고 있다면 각 서브넷에서 사용할 수 있는 주소의 개수는? (단, 특수주소를 포함한다.)

① 256
② 1,024
③ 512
④ 2,048

해설 서브넷 수가 64개이므로 6비트이다. 6비트를 1로 채우고 나머지 0인 부분이 호스트 수이다.
㉠ B 클래스
  ⓐ 첫 번째와 두 번째 비트가 각각 1, 0인 주소로, 범위는 128.0.0.0 ~ 191.255.255.255
  ⓑ 하나의 네트워크에서 수용할 수 있는 최대 호스트 수는 16비트로 $2^{16}=65536$개다.
  ⓒ 디폴트 서브넷 마스크 : 255.255.0.0
서브넷의 개수가 64개이므로 6비트이다.
  255.255.11111100.0000000
호스트의 수는 10비트 : $2^{10}=1024$개

16 IP 주소에서 1개의 C-class는 32비트의 길이로 8비트 호스트 식별자를 갖는다. 이때 최대 몇 개의 호스트 주소를 가질 수 있는가?

① 128개
② 256개
③ 1024개
④ 2048개

해설 호스트 식별자는 호스트 수를 나타내는 비트수이다. 2^n를 계산하면 된다. 실제는 0과 255를 제외한 수로 적용되는 경우도 있다.
㉠ C 클래스
  ⓐ 첫 번째~세 번째 비트가 각각 1,1,0인 주소로, 범위는 192.0.0.0 ~ 223.255.255.255이다.
  ⓑ 디폴트 서브넷 마스크 : 255.255.255.0
8비트의 호스트 식별자를 가지므로 $2^8=256$개 호스트 수를 갖는다.

17 IP address에서 네트워크 ID와 호스트 ID를 구별하는 방식은?

① 서브넷 마스크 ② 클래스 E
③ 클래스 D ④ IPv6

해설 서브넷 마스크는 네트워크 ID와 호스트 ID를 구분해주는 역할을 한다.
㉠ 인터넷 프로토콜 TCP/IP 설정
ⓐ 자동으로 IP 주소 받기 : IP설정이 자동으로 할당된다(유동 IP 방식).
ⓑ IP 주소 : 32비트 주소를 8비트씩 점(.)으로 구분한다.
　　　　네크워크 주소와 호스트 주소로 구성된다.
　　　　현재 컴퓨터에 설정된 IP 주소를 말한다.
ⓒ DNS 서버 주소 : 일반적으로 백업을 목적으로 2개가 할당된다.
　도메인 네임을 IP 주소로 변환하는 DNS서버의 IP 주소
ⓓ 서브넷 마스크 : 네트워크 ID와 호스트 ID를 구분해주는 역할을 한다.
　– IP 수신자에게 제공하는 32비트 주소다.
　– 대부분 255.255.255.0의 C 클래스로 정의된다.
ⓔ 기본 게이트웨이
　– 프로토콜이 서로 다른 통신망을 상호 접속하기 위한 장치
　– 호스트 PC에서 사용하는 IP 주소를 사용, 일반적으로 라우터 주소

18 서브넷 마스크에 대한 설명으로 틀린 것은?

① 네트워크 id와 호스트 id를 구분하는 데 사용한다.
② 하나의 클래스 주소를 복수의 서브넷으로 분배하는 데 이용된다.
③ 목적지 호스트가 로컬 네트워크에 있는지를 판단한다.
④ 복수의 IP 주소를 하나의 네트워크 주소로 인식하게 한다.

해설 목적지 호스트가 로컬 네트워크에 있는지를 판단하는 것은 라우터이다.
㉠ TCP/IP WAN(Wide Area Network)이 네트워크의 집합으로서 효율적으로 작동하도록 하기 위해서 네트워크 사이에서 데이터 패킷을 전달하는 라우터는 정보 패킷이 향하는 호스트의 정확한 위치를 모른다.
㉡ 라우터는 해당 호스트가 어떤 네트워크의 구성원인지만을 알고 있고 자신의 라우팅 테이블에 저장되어 있는 정보를 사용하여 대상 호스트의 네트워크로 패킷을 가져가는 방법을 결정한다. 패킷은 대상 네트워크로 배달된 다음 해당 호스트로 전달된다.

Answer
17.① 18.③

ⓒ 서브넷 마스크는 TCP/IP 프로토콜에 의해 호스트가 로컬 서브넷에 있는지 아니면 원격 네트워크에 있는지를 확인하는 데 사용된다.
ⓔ TCP/IP에서는 네트워크 주소와 호스트 주소로 사용되는 IP 주소의 부분이 고정되어 있지 않아 또 다른 추가 정보가 있지 않는 한 위의 네트워크 주소와 호스트 주소를 확인할 수 없다.
ⓜ 이러한 추가 정보는 서브넷 마스크라고 하는 또 다른 32비트 숫자의 형태로 제공된다.
ⓗ 서브넷은 말그대로 부분망이라는 뜻이다. IP 주소에서 네트워크 영역을 부분적으로 나눈 부분망, 부분 네트워크를 뜻한다.
ⓢ 이 서브넷을 만들 때 쓰이는 것이 바로 서브넷 마스크이다.
ⓞ 이 서브넷 마스크를 이용하여 IP 주소 체계의 Network ID와 Host ID를 서브넷 마스크를 통해 분리할 수 있다.
ⓩ IP 주소는 IP 클래스에 의해 분리되는 Network Prefix와 나머지 Host Number로 분리되게 된다.
ⓒ 서브넷 마스크에 의해 이루어지는 서브넷팅은 이 Host Number를 Subnet Number와 서브넷 안에서 식별되는 Host Number로 다시 분리한다. 이 네트워크 안의 서브넷을 나누는 역할을 하는 물리적인 장치는 라우터이다.
ⓚ 이 라우터는 공인 IP 주소를 할당받은 장치로서 서브넷 안의 호스트들이 외부망인 인터넷에 데이터를 송수신할 경우 그 호스트가 가상 IP를 쓸 경우, 그 처리를 NAT(네트워크주소변환)를 통해 서브넷 가상 IP로 바꾸어주어 외부 서버와 호스트와의 통신을 가능하게 한다.
ⓔ 만약 그 호스트가 공인 IP를 쓰고 있으면 NAT 처리를 하지 않겠지만 현재 인터넷 환경에서 그러한 경우는 거의 없다고 보면 된다.
ⓟ 즉, 나누어진 서브넷에서 다른 망에 있는 호스트끼리 통신을 해야 할 때는 라우터를 통해서만 가능하다.
ⓗ 물론 각 네트워크 ID가 같은 호스트들끼리는 라우터를 통하지 않고도 바로 통신할 수 있다. 같은 네트워크에 있다는 의미는 바로 라우터를 통하지 않고도 통신할 수 있는 같은 Network ID를 가지는 망에 있다는 것이다.
㉮ 네트워크란 하나의 브로드 캐스트 영역으로, 하나의 PC가 데이터를 뿌렸을 때 그 데이터를 라우터를 거치지 않고도 바로 받을 수 있는 영역이다.
㉯ 호스트란 각각의 PC 또는 장비를 의미한다. 하나의 네트워크에서는 IP 주소들의 네트워크 부분은 모두 같고 호스트 부분은 모두 달라야 통신이 이루어진다.

19 네트워크 인터페이스 계층에서 사용되는 주소를 바르게 나타낸 것은?

① IP 주소   ② MAC 주소
③ 포트 번호   ④ 데이터그램 주소

해설 네트워크 인터페이스 계층(물리계층)에서는 MAC 주소를 사용한다.
㉠ MAC 주소
  ⓐ 데이터링크 계층의 MAC 계층에 의해 사용되는 48비트의 하드웨어 주소(LAN 카드)
  ⓑ 어떠한 네트워크 카드도 동일한 MAC 주소를 가지지 않음
㉡ MAC 주소의 형식

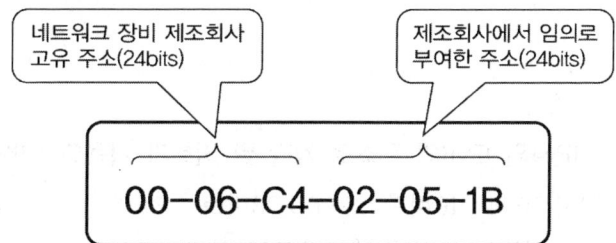

20 트랜스포트 계층에서 사용되는 주소를 바르게 나타낸 것은?

① IP 주소   ② MAC 주소
③ 포트 번호   ④ 데이터그램 주소

해설 트랜스포트 계층에서 사용되는 주소는 포트 번호이다. 소켓은 포트 번호와 IP 주소로 구성된다.
㉠ Port number : 포트 번호는 서비스 구분 번호라고도 불리는 Transport 계층의 주소이다. Application 계층에서는 다양한 서비스를 제공받고 제공하고 있으며 이러한 서비스들을 구분하기 위해 숫자로 식별값을 부여했는데 이를 Port number라고 한다.
총 0~65535번의 값을 사용하고 이 중에서 0~1023번은 가장 빈번하게 사용되는 대표적인 프로토콜에 할당되어 있다. 잘 알려진 포트 번호라는 뜻으로 Well-known port number라고 한다. 이 뒤의 주소는 랜덤포트 번호라고 하고 이 중에서도 상용 애플리케이션들이 IANA에 등록하고 사용하는 등록 번호(Registered number)가 1024~49151번으로 따로 구분되어 있다.

Answer
19.② 20.③

ⓛ 대표적인 Well-known Port

Protocol	Rule	Port
DNS	도메인과 IP를 변환해주는 서비스	53 / UDP
DHCP	IP 자동할당 서비스 프로토콜	67, 68 / UDP
FTP	(대용량) 파일 전송 프로토콜	20(data), 21(control) / TCP
TFTP	(소용량) 파일 전송 프로토콜	69 / UDP
HTTP	웹 서비스 프로토콜	80 / TCP
HTTPS	보안 웹 서비스 프로토콜	443 / TCP
Telnet	원격접속 프로토콜	23 / TCP
SSH	보안 원격접속 프로토콜	22 / TCP

21 IPv4와 IPv6의 주소로 각각 몇 비트가 사용되는가?

① IPv4 : 16비트, IPv6 : 32비트
② IPv4 : 32비트, 1Pv6 : 64비트
③ IPv4 : 32비트, IPv6 : 128비트
④ IPv4 : 64비트, IPv6 : 128비트

해설 IPv4는 32bit, IPv6는 128비트이다.
　㉠ ipv4는 32bit와 멀티캐스트, 유니캐스트, 브로드캐스트로 구성되어 있다. 8비트 10진수로 표시한다.
　㉡ ipv6은 128bit와 멀티캐스트, 유니캐스트, 애니캐스트로 구성되어 있다. 4비트 16진수로 표시된다.

22 IPv4의 주소 중 B 클래스 주소는 어떤 비트로 시작되는가?

① 00
② 01
③ 10
④ 11

해설 B 클래스는 10으로 시작한다. 범위는 128.0.0.0 ~ 191.255.255.255
　㉠ A 클래스
　　ⓐ 첫 번째 비트가 0인 주소로, 범위는 0.0.0.0 ~ 127.255.255.255 이다.

Answer
21.③ 22.③

- ⓒ B 클래스
    - ⓐ 첫 번째와 두 번째 비트가 각각 1, 0인 주소로, 범위는 128.0.0.0 ~ 191.255.255.255
    - ⓑ 하나의 네트워크에서 수용할 수 있는 최대 호스트 수는 16비트로 2^{16} =65,5367R이다.
- ⓒ C 클래스
    - ⓐ 첫 번째 ~ 세 번째 비트가 각각 110인 주소로, 범위는 192.0.0.0 ~ 223.255.255.255이다.
- ⓔ D 클래스
    - ⓐ 첫 번째 ~ 네 번째 비트가 각각 1, 1, 1, 0인 주소로, 나머지 28비트를 멀티캐스트용으로 사용, 주소범위는 224.0.0.0 ~ 239.255.255.255

23 IPv4의 주소 중 C 클래스 주소는 어떤 비트로 시작되는가?

① 000　　　　　　　② 010
③ 110　　　　　　　④ 111

해설 C 클래스는 1,1,0으로 시작되는 주소이다. 범위는 192.0.0.0 ~ 223.255.255.255이다.
- ㉠ A 클래스
    - ⓐ 첫 번째 비트가 0인 주소로, 범위는 0.0.0.0 ~ 127.255.255.255이다.
- ㉡ B 클래스
    - ⓐ 첫 번째와 두 번째 비트가 각각 1, 0인 주소로, 범위는 128.0.0.0 ~ 191.255.255.255
    - ⓑ 하나의 네트워크에서 수용할 수 있는 최대 호스트 수는 16비트로 2^{16} =65,5367이다.
- ㉢ C 클래스
    - ⓐ 첫 번째 ~ 세 번째 비트가 각각 1,1,0인 주소로, 범위는 192.0.0.0 ~ 223.255.255.255이다.
- ㉣ D 클래스
    - ⓐ 첫 번째 ~ 네 번째 비트가 각각 1, 1, 1, 0인 주소로, 나머지 28비트를 멀티캐스트용으로 사용, 주소범위는 224.0.0.0 ~ 239.255.255.255

Answer
23.③

24 C 클래스의 네트워크 주소 하나에는 이론상 몇 개의 호스트가 연결 가능한가?

① 16개　　② 64개
③ 128개　　④ 256개

[해설] 호스트 비트수는 8비트로 호스트 수는 2^8개다.

```
 0         8           16          24         31
┌─┬──────────────┬─────────────────────────────┐
│0│ 네트워크 번호(7[bit])│     호스트 번호(24[bit])          │ (a) 클래스 A
└─┴──────────────┴─────────────────────────────┘

 0                     16                      31
┌─┬─┬──────────────────┬─────────────────────┐
│1│0│ 네트워크 번호(14[bit])│    호스트 번호(16[bit])  │ (b) 클래스 B
└─┴─┴──────────────────┴─────────────────────┘

 0                              24            31
┌─┬─┬─┬────────────────────────┬──────────────┐
│1│1│0│   네트워크 번호(21[bit])    │호스트 번호(8[bit])│ (c) 클래스 C
└─┴─┴─┴────────────────────────┴──────────────┘
```
C 클래스에 이론상 호스트 수는 $2^8 = 256$개이다.

25 IPv6에 대한 설명 중 잘못된 것은?

① 주소수가 대폭적으로 확장되었다.
② 실시간 멀티미디어 처리가 가능하다.
③ 보안성이 확대되었다.
④ IPv4 주소는 수용할 수 없다.

[해설] IPv6 전환기술인 듀얼스택(Dual Stack), 변환기술(Translation), 터널링(Tunneling)을 통해 IPv4와 IPv6를 함께 사용할 수 있다.
㉠ IPv6의 특징
　ⓐ 주소 공간은 128[bit]이며, 32[bit]인 IPv4의 주소 공간보다 많이 확대된다.
　ⓑ IPv4에 있는 헤더 길이 항목을 포함하지 않으며, 헤더 길이는 40바이트로 고정되어 있으므로 헤더를 처리하는 소프트웨어를 최적화하기 쉽다.
　　- 유니캐스트, 애니캐스트, 멀티캐스트 세 가지 형태에 관한 주소 규칙이 있다.
　ⓒ auto configuration(자동환경기능) : 관리자 사전 설정없이 호스트가 자동으로 주소를 설정할 수 있다.
　ⓓ 확장된 주소 공간
　　- 128bit 주소체계 사용
　　- IP주소를 절약하기 위해 사용되는 NAT(Network Address Translation)와 같은 주소변환기술도 불필요함

Answer 24.④　25.④

ⓔ 새로운 헤더 포맷
- 헤더를 고정 길이로 변경(40바이트, 8개의 필드로 구성)
- 기본헤더와 일부 확장헤더로 구성(확장헤더는 기본헤더 뒤에 6개까지 붙일 수 있음)
- 패킷 단편화(fragmentation) 관련 필드 삭제
- 헤더길이, 식별자, 플래그, 분할옵셋, 헤더체크섬과 같은 다섯 가지 필드 삭제됨

ⓕ 향상된 서비스의 지원
- IPv6는 트래픽을 효과적으로 분류할 수 있는 기능 제공
- 이를 위해 IPv6 헤더 내에 플로우 레이블(Flow Label)필드 이용

ⓖ 보안 기능
- IPv4에서의 보안은 IPSec이라는 보안 관련 프로토콜을 별도로 설치해주어야 하는 부가적인 기능을 필요로 함
- IPv6에서는 프로토콜 내에 보안관련 기능을 탑재할 수 있도록 설계
- 확장헤더를 통하여 네트워크 계층에서의 종단 간 암호화를 제공

ⓗ 주소 자동설정
- IPv6에서는 로컬 IPv6주소를 LAN상의 MAC주소와 라우터가 제공하는 네트워크 prefix에 결합하여 IP주소 자동생성

ⓛ IPv6 전환기술
ⓐ 듀얼스택(Dual Stack) : 호스트 또는 라우터의 IPv4와 IPv6 프로토콜을 모두 수용할 수 있는 기술
ⓑ 변환기술(Translation) : IPv4 망과 IPv6 망 사이에 주소변환기를 사용하여 상호 연동시키는 기술
ⓒ 터널링(Tunneling) : IPv4 망에 터널을 만들어 IPv6 패킷을 통과시키는 개념

26 IPv6에서는 IPv4주소를 수용하기 위해서 IPv6의 16바이트 주소를 어떻게 처리하는가?

① 처음 4바이트는 0으로 채우고 다음 8바이트는 FFFF를 기록하고 그 뒤에 IPv4주소를 붙인다.
② 처음 6바이트는 0으로 채우고 다음 6바이트는 FFFF를 기록하고 그 뒤에 IPv4주소를 붙인다.
③ 처음 8바이트는 0으로 채우고 다음 4바이트는 FFFF를 기록하고 그 뒤에 IPv4주소를 붙인다.
④ 처음 10바이트는 0으로 채우고 다음 2바이트는 FFFF를 기록하고 그 뒤에 IPv4주소를 붙인다.

Answer
26.④

해설 80비트는 0으로 채우고, 16비트는 1로 채우고 나머지 IPv4주소를 붙인다. 80비트(10바이트)는 0으로 채우고, 16비트(2바이트)는 1로 채우며 나머지 IPv4주소를 붙인다.

✤ IPv6 전환 툴과 기술 ✤

IPv6를 IPv4와 함께 이용하려면 '전환 툴(Transition tools)'을 사용해야 한다. 인터넷 RFC(Request For Comment) 1933은 이를 IPv6 전환의 필수 기능으로 규정하고 있다.

㉠ 호스트와 라우터를 IPv6로 전환해도, IPv4 기능은 계속 유지된다. 즉 IPv6에 IPv4 프로토콜과 애플리케이션에 대한 호환성을 제공한다. 이런 호스트와 라우터는 IPv6와 IPv4를 함께 운영하기 때문에 듀얼 스택이라고 부른다.

㉡ 듀얼 스택 환경을 효과적으로 운영하려면 또 다른 노력이 필요하다. 여기에는 IPv4를 함께 운영할 수 있도록 IPv6 서비스를 올바르게 설정, 구성하는 것이 포함된다. 특히 네임 서비스(DNSv6), 동적 호스트 주소(DHCPv6), 디렉터리 서비스(액티브 디렉터리와 NIS 등을 IPv6 주소와 정보를 지원하도록 구성, 업데이트 해야 한다)가 중요하다.

㉢ 호스트와 라우터는 모두 같은 네임 서비스(통상 DNS)를 이용하고 IPv6를 지원하는 노드에 대한 정보를 획득, 관리한다.

㉣ IPv6 형식은 IPv4 주소를 수용할 수 있다(IPv4 주소의 총공간은 대략 4.3×10^9이다. 지구의 첫 제곱피트에 다른 일들을 위한 추가적인 1.44×10^{13} 주소가 남아있다). 다시 말해, IPv4 주소도 IPv6를 지원한다.

㉤ IPv6 프로토콜을 지원하지 않는 라우터로 IPv6 트래픽을 이동시키기 위해 IPv4 패킷 내부의 IPv6 패킷을 전송할 수 있다. 이를 터널링(Tunneling)이라고 부른다. IPv6 내부의 IPv4도 지원한다. 이는 지금 당장은 중요한 기능이 아니다. 그러나 IPv6가 IPv4보다 더 많아지면 중요해질 기능이다.

㉥ 또 32비트 IPv4 주소를 128비트 IPv6 주소로 표시하는 두 표준, 즉 호환 형식과 매핑 주소 형식 중 하나를 이용해야 한다.

㉦ 호환 형식은 일반적인 32비트 IPv4 주소 앞에 96개의 0을 채워 넣는다.

㉧ 반면 매핑 주소(mapped address) 기법은 IPI 소켓 API로 네이티브 IPv4 주소 앞에 표준 16비트 FFFF 마스크를 포함하는 IPv4 및 IPv6 주소용 공통 형식을 구현한다. IBM 등 다양한 IPv4-to-IPv6 프로토콜 트랜스레이터가 두 호환 주소를 사용할 수 있게 만든다.

27 단말기 네트워크를 통해 원격지 호스트에 로그인함으로써 단말을 마치 원격지 호스트에 직접 연결된 단말처럼 사용하는 기능을 무엇이라 하는가?

① FTP
② Telnet
③ SMTP
④ SNMP

해설 ① FTP(File Transfer Protocol) : 인터넷을 통해 한 컴퓨터에서 다른 컴퓨터로 파일을 전송할 수 있도록 지원하는 프로토콜이다.
② Telnet(tele network) : 인터넷을 통하여 원격지의 호스트 컴퓨터에 접속할 때 지원되는 인터넷 표준 프로토콜이다.
③ SMTP(Simple Mail Transfer Protocol) : 인터넷상에서 전자 메일을 전송할 때 쓰이는 표준적인 프로토콜이다.
④ SNMP(Simple Network Management Protocol) : TCP/IP 기반의 네트워크에서 네트워크상의 각 호스트에서 정기적으로 여러 가지 정보를 자동적으로 수집하여 네트워크 관리를 하기 위한 프로토콜이다.

28 TCP와 UDP프로토콜의 사용 예를 바르게 설명한 것은?

① TCP도 비연결형 서비스를 제공하고, UDP도 비연결형 서비스를 제공한다.
② TCP도 연결형 서비스를 제공하고, UDP도 연결형 서비스를 제공한다.
③ TCP는 비연결형 서비스를 제공하고, UDP는 연결형 서비스를 제공한다.
④ TCP는 연결형 서비스를 제공하고, UDP는 비연결형 서비스를 제공한다.

해설 TCP는 연결형 서비스, UDP는 비연결형 서비스를 제공한다.
㉠ TCP(Transmission Control Protocol) : 신뢰성 있는 스트림(stream) 전송 프로토콜, IP프로토콜 위에서 연결형 서비스를 지원하는 전송계층 프로토콜로 인터넷 환경에서 기본을 사용한다.
ⓐ 연결형 서비스를 지원한다.
ⓑ 전이중(Full Duplex) 방식의 양방향 가상회선을 제공한다.
ⓒ 신뢰성 있는 데이터 전송을 보장한다.
㉡ UDP(User Datagram Protocol) - 비신뢰적인 데이터그램 기반의 비연결형 전송 프로토콜로서 인터넷에서 정보를 주고받을 때, 서로 주고받는 형식이 아닌 한쪽에서 일방적으로 보내는 통신프로토콜이다.

Answer 27.② 28.④

29. IPv6의 IPv4에 대한 장점으로 틀린 것은?

① 주소크기가 32비트에서 128비트로 늘어났다.
② flow label이 없다.
③ header checksum을 하지 않는다.
④ fragmentation 정보를 사용하지 않을 수 있다.

해설 IPv6은 flow label을 이용한다.

[IPv6의 특징]

특징	설명
확장된 주소 공간	• 128비트 주소체계를 사용하는 IPv6는 IPv4의 주소부족 문제를 해결 • IP주소를 절약하기 위해 사용되는 NAT(Network Address Translation)와 같은 주소변환 기술도 불필요
새로운 헤더 포맷	• 헤더를 고정길이로 변경 • 패킷 단편화(fragmentation) 관련 필드가 삭제 • 체크섬(checksum) 필드 삭제
향상된 서비스의 지원	• IPv6는 **트래픽을 효과적으로 분류할 수 있는 기능을 제공** • 이를 위해 IPv6 헤더 내에 플로우 레이블(Flow Label) 필드를 이용
보안 기능	• IPv4에서의 보안은 IPSec이라는 보안 관련 프로토콜을 별도로 설치해주어야 하는 부가적 기능(add-on)을 필요로 함 • IPv6에서는 **프로토콜 내에 보안관련 기능을 탑재할 수 있도록** 설계 • 확장헤더를 통하여 네트워크 계층에서의 종단 간 암호화를 제공
주소 자동설정	• IPv6에서는 로컬 IPv6주소를 LAN상의 MAC주소와 라우터가 제공하는 네트워크 프리픽스(prefix)에 결합하여 IP주소를 자동생성 • 이동형 컴퓨터의 경우 어느 곳에서든 네트워크와 연결을 설정하면 자동으로 포워딩 주소를 설정할 수 있게 함

Answer 29.②

30 IPv6의 특징이 아닌 것은?

① 이론적으로 2^{128}개의 컴퓨터를 연결할 수 있다.
② 비디오 데이터를 전송할 수 있는 광대역을 확보하고 있다.
③ 서로 다른 속도의 기기 간에도 무리 없이 전송될 수 있다.
④ 보안성을 갖추기 위해서 IPsec해야 한다.

해설 ㉠ IPv6은 IPSec가 탑재되어 있는데 IPv6는 보안기능을 첨가하는 IPsec을 탑재해 보안기능을 수행하도록 설계되었다.
㉡ IPv4는 보안기능인 IPSec를 설치해야 한다.

31 IPv6에서 지원되지 않는 전송 형태는?

① Unicast 주소 : 단일 인터페이스를 지정하며 Unicast 주소로 보내진 패킷은 그 어드레스에 해당하는 인터페이스에 전달된다.
② Anycast 주소 : 여러 노드들에 속한 인터페이스의 집합을 지정하며 Anycast 주소로 보내진 패킷은 그 어드레스에 해당하는 인터페이스들 중 하나의 인터페이스에 전달된다.
③ Multicast 주소 : 여러 노드들에 속한 인터페이스의 집합을 지정하며 Multicast 주소로 보내진 패킷은 그 어드레스에 해당하는 모든 인터페이스들에 전달된다.
④ Broadcast 주소 : 여러 노드에 속한 모든 인터페이스에 패킷을 전달한다.

해설 ㉠ Broadcast는 IPv4의 전송형태 중 하나이다.
㉡ IPv6에 지원되는 전송형태는 Unicast, Multicast, Anycast이다.
㉢ IPv4에 지원되는 전송형태는 Unicast, Multicast, Broadcast이다.

Answer
30.④ 31.④

제2절 프로토콜

01 프로토콜이 다른 LAN을 연결할 때 또는 LAN을 WAN에 접속할 경우에 사용하며, 동일한 망(network) 내에서 주고받는 데이터는 망 내에서만 전송되도록 제한을 가하여 불필요한 작업량을 제거하여 주는 장비는?

① 허브(HUB)
② 스위치(Switch)
③ 라우터(Router)
④ 게이트웨이(Gateway)

해설
① 허브(HUB) : 컴퓨터 통신을 위한 네트워크 중 근거리 통신망인 LAN을 구성할 때 통신이 가능한 컴퓨터 같은 통신 기기를 네트워크에 연결시켜 주는 장치, 일반적으로 컴퓨터나 프린터 등과 네트워크의 연결, 가까운 거리에 있는 다른 네트워크끼리의 연결, 라우터 등과 같은 네트워크 장비와 연결, 네트워크 상태 점검이나 신호 증폭 기능 등의 역할을 한다.
② 스위치(Switch) : 스위치 허브(Switch Hub)는 일반 허브와 형태가 동일하지만, 성능면에서 장점이 있다. 중앙에 위치한 허브에 스위치 기능이 있어 임의의 호스트에서 수신한 프레임을 모든 호스트에 전송하는 것이 아니고, 해당 프레임의 목적지로 지정한 호스트에만 전송한다. 따라서 이들 사이의 프레임 전송이 진행되고 있어도, 다른 호스트끼리 프레임을 전송할 수 있다.
③ 라우터(Router) : LAN과 LAN을 연결하거나 LAN과 WAN을 연결하기 위한 인터넷 네트워킹 장비로서, 임의의 외부 네트워크와 내부 네트워크를 연결시켜 준다. 최적의 경로를 설정하는 라우팅 기능이 존재하는 곳은 OSI 3계층이고 인터넷을 전용선을 통해 사용하고자 할 경우 필요한 장비이다. 라우터는 브리지와 유사한 기능을 제공하지만, 데이터 패킷을 한 네트워크에서 다음 네트워크로 넘기기 위해서는 또 하나의 계층을 필요로 한다.
④ 게이트웨이(Gateway) : 게이트웨이(Gateway)는 '관문'이나 '출입구'라는 의미로 다양한 분야에서 일반적으로 사용되는 용어다. 컴퓨터 네트워크에서의 게이트웨이는 현재 사용자가 위치한 네트워크(정확히는 세그먼트-segment)에서 다른 네트워크(인터넷 등)로 이동하기 위해 반드시 거쳐야 하는 거점을 의미한다. 자동차 고속도로로 진입하기 위해 통과하는 톨게이트(tollgate)와 유사한 개념이다.

Answer 01.③

02 TCP/IP프로토콜 슈트(구조)에 대한 설명 중 틀린 것은?

① 네트워크 인터페이스 계층은 네트워크로의 접속을 수행하는 계층이다.
② 인터넷 계층은 호스트 간 데이터 전달 기능을 제공하는 계층이다.
③ 트랜스포트 계층은 프로세스 간 데이터 전송 기능을 제공하는 계층이다.
④ 애플리케이션 계층은 라우팅 기능을 담당하는 계층이다.

해설 라우팅 기능을 담당하는 계층은 인터네트워크 계층이다.
① 네트워크 인터페이스 계층 : IP 패킷이 물리적 네트워크를 통해 실제적으로 전달되도록 데이터 전송을 담당하며 이더넷, Wi-Fi, FDDI, ATM 등의 전송방식을 포함한다.
최하위 계층인 네트워크 액세스 계층은 물리주소, 즉 MAC 주소를 기반으로 패킷의 전달 경로상에 있는 노드와 노드 간의 전송을 담당한다.
② 인터넷 계층 : IP주소를 기반으로 각 패킷이 목적지까지 가는 길을 찾아 목적지에 정확하게 도달할 수 있게 하는 라우팅(routing)을 담당한다. 하나의 상위 계층(전달 계층) 패킷은 IP 프로토콜을 이용해 여러 개의 패킷으로 나뉘어 서로 다른 경로를 통해 전달될 수 있으며, 최종 목적지에서 원래의 전달 계층 패킷으로 재조립된다. IP 계층은 IP 프로토콜 이외에 ICMP, ARP 등의 여러 가지 프로토콜을 포함한다.
③ 트랜스포트 계층 : 애플리케이션 계층 메시지를 목적지 호스트까지의 종점 간 연결과 데이터 전달을 담당한다. 이를 위해 애플리케이션의 메시지를 좀 더 작은 패킷으로 나누고 수신된 패킷들을 원래대로 재조립하는 일을 수행한다. TCP 프로토콜, 즉 전송 제어 프로토콜은 재전송이나 오류제어 등을 통해 애플리케이션 계층 메시지의 전달을 보장하고, 흐름제어 및 혼잡제어와 같은 서비스를 제공한다. 인터넷의 전송 계층에서는 TCP 이외에 UDP 프로토콜이 사용되기도 한다. UDP 프로토콜은 TCP와 달리 목적지까지의 메시지 전송을 보장하지 않기 때문에 비연결형 서비스를 제공한다고 말하며, 재전송이나 흐름제어 등의 서비스를 제공하지 않는다.
④ 애플리케이션 계층 : 사용자가 접하는 웹서비스, 원격 파일 전송, 메일 전송 등의 서비스를 제공하며, HTTP, SMTP 및 FTP와 같은 많은 프로토콜들을 포함한다.

Answer
02.④

03 인터넷 계층에서 사용되는 프로토콜을 바르게 나타낸 것은?

① IP
② TCP
③ UDP
④ DNS

해설 인터넷 계층에서 사용하는 프로토콜은 IP, AR, RARP, ICMP, IGMP이다.
㉠ 물리 계층(Physical Layer) 또는 네트워크 인터페이스 계층
  물리 계층 + 데이터 링크 계층, 물리적인 단말과 링크이다. 물리적인 주소(MAC)를 사용한다.
  이더넷, Wi-Fi, 토큰링, PPP, SLIP, FDDI, ATM, 프레임 릴레이
㉡ 인터넷 계층(Internet Layer, 네트워크 계층)
  ⓐ 단말 간에 데이터를 전송하는 계층이다.
    주요 프로토콜 : IP(Internet Protocol), ARP(Address Resolution Protocol), RARP(Reverse Address Resolution Protocol), ICMP(Internet Control Message Protocol), IGMP(Internet Group Message Protocol) 등을 사용한다.
    – IP(Internet Protocol) – 비연결형 데이터그램 프로토콜
    – ARP(Address Resolution Protocol) : IP 주소를 물리적인 주소로 변환해 주는 프로토콜
    – RARP(Reverse Address Resolution Protocol) : 물리적인 주소를 IP 주소로 변환해 주는 프로토콜
    – ICMP(Internet Control Message Protocol) : 송신자에게 데이터의 문제를 알려 주기 위한 메시지 프로토콜
    – IGMP(Internet Group Message Protocol) : 수신자 그룹에게 메시지를 동시에 전송하는 메시지 프로토콜
㉢ 전송 계층(Transport Layer)
  ⓐ 호스트 간의 신뢰성 있는 데이터를 전송하기 위한 계층
  ⓑ 주요 프로토콜 : TCP, UDP, DCCP, SCTP
    – TCP(Transmission Control Protocol) : 신뢰성 있는 스트림(stream) 전송 프로토콜
    – UDP(User Datagram Protocol) : 비신뢰적인 데이터그램 기반의 비연결형 전송 프로토콜
㉣ 응용 계층(Application Layer)
  ⓐ 세션 계층 + 표현 계층 + 응용 계층을 합친 계층
  ⓑ 클라이언트와 서버 간의 통신을 담당하는 계층이다.
  ⓒ 사용하는 많은 프로토콜이 있으며 많은 프로그램에서 이용된다.
  ⓓ 주요 프로토콜 : DNS, TFTP, TLS/SSL, FTP, HTTP, IMAP, IRC, NNTP, POP3, SIP, SMTP, SNMP, SSH, TELNET

Answer
03.①

04 트랜스포트 계층에서 사용되는 프로토콜을 바르게 나타낸 것은?

① IP, ICMP
② TCP, UDP
③ SNMP, FTP
④ SNMP

해설 전송 계층(Transport Layer)에서 사용하는 프로토콜은 TCP, UDP, DCCP, SCTP이다.
① IP, ICMP : 인터넷 계층
② TCP, UDP : 전송 계층
③ SNMP, FTP, SMTP : 응용 계층

05 다음 프로토콜 중 파일 전송하는 데 사용되는 것은?

① DNS
② FTP
③ SMTP
④ SNMP

해설 파일 전송에 사용되는 프로토콜은 FTP이다.
① DNS(Domain Name System) : 네트워크에서 도메인이나 호스트 이름을 숫자로 된 IP 주소로 해석해주는 TCP/IP 네트워크 서비스이다.
② FTP(File Transfer Protocol) : 인터넷을 통해 한 컴퓨터에서 다른 컴퓨터로 파일을 전송할 수 있도록 하는 방법과, 그런 프로그램을 모두 일컫는 말이다. 인터넷을 통하여 어떤 한 컴퓨터에서 다른 컴퓨터로 파일을 송수신할 수 있도록 지원하는 방법과 그런 프로그램을 통칭하기도 한다.
③ SMTP(Simple Mail Transfer Protocol) : 인터넷에서 전자 메일 전송은 SMTP(Simple Mail Transfer Protocol)를 지원하는 호스트 사이에 이루어지며, SMTP 호스트는 SMTP 명령과 그에 따른 응답 과정을 반복해 메일을 전송한다.
④ SNMP(Simple Network Management Protocol) : TCP/IP 기반의 네트워크에서 네트워크상의 각 호스트에서 정기적으로 여러 가지 정보를 자동적으로 수집하여 네트워크 관리를 하기 위한 프로토콜이다.

Answer
04.② 05.②

공기업(교통공사) 통신일반 적중예상문제집

난이도 상 **중** 하

06 문자 주소와 IP 주소와의 상호변환을 수행하는 프로토콜은?

① DNS ② UDP
③ FTP ④ SNMP

해설
① DNS(Domain Name System) : 네트워크에서 도메인이나 호스트 이름을 숫자로 된 IP 주소로 해석해주는 TCP/IP 네트워크 서비스이다.
② UDP(User Datagram Protocol) : 인터넷에서 정보를 주고받을 때, 서로 주고받는 형식이 아닌 한쪽에서 일방적으로 보내는 방식의 통신 프로토콜이다.
③ FTP(File Transfer Protocol) : 인터넷을 통해 한 컴퓨터에서 다른 컴퓨터로 파일을 전송할 수 있도록 지원하는 프로토콜이다.
④ SNMP(Simple Network Management Protocol) : TCP/IP 기반의 네트워크에서 네트워크상의 각 호스트에서 정기적으로 여러 가지 정보를 자동적으로 수집하여 네트워크 관리를 하기 위한 프로토콜이다.

난이도 상 **중** 하

07 IP 주소와 MAC 주소 간의 변환을 위해 사용되는 프로토콜은?

① FTP, TFTP ② ARP, RARP
③ TCP, UDP ④ IP, SMTP

해설
① FTP, TFTP
  ㉠ FTP(File Transfer Protocol)은 인터넷을 통해 한 컴퓨터에서 다른 컴퓨터로 파일을 전송할 수 있도록 하는 지원하는 프로토콜이다.
  ㉡ TFTP(Trivial File Transfer Protocol)은 FTP와 마찬가지로 파일을 전송하기 위한 프로토콜이지만, FTP보다 더 단순한 방식으로 파일을 전송한다.
② ARP, RARP
  ㉠ ARP(Address Resolution Protocol)는 네트워크 계층 주소(예 인터넷 IP 주소)를 물리 주소(예 이더넷 하드웨어, 즉 어댑터 주소 또는 MAC 주소)로 변환하기 위해 사용된다.
  ㉡ RARP(Reverse Address Resolution Protocol)는 IP호스트가 자신의 물리 네트워크 주소(MAC)는 알지만 IP 주소를 모르는 경우, 서버로부터 IP 주소를 요청하기 위해 사용한다. 반대로 IP 주소로부터 맥 주소를 알아오는 것을 ARP(Address Resolution Protocol)라고 한다.

Answer
06.① 07.②

③ TCP, UDP
  ㉠ TCP(Transmission Control Protocol)는 IP 프로토콜 위에서 연결형 서비스를 지원하는 전송계층 프로토콜로, 인터넷 환경에서 기본으로 사용한다.
  ㉡ UDP(User Datagram Protocol)는 인터넷에서 정보를 주고받을 때, 서로 주고받는 형식이 아닌 한쪽에서 일방적으로 보내는 방식의 통신 프로토콜이다. 비연결형이다.
④ IP, SMTP
  ㉠ IP(Internet Protocol)는 인터넷에서 해당 컴퓨터의 주소이다. 인터넷에 연결되어 있는 각 컴퓨터는 숫자로 이루어진 고유 주소를 갖고 있다.
  ㉡ SMTP(Simple Mail Transfer Protocol)는 인터넷상에서 전자메일을 전송할 때 쓰이는 표준적인 프로토콜이다.

08 Ping과 같이 네트워크의 오류제어를 위해 사용되는 프로토콜은?

① ARP ② RARP
③ ICMP ④ IGMP

해설 ① ARP(Address Resolution Protocol)
  네트워크 계층 주소(예 인터넷 IP 주소)를 물리 주소(예 이더넷 하드웨어, 즉 어댑터 주소 또는 MAC 주소)로 변환하기 위해 사용된다.
② RARP(Reverse Address Resolution Protocol)
  IP호스트가 자신의 물리 네트워크 주소(MAC)는 알지만 IP 주소를 모르는 경우, 서버로부터 IP 주소를 요청하기 위해 사용한다. 반대로 IP 주소로부터 맥 주소를 알아오는 것을 ARP(Address Resolution Protocol)라고 한다.
③ ICMP(Internet Control Message Protocol)
  인터넷 환경에서 오류에 관한 처리를 지원하는 용도로 사용되며, IP 패킷의 데이터 부분에 캡슐화되어 송신 호스트에게 전달된다. TCP/IP 기반의 통신망에서 전송 과정에 문제가 발생하면 라우터에 의해 ICMP 메시지가 자동으로 발생하여 패킷 송신 호스트에게 전달된다. ICMP에 의해 발생되는 주요 메시지는 프로토콜 헤더의 Type 필드 값에 따라 다음과 같이 구분된다. 대부분 오류에 관한 것이다.
  ㉠ ECHO REQUEST, ECHO REPLY : 유닉스(Unix)의 ping 프로그램에서 네트워크의 신뢰성을 검증하기 위하여 ECHO REQUEST 메시지를 전송하고, 이를 수신한 호스트에서는 ECHO REPLY를 전송해 응답한다.

Answer
08.③

ⓒ DESTINATION UNREACHABLE : 수신 호스트가 존재하지 않 거나, 존재해도 필요한 프로토콜이나 포트 번호 등이 없어 수신 호스트에 접근이 불가능한 경우에 발생한다.
ⓒ SOURCE QUENCH : 네트워크에 필요한 자원이 부족하여 패킷 이 버려지는 경우에 발생한다. 예를 들면, 전송 경로에 있는 라 우터에 부하가 많이 걸려 패킷이 버려지는 경우다. 이 메시지를 이용해 송신 호스트에게 혼잡 가능성을 경고함으로써, 패킷 송 신 호스트가 데이터를 천천히 전송하도록 알릴 수 있다.
ⓔ TIME EXCEEDED : 패킷의 TTL(Time To Live) 필드 값이 0이 되어 패킷이 버려진 경우에 주로 발생한다. 기타의 시간 초과 현상에 의해 패킷이 버려진 경우도 이에 해당한다.
ⓜ TIMESTAMP REQUEST, TIMESTAMP REPLY : 두 호스트 간 의 네트워크 지연을 계산하는 용도로 사용한다.
④ IGMP(Internet Group Management Protocol)
로컬 네트워크상에서 라우터와 호스트 간의 멀티캐스트 환경을 제 공하기 위해 그룹 멤버십을 구성하거나, 그룹 관리를 위한 프로토 콜을 의미한다.

09 다음 중 네트워크를 관리하기 위해 사용되는 프로토콜은?

① FTP ② Telnet
③ SMTP ④ SNMP

해설 ① FTP(File Transfer Protocol) : 인터넷을 통해 한 컴퓨터에서 다른 컴퓨터로 파일을 전송할 수 있도록 지원하는 프로토콜이다.
② Telnet(tele network) : 인터넷을 통하여 원격지의 호스트 컴퓨터에 접속할 때 지원되는 인터넷 표준 프로토콜이다.
③ SMTP(Simple Mail Transfer Protocol) : 인터넷상에서 전자 메일 을 전송할 때 쓰이는 표준적인 프로토콜이다.
④ SNMP(Simple Network Management Protocol) : TCP/IP 기반의 네트워크에서 네트워크상의 각 호스트에서 정기적으로 여러 가지 정 보를 자동적으로 수집하여 네트워크 관리를 하기 위한 프로토콜이다.

Answer
09.④

10 다음 TCP/IP프로토콜의 트랜스포트층의 TCP와 UDP의 차이점에 대하여 옳은 것은?

① TCP와 UDP는 모두 에러검출 및 정정기능을 갖는다.
② TCP와 UDP는 데이터를 전달하는 과정에서 TCP는 에러검출 및 정정기능을 가지는데 반해 UDP는 이런 기능을 갖지 못하는 대신에 TCP보다 빠른 전송이 가능하다.
③ TCP가 UDP보다 전송속도도 빠르고 효율이 좋다.
④ TCP는 에러 검출 및 정정이 불가능하나 UDP는 가능하다.

해설 TCP와 UDP는 데이터를 전달하는 과정에서 TCP는 에러검출 및 정정기능을 가지는데 반해 UDP는 이런 기능을 갖지 못하는 대신에 TCP보다 빠른 전송이 가능하다.

㉠ TCP(Transmission Control Protocol) 특징
ⓐ 연결형 서비스로 가상 회선방식을 제공한다.
ⓑ 3-way handshaking과정을 통해 연결을 설정하고 4-way handshaking을 통해 해제한다.
ⓒ 흐름 제어 및 혼잡 제어를 한다.
ⓓ 높은 신뢰성을 보장한다.
ⓔ UDP보다 속도가 느리다.
ⓕ 전이중(Full-Duplex), 점 대 점(Point to Point)방식
ⓖ 패킷은 세그먼트이다.
ⓗ 체크 섬은 필수사항이다.

㉡ UDP 특징
ⓐ 비연결형 서비스로 데이터그램방식을 제공한다.
ⓑ 정보를 주고 받을 때 정보를 보내거나 받는다는 신호절차를 거치지 않는다.
ⓒ UDP헤더의 CheckSum 필드를 통해 최소한의 오류만 검출한다.
ⓓ 체크 섬은 선택사항이다.
ⓔ 신뢰성이 낮다
ⓕ TCP보다 속도가 빠르다.
ⓖ 패킷은 데이터그램이다.
ⓗ Simplex

	TCP	UDP
데이터 전송단위	세그먼트	블록 형태의 다이어그램
서비스의 형태	연결형	비연결형
수신순서	송신순서와 동일	수신순서와 불일치
오류 제어, 흐름 제어	있음	없음
전송속도	UDP에 비해 느림	TCP에 비해 빠름

Answer
10.②

11 인터넷 통신에서 사용되는 프로토콜에 대한 기능 설명 중 옳지 않은 것은?

① IP(Internet Protocol)은 네트워크 계층 프로토콜이며, 비연결형 데이트그램방식의 패킷을 전달한다.
② ARP(Address Resolution Protocol)는 논리적 주소(예, IP 주소)와 물리적 주소(예, LAN의 MAC 주소) 간의 연관 관계를 찾을 때 사용된다.
③ ICMP(Internet Control Message Protocol)는 인터넷의 네트워크 계층에서 발생되는 문제점에 대한 에러 통보(error report)와 네트워크상의 문제 분석을 위한 질의 응답에서 사용된다.
④ UDP(User Datagram Protocol)는 응용계층 프로토콜이며, 실시간 멀티미디어 정보전송에서 종단 간 에러제어 및 흐름제어 기능을 제공한다.

해설 UDP(User Datagram Protocol)는 전송계층 프로토콜이며, 실시간 멀티미디어 정보전송에서 종단 간 에러제어 및 흐름제어 기능을 제공하지 않는다.
• UDP(User Datagram Protocol)는 전송계층 프로토콜이다.

12 비트의 투명성을 유지하기 위해 플래그와 같은 비트 패턴이 나타나는 것을 방지하기 위해 다섯 개의 연속된 1이 나타나면 그 다음에 0을 강제로 삽입하여 플래그와 혼동을 방지하는 것은?

① 비트 동기화
② 디스크램블(descramble)
③ 비트 스터핑(bit stuffing)
④ 정보 분리(information separator)

해설 비트 스터핑은 비트 프레임방식에서는 송신 호스트가 전송하고자 하는 데이터 내용 중에 값이 1인 패턴이 연속해서 5번 발생하면 강제로 0을 추가해 전송한다.
① 비트 동기화(bit synchronization, bit timing) : 데이터 전송에서 단말 장치 사이에 메시지의 송수신을 행할 때, 비트 단위로 동기를 취하는 방식이다.

Answer 11.④ 12.③

② 디스크램블(descramble) : 스크램블러의 반대 기능을 가진 회로이다. 스크램블러란 연속되는 데이터 입력에서 타이밍 정보가 유실되는 것을 방지하고, 주기적인 데이터 패턴을 반복하는 경우 생기는 단일 주파수 성분을 억압함으로써 전송로에서 발생하는 혼변조 현상을 방지하기 위해 입력 데이터를 임의부호 계열로 변환하는 회로를 말한다. 디스크램블러는 스크램블러에 의해 만들어진 임의부호 계열로부터 원래 데이터를 생성하는 회로를 의미한다.

③ 비트 스터핑(bit stuffing) : 비트 프레임(bit frame)방식은 문자 단위의 가정을 없애고, 임의의 비트 패턴 데이터를 전송할 수 있다. 프레임의 시작과 끝 위치에 플래그(Flag)라는 특수하게 정의된 비트 패턴(01111110)을 사용해 프레임 단위를 구분한다.

문자 프레임방식에서 DLE 패턴이 프레임의 내용에 나타날 가능성이 있는 것처럼, 비트 프레임방식에서도 플래그와 동일한 비트 패턴을 포함할 수 있다. 따라서 데이터의 내용에 이 패턴이 나타나면 전송하기 전에 이를 적당히 변환하는 과정이 필요하다.

비트 스터핑은 비트 프레임방식에서는 송신 호스트가 전송하고자 하는 데이터 내용 중에 값이 1인 패턴이 연속해서 5번 발생하면 강제로 0을 추가해 전송한다. 플래그에 1이 연속해서 6개이므로 원천적으로 데이터 내용에 플래그 패턴의 발생을 차단하기 위함이다.

④ 정보 분리(information separator) : 데이터의 계층적 구성에서 유사한 데이터의 구성 단위를 구분하기 위해서 사용하는 제어 문자

13 HDLC에서 비트열 "0111 1111 0000"을 전송할 때 비트 스터핑(bit stuffing)을 한 결과로 옳은 것은?

① 0111 1101 1000
② 0111 0111 1000
③ 0111 1100 11000
④ 0111 1101 10000

해설 비트 스터핑은 비트 프레임방식에서는 송신 호스트가 전송하고자 하는 데이터 내용 중에 값이 1인 패턴이 연속해서 5번 발생하면 강제로 0을 추가해 전송한다.
0111 1111 0000 → 0111 1101 10000

Answer
13.④

14 Multi-drop형 network에서 컴퓨터로 구성된 제어국이 여러 대의 단말기로 구성된 종속국에 차례로 데이터 송신 요구가 있는지 묻는 송신권 제어방식은?

① Selection 방식
② Contention 방식
③ Polling 방식
④ Routing 방식

해설 ✚ 회선제어방식에서 경쟁선택방식과 폴링/셀렉션방식 비교 ✚
㉠ 경쟁방식(Contention) : 송신 요구를 먼저한 쪽이 송신권을 가짐
ⓐ Point to Point 방식이 주로 사용
ⓑ 데이터링크가 설정되면 종료 전까지 계속 이어지며 독점적 정보 전송
ⓒ 대표적인 시스템은 ALOHA
㉡ 폴링/셀렉션방식(Polling/Selection) : 주컴퓨터에서 송수신권 제어권을 갖고 있는 방식
ⓐ 트래픽이 많은 Multi-Point 방식이 주로 사용
ⓑ Polling 방식 : 주국에서 종속국에 보낼 데이터가 있는지 문의, 있으면 종속국에서 주국으로 데이터를 보내는 방식이다(송신할 데이터가 있는지).
ⓒ 셀렉션(Selection)방식 : 주국에서 종속국으로 보낼 데이터가 있는데 수신할 수 있는지 문의하고, 수신할 수 있다면 주국에서 종속국으로 데이터를 보내는 방식이다(수신할 수 있는지).

15 하이레벨 데이터 링크 제어 순서의 특징이 아닌 것은?

① 전송 효율 향상
② 신뢰성 향상
③ 에러 검출
④ 한 블록마다 수신 확인

해설 ㉠ 데이터 전송 제어 절차
회로 연결 → 링크 설정 → 데이터 전송 → 링크 해제 → 회로 해제
㉡ HDLC(High-level Data Link Control)는 비트(Bit) 위주의 프로토콜로, 각 프레임에 데이터 흐름을 제어하고 오류를 검출할 수 있는 비트열을 삽입하여 전송한다.
ⓐ 포인트 투 포인트(Point-to-Point) 및 멀티 포인트(Multi-Point), 루프(Loop) 등 다양한 데이터 링크 형태에 동일하게 적용이 가능하다.
ⓑ 단방향, 반이중, 전이중 통신을 모두 지원하며, 동기식 전송방식을 사용한다.

Answer
14.③ 15.④

ⓒ 오류 제어를 위해 Go-Back-N과 선택적 재전송(Selective Repeat) ARQ를 사용한다.
　　　ⓓ 흐름 제어를 위해 슬라이딩 윈도방식을 사용한다.
　　　ⓔ 전송 제어상의 제한을 받지 않고 자유로이 비트 정보를 전송할 수 있다(비트 투과성).
　　　ⓕ 전송 효율과 신뢰성이 높다.
　ⓒ 비트 투과성(Bit Transparency)은 프레임에 임의의 비트를 삽입하여 데이터의 자유로운 전송을 보장하는 기능으로, 프레임 내의 플래그(Flag) 비트와 다른 비트를 구분하여 기본적인 오류를 검출한다.
　　　ⓐ 비트 투과성을 위해 플래그(Flag) 비트를 제외한 모든 비트는 '1'이 6개 이상 연속되지 않도록 한다. '1'이 연속적으로 5개가 입력되면 그 다음 6번째에는 '0'을 강제로 추가하여 송신한다(비트 스터핑(stuffing)).
　　　ⓑ 프레임 내에 '1'이 연속해서 6개가 입력되면 플래그(Flag), 7개 이상 연속해서 입력되면 오류 프레임으로 인식하여 오류를 검출한다.
　ⓔ 플래그(Flag)의 역할
　　　ⓐ 프레임의 시작과 끝을 구분
　　　ⓑ 동기 유지(통화로의 혼선을 방지하기 위해)
　　　ⓒ 비트 투과성을 이용한 기본적인 오류 검출
　ⓜ 링크설정(동작모드)
　　　ⓐ NRM(Normal Response Mode) : 송신 허가 후 프레임 전송(PTP, MP 회선 구성)
　　　ⓑ ARM(Asynchronous Response Mode) : 송신 허가 없이 프레임 전송(PTP, MP 회선 구성)
　　　ⓒ ABM(Asynchronous Balanced Mode) : 송신 허가 없이 프레임 전송(PTP 회선 구성)
　ⓗ HDLC 프레임 종류
　　　ⓐ I-Frame(Information) : 데이터 포함
　　　ⓑ R-Frame(Receive) : 프레임의 수신 가능 여부(RR, RNR)
　　　ⓒ S-Frame(Supervisory) : 링크 설정 요구(SNRM, SARM, SABM)
　　　ⓓ U-Frame(Unnumbered) : 응답(ACK)
　ⓢ HDLC는 프레임마다 자체적으로 에러체크를 하여 Go-Back-N과 선택적 재전송(Selective Repeat) ARQ를 사용하여 재전송을 요청한다. 한 블록마다 수신 확인하는 방식은 **Stop and Wait ARQ 방식**이다.

16 다음 중 비트방식 프로토콜(bit-oriented protocol)에 해당되지 않는 것은?

① BASIC
② HDLC
③ ADCCP
④ BOLD

해설
㉠ 문자방식 프로토콜
  ⓐ 특수 제어문자를 사용하여 메시지의 처음과 끝, 데이터의 처음과 끝을 나타내도록 하여 전송하는 방식
  ⓑ 프로토콜 예
    - IBM : BSC, BASIC
㉡ 비트 중심 프로토콜(bit-oriented protocol)
  ⓐ 비트들을 모아서 하나의 묶음으로 하여, 비트 묶음의 처음과 끝을 나타내는 특별한 비트 패턴을 덧붙여 전송하는 방식의 프로토콜들을 총칭
  ⓑ 프로토콜 예
    - IBM사의 SDLC
    - ISO의 HDLC
    - ANSI의 ADCCP
    - Burroughs의 BDLC, CDC의 CDCCP
    - Sperry UNIVAC의 UDLC
    - NCR의 BOLD
    - ITU-T의 X.25 Protocol LAP-B(X.25)
    - IEEE 802.2의 LLC(Logical Link Control)
    - LAP-D(ISDN)
    - LLC(LAN)
㉢ 바이트 중심 프로토콜
  ⓐ 비트들이 아니라, 바이트를 기본 단위로 간주하는 방식의 프로토콜들을 총칭
  ⓑ 프로토콜 예
    - IBM사의 BISYNC(BInary SYNchronous Communication)
    - DEC사의 DECNET에서 사용하는 DDCMP(Digital Data Communication Message Protocol)
    - ARPANET에서 사용하는 IMP-IMP(Interface Message Processor) 프로토콜
    - PPP

Answer 16.①

17 비트방식 프로토콜(bit-oriented protocol)이 아닌 것은?

① LAP-B ② HDLC
③ LLC   ④ DDCMP

해설 ✚ 비트 중심 프로토콜(bit-oriented protocol) ✚
㉠ 비트들을 모아서 하나의 묶음으로 하여, 비트 묶음의 처음과 끝을 나타내는 특별한 비트 패턴을 덧붙여 전송하는 방식의 프로토콜들을 총칭
㉡ 프로토콜 예
  ⓐ IBM사의 SDLC
  ⓑ ISO의 HDLC
  ⓒ ANSI의 ADCCP
  ⓓ Burroughs의 BDLC, CDC의 CDCCP
  ⓔ Sperry UNIVAC의 UDLC
  ⓕ NCR의 BOLD
  ⓖ ITU-T의 X.25 Protocol LAP-B(X.25)
  ⓗ IEEE 802.2의 LLC(Logical Link Control)
  ⓘ LAP-D(ISDN)
  ⓙ LLC(LAN)
  ⓚ DDCMP는 바이트방식 프로토콜이다.

18 다음 중 다른 프로토콜을 사용하는 망을 연결하는 데 사용되는 것은?

① 리피터(repeater)
② 게이트웨이(gateway)
③ 서버(server)
④ 클라이언트(client)

해설 게이트웨이(gateway)는 서로 다른 네트워크로 이동하기 위한 관문이다.
㉠ 두 컴퓨터(or node)가 네트워크상에서 서로 연결되려면 동일한 통신 프로토콜(protocol, 통신 규약)을 사용해야 한다.
㉡ 한 프로토콜이 다른 네트워크상의 컴퓨터와 통신하려면 두 프로토콜을 적절히 변환해야 하는데, 변환기 역할을 게이트웨이가 해준다.
㉢ 전송계층(OSI 7계층 중 4계층) 실제로는 1~7계층 모두에서 동작한다.

Answer
17.④ 18.②

㉣ 게이트웨이는 라우터보다 포괄적인 개념이다.
㉤ 게이트웨이(gateway, 망관문)는 컴퓨터 네트워크에서 서로 다른 통신망, 프로토콜을 사용하는 네트워크 간의 통신을 가능하게 하는 컴퓨터나 소프트웨어를 두루 일컫는 용어이다. 즉, 다른 네트워크로 들어가는 입구 역할을 하는 네트워크 포인트이다. 넓은 의미로는 종류가 다른 네트워크 간의 통로의 역할을 하는 장치이며, 또한 게이트웨이를 지날 때마다 트래픽(traffic)도 증가하기 때문에 속도가 느려질 수 있다.
㉥ 게이트웨이는 서로 다른 네트워크상의 통신 프로토콜(protocol, 통신규약)을 적절히 변환해주는 역할을 한다.
㉦ 게이트웨이는 OSI 참조 모델의 전 계층을 인식하여 전송방식이 다른 통신망도 흡수하고, 서로 다른 기종끼리도 접속을 가능하게 한다.

CHAPTER 11

무선 LAN과 신기술

공기업(교통공사)
통신일반
적중예상문제집

무선 LAN과 신기술

제1절 무선 LAN

01 무선 LAN 시스템에 대한 설명 중 옳지 않은 것은?

① AP(Access Point)는 무선접속을 통해 이동단말과의 무선 링크를 구성하는 무선 기지국의 일종이다.
② 무선 LAN은 CSMA/CA와 같은 방법으로 매체를 공유하여 사용한다.
③ 무선 LAN에서 단말은 AP만을 통해서 통신연결이 가능하다.
④ AP는 기존 유선망과 연결되어 무선 단말이 인터넷 서비스를 제공한다.

해설 AP는 유선이나 다른 무선망을 통해 인터넷 서비스를 제공한다.

✛ 무선 LAN 토폴로지의 구분 ✛
㉠ Ad-hoc Mode(AP 미사용)
ⓐ 독립 기본 서비스 셋(IBSS, Independent Basic Service Set)
  - 외부(유선망 등)와는 독립적으로 무선단말끼리만 통신(Peer to Peer)
  - 일명 Ad-hoc Network(애드 혹 네트워크)이라고도 함
㉡ Infrastructure Mode(AP 사용)
ⓐ Infrastructure Network(인프라스트럭처 네트워크)
  - 외부(유선망 등)와 연동되어 하나의 AP(엑세스 포인트)에 의해 집중적으로 제어되며, AP는 여러 이동 단말에 서비스(브리지 기능)하는 망 형태
ⓑ 기본 구성으로서의 BSS(Basic Service Set, 기본 서비스영역)
  - 가장 기본이 되는 구성단위
  - 하나의 AP 제어하에 무선 스테이션들이 서로 논리적으로 결합되어 있는 집합

Answer
01.③

02 무선 네트워크 기술에 관한 설명으로 옳지 않은 것은?

① 초광대역(UWB)기술은 임펄스 라디오 또는 무반송파 무선 통신기술이라고 부른다.
② Zigbee는 저전력, 저비용의 장점을 가진 무선통신기술이다.
③ 블루투스는 2.4[MHz] ISM 대역을 사용하는 무선통신기술이다.
④ 전자태그(RFID)는 전원의 공급 여부에 따라 능동형 태그와 수동형 태그로 크게 나눌 수 있다.

해설 ✦ 무선통신기술 비교 ✦

구분	WLAN	Bluetooth	ZigBee	UWB
표준	802.11	802.15.1	802.15.4	802.15.3a
주파수	2.4[GHz]	2.4[GHz]	2.4[GHz]	4.1~10.6[GHz]
변조	DS-SS	FH-SS	DS-SS	Baseband
속도	1[Mbps] 이상	1~10[Mbps]	20~250[kbps]	100~500[Mbps]
거리	50~100[m]	10m	10~100[m]	20[m]

- ISM대역은 2.4[GHz] 대역이다.

03 광대역 무선 액세스 시스템을 설계할 때, 무선 채널의 페이딩 현상에 대처하기 위한 수단으로서 적합하지 않은 것은?

① 다수의 수신 안테나를 사용한다.
② 변조지수를 증가시킨다.
③ 채널 부호화(Channel coding)를 적용한다.
④ 다수의 송신 안테나를 사용하고, 시공간 부호(Space-time code)를 적용한다.

해설 변조지수는 페이딩 방지책과는 무관하다.
㉠ 페이딩이란 신호를 전달하는 전파가 통로상의 여러 가지 장애물에 의해 2개 이상의 경로를 통하여 수신측에 도달하는 경우, 그 합성 신호가 시공간적으로 강도가 변하는 현상이다. 전파가 진행하는 경로에 여러 가지 장애물이 있을 경우 반사가 일어나고 반사파는 반사되는 경로에 따라 진폭과 위상이 달라진다.
㉡ 이러한 채널 환경에서 수신기는 직접파와 반사파 또는 반사파만으로 구성된 복합된 신호를 수신하게 되어 수신 장애를 받는다.
㉢ MIMO(Multiple Input Multiple Output)는 두 개 이상의 데이터 신호들을 동일한 무선 채널로 동시에 전송하는 기술(다이버시티 기

Answer 02.③ 03.②

법 이용)로 독립적인 페이딩 현상을 겪은 여러 개의 신호를 수신하여, 결합 과정을 통해 페이딩 현상에 대처하는 기술이다.
ⓔ 다중 경로 페이딩 방지책으로는 직교 주파수 분할 다중(OFDM)이나 다이버시티(diversity), 등화기(equalizer) 기술 등이 이용된다. 또한 채널 부호화를 통해 오류를 검출 및 정정한다.
ⓜ 다중경로 페이딩에 대처하기 위한 또 다른 방법으로 시공간 블록 부호화(Space Time Block Coding : STBC) 기법을 들 수 있다. 이 기법은 시간 및 공간 부호화를 통해 페이딩의 영향을 적게 받은 신호를 수신하도록 하는 방법이다.

04 다음 무선통신 기술 중 최대 전송속도가 가장 낮은 것은?
① 무선 랜(WLAN)
② 지그비(ZigBee)
③ 블루투스(Bluetooth)
④ LTE(Long Term Evolution)

[해설] ✦ 무선통신 비교 ✦

구분	WLAN	Bluetooth	ZigBee	UWB
표준	802.11	802.15.1	802.15.4	802.15.3a
주파수	2.4[GHz]	2.4[GHz]	2.4[GHz]	4.1~10.6[GHz]
변조	DS-SS	FH-SS	DS-SS	Baseband
속도	1[Mbps] 이상	1~10[Mbps]	20~250[kbps]	100~500[Mbps]
거리	50~100[m]	10m	10~100[m]	20[m]

구분	LTE	Wibro Evolution	LTE advanced
듀플렉스 모드	FDD/TDD	TDD	FDD/TDD/HDD
Multiple Access(D/L)	OFDMA	OFDMA	OFDMA, MC-CDMA 등
Multiple Access(U/L)	SC-FDMA	OFDMA	OFDMA, SC-FDMA
BW	1.25/2.5/5/10/15/20[MHz]	5/7/8.75/10[MHz]	5/10/20/80/100[MHz]
최고속도(D/L)	100[Mbps]	400[Mbps]	1Gbps(정지), 100Mbps(보행)
최고속도(U/L)	50[Mbps]	20[Mbps]	50[Mbps]
이동성	~350[km]	~250[km]	~350[km]
QoS	보장	QoS 확충	보장
안테나	MIMO	MIMO	MIMO

- Zigbee는 전송속도가 느리나 기기 연결을 많이 할 수 있다.

Answer
04.②

05 무선 근거리 통신 기술인 WLAN(Wireless Local Area Network)을 규정하고 있는 국제 표준규격은?

① IEEE 802.11
② IEEE 802.15
③ IEEE 802.16
④ IEEE 802.21

해설 WLAN은 IEEE 802.11에서 규정하고 있다.
㉠ 802.11 : Wireless LAN
㉡ 802.15 : WPAN-블루투스, Zigbee, UWB 등
㉢ 802.16 : WMAN(무선 MAN)-와이브로 등
㉣ 802.21 : 네트워크 간의 핸드오프/상호운용성
㉤ 802.22 : 무선 국소지역 네트워크

06 무선랜(WLAN)에 대한 설명으로 옳지 않은 것은?

① IEEE 802.11 규격으로 a, b, g, n이 있으며, 물리 계층과 MAC 계층에 대해서 규격을 정하고 있다.
② IEEE 802.11과 802.11b를 제외하고 직교주파수 분할다중화(OFDM) 기술을 적용하고 있다.
③ 사용 주파수대역은 2.4[GHz]대이며, 점유 대역폭은 20[MHz]로 모든 규격이 동일하다.
④ 직교주파수 분할다중화(OFDM)에 적용되는 변조방식으로 BPSK, QPSK, 16QAM, 64QAM을 지원한다.

해설 802.11의 대역폭은 a, b, g는 20[MHz], n는 20/40[MHz], ac는 20/40/80/160[MHz]이다.
㉠ IEEE 802.11
ⓐ 무선 LAN(Wireless LAN) 기술에 대한 표준으로 CSMA/CA(반송파 감지 다중 접근/충돌 예방, 회피)의 용도를 기술
ⓑ 802.11과 802.11b는 무선 이더넷 LAN에 적용되고 2.4[GHz] 주파수(ISM 밴드)에서 운용되며 데이터 속도는 802.11은 1~2[Mbps], 802.11b는 5.5[Mbps] 혹은 11[Mbps]이다.
㉡ IEEE 802.11a
ⓐ ATM(무선 비동기 전송방식) 시스템에 적용되고, 5[GHz] 주파수에서 운용, OFDM 변조방식
ⓑ 데이터 속도는 최대 56[Mbps](북미 5[GHz] 무선 LAN, 유럽식은 HiperLAN/2)
ⓒ 대역폭은 20[MHz]

Answer 05.① 06.③

ⓒ IEEE 802.11b
  ⓐ 802.11의 이후 규격으로 2.4[GHz] 대역 사용, 802.11과 호환성을 갖고 있으며 최고 전송속도는 11[Mbps]
  ⓑ DSSS, CCK 방식 전송
  ⓒ 대역폭 : 20[MHz]
ⓔ IEEE 802.11g
  ⓐ 무선 LAN 규격인 IEEE 802.11b(WI-FI)의 일종으로 2.4[GHz] 주파수 대역에서 54[Mbps]의 속도로 데이터 전송
  ⓑ 대역폭 : 20[MHz]
ⓜ IEEE 802.11n(WiFi4)
  ⓐ 5[GHz] 주파수 대역에서 OFDM, MIMO 방식으로 최대 200[Mbps] (평균 100[Mbps])로 데이터 전송하고 다중 VoIP를 지원하며 스트리밍 서비스도 지원
  ⓑ 주파수 대역 : 2.4[GHz]/5[GHz]
  ⓒ 대역폭 : 20/40[MHz]
ⓗ IEEE 802.11ac(WiFi5)
  ⓐ 주파수 대역 : 5[GHz]
  ⓑ 대역폭 : 20/40/80/160[MHz]

새 규약 이름	구 규약 이름	최대 속도	제정 연도	주파수	특징
Wi-Fi 1	802.11b	1~11[Mbps]	1999	2.4[GHz]	저속
Wi-Fi 2	802.11a	1.5~54[Mbps]	1999	5[GHz]	11b와 호환성 없음, 전파간섭 가능성 낮음
Wi-Fi 3	802.11g	3~54[Mbps]	2003	2.4[GHz]	11b와 호환, 고속 전파간섭 가능성 있음
Wi-Fi 4	802.11n	72~600[Mbps]	2009	2.4/5[GHz]	다중 안테나 기술과 채널 본딩 지원
Wi-Fi 5	802.11ac	433~6,933[Mbps]	2014	5[GHz]	기가비트 무선랜 지원
Wi-Fi 6	802.11ax	600~9,608[Mbps]	2019	2.4/5[GHz] 1-6[GHz] ISM	10G 무선랜 지원

802.11n(wifi4)	802.11ac(wifi5)	802.11ax(wifi6)
1×1(20MHz) ⇒ 72Mbps 1×1(40MHz) ⇒ 150Mbps 2×2(40MHz) ⇒ 300Mbps 4×4(40MHz) ⇒ 600Mbps	1×1(80MHz) ⇒ 433Mbps 2×2(80MHz) ⇒ 866Mbps 1×1(160MHz) ⇒ 866Mbps 2×2(160MHz) ⇒ 1.7Gbps 4×4(160MHz) ⇒ 3.4Gbps 8×8(160MHz) ⇒ 6.9Gbps	1×1(80MHz) ⇒ 600Mbps 2×2(80MHz) ⇒ 1.2Gbps 1×1(160MHz) ⇒ 1.2Gbps 2×2(160MHz) ⇒ 2.4Gbps 4×4(160MHz) ⇒ 4.8Gbps 8×8(160MHz) ⇒ 9.6Gbps

07 무선 LAN의 물리 계층 및 MAC 계층에 대한 표준규격은?

① IEEE 802.16
② IEEE 802.11
③ IEEE 802.15.1
④ IEEE 802.15.4

해설 ✦ 무선 통신 기술 ✦

구분	WLAN	Bluetooth	ZigBee	UWB
표준	802.11	802.15.1	802.15.4	802.15.3a
주파수	2.4[GHz]	2.4[GHz]	2.4[GHz]	4.1~10.6[GHz]
변조	DS-SS	FH-SS	DS-SS	Baseband
속도	1[Mbps] 이상	1~10[Mbps]	20~250[kbps]	100~500[Mbps]
거리	50~100[m]	10m	10~100[m]	20[m]

키워드 WLAN은 802.11, Wibro는 802.16의 표준규격을 사용한다.

08 무선 도시지역 통신망 기술인 WMAN(Wireless Metropolitan Area Networks)의 기술을 규정한 국제 표준명은?

① IEEE 802.11
② IEEE 802.15
③ IEEE 802.16
④ IEEE 802.21

해설 802.16는 고정 점 대 다점(Fixed Point-to-Multipoint) 연결중심의 광대역 무선 네크워크를 위한 Wireless MAN(WMAN) 관련 표준을 진행 중인 IEEE 802 산하 표준화 그룹으로서 1998년도에 결성된 그룹을 말한다.
㉠ 점 대 다중점 구조(Point-to-Multipoint, PMP)
  ⓐ 802.16은 BWA(Broadband Wireless Access, 광대역 무선 접속)를 지향함
㉡ 서비스 영역
  ⓐ 주로 실외(Outdoor), 고정적(Fixed), 서비스 영역 10~50[km] 정도
  ⓑ MAN(Metropolitan Area Network) 영역
㉢ 주파수대역
  ⓐ 초기에는 10~66[GHz] 대역을 기본으로 함(LOS, 가시영역). 하지만 2~11[GHz] 대역까지 수정 포함(NLOS, 비가시영역)
㉣ 이동성 기능을 추가한 802.16e의 표준이 개발됨에 따라 OFDM 기술을 바탕으로 4G 이동통신기술로 넘어가는 Pre-4G 기술로 기대됨

Answer
07.② 08.③

- IEEE 802.0 – SEC(Sponsor Executive Committee)
- IEEE 802.1 – HILI(Higher Layer Interface)
- IEEE 802.2 – LLC(Logic Link Control)
- IEEE 802.3 – CSMA/CD
- IEEE 802.4 – Token Bus
- IEEE 802.5 – Token Ring
- IEEE 802.6 – DQDB
- IEEE 802.7 – Broadband TAG
- IEEE 802.8 – Fiber Optic TAG
- IEEE 802.9 – IVD(Integrated Voice and Data)
- IEEE 802.10 – LAN Security
- IEEE 802.11 – Wireless LAN
- IEEE 802.12 – Fast LAN
- IEEE 802.14 – Cable Modem
- IEEE 802.15 – Wireless Personal Area Network
- IEEE 802.15.4(ZigBee, 통합 리모콘) – 저전력, 저가격, 저속도를 목표로 하는 WPAN의 표준 중의 하나임. 블루투스나 802.11x 계열의 WLAN보다 단순하고 간단함
- IEEE 802.16 – WMAN(와이브로)
- IEEE 802.16e(Mobile WiMAX) – 이동성과 비가시거리 통신을 지원하여 공간 제약 없는 무선 초고속 인터넷 서비스 제공
- IEEE 802.17 – Broadband Wireless Access

[키워드] Wireless MAN(WMAN)은 고정 점 대 다점(Fixed Point-to-Multipoint) 통신으로 802.16 표준규격을 사용한다.

제2절 신기술

01 지능화된 사물 간 통신과 인터넷을 기반으로 하는 사물인터넷을 지칭하는 용어는?

① OFDM
② IoT
③ MIMO
④ UWB

해설 IoT는 사물 간 인터넷 혹은 개체 간 인터넷(Internet of Objects)으로 정의되며 고유 식별이 가능한 사물이 만들어낸 정보를 인터넷을 통해 공유하는 환경을 말한다.

① OFDM(Orthogonal Frequency Division Multiplexing) : OFDM은 고속의 송신 신호를 다수의 직교(Orthogonal)하는 협대역 반송파로 다중화시키는 변조방식을 말한다.
② IoT : 초연결사회의 기반 기술·서비스이자 차세대 인터넷으로 사물 간 인터넷 혹은 개체 간 인터넷(Internet of Objects)으로 정의되며 고유 식별이 가능한 사물이 만들어낸 정보를 인터넷을 통해 공유하는 환경을 의미한다. 이는 기존의 USN(Ubiquitous Sensor Network), M2M(Machine to Machine)에서 발전된 개념으로, 사물지능통신, 만물인터넷(IoE, Internet of Everything)으로도 확장되어 인식되고 있다.
③ MIMO(Multiple-Input and Multiple-Output, 미모 또는 마이모)는 무선 통신의 용량을 높이기 위한 스마트 안테나 기술이다. MIMO는 기지국과 단말기에 여러 안테나를 사용하여, 사용된 안테나 수에 비례하여 용량을 높이는 기술이다. 여기서 기지국은 송신단을 의미하고 단말기는 수신단을 의미한다.
④ UWB(Ultra Wide Band) : 기존 주파수 대역에 비해 넓은 대역에 걸쳐 낮은 전력으로 대용량의 정보를 전송하는 근거리 무선통신 기술이다. 기기 간의 거리와 위치를 정확하게 측정할 수 있다는 장점이 있어 사물인터넷(IoT) 서비스와 함께 다시 주목받게 된 기술이다. 그리고 장점으로 소비전력이 적고, 방해전파에 강하다는 특징이 있다. 무선으로 영상을 전송하는 용도로 많이 사용되었지만, 사무실과 개인 공간의 전자 기기 관련 통신 서비스 분야에 다양하게 활용되는 추세이다.

Answer 01.②

02 사물이나 생활 공간에 부착된 태그(tag)나 센서(sensor)로부터 사물 및 환경 정보를 감지하는 네트워크로 옳은 것은?

① HSDPA(High Speed Downlink Packet Access)
② RFID/USN(Radio Frequency Identification/Ubiquitous Sensor Network)
③ WCDMA(Wideband CDMA)
④ LTE(Long Term Evolution)

해설
① HSDPA(High Speed Down link Packet Access)는 WCDMA상에서 고속의 패킷 데이터 서비스를 위해 하향 링크에 추가된 패킷 데이터 전용의 이동통신 접속방식으로, 3GPP의 표준을 말한다.
  ㉠ HSDPA 도입은 당시 이동통신 네트워크를 음성 위주에서 패킷 데이터 위주로 변모시키게 됨
② RFID/USN
  ㉠ RFID : 제품 등에 붙인 무선 태그 칩을 내장시켜 자신의 신원을 주장시킴(식별)
    ⓐ 무선으로 데이터를 송수신하여 상품 정보(생산, 유통, 보관, 소비 전 과정) 및 주변환경 정보(압력, 온도, 습도 등)를 추적, 활용할 수 있는 무선주파수 식별확인 기술
    ⓑ 모든 사물에 자동 인식, 센싱, 사물 간 상호 통신 등
    ⓒ 접촉 여부 : 비접촉
      - 기존 바코드방식 또는 적외선 시스템과는 달리 비접촉방식임
    ⓓ 장점
      - 동시에 여러 개 인식 가능, 짧은 인식 시간, 높은 인식률, 장애물 투과 가능, 대용량 데이터 저장 가능 등
    ⓔ 저장 정보 : 대단히 많음
      - 바코드에 비해 대단히 많은 양의 정보를 저장할 수 있음
        · 바코드 : (27 정도) 국가, 제조업체, 상품품목별
        · RFID : (2128 정도) 위 모두 포괄, 동일 상품 내 개별 아이템 식별 가능
    ⓕ 응용 분야 : 다양함
      - 유통, 물류, 공정관리, 도서관관리, 운송, 교통요금결제 등
  ㉡ USN : 필요로 하는 모든 것에 통신기능이 있는 스마트 RFID 태그 및 센서를 부착하여 사물의 인식정보 제공, 주변의 환경정보(온도, 습도, 오염정보, 균열정보 등)를 탐지하고, 실시간으로 네트워크에 연결하여 정보를 관리하는 기술
③ WCDMA : W-CDMA(UMTS, 비동기식 광대역 CDMA)
  ㉠ 동기방식 : 비동기적으로 기지국 운용(IS-95 등처럼 GPS를 필요치 않음)

Answer
02.②

ⓐ 기지국 간에는 동기를 맞추지 않음(이때문에 '비동기식'이라는 이름이 붙여짐)
ⓑ 단, 기지국과 이동국 간에는 동기를 맞춤
- 기지국과 이동국 사이에서는 다소 복잡한 방식으로 특별한 패턴을 여러 번 교환해서 동기를 맞춤
- 초기 동기회 및 기지국 검색(Cell Search) 절차
  · 슬롯 동기 획득 → 프레임 동기 및 코드 그룹 정보 획득 → PN 코드 정보 및 시스템 정보 획득
ⓒ 듀플렉싱(Duplexing)방식 : FDD 및 TDD 방식 모두 포함
ⓐ FDD 방식은 W-CDMA, TDD 방식은 TD-CDMA이라고도 함
ⓑ FDD 방식은 다시 DS-CDMA(Direct Sequence CDMA) 및 MC-CDMA(MultiCarrier CDMA)로 구분함
④ LTE
㉠ 4세대 이동통신 직전의 3.9세대라 일컬어짐
㉡ 스펙트럼 유연성(Spectrum Flexibility)
서로 다른 주파수 대역, 서로 다른 가용 주파수 크기(주파수 대역폭), 서로 다른 듀플렉스방식 등 다양한 주파수 환경에서도 시스템 구축 가능
ⓐ 주파수 대역
- 450[MHz]~3.5[GHz] 어디에서도 동작 가능
- 주파수 대역폭
  · (Single Carrier인 경우) : 1.4~20[MHz] 대역폭에서 유연하게 동작
  · (Aggregated Carriers인 경우) : 그 이상에서도 동작
- 듀플렉스방식 : LTE TDD, LTE FDD 모두 지원
  · paired spectrum : LTE FDD
  · unpaired spectrum : LTE TDD

03 지그비(ZigBee)와 블루투스(Bluetooth)에 대한 설명으로 옳지 않은 것은?

① 지그비는 물리계층 및 MAC 계층 표준으로 IEEE 802.15.1 규격을 사용한다.
② 지그비는 저전력으로 저속 데이터를 전송하는 근거리 무선통신 기술이다.
③ 블루투스는 ISM(Industrial Scientific and Medical) 대역을 사용한다.
④ 블루투스는 간섭 완화를 위해 주파수 도약을 사용한다.

Answer 03.①

해설 지그비는 IEEE 802.15.4 규격을 사용한다.
㉠ ISM(Industrial Scientific and Medical)
전기통신 이외에 산업용, 과학용, 의료용, 가정용 등의 용도로 전파에너지를 발생시키며, 한정된 장소에서만 사용하는 설비 또는 장치의 운용을 총칭
㉡ ISM 대역
ⓐ 이 주파수 대역에서는 상호 간섭을 용인하는 공동사용을 전제로 함
  – 따라서 간섭의 최소화를 위해 소출력을 기본으로 함
  – 900[MHz], 2.4[GHz], 5[GHz] 등으로 소출력 무선기기를 이용
ⓑ 900[MHz] 대역 : 902~928[MHz](26[MHz])
  – 한국 : 917~923.5[MHz](RFID/USN 이용대역)
ⓒ 2.4[GHz] 대역 : 2.4~2.4835[GHz](83.5[MHz])
  – 한국, 북미, 유럽(프랑스, 스페인 제외) 예 2.4~2.4835[GHz]
    · $2402 + k$[MHz]($k=0, \cdots, 78$)
  – 일본 : 2.471~2.497[GHz]
    · $2473 + k$[MHz]($k=0, \cdots, 22$)
    * 이 대역을 사용하는 무선 LAN 표준 예 IEEE 802.11, 802.11b, 802.11g, 802.11n
ⓓ 5[GHz] 대역 : 5.725~5.875[GHz](150[MHz])
  – 국가별 대역 및 허가조건에서 상이함이 큼
    이 대역을 사용하는 무선 LAN 표준 : IEEE 802.11a, 802.11n, 802.11ac
ⓔ 송출 출력 1000[mW](milli Watt)] 이하 (한편, 유럽은 100[mW] 이하)

구분	WLAN	Bluetooth	ZigBee	UWB
표준	802.11	802.15.1	802.15.4	802.15.3a
주파수	2.4[GHz]	2.4[GHz]	2.4[GHz]	4.1~10.6[GHz]
변조	DS-SS	FH-SS	DS-SS	Baseband
속도	1[Mbps] 이상	1~10[Mbps]	20~250[kbps]	100~500[Mbps]
거리	50~100[m]	10[m]	10~100[m]	20[m]

04 최근에 우리나라에서 표준화 되기 시작한 DAB의 표준방식은?
① DAB-MHP
② MPEG
③ Eureka-147
④ DMB

Answer
04.③

해설 국내 DAB의 표준은 Eureka-147을 사용한다.
- ㉠ 디지털 오디오 방송(Digital Audio Broadcasting, DAB) : 디지털 라디오 기술로서 유럽을 비롯하여 여러 나라 라디오방송국에서 사용되고 있다(2006년 기준으로 전 세계적으로 약 1,000개의 방송국이 사용하고 있다).
- ㉡ DAB 표준은 1980년대에 고안되었고, 오디오 음질이 우수하고, 동일한 방송 스펙트럼으로 여러 방송을 송출할 수 있으며 잡음과 다중경로, 페이딩, 채널 간 간섭에 강한 점 등, 기존의 아날로그 FM 라디오에 비해 여러 가지 장점을 갖는다.
- ㉢ DAB는 위성, 지상파, CATV 등의 매체별로 구분할 수 있으며, 대역별 분류를 살펴보면 크게 In Band 방식과 Out of Band 방식으로 나눌 수 있다.
- ㉣ In Band 방식은 기존 FM 대역의 여유 대역을 활용하는 방식으로 미국에서 선호하는 방식이며, IBOC(In-Band On-Channel)와 IBAC(In-Band Adjacent-Channel) 방식이 있다.
- ㉤ Out of Band 방식은 FM 대역을 사용하지 않고 DAB용으로 완전히 새로운 주파수를 할당하거나 TV의 Low 밴드를 사용하는 기술로 유럽의 Eureka-147과 일본의 ISDB-T 방식이 있으며 전 세계적으로 Eureka-147 방식이 표준이 되고 있다.
- ㉥ 우리나라도 이 방식을 채택하였고 무궁화위성 이용 시 기존 라디오 주파수와의 혼신문제가 전혀 없고 수신품질도 「인밴드」에 비해 훨씬 양호하다는 평가를 받고 있다.

[EUREKA-147의 규격]

구분	규격
음성 부호화	MPEG-1 Layer2
변조방식	DQPSK/CORDM
전송	OFDM, $\pi/4$-DQPSK
채널 대역폭	1.536[MHz]
적용 주파수대	30[MHz]~1.5[GHz] -L밴드:1,452~1,492[MHz] -밴드Ⅲ:174~240[MHz]
총 전송용량	2.304[Mbps]
Useful Bit rate	1.5[Mbps]

- ㉦ 멀티미디어홈플랫폼(MHP: Multimedia Home Platform) : 2003년 5월 가장 먼저 상용화된 DVB-MHP 기술은 양방향 방송 서비스의 공개 표준으로 휴맥스·홈캐스트·한단정보통신 등 셋톱박스업체들은 MHP 표준에 따른 셋톱박스를 개발해 수출하고 있다.

◎ MHP 표준으로 지원되는 양방향 서비스로 이용자들은 셋톱박스를 통해 주문형비디오(VOD), 쇼핑, 생활정보, 뱅킹, 음식 주문, 예약, 구매 등 서비스와 인터넷전화, 홈네트워킹 등 정보통신 서비스를 이용할 수 있게 된다.

05 다음 설명 중 옳지 않은 것은?

① HSDPA는 핫스팟(hot spot)이라고 불리는 특정한 공공장소에서 제공되는 광대역 무선인터넷 접속 서비스이다.
② WiBro는 핸드셋, 노트북, PDA 또는 스마트폰 등 다양한 단말기를 이용하여 이동 중에도 고속으로 무선 인터넷이 가능한 서비스이다.
③ WIPI는 한국형 무선 인터넷 플랫폼이다.
④ UWB는 광대역화와 저전력을 통해서 협대역 무선기술보다 낮은 간섭을 갖는 기술이다.

해설
㉠ HSDPA(High Speed Downlink Packet Access)는 휴대폰을 통해 초고속으로 데이터를 전송하는 기술을 말하며, 3세대 이동통신인 광대역부호분할다중접속(WCDMA) 서비스가 한 단계 격상된 것이다.
㉡ 다운로드 속도가 14Mbps로 동기식 2.5세대 기술인 EVDO에 비해 7배, 3세대인 WCDMA에 비해서는 5배 가량 빠르다. 데이터 이용요금도 용량 확대에 따라 EVDO보다 5분의 1 이하다.
㉢ 3세대 WCDMA에서 진보한 기술이나 아직 4세대에는 이르지 못해 와이브로와 함께 3.5세대 이동통신기술로 분류된다. HSDPA는 시속 250km로 움직이는 차안에서도 서비스가 가능하며 하향으로 최대 14.4Mbps, 상향으로는 2Mbps의 속도를 제공한다. HSDPA는 전 세계 어디에서도 하나의 단말기로 음성, 영상, 메시징, 데이터 등을 국내처럼 사용할 수 있는 글로벌 로밍이 가능하다.
㉣ 위피는 영어 'Wireless Internet Platform for Interoperability'의 머리글자를 딴 것이다. 이동통신 업체들이 같은 플랫폼을 사용하도록 함으로써 국가적 낭비를 줄이자는 목적으로 2001년부터 국책사업으로 추진되기 시작하였다.
㉤ 무선인터넷 플랫폼이란 이동전화 단말기에서 퍼스널컴퓨터의 운영체계(OS)와 같은 역할을 하는 기본 소프트웨어를 말한다. WIPI은 한국에서 개발한 한국형 무선인터넷 플래폼이다.
㉥ HSDPA(High Speed Downlink Packet Access)는 HSDPA는 전 세계 어디에서도 하나의 단말기로 음성, 영상, 메시징, 데이터 등을 국내처럼 사용할 수 있는 글로벌 로밍이 가능하다.

Answer
05.①

06 유비쿼터스 컴퓨팅(ubiquitous computing)의 특징으로 옳지 않은 것은?

① 수많은 지능형 컴퓨터가 유무선 네트워크에 연결되어야 한다.
② 필요한 정보를 언제, 어디서나 즉시 제공받는 환경이 되어야 한다.
③ 모든 사용자는 원하는 서버에 허가 없이 접근할 수 있어야 한다.
④ 사용자의 상황에 따라 서비스가 변할 수 있어야 한다.

해설 유비쿼터스 컴퓨팅이란 '신은 어디에나 널리 존재한다'는 라틴어 ubiquitarius의 영어식 변형 'Ubiquitous'와 컴퓨팅이 결합된 단어로 '언제 어디서든 어떤 기기를 통해서도 컴퓨팅할 수 있는 것'을 의미한다. 반드시 보안성이 유지되어야 한다.

07 RFID 기술에 대한 설명으로 옳지 않은 것은?

① 여러 방향에서 비접촉방식으로 데이터 인식이 가능하다.
② 저주파 RFID 시스템은 고주파 RFID 시스템보다 인식거리가 길다.
③ 기존의 바코드와는 달리 RFID는 데이터의 읽기와 쓰기가 가능하다.
④ 능동 태그는 수동 태그보다 인식거리가 길다.

해설 125[kHz] 대역의 인식거리는 50[cm], 13.56[MHz] 대역의 인식거리는 1[m], 860~960[MHz] 대역의 인식거리는 3~8[m]
- 주파수 대역이 클수록 인식거리는 길다.

08 OFDM을 사용하는 무선통신시스템은?

① IS-95
② GSM
③ 블루투스(Bluetooth)
④ 와이브로(Wibro)

Answer 06.③ 07.② 08.④

해설
- ㉠ IS-95 : 미국 퀄컴사가 개발한 첫 번째 CDMA 기반의 디지털 셀룰러 표준이다. IS-95는 대표적으로 CDMA1(cmdaOne)으로 불리기도 하며 TIA-EIA-95로도 잘 알려져 있다.
- ㉡ GSM은 전 세계에서 가장 널리 사용되는 개인이동통신 시스템으로, 기술적으로는 TDMA를 기본으로 하고 있다.
- ㉢ 블루투스(Bluetooth)는 휴대폰, 노트북, 이어폰·헤드폰 등의 휴대기기를 서로 연결해 정보를 교환하는 근거리 무선 기술 표준을 뜻한다. 주로 10미터 안팎의 초단거리에서 저전력 무선 연결이 필요할 때 쓰인다. 예를 들어 블루투스 헤드셋을 사용하면 거추장스러운 케이블 없이도 주머니 속의 MP3플레이어의 음악을 들을 수 있다.
- ㉣ 와이브로(Wireless Broadband Internet) : 2.3기가헤르츠 주파수를 사용하는 초고속 무선 광대역 인터넷을 말한다. 이 인터넷은 기존 무선랜 서비스와 비슷하지만 서비스 반경이 열 배나 넓고, 속도도 빠르다. 기존 무선랜은 이동 중이거나 AP(Access Point)에서 떨어지면 사용하기 어려웠지만, 와이브로는 자동차 등 교통수단을 이용해 시속 100킬로미터 이상의 속도로 움직이면서도, 웬만한 유선 인터넷을 능가하는 초당 25메가비트의 빠른 속도로 인터넷을 이용할 수 있는 것이 장점이다.
- OFDM은 무선랜(와이브로), LTE/DL에서 사용한다.

09 초광대역(ultra-wideband : UWB) 통신에 대한 설명 중 옳지 않은 것은?

① 초광대역을 사용하여 데이터를 전송한다.
② 매우 빠른 데이터 전송 속도를 제공한다.
③ 다중경로 환경에 취약하다.
④ 다양한 데이터율을 제공한다.

해설 UWB 시스템은 수 나노 혹은 피코 초의 매우 좁은 펄스를 사용하므로 매우 넓은 주파수 대역에 걸쳐 매우 낮은 스펙트럼 전력 밀도가 존재하고 이는 높은 보안성, 높은 데이터 전송 특성 및 정확한 거리 및 위치 측정이 가능한 높은 해상도를 제공하며 다중경로 영향에 강인한 특성을 보인다.
- UWB는 다중경로 환경에 강하다.

Answer
09.③

10 유비쿼터스 센서 네트워크(USN)에 대한 설명 중 옳지 않은 것은?

① 모든 사물에 컴퓨팅 및 통신 기능을 부여하여 언제, 어디서나 모든 사물과 통신이 가능한 환경을 구현하고자 한다.
② 센서노드들의 정보는 게이트웨이로 전송된다.
③ 센서노드를 구성하는 주요 기술로는 센서 기술, 배터리 기술, 저전력 기술 및 무선통신 기술 등이 있다.
④ IPv4를 채용하여 ID를 부여하므로 단말기의 수를 대폭적으로 증가시킬 수 있다.

해설 IPV4는 IP개수가 부족한 상태이므로 IPv6로 넘어가고 있다.
- IPv4는 32비트, IPv6은 128비트이다.

11 ZigBee통신은 반경 30[m] 이내의 거리에서 20~250[kbps]의 속도로 데이터를 전송하는 무선 센서네트워크를 구축할 수 있는 통신기술로 홈오토메이션, 산업용 기기 자동화, 물류 및 환경 모니터링 등에 활용될 수 있다. 이와 같은 ZigBee통신기술을 정의한 국제 표준은 어떤 것인가?

① IEEE 802.11n
② IEEE 802.15.1
③ IEEE 802.15.4
④ IEEE 802.12

해설 ZigBee는 네트워크당 높은 노트 밀집(지그비의 IEEE 802.15.4 사용은 네트워크에서 많은 디바이스를 다루는 것을 가능케 함. 이러한 특징으로 방대한 센서 배열과 네트워크의 통제가 가능)
또한 간단한 프로토콜, 국제적으로 구현(지그비 프로토콜 스택 코드의 크기는 블루투스나 802.11의 사이즈에 비해 4분의 1 정도에 불과)

구분	WLAN	Bluetooth	ZigBee	UWB
표준	802.11	802.15.1	802.15.4	802.15.3a
주파수	2.4[GHz]	2.4[GHz]	2.4[GHz]	4.1~10.6[GHz]
변조	DS-SS	FH-SS	DS-SS	Baseband
속도	1[Mbps] 이상	1~10[Mbps]	20~250[kbps]	100~500[Mbps]
거리	50~100[m]	10[m]	10~100[m]	20[m]

- 지그비의 IEEE 802.15.4 사용은 네트워크에서 많은 디바이스를 다루는 것을 가능케 한다.

Answer
10.④ 11.③

12 지그비(ZigBee)와 블루투스(Bluetooth)의 표준에 대한 설명으로 옳지 않은 것은?

① 지그비는 변조방식으로 DSSS(direct sequence spread spectrum) 방식을 사용한다.
② 지그비는 다중접속방식으로 CSMA-CA(carrier sense multiple access-collision avoidance) 방식을 사용한다.
③ 블루투스는 변조방식으로 FHSS(frequency hopping spread spectrum) 방식을 사용한다.
④ 블루투스는 다중접속방식으로 CDMA(code division multiple access) 방식을 사용한다.

해설 ✧ ZigBee 기술의 개요 ✧

IEEE 802.15.4(PHY, MAC)을 토대로 하는 무선기술 스펙(ZigBee 기술을 ZigBee 스펙에서 상세하게 정의)을 기반으로 하는 프로토콜의 상위 레벨에서 규정하고 있다. 즉, IEEE 802.15.4 표준 중 하나인 ZigBee는 가정·사무실 등의 무선네트워킹 분야에서 반경 30[m] 외의 근거리통신과 유비쿼터스 컴퓨팅을 위한 기술이라고 할 수 있다. 지그비는 DS-SS 방식과 CSMA-CA의 망접속방식을 사용한다. 블루투스는 FH-SS 확산방식으로 GFSK 변조방식을 사용하며 다중화방식으로는 TDMA나 FDMA 방식을 사용한다.

키워드 신기술 비교

구분	WLAN	Bluetooth	ZigBee	UWB
표준	802.11	802.15.1	802.15.4	802.15.3a
주파수	2.4[GHz]	2.4[GHz]	2.4[GHz]	4.1~10.6[GHz]
변조	DS-SS	FH-SS	DS-SS	Baseband
속도	1[Mbps] 이상	1~10[Mbps]	20~250[kbps]	100~500[Mbps]
거리	50~100[m]	10[m]	10~100[m]	20[m]

Answer
12.④

13 2.4[GHz] 대역의 주파수를 사용하지 않는 무선랜 표준은?

① IEEE 802.11a
② IEEE 802.11b
③ IEEE 802.11g
④ IEEE 802.11n

해설 802.11a, 802.11ac는 5GHz대역의 주파수를 사용한다.

[무선랜 구분]

구분	802.11	802.11b	802.11a	802.11g	802.11n	802.11ac
최대속도	2[Mbps]	11[Mbps]	54[Mbps]	54[Mbps]	600[Mbps]	2.6[Gbps]
전송방식	DSSS/FHSS	HR-DSSS	OFDM	DSSS/OFDM	OFDM	OFDM
변조방식	-	DSSS/CCK	64QAM	64QAM	64QAM	256QAM
공간 스트림 수	1	1	1	1	4	3/4/8(AP)
최대 안테나 수	1×1 SISO	1×1 SISO	1×1 SISO	1×1 SISO	4×4 MIMO	8×8 MIMO
주파수 대역	2.4[GHz]	2.4[GHz]	5[GHz]	2.4[GHz]	2.4/5[GHz]	5[GHz]
채널 대역폭	20[MHz]	20[MHz]	20[MHz]	20[MHz]	20/40[MHz]	20/40/80/160[MHz]

14 무선 인터넷 표준인 WAP(Wireless Application Protocol)의 프로토콜 구조가 아닌 것은?

① WTLS(Wireless Transport Layer Security)
② WAE(Wireless Application Environment)
③ Bearers
④ WML(Wireless Markup Language)

해설 ㉠ WAP(Wireless Application Protocol) 과거 이동통신(스마트폰 이전의 휴대폰)에서 인터넷을 효율적으로 제공하기 위하여 정의된 응용 프로토콜이다.

응용 계층	WAE(Wireless Application Environment)	기타 서비스 및 응용기술
세션 계층	WSP(Wireless Session Protocol)	
처리 계층	WTP(Wireless Transport Layer)	
보안 계층	WTLS(Wireless Transport Layer Security)	
전송 계층	Datagram(UDP/IP)	Datagram WDP
네트워크 계층	Wireless Bearers(GSM, CDPD, CDMA 등)	

Answer
13.① 14.④

ⓒ WML : 이전에는 HDML이라고 불렸었던 WML은 무선 접속을 통하여 셀룰러폰이나 PDA 등에 웹페이지의 텍스트 부분이 표시될 수 있도록 해주는 언어이다. WML은 몇몇 공급회사들에 의해 표준안으로 제안되고 있는 WAP의 일부이다. WAP는 GSM, CDMA, TDMA 등과 같은 표준 데이터 링크 프로토콜의 윗면에서 동작하며, 일련의 인터넷 프로토콜들에 필적하면서, 서로 협력하는 한 벌의 완전한 네트워크 통신 프로그램들을 제공한다.
- WML은 웹페이지의 텍스트 부분이 표시될 수 있도록 해주는 언어이다.

15 저속 및 고속으로 이동 중에도 고속의 휴대 인터넷 서비스가 가능한 기술은?

① Bluetooth
② Zigbee
③ WPAN
④ WiMAX

해설 ✦ 무선통신기술 ✦

구분	WLAN	Bluetooth	ZigBee	UWB
표준	802.11	802.15.1	802.15.4	802.15.3a
주파수	2.4[GHz]	2.4[GHz]	2.4[GHz]	4.1~10.6[GHz]
변조	DS-SS	FH-SS	DS-SS	Baseband
속도	1[Mbps] 이상	1~10[Mbps]	20~250[kbps]	100~500[Mbps]
거리	50~100[m]	10[m]	10~100[m]	20[m]

- 고속 휴대 인터넷 서비스는 Wibro로 유럽에서는 Wimax라고 부른다.

Answer
15.④

공기업(교통공사)
통신일반
적중예상문제집

CHAPTER 12

급전선 및 안테나

공기업(교통공사)
통신일반
적중예상문제집

급전선 및 안테나

제1절 급전선의 일반적인 특성

01 다음 그림과 같은 무손실 전송선로에서 반사파의 전력이 입사파 전력의 4%인 경우 전압 정재파비(VSWR : Voltage Standing Wave Ratio)는?

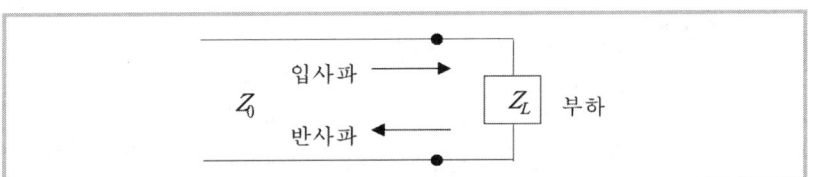

① 0.25
② 1.5
③ 2
④ 2.5

해설 반사계수(m) = 반사파/입사파

$m = \dfrac{V_r}{V_i}$, $P_i = \dfrac{V_i^2}{R}$, $P_r = \dfrac{V_r^2}{R}$, $\dfrac{P_r}{P_i} = \dfrac{V_r^2}{V_i^2} = 0.04$, $\dfrac{V_r}{V_i} = 0.2 = m$

전압정재파비(VSWR) $VSWR = \dfrac{1+|m|}{1-|m|}$

전압정재파비(VSWR) $VSWR = \dfrac{1+0.2}{1-0.2} = \dfrac{1.2}{0.8} = 1.5$

Answer
01.②

02 그림과 같이 특성임피던스가 Z_0인 무손실 전송선로에 종단이 단락 ($Z_L = 0[\Omega]$)되었을 때, 입력 단에서 바라본 입력 임피던스 $Z_0[\Omega]$는?

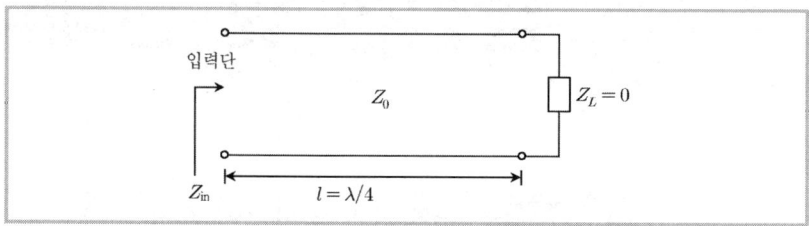

① 0
② ∞
③ Z_0
④ $\dfrac{1}{Z_0}$

해설

입력임피던스 $Z_{in} = Z_o \dfrac{Z_L + Z_0 \tan\beta l}{Z_0 + Z_L \tan\beta l}$

$Z_{in} = Z_o \dfrac{Z_L + Z_0 \tan\beta l}{Z_0 + Z_L \tan\beta l} = Z_0 \dfrac{0 + Z_0 \tan\left(\dfrac{2\pi}{\lambda} \times \dfrac{\lambda}{4}\right)}{Z_0 + 0 \times \infty} = Z_0 \dfrac{Z_0 \times \infty}{Z_0} = \infty$

03 마이크로파에서 무손실 전송선로의 특성임피던스를 올바르게 나타낸 것은?

① $\sqrt{\dfrac{L}{C}}$
② $\sqrt{\dfrac{C}{L}}$
③ $\sqrt{\dfrac{1}{LC}}$
④ $\sqrt{LC}$

해설

특성임피던스 $Z_o = \sqrt{\dfrac{R + j\omega L}{G + j\omega C}}$

무손실 조건($R = G = 0$)

무손실 전송선로의 특성임피던스 $Z_0 = \sqrt{\dfrac{L}{C}}$

Answer
02.② 03.①

04 전송선로를 다음과 같이 집중소자로 등가화 할 때, 무손실 전송선로가 되기 위한 조건은?

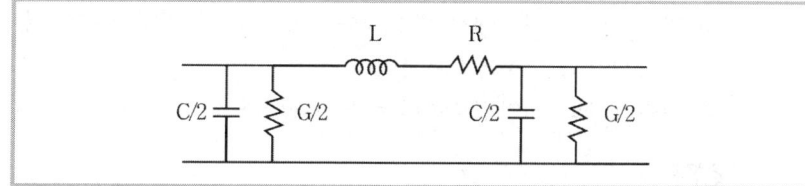

	R	G
①	0	0
②	0	∞
③	∞	0
④	∞	∞

해설 $Z_o = \sqrt{\dfrac{R+j\omega L}{G+j\omega C}}$, 무손실 조건($R=G=0$), $Z_0 = \sqrt{\dfrac{L}{C}}$

무왜곡조건($RC=GL$), $Z_0 = \sqrt{\dfrac{L}{C}}$

05 그림과 같이 특성 임피던스(Z_0)가 50[Ω]인 전송선로와 200[Ω]의 부하 저항(R_L)을 임피던스 정합하기 위하여, 중간에 임피던스가 Z_T이고 길이가 1/4 파장(λ)인 전송선로를 삽입하였다. 삽입된 전송선로의 임피던스 Z_T[Ω]는?

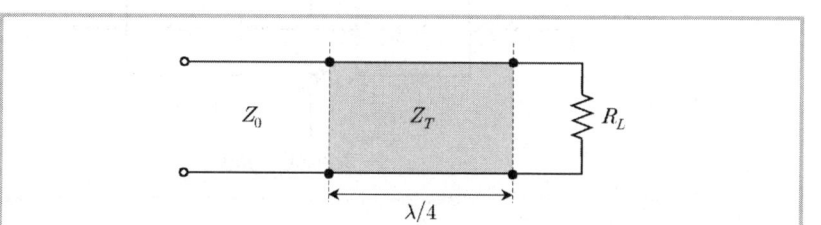

① 75 ② 100
③ 125 ④ 150

해설 λ/4 임피던스 변환기 : $Z_T = \sqrt{Z_O R_L}$
$Z_T = \sqrt{50 \times 200} = \sqrt{10000} = 100[Ω]$

Answer
04.① 05.②

06 전송선로에 대한 설명으로 옳지 않은 것은?

① 반사계수가 0.5일 때 전압정재파비는 3이다.
② 이상적인 급전선에서 반사계수는 0이 되어 전압정재파비는 1이다.
③ 단락회로의 반사계수는 1이다.
④ 개방회로의 전압정재파비는 무한대이다.

해설 반사계수 $m = \dfrac{Z_L - Z_0}{Z_L + Z_0}$, 전압정재파비 $VSWR = \dfrac{1+|m|}{1-|m|}$

① $VSWR = \dfrac{1+|m|}{1-|m|} = \dfrac{1+0.5}{1-0.5} = \dfrac{1.5}{0.5} = 3$
② 이상적인 급전선은 반사파가 존재하지 않으므로 반사계수는 0이고 정재파비는 1이다.
③ 단락회로는 부하가 0이므로 반사계수는 -1이다.
④ 개방회로는 부하가 ∞이므로 반사계수는 1이므로 정재파비는 ∞이다.

07 다음 그림과 같이 A단과 B단이 연결되어 있을 경우, 전송선 ab 지점에서 A단과 B단 사이에 최대 전력이 전달되는 조건은? (단, Z_a는 ab 지점에서 바라본 A단의 출력임피던스, Z_b는 ab 지점에서 바라본 B단의 입력임피던스, $j = \sqrt{-1}$ 이다)

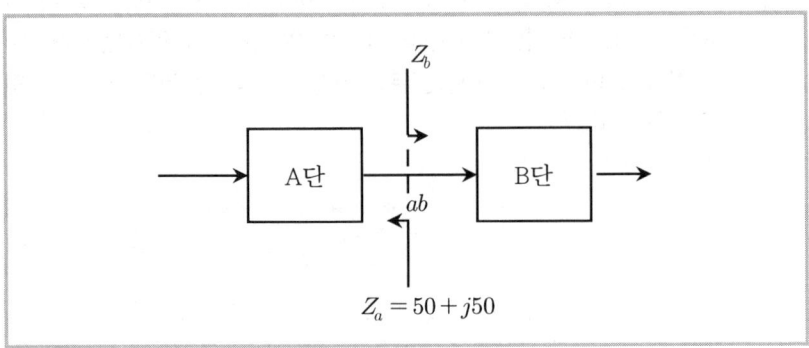

① $Z_b = 50 + j50$
② $Z_b = 50 - j50$
③ $Z_b = j50$
④ $Z_b = -j50$

해설 최대 전력 전달조건 : $Z_a = Z_b^*$
$Z_a = R_a + jX_a$, $Z_b = R_b + jX_b$, $Z_b^* = R_b - jX_b$일 때
$R_a = R_b$, $X_a = -X_b$
$Z_a = 50 + j50$, $Z_b = 50 - j50$

Answer 06.③ 07.②

08 길이가 l이고, 부하임피던스가 Z_L인 무손실 전송선로에서 부하임피던스가 0(단락)과 무한대(개방)일 때, 전송선로의 입력임피던스는 각각 $j50[\Omega]$과 $-j200[\Omega]$이다. 이 전송선로의 특성임피던스$[\Omega]$는?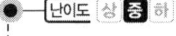

① 25　　　　　　　　② 50
③ 75　　　　　　　　④ 100

해설　특성임피던스 $Z_0 = \sqrt{Z_{L(open)}Z_{L(short)}}$
$= \sqrt{50 \times 200} = \sqrt{10000} = 100[\Omega]$

09 특성 임피던스가 $50[\Omega]$인 무손실 전송선로에 $100[\Omega]$의 부하 저항을 연결하였을 때, 부하점에서 신호의 반사계수와 전압정재파비의 크기는?

① $\frac{1}{3}$, 3　　　　　　② $\frac{1}{3}$, 2
③ $\frac{1}{2}$, 3　　　　　　④ $\frac{1}{2}$, 2

해설　반사계수 $m = \frac{Z_L - Z_0}{Z_L + Z_0} = \frac{100 - 50}{100 + 50} = \frac{50}{150} = \frac{1}{3}$

전압정재파비 $VSWR = \frac{1 + |m|}{1 - |m|} = \frac{1 + \frac{1}{3}}{1 - \frac{1}{3}} = \frac{\frac{4}{3}}{\frac{2}{3}} = 2$

10 다음 전파 중 가장 짧은 길이의 안테나를 사용할 수 있는 것은?

① 장파　　　　　　② 중파
③ 단파　　　　　　④ 초단파

해설　비접지용 안테나 최소길이 $l = \lambda/2$, 접지용 안테나 최소길이 $l = \lambda/4$
사용 주파수가 가장 큰 주파수가 파장이 가장 짧다. 또한 안테나 길이는 파장에 비례한다.
① 장파 : 30kHz ~ 300kHz
② 중파 : 300kHz ~ 3000kHz
③ 단파 : 3MHz ~ 30MHz
④ 초단파 : 30MHz~300MHz

Answer
08.④　09.②　10.④

11 안테나의 급전점에서 측정된 입사파 전압이 10[V]이고, 반사파 전압이 5[V]일 때 전압정재파비(Voltage Standing Wave Ratio)는?

① 1.5
② 2
③ 3
④ 4

해설 반사계수 $m = \dfrac{V_r}{V_i} = \dfrac{Z_L - Z_0}{Z_L + Z_0}$

Z_L은 부하임피던스, Z_o는 특성임피던스

$m = \dfrac{\text{반사 전압}(V_r)}{\text{입사 전압}(V_i)} = \dfrac{5}{10} = 0.5$

전압정재파비 $VSWR = \dfrac{1 + |m|}{1 - |m|} = \dfrac{1.5}{0.5} = 3$

12 급전선과 안테나 사이에 임피던스 정합이 되었을 때 나타나는 현상으로 옳지 않은 것은?

① 정재파비가 무한대이다.
② 반사되는 전력이 없다.
③ 최대로 전력이 전달된다.
④ 시스템의 신호 대 잡음비가 향상된다.

해설 ㉠ 정합을 하는 이유는 최대전력을 전달하기 위해서이다.
㉡ 최대전력을 전달하기 위해서는 반사파가 0이어야 하므로 반사계수는 0이고 정재파비는 1이다.
㉢ 반사파가 0이라는 것은 반사전압이 0이므로 반사전력도 0이다.
㉣ 정합되었다는 것은 반사파가 0이므로 반사계수가 0, 정재파비가 1이다.

Answer
11.③ 12.①

13 신호 $s(t) = 10\cos(4 \times 10^9 \pi t)$를 반파장 다이폴 안테나로 수신할 경우, 안테나의 길이[cm]는? (단, 전파의 속도는 3×10^8[m/s]이다.)

① 5
② 7.5
③ 10
④ 12.5

해설 $s(t) = A_s\cos(2\pi f_s t) = 10\cos(4 \times 10^9 \pi t)$

주파수는 $f_s = 2 \times 10^9$, $\lambda = \dfrac{c}{f} = \dfrac{3 \times 10^8}{2 \times 10^9} = 0.15\text{m}$

반파장 다이폴 안테나의 최소길이는
$l = \lambda/2 = 0.15/2 = 0.075\text{m} = 7.5\text{cm}$

14 그림과 같은 산란계수(S-parameter)의 정의 중에서 입력에서 출력으로의 전송이득 또는 삽입손실의 특성을 나타낼 때 사용하는 것은?

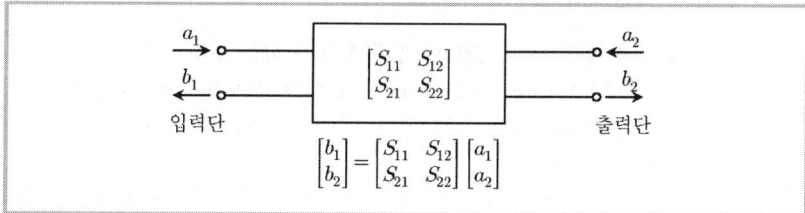

① S_{11}
② S_{12}
③ S_{21}
④ S_{22}

해설 V_{i1}은 입력단에서 본 입사파 전압(a_1)
V_{r1}은 입력단에서 본 반사파 전압(b_1)
V_{i2}은 출력단에서 본 입사파 전압(a_2)
V_{r2}은 출력단에서 본 반사파 전압(b_2)
$V_{r1} = S_{11}V_{i1} + S_{12}V_{i2}$, $V_{r2} = S_{21}V_{i2} + S_{22}V_{i2}$
$S_{11} = V_{r1}/V_{i1}$(출력단락시) : 입력단 반사계수
$S_{12} = V_{r1}/V_{i2}$(입력단락시) : 역방향 전달계수(전압이득)
: 출력에서 입력으로 전송
$S_{21} = V_{r2}/V_{i1}$(출력단락시) : 순방향 전달계수(전압이득)
: 입력에서 출력으로 전송
$S_{22} = V_{r2}/V_{i2}$(입력단락시) : 출력단 반사계수

Answer
13.② 14.③

제2절 안테나의 종류

01 수직 접지 안테나의 수직면 내의 지향 특성으로 맞는 것은?

①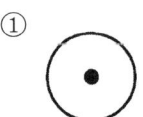
②
③
④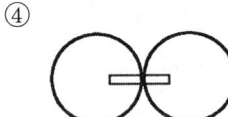

해설
① 수평면 내 무지향성
② 수직면 내 무지향성
③ 수직면 내 지향성
④ 수평면 내 지향성

✦ 수직 접지 안테나의 구조와 지향성 ✦
㉠ 안테나의 element 중 하나를 접지한 형태의 안테나
㉡ 접지라는 것은 전기적인 위치 에너지가 0이 되도록 만드는 것을 의미
㉢ 지표면의 전기 에너지는 0이므로 보통 지표면에 연결하여 접지
㉣ 이렇게 접지를 하게 되면 그 엘리먼트가 존재하지 않아도 존재하는 것과 같은 효과가 발생
㉤ 그러므로 안테나는 파장의 1/4의 길이에 해당하는 엘리먼트 하나로 감소
㉥ 그러나 기본적으로는 수직 반파장 다이폴 안테나와 동일
㉦ 지구 자계로 인한 감쇄가 적은 수직편파 성분을 이용하여 수평면 내 무지향성, 수직면 내 쌍반구형의 지향특성을 가짐
㉧ 수직 접지 안테나는 수평면 내 무지향성, 수직면 내 쌍반구형의 지향성을 가짐

02 마이크로파의 지향성을 증가시키기 위한 방법에 해당되지 않는 것은?

① 전자 나팔관(electromagnetic horn)을 사용한다.
② 전파렌즈 안테나(lens antenna)를 사용한다.
③ 적당한 반사기(reflector)를 이용한다.
④ 집중 회로(lumped circuit)로 구현한다.

Answer
01.③ 02.④

해설 ㉠ 마이크로파의 송수신에 사용되는 안테나로, 마이크로파는 파장이 매우 짧고 그 성질이 빛과 비슷하기 때문에 입체형의 포물면 거울이나 렌즈를 응용한 안테나가 사용됨
㉡ 마이크로파 안테나의 종류는 파라볼라 안테나, 혼 리플렉터 안테나, 전자(電磁)나팔, 전파렌즈 등이 있음
㉢ 집중회로로 구성하는 안테나는 주로 낮은 주파수의 안테나에서 사용

03 극초단파(UHF) 이상에 사용하는 안테나의 종류는?
① 헬리컬(Helical)
② 롬빅(Rhombic)
③ 카세그레인(Cassegrain)
④ 루프(Loop)

해설 ㉠ 장파, 중파용 : 수직 접지 안테나, 루프 안테나 등
㉡ 단파용 : 반파장 다이폴 안테나, 롬빅 안테나 등
㉢ 초단파용 : 헬리컬 안테나, 야기 안테나 등
㉣ 극초단파용 : 혼 안테나, 단일 슬롯안테나, 파라볼라 안테나, 반사판 안테나, 카세그레인 안테나, 렌즈 안테나, 혼 리플렉터 안테나 등
㉤ 위성통신용 안테나
ⓐ 수신용으로 파라볼라 안테나가 주로 사용
ⓑ 지구국용 안테나는 카세그레인 안테나를 사용한다.

04 반파장 다이폴(dipole) 안테나를 사용하여 주파수가 3GHz인 신호를 전송하는 경우, 최대 방사효율을 갖는 안테나 길이는? (단, 전파의 속도는 3×10^8[m/s]이다.)
① 1[cm]
② 5[cm]
③ 10[cm]
④ 50[cm]

해설 반파장 다이폴 안테나의 최대 방사효율은 길이가 λ/2일 때이다.
$$\lambda = \frac{c}{f} = \frac{3 \times 10^8}{3 \times 10^9} = 0.1 = 10cm$$
$$l = \frac{\lambda}{2} = \frac{10cm}{2} = 5cm$$

Answer
03.③ 04.②

05 안테나를 고유주파수 이외의 주파수에서 효과적으로 사용하기 위하여 안테나의 입력 리액턴스 성분이 0이 되도록 L이나 C를 삽입하여 동조시키는 기술을 표현하는 용어는?

① 안테나의 로딩(loading)
② 안테나의 이득
③ 안테나의 지향성
④ 안테나의 Q(quality factor)

해설 ㉠ 안테나 로딩
ⓐ 안테나 로딩 : 안테나를 고유주파수 이외의 주파수에서 효과적으로 사용하기 위하여 안테나의 입력 리액턴스 성분이 0이 되도록 L, C를 넣어 동조시키는 기술을 Loading이라 함
  - Base loading, Top loading, Center loading이 있음
ⓑ Base loading
  - 안테나의 기저부에 L이나 C를 삽입하는 기술
  - Base loading의 종류는 인덕턴스를 넣어 공진시키는 방법, 콘덴서를 넣어 공진시키는 방법, 가변인덕턴스와 가변 용량을 넣어 광대역에 공진시키는 방법이 있다.
ⓒ 연장 선륜(인덕턴스 삽입) 방법
  - 기저부에 L을 직렬로 넣으면, 더 낮은 주파수에서 공진시킬 수 있으므로 안테나의 길이가 등가적으로 연장된 것과 같은 효과를 나타내는 것
  - 연장 선륜이 있는 경우 공진 주파수
ⓓ 단축 용량 삽입방법
  - 기저부에 C를 직렬로 넣으면, 더 높은 주파수에서 공진시킬 수 있으므로 안테나의 길이가 등가적으로 짧아진 것과 같은 효과를 나타내는 것
  - 단축 용량이 있는 경우 공진 주파수
ⓔ Top loading
  - 안테나 선단에 수평도선 또는 정관을 설치하여 정전용량을 크게 하면 등가적으로 연장효과를 나타내며, 공진 주파수를 낮추는 것이 가능
ⓕ Center loading
  - 안테나 중간에 연장 선륜을 삽입한 경우를 말함
㉡ 모노폴 안테나의 소형화
ⓐ Base loading - 급전부에 연장코일을 삽입하는 방법
ⓑ Center loading - 연장코일을 안테나의 소자의 중간에 두는 방법
ⓒ 역 L형 - 단파대 이하에서 주로 사용하던 방식, 안테나를 $\lambda/4$만큼 수직으로 모두 설치하지 않고 도중에 구부려서 소형화한 것
ⓓ 선형 역 F형 - 역 L형이 50Ω 급전선에 정합하기가 어렵기 때문에 정합이 용이하도록 개선한 것

Answer
05.①

ⓔ Top loading – 모노폴 안테나의 맨 끝에 원판 모양의 금속판을 붙인 것, 금속판으로 인하여 용량성분이 증가(등가회로에서 실효용량 Ce와 병렬로 삽입된 것)
ⓕ Top loading – 금속판 대신에 spiral 사용
ⓒ 안테나를 고유주파수 이외의 주파수에서 효과적으로 사용하기 위하여 안테나의 입력 리액턴스 성분이 0이 되도록 L, C를 넣어 동조시키는 기술을 Loading이라 함

06 다음 중 무지향성 안테나는?

① 루프(Loop) 안테나
② 야기(Yagi) 안테나
③ 파라볼라(Parabola) 안테나
④ 휩(Whip) 안테나

해설 ① 루프 안테나
  ㉠ 도선을 삼각형·방형·원형 등으로 감은 안테나로, 전파의 방사 자계에 따라 기전력을 유기시켜서 이용하는데, 감는 틀을 사용하는 것과 사용하지 않는 것으로 나뉜다.
  ㉡ 장·중파의 수신용이나 전계 강도의 측정 및 방향탐지기 등에 쓰이며 루프의 크기가 파장에 비해 충분히 작을 때는 거의 완전한 8자 특성을 가진다.
② 야기 안테나
  ㉠ 일본의 야기 씨가 고안한 지향성이 날카로운 안테나. 반파장 다이폴 안테나의 전방에 약간 짧은 도선(도파기), 후방에 약간 긴 도선(반사기)을 배열하여 단향성의 날카로운 지향성을 갖게 하고 있다.
③ 파라볼라 안테나 : 접시 안테나라고도 한다.
  ㉠ 금속판이나 망으로 회전포물면경을 만들고, 그 초점에 주 안테나를 놓았다.
  ㉡ 반사경의 작용이 있으므로, 그 축방향으로 강한 지향성을 가지고 있어, 능률이 좋고 방해를 잘 받지 않는 특징이 있다.
  ㉢ 따라서, 전파가 한쪽 방향으로 수렴되어 강하게 방사되기 때문에 텔레비전 중계와 같이 한 점에서 다른 점으로 직선적으로 송신할 경우에 적합하다.
④ 휩 안테나 : 초단파용 접지 안테나로, 반파 안테나의 변형이다.
  ㉠ 가요성이 있는 길이 $\lambda/4$(λ : 파장)의 유연한 금속 막대로, 자동차 등의 이동 무선기에 사용된다.
  ㉡ 수직편파용으로 수평면 내 무지향성을 갖는다.

Answer
06.④

※ 특정 방향이 없이 단일 평면상에서 전방향성의 방사 패턴을 보이는 안테나로 수평면에서는 무지향적 패턴을 보이지만 이에 수직한 면에서는 지향적인 패턴을 보인다.
※ 턴스타일 안테나, 슈퍼 이득 안테나, 나선형(helical), 원통 슬롯, 다단 동축형 등의 안테나가 있고 반사기가 없는 안테나는 무지향성 안테나이다.

07 1.9[GHz]~2.1[GHz] 대역을 사용하는 통신 시스템에서 가장 성능이 좋은 송수신기 안테나 길이[cm]는? (단, 안테나는 파장의 1/2일 때 가장 성능이 좋으며, 전파의 속도는 300,000[km/s]이다.)

① 3.75
② 7.5
③ 15
④ 30

해설 일반적인 안테나는 무접지인 반파장 다이폴 안테나이다. 안테나 길이는 $l = \lambda/2$이다.

$$\lambda = \frac{c}{f} = \frac{3 \times 10^8}{2 \times 10^9} = 0.1 = 15\text{cm}$$

$$l = \frac{\lambda}{2} = \frac{15\text{cm}}{2} = 7.5\text{cm}$$

08 공진 주파수 $f_0 = \dfrac{1}{2\pi\sqrt{L_e C_e}}$ 인 $\dfrac{\lambda}{4}$ 수직 접지 안테나에 연장코일을 직렬로 연결했을 때 나타나는 현상으로 옳은 것은?

① 공진 주파수가 높아진다.
② 공진 주파수가 낮아진다.
③ 복사저항이 커진다.
④ 복사저항이 작아진다.

해설 λ/4수직접지 안테나의 길이가 길어지면 공진 주파수가 낮아진다.

Answer
07.② 08.②

09 안테나에 대한 설명으로 옳지 않은 것은?

① 주파수가 높아질수록 안테나 크기는 작아진다.
② 안테나의 지향성은 안테나의 전력 이득과 무관하다.
③ 야기 안테나는 지향성 안테나이다.
④ 패치 안테나는 안테나 어레이를 만들기에 적합하다.

해설
㉠ 야기 안테나는 반사기가 있어 지향성 안테나이다.
㉡ 패치안테나는 마이크로스트립 안테나의 일종으로 스트립(strip)모양의 도체의 폭을 넓게 하여, 패치(기움 조각) 모양으로 한 도체를 안테나로 한다.
㉢ 지향성은 안테나 이득이 높을수록 좋다.
㉣ 안테나의 지향성은 안테나의 전력 이득이 클수록 좋다.

10 길이가 7.5[cm]인 반파장 다이폴 안테나로 수신할 때, 수신감도가 가장 우수한 신호는? (단, 전파의 속도는 3×10^8[m/s]이다)

① $s(t) = 7.5\cos(2 \times 10^8 \pi t)$
② $s(t) = 7.5\cos(4 \times 10^8 \pi t)$
③ $s(t) = 15\cos(2 \times 10^9 \pi t)$
④ $s(t) = 15\cos(4 \times 10^9 \pi t)$

해설 수신감도가 가장 우수한 신호는 사용주파수의 파장이 $\lambda/2$일 때이다.
안테나 길이 $l = \lambda/2 = 7.5\text{cm}$, $\lambda = 15\text{cm}$이다.

① $f = 10^8$[Hz], $\lambda = \dfrac{3 \times 10^8}{10^8} = 3\text{m}$

② $f = 2 \times 10^8$[Hz], $\lambda = \dfrac{3 \times 10^8}{2 \times 10^8} = 1.5\text{m}$

③ $f = 10^9$[Hz], $\lambda = \dfrac{3 \times 10^8}{10^9} = 0.3\text{m} = 30\text{cm}$

④ $f = 10^9$[Hz], $\lambda = \dfrac{3 \times 10^8}{2 \times 10^9} = 0.15\text{m} = 15\text{cm}$

Answer
09.② 10.④

11 고이득 특성을 가지고 점대점 위성통신을 위해 사용되는 반사경(reflector) 안테나로 옳은 것은?

① 다이폴(dipole) 안테나
② 파라볼라(parabola) 안테나
③ 야기-우다(Yagi-Uda) 안테나
④ 루프(loop) 안테나

해설 ① 다이폴 안테나 : 수평면 8자형, 수직면 무지향성 안테나
  ㉠ 반파장 다이폴안테나는 단파, 초단파에서 주로 사용함
② 파라볼라 안테나 : 반사판이 포물선형의 오목거울 형태로 되어 있는, 접시형 안테나
  ㉠ 지향성이 좋은 반사기 구조를 가짐
  ㉡ 30[dB] 이상의 높은 안테나 이득을 가짐
  ㉢ 장거리 위성 안테나, 레이더 용도로 많이 쓰임
  ㉣ 지향성이 가장 날카로운 특성을 가짐
③ 야기 – 우다 안테나
  ㉠ 도파기, 반사기, 복사기로 구성된 안테나
  ㉡ 흔히 TV 수신 안테나로 많이 알려진 안테나
  ㉢ 야기, 우노다 두 사람이 1920년대에 개발, 발표한 안테나
  ㉣ VHF, UHF (30[MHz] ~ 3[GHz]) 대역에서 많이 사용
  ㉤ 간단하고, 가격이 싸며, 비교적 높은 이득 가능
    ⓐ 구조가 간단하면서도 이득이 큰 편이나, 협대역이라는 단점이 있음
    ⓑ 안테나 전방 축 방향으로 전계강도와 이득이 큰 단일 방향성 안테나
      • 즉, 엔드파이어 안테나 형태
      • 통상, 안테나이득은 7 ~ 15[dBi] 정도
  ㉥ 임피던스 : 25[Ω]
④ 루프안테나
  ㉠ 도선(wire)을 정방형, 삼각형, 원형, 타원형 등으로 여러 번 감아서 만든 안테나
  ㉡ 원형이 구조가 간단하고 해석이 용이하여 가장 많이 사용됨
  ㉢ 루프 면에서 최대, 루프 면과 수직에서 0(미소 전기 다이폴과 유사)
  ㉣ 수평면 내 8자형, 수직면 내 무지향성
  ㉤ 주로 수신용으로 많이 사용
  ㉥ 전계검출(전계강도측정), 무선항법 방향탐지기(탐색루프), 무선호출기, UHF TV 수신안테나 등

Answer
11.②

※ 위성통신용 안테나 : 파라볼라 안테나, 카세그레인 안테나, Simulsat 안테나, Torus 안테나 등이 있다.

12 안테나의 최대 지향성이 10[dB]이고 방사효율이 60[%]일 때 안테나의 이득[dB]은? (단, $\log_{10}2 = 0.3$, $\log_{10}3 = 0.5$ 이다)

① 8　　　　　　　　　　② 6
③ 4　　　　　　　　　　④ 10

해설 ㉠ 안테나 이득은 안테나 급전 전력을 공간 방사 전력으로 변환하는 능력
　　ⓐ 전송선로에서 안테나 급전점으로 공급된 전력을, 원하는 공간 방사 전력으로 변환하는 능력
　　ⓑ 때로는, 안테나를 공간 증폭기(공간 변환기)라고 표현하기도 함
　　　$G = \dfrac{P}{P_{REF}}$ = (단위 입체각 당 해당 안테나의 방사 전력) / (단위 입체각 당 기준 안테나의 방사 전력)
　　ⓒ 안테나 이득은 $G = D \times \eta = 10 \times 0.6 = 6$
　　　$G[\mathrm{dB}] = 10\log 6 = 10\log 2 + 10\log 3 = 3\mathrm{dB} + 5\mathrm{dB} = 8\mathrm{dB}$
㉡ 복사효율(η) : 안테나 공급 전력과 안테나로부터 복사된 전력과의 비
㉢ 지향성(D) : 주어진 방향의 복사세기 대비 전방향의 평균 복사세기와의 비
㉣ 안테나 이득은 지향성 이득 × 방사효율(η)

13 자유공간에서 주파수가 $f_1 = 30[\mathrm{kHz}]$인 신호를 변조하지 않고 전송하는 경우와 이를 변조하여 $f_2 = 1[\mathrm{GHz}]$로 전송하는 경우, 반파장 다이폴 안테나를 사용할 때 안테나의 길이[m]는 각각 얼마인가? (단, 신호의 전파속도는 $3 \times 10^8 [\mathrm{m/s}]$이다)

	f_1	f_2
①	10,000	0.3
②	5,000	0.15
③	2,500	0.075
④	1,250	0.0375

Answer
12.① 13.②

해설
㉠ 사용 주파수는 $f_1 = 30\text{kHz}$, $\lambda = \dfrac{3 \times 10^8}{30 \times 10^3} = 1 \times 10^4 \text{m}$,
$l = \lambda/2 = 5 \times 10^3 \text{m}$
㉡ 사용 주파수는 $f_2 = 1\text{GHz}$
$\lambda = \dfrac{3 \times 10^8}{1 \times 10^9} = 0.3\text{m}$
$l = \lambda/2 = 0.15\text{m}$
㉢ 반파장 사용 안테나의 길이는 $l = \lambda/2$이다.

14 1.5[GHz]인 신호를 반파장 다이폴(Dipole) 안테나를 이용하여 전송할 때 최대 방사효율을 얻기 위한 안테나의 길이[cm]는? (단, 전파의 속도는 300,000[km/s]이다)

① 1
② 2
③ 10
④ 20

해설
㉠ $\lambda = \dfrac{c}{f} = \dfrac{3 \times 10^8}{1.5 \times 10^9} = 0.2 = 20\text{cm}$
㉡ $l = \dfrac{\lambda}{2} = \dfrac{20\text{cm}}{2} = 10\text{cm}$
㉢ 최대방사효율을 얻기 위해서는 안테나 길이는 $l = \lambda/2$이어야 한다.

15 길이가 고정된 안테나의 고유파장보다 짧은 파장의 전파를 송신하고자 할 때 안테나에 취할 수 있는 방법으로 적절한 것은?

① 안테나 기저부에 코일을 직렬로 연결한다.
② 안테나 기저부에 코일을 병렬로 연결한다.
③ 안테나 기저부에 콘덴서를 직렬로 연결한다.
④ 안테나 기저부에 콘덴서를 병렬로 연결한다.

해설
㉠ 안테나를 고유주파수 이외의 주파수에서 효과적으로 사용하기 위하여 안테나의 입력 리액턴스 성분이 0이 되도록 L과 C를 넣어 동조시키는 기술을 Loading이라 한다.
㉡ 로딩(loading)의 종류에는 Base loading, Top loading, Center loading이 있다.

Answer
14.③ 15.③

16 안테나 이득이 20[dB]인 송신안테나에서 10[W]의 전력이 방사되었을 때 유효 등방성 방사전력(EIRP)[dBW]은?

① 10
② 20
③ 30
④ 40

해설 ㉠ EIRP(Effective Isotropic Radiated Power)는 유효등방성 방사전력으로 송신 시스템의 출력 성능을 표현하는 기준으로 송신기 출력, 안테나 이득, 송신 시스템의 손실 등을 종합한 값이다.
– EIRP=송신전력 × 송신안테나 이득=10 × 100=1000
$$\text{EIRP[dBW]} = 10\log\frac{1000\text{W}}{1\text{W}} = 30\text{dBW}$$
㉡ 유효복사전력(ERP) : 무손실 반파장 다이폴 안테나 기준이득
상대이득(dBd)=절대이득(dBi) – 2.15

17 자유공간에서 송·수신 안테나 사이에 형성되는 무선 채널의 경로 손실에 대한 설명으로 옳지 않은 것은?

① 송신신호의 주파수가 2배로 증가하면 경로손실은 8배로 증가한다.
② 송·수신단 사이의 거리가 3배로 증가하면 경로손실은 9배로 증가한다.
③ 송·수신단 사이의 거리가 4배로 증가하고 송신신호 파장이 2배로 증가하면 경로손실은 4배로 증가한다.
④ 송·수신단 사이의 거리가 2배로 증가하고 송신신호 주파수가 2배로 증가하면 경로손실은 16배로 증가한다.

해설 ㉠ 주파수가 2배이면 파장은 1/2배이다. 주파수가 1/2배이면 파장은 2배이다.
㉡ 경로에 따른 전력 $(P) = \left(\frac{\lambda}{4\pi d}\right)^2$ 과 경로손실 전력은 역수를 의미한다.
㉢ 경로손실 전력 $(L) = \left(\frac{4\pi d}{\lambda}\right)^2$ 이다.
㉣ 손실은 파장의 제곱에 반비례(주파수의 제곱에 비례)하고 거리의 제곱에 비례한다.

Answer
16.③ 17.①

18 안테나에 대한 설명으로 옳지 않은 것은?

① 안테나 이득은 안테나 유효면적의 제곱에 비례한다.
② 안테나에서 방사된 전파의 전력은 거리의 제곱에 반비례한다.
③ 등방성 안테나(Isotropic antenna)의 지향성은 1이다.
④ 전압정재파비(VSWR)는 1 이상이다.

해설 ㉠ 방향성 안테나라고 하는 논리 안테나와 비교했을 때의 측정값을 말한다. 즉, 주어진 방향의 같은 거리에서 같은 전계 강도를 얻기 위해 주어진 안테나의 입력부에 공급되는 전력과 기준 안테나의 입력부에 필요한 전력의 비율을 뜻한다.
㉡ 안테나 이득의 단위는 데시벨(dB)이다. 등방성(Isotropic) 안테나를 기준으로 하는 보통의 경우에는 dBi라는 단위를, 쌍극(diopole) 안테나를 기준으로 이득을 계산할 때는 dBd라는 단위를 사용한다. 안테나이득이 높다는 것은 전자파 전달을 원하는 특정한 방향으로 더욱 강한 전자파를 보낼 수 있다는 의미이다.
㉢ 별도의 규정이 없을 경우에는 최대 복사방향에서의 이득을 가리킨다. 기준 안테나에 따라 절대이득 또는 등방이득(Gi), 반파장쌍극상대이득(Gd), 단소수직안테나상대이득(Gv) 등으로 나뉜다.
㉣ 기준 안테나가 공간에 격리된 등방성 안테나인 경우를 등방이득, 기준 안테나가 공간에 격리된 반파장 쌍극으로 격리 공간의 수평 2등분면이 주어진 방향을 포함하면 반파장쌍극상대이득이라고 한다. 단소수직안테나상대이득은 기준 안테나가 파장의 4분의 1보다 짧은 직선도체로서 주어진 방향을 포함하는 완전도체 평면에 수직인 경우에 해당한다.
㉤ 안테나 실효개구면적(유효개구면적, A_e)은 실제 송신하거나, 받아들일 수 있는 전력을, 면적 관점으로 환산한 등가적인 개구면적이라고 한다.
 - 즉, 실제 전파를 송수신하는 데 사용되는 실효적인 면적
 - 주로, 초단파대 이상의 안테나에서 복사 효과 특성을 표현
 - 효율(η) $\eta = \dfrac{A_e}{A}$, A_e는 실효개구면적, A는 실제개구면적
 - 이득(G) $G = \eta \dfrac{4\pi A}{\lambda^2} = \dfrac{4\pi A_e}{\lambda^2}$
㉥ 안테나 이득은 $G = \eta \dfrac{4\pi A}{\lambda^2} = \dfrac{4\pi A_e}{\lambda^2}$, 즉, 유효개구면적이 비례한다.

Answer 18.①

19 자유공간에서 두 안테나 사이의 간격이 5[km]이고 송신 안테나에서 주파수가 1[GHz]인 신호를 4[mW]의 전력으로 송신하고 있다. 안테나 사이의 간격을 10[km], 신호의 주파수를 2[GHz]로 변경할 때, 이전과 동일한 수신전력을 얻기 위해 필요한 송신전력[mW]은?

① 16
② 32
③ 64
④ 128

해설
㉠ 자유공간 경로이득은 $L = \left(\dfrac{\lambda}{4\pi d}\right)^2$ 이므로 주파수를 1[GHz]에서 2[GHz]로 변경하면 파장은 1/2로 줄어든다.
㉡ 파장이 1/2로 줄어들면 이득은 1/4로 감소한다.
㉢ 송수신 안테나 간격을 2배로 하면 이득은 1/4로 감소한다.
㉣ 전체 경로이득은 1/16배로 감소하므로 송신전력은 16배 증가시켜야 한다.
  - 따라서 송신전력은 4mW × 16 = 64[mW]이다.

20 야기-우다(Yagi-Uda) 안테나에 대한 설명으로 옳지 않은 것은?

① 이득과 관련한 빔 패턴은 대부분 도파기에 의해 좌우된다.
② 투사기에서 도파기를 향한 예리한 지향 특성이 있다.
③ 도파기의 수를 증가시키면 이득이 증가된다.
④ 반사기의 길이는 도파기의 길이보다 짧게 한다.

해설
㉠ 야기 안테나의 특성
  ⓐ VHF, UHF(30MHz~3GHz) 대역에서 많이 사용
  ⓑ 간단하고, 가격이 싸며, 비교적 높은 이득 가능
    • 구조가 간단하면서도 이득이 큰 편이나, 협대역이라는 단점이 있음
  ⓒ 안테나 전방 축 방향으로 전계강도와 이득이 큰 단일 방향성 안테나
    • 즉, 엔드파이어 안테나 형태
    • 통상, 안테나이득은 7~15dBi 정도
  ⓓ 임피던스는 25Ω
㉡ 야기 안테나의 구성
  ⓐ 복사기(Driven Element, Feeder)
  ⓑ 일반적인 반파장 다이폴 안테나 : 전파는 이 복사기에서 송신 또는 수신

Answer
19.③ 20.④

ⓒ 반사기(Reflector)
- 파장의 1/2의 길이보다 긴 도체
- 복사기에서 발사된 전파를 반사
- 따라서 반사기의 뒤로는 전파가 발사되지 않음
- 보통, 1개의 반사기를 맨 뒤쪽에 배치 사용

ⓔ 도파기(Director)
ⓐ 파장의 1/2의 길이보다 짧은 도체
ⓑ 복사기에서 발사된 전파를 강화시켜줌
ⓒ 따라서 도파기 방향으로 전파가 진행하게 되며 지향성도 이 방향으로 생성
ⓓ 도파기의 개수가 증가할수록 지향성이 더욱 날카로워지고 이득이 증가
ⓔ 축 방향 일정 간격으로 수직선처럼 배치
ⓕ 야기 안테나의 반사기는 $\lambda/2$보다 길고, 도파기는 $\lambda/2$보다 짧다.

21 송신 안테나의 출력전력이 10[W]이고 안테나이득이 20[dB]인 경우 실효등방성방사전력(EIRP)[W]는?

① 10
② 100
③ 1,000
④ 10,000

해설
- EIRP : 송신전력 × 송신 안테나 이득 = 10[W] × 100 = 1,000[W]

22 이상적인 두 개의 등방성(isotropic) 안테나 사이의 거리를 d [m], 전파의 파장을 λ_0 [m]라고 할 때, 자유공간경로손실은?

① $\dfrac{2\pi d}{\lambda_0}$
② $\dfrac{4\pi d}{\lambda_0}$
③ $\left(\dfrac{2\pi d}{\lambda_0}\right)^2$
④ $\left(\dfrac{4\pi d}{\lambda_0}\right)^2$

해설
경로이득은 $=\left(\dfrac{\lambda_0}{4\pi d}\right)^2$이며 경로손실은 경로이득의 역수이다. 즉, 경로손실 $=\left(\dfrac{4\pi d}{\lambda}\right)^2$이다.

Answer
21.③ 22.④

23 안테나에 대한 설명으로 옳지 않은 것은? 난이도 상중하

① 반전력빔폭(HPBW)은 전력이 주빔의 최댓값에 비해 절반이 되는 두 지점 사이의 각이다.
② 무손실 등방성 안테나를 상대이득의 기준 안테나로 사용한다.
③ 안테나 이득은 최대 지향성과 방사효율의 곱이다.
④ 실효등방성방사전력(EIRP)은 송신 안테나의 절대이득과 송신전력의 곱이다.

해설 ① 반전력빔폭은 최대이득의 1/2배, 즉 -3dB 되는 폭의 각을 말한다.
② 절대이득(G_h)
  ㉠ 기준 안테나 : 이론적으로만 가능한 등방성 안테나(Isotropic Antenna)
    (등방성 안테나 : 상하좌우 사방으로 전력이 똑같이 나오는 안테나)
    ⓐ 절대이득 단위 : dBi(i = Isotropic) (대부분, 1GHz 이상에서 사용)
    ⓑ 만일, 0dBi이면, 등방성 안테나와 동일한 방사 전력(방사 패턴)을 가짐을 의미
  ㉡ 상대이득(G_a)
    ⓐ 기준 안테나 : 무손실 $\lambda/2$ 안테나(Half-wave Dipole Antenna)
      ($\lambda/2$ 안테나 : 단일 수평면상에서 똑같은 전력이 나오는 안테나)
    ⓑ 상대이득 단위 : dBd(d = Dipole) (대부분, 1GHz 이하에서 사용)
③ 안테나 이득은 최대이득 × 방사효율이다.
④ EIRP(Effective Isotropic Radiated Power)는 유효등방성 방사전력으로 송신 시스템의 출력 성능을 표현하는 기준으로 송신기 출력, 안테나 이득, 송신 시스템의 손실 등을 종합한 값이다.
  ㉠ EIRP : 송신전력 × 송신 안테나 이득 = 10 × 100 = 1000
    EIRP[dBW] = $10\log\dfrac{1000\text{W}}{1\text{W}}$ = 30dBW
  ㉡ 유효복사전력(ERP) : 무손실 반파장 다이폴 안테나 기준이득
    상대이득(dBd) = dBi - 2.15
  ※ 무손실 등방성안테나는 절대이득(dBi)의 기준이다.

Answer
23.②

24 안테나의 종류별 특성에 대한 설명으로 옳은 것은?

① 야기-우다(Yagi Uda) 안테나는 지향성이다.
② 파라볼라(Parabola) 안테나는 무지향성이다.
③ 수직접지 안테나는 지향성이다.
④ 루프(Loop) 안테나는 무지향성이다.

해설
① 야기 안테나 : VHF, UHF(30MHz~3GHz) 대역에서 많이 사용
  ㉠ 간단하고, 가격이 싸며, 비교적 높은 이득 가능
    ⓐ 구조가 간단하면서도 이득이 큰 편이나, 협대역이라는 단점이 있음
  ㉡ 안테나 전방 축 방향으로 전계강도와 이득이 큰 단일 방향성 안테나
    ⓐ 즉, 엔드파이어 안테나 형태
    ⓑ 통상, 안테나이득은 7~15dBi 정도
  ㉢ 임피던스는 25Ω
② 파라볼라 안테나 : 지향성이 좋은 반사기 구조를 가짐
  ㉠ 30dB 이상의 높은 안테나 이득을 가짐
  ㉡ 일반 안테나와는 달리 높이 가설할 필요는 없지만, 풍압을 많이 받으며 눈이나 얼음이 붙는 현상 등의 단점이 있음
  ㉢ 장거리 위성 안테나, 레이더 용도로 많이 쓰이며, 지향성이 가장 날카로운 특성을 가짐
    ⓐ 파라볼라 안테나의 지향성은 반사경의 곡면을 용도, 장소에 따라 변화시키는 등의 정밀한 기술을 사용하고 있음
③ 수직접지 안테나 : '1/4 파장 모노폴 안테나', '마르코니 안테나', 'λ/4 모노폴'이라고도 함
  ㉠ 구조가 간단하고, 소형화가 가능한 무지향성 안테나
  ㉡ 수납형 안테나로서 가장 적합한 형태
  ㉢ 수직접지 안테나(λ/4 수직접지 안테나)
    ⓐ 지상에 수직으로 도체를 세우고, 하단에는 고주파 전력을 급전하는 형태
    ⓑ 주로 중파, 단파대에서 많이 사용
    ⓒ 방사패턴 : 수직 무지향성, 수평 8자형
④ 루프 안테나 : 주로 수신용으로 많이 사용
  ㉠ 전계검출(전계강도측정), 무선항법 방향탐지기(탐색루프), 무선호출기, UHF TV 수신 안테나 등
    ⓐ 방사패턴 : 수평 8자형, 수직 무지향성
    ※ 반사기가 있는 안테나는 지향성 안테나이다.

Answer 24.①

25 안테나 어레이(Antenna Array)를 사용하는 스마트 안테나(Smart Antenna)에 대한 설명으로 옳지 않은 것은?

① 어레이 안테나에 수신된 신호에 동일한 가중치를 준다.
② 전파의 보강 간섭, 상쇄 간섭의 원리를 이용한다.
③ 안테나의 지향성을 강화할 수 있다.
④ 안테나 주 빔(Main Beam)의 방향을 변화시킬 수 있다.

해설 ㉠ 어레이 안테나
　ⓐ 어레이 안테나의 특성
　　- 단일 안테나 소자로는 얻을 수 없는 방사패턴이 요구될 때, 2 이상의 안테나 소자들을 동시에 사용한 배열로 원하는 지향성(방사패턴)을 얻음
　　- 각 안테나 소자들의 전자기장 벡터들의 중첩
　　- 단일 안테나 경우에는, 일단 주파수가 주어지면, 나머지(방사패턴, 입력 임피던스 등)도 고정되어버리나, 배열 안테나의 경우에는 전기적으로 전류 위상을 변화시키며, 공간적으로 원하는 방사패턴을 얻음
　ⓑ 배열 안테나의 구현 방식
　　- 방사 소자 배열 : 방사소자들의 집합체를 기하학적(기계적 또는 전기적)으로 배열
　　　• 전기적으로 전류 위상을 변화시킴으로써 공간적으로 원하는 방사패턴을 얻음
　　- 배열 안테나 전체의 방사계 : 각 방사 소자의 방사계를 벡터적으로 합한 것
　　- 빔의 모양 : 배열 결합된 진폭 및 위상 분포에 의해 만들어짐
　ⓒ 배열 안테나의 특징(주로, 위상배열 안테나) : 마이크로파대에서 고이득이면서도 빔 조작이 가능
　　- 원하는 방사패턴을 융통성 있게 만들 수 있음
　　- 높은 신뢰성, 넓은 대역폭, 뛰어난 부엽 제어 특성
　　- 고지향성 안테나(안테나의 전기적 크기를 크게 함으로써)
　　　• 실제 안테나 크기를 늘리지 않더라도, 그 크기가 커진 것과 같은 효과 가능
　　- 실제 움직이지 않고도, 전기적으로 회전이 가능
　　　• 방사패턴이 회전되도록, 각 배열 소자의 위상(시간지연) 조절 등
　　- 다수 사용자(목표물)들을 추적 가능
　　　• 여러 개의 주빔의 동시 생성도 가능

Answer
25.①

ⓓ 단점
- 급전회로가 복잡해짐
- 대역폭 제한(급전회로 때문)
- 가격이 높음
ⓒ 스마트 안테나
ⓐ 스마트 안테나
- 빔 포밍 기술에 국한된 기술 용어였으나 점차 의미가 확대되어 원하는 안테나 빔 패턴을 형성해주는 배열 안테나(공간처리능력)와 기저대역상의 디지털신호처리 기술(신호처리 능력)이 결합된 안테나 기술을 총칭한다. 때론, MIMO 용어와 같은 의미로도 쓰임
- 시간 및 공간 영역에서의 신호처리기술이 결합된 배열 안테나이다.
ⓑ 스마트 안테나 특징
- 원하는 가입자가 있는 곳에서는 보강간섭이 일어나도록 함 (강화)
    • 송신측의 공간상 위치에 따라 안테나 빔을 맞추어 형성
    • 적응적 로브패턴
    • 원하는 방향으로 전파가 집중되어 각 단말기가 저전력으로 통화가 가능하므로, 배터리 수명의 연장 가능 등
- 원치 않는 가입자는 간섭신호로 상쇄간섭이 일어나도록 함 (소멸)
    • 통화 채널간 방해 전파(Interfering Noise)를 최소화하여 통화 품질을 향상시키고 가입자 수를 증가시킬 수 있음
ⓒ 스마트 안테나의 구분
- 스위치 빔 어레이 안테나(Switched Beam Array Antenna)
    • 미리 정해진 유한개의 안테나 빔패턴 중에 수신전력에 따라 최고의 성능을 줄 수 있는 빔패턴을 선택 수신하는 방식
- 적응 어레이 안테나(Adaptive Array Antenna)
    • 실시간으로 조정되는 무한개의 빔패턴을 적응적으로 이용
    • 안테나 배열에서 각 단위 요소별로 입사된 신호들을 특정 기준하에서 결합하여 다른 공간상에 위치한 Co-channel 사용자로부터의 간섭 신호와 원하는 신호를 분리하여 수신하는 방식
ⓓ 스마트 안테나는 수신전력에 따라 최적의 빔패턴을 선택하여 수신하는 방식이다.

26 무선통신에서 무선채널 또는 안테나 특성에 대한 설명으로 적절하지 않은 것은?

① 송수신기 사이의 거리가 멀어질수록 신호감쇄(Attenuation)가 커진다.
② 송신하는 전파의 주파수가 낮을수록 신호감쇄가 커진다.
③ 송수신에 필요한 안테나의 크기는 일반적으로 주파수가 높을수록 작아진다.
④ 송신기 또는 수신기의 이동성이 커질수록 무선 채널의 특성은 시간에 따라 빨리 변한다.

해설
㉠ 경로이득은 $=\left(\dfrac{\lambda}{4\pi d}\right)^2$ 이며 경로손실은 경로이득의 역수이다.
　ⓐ 경로손실 $=\left(\dfrac{4\pi d}{\lambda}\right)^2$
　　– 송수신 사이의 거리의 제곱에 비례하고 사용 파장의 제곱에 반비례한다.
　　– 송수신 사이의 거리의 제곱에 비례하고 사용 주파수의 제곱에 비례한다.
㉡ 송신하는 전파의 주파수가 낮을수록 감쇄는 줄어든다.

27 다음 중 안테나에서 임피던스 정합이 이루어지지 않은 경우 발생되는 현상과 관계가 없는 것은 무엇인가?

① FM 방송에서 왜곡(distortion)의 감소
② 급전선의 손실 증가
③ 최대 전력 전송의 저하
④ TV 방송에서 이중상(ghost) 현상의 발생

해설
㉠ 왜곡(Distortion) : 원 신호 파형의 찌그러짐
　ⓐ 신호의 진폭 및 위상 스펙트럼이 원신호 스펙트럼으로부터 변화를 겪음
　　– 신호 파형이 주파수에 의존하며 변하는(찌그러지는) 원치 않는 현상이며 이를 주파수 의존성 왜곡(Frequency-dependent Distortion)이라고도 함
　　– 그 원인은 주로, '대역제한 채널' 및 '주파수 간섭원' 등에 의해 많이 발생하며 신호가 있어야만 왜곡도 있음

Answer
26.② 27.①

- 왜곡은 항상 존재하는 간섭, 잡음 등과는 달리 신호가 사라지면 왜곡도 사라짐
ⓒ 왜곡의 종류
    ⓐ 선형 왜곡(Linear Distortion) : 입력 신호에 존재하는 주파수 성분에 따라 다른 효과를 주어 야기되는 왜곡
    ⓑ 진폭 왜곡 : 주파수 성분에 따른 진폭 이득이 일정치 못하여 나타나는 왜곡
    ⓒ 위상 왜곡(또는 지연 왜곡) : 주파수 성분마다 다른 시간지연으로 나타나는 왜곡
        - 군지연 왜곡 : 2개 이상의 주파수 성분이 겪는 왜곡
        - 위상지연 왜곡 : 1개 주파수 성분이 겪는 왜곡
        - 영향 : 시간분산으로 인한 심볼간 간섭(ISI), 직교 옵셋 편차, I/Q 불균형 등 초래
    ⓓ 비선형 왜곡(Nonlinear Distortion) : 입력 신호에 존재하지 않는 주파수 성분에 의한 왜곡이며, 때론, 주파수 왜곡(Frequency Distortion)이라고도 함
        - 고조파 왜곡(THD) : 기본 주파수 성분의 배수가 되는 고조파로 인해서 겪는 왜곡
        - 혼변조 왜곡(IMD) : 입력 주파수 성분의 합과 차 성분으로 인해서 겪는 왜곡
ⓒ 이중상(ghost) 현상
    ⓐ TV 방송 등에서 화면에 다중상(상이 겹치는 것)이 나타나는 현상
        - 산이나 큰 건물에 부딪쳐서 발생하는 간섭파에 의함, 케이블로 전송할 경우 반사파에 의해 발생되는 현상이다.
ⓔ 임피던스 정합은 선로상에 최대전력을 전송하기 위한 회로구성방법이다.

제3절　극초단파 안테나의 특성

01 극초단파(UHF) 이상에 사용하는 안테나의 종류는?
① 헬리컬(Helical)　② 롬빅(Rhombic)
③ 카세그레인(Cassegrain)　④ 루프(Loop)

해설 ✚ 사용 무선주파수대역에 따른 안테나 분류 ✚
  ㉠ 장파, 중파용 : 수직접지 안테나, 루프 안테나 등
  ㉡ 단파용 : 반파장다이폴 안테나, 롬빅 안테나 등
  ㉢ 초단파용 ; 헬리컬 안테나, 야기 안테나 등
  ㉣ 극초단파용 : 혼 안테나, 단일슬롯 안테나, 파라볼라 안테나, 반사판 안테나, 카세그레인 안테나, 렌즈 안테나, 혼 리플렉터 안테나 등
    ⓐ 극초단파형 안테나는 대표적으로 파라볼라 안테나, 카세그레인 안테나가 있다.

02 안테나의 크기가 가장 소형인 경우는 다음 중 어느 주파수 대역의 반송파를 사용했을 때인가?
① X-band　② C-band
③ L-band　④ S-band

해설 안테나의 크기는 주파수가 높을수록 작아지지만 면적이 클수록 이득이 커진다.

대역	주파수 범위	대역	주파수 범위
L 밴드	1 ~ 2[GHz]	Q 밴드	30 ~ 50[GHz]
S 밴드	2 ~ 4[GHz]	U 밴드	40 ~ 60[GHz]
C 밴드	4 ~ 8[GHz]	V 밴드	50 ~ 75[GHz]
X 밴드	8 ~ 12[GHz]	E 밴드	60 ~ 90[GHz]
Ku 밴드	12 ~ 18[GHz]	W 밴드	75 ~ 110[GHz]
K 밴드	18 ~ 26.5[GHz]	F 밴드	90 ~ 140[GHz]
Ka 밴드	26.5 ~ 40[GHz]	D 밴드	110 ~ 170[GHz]

Answer
01.③　02.①

03 MIMO(Multi Input Multi Output) 안테나 기술에 대한 설명으로 옳지 않은 것은?

① 다수의 송수신 안테나를 사용하여 전송률을 높일 수 있다.
② 송수신 다이버시티를 기대하기 힘들다.
③ 송수신 안테나를 다수의 사용자에게 할당할 수도 있으며 한 사용자에 모두 할당할 수도 있다.
④ 무선통신 시 다중경로 페이딩과 같은 현상으로 인한 전송률 저하를 개선시킬 수 있다.

[해설] ✤ 다중 안테나 또는 MIMO 기술 ✤
㉠ 송수신 양단 또는 한쪽에 2 이상의 복수의 안테나를 사용
　ⓐ 페이딩 영향 감소, 대용량, 고속, 커버리지 증대 등의 효과를 얻는 다중 안테나 기술로 주파수 대역폭 및 송신 전력을 증가시키지 않아도 채널용량을 크게 할 수 있음
　ⓑ 기존의 디지털통신은 주로 시간 차원만의 신호처리 위주이었으나, MIMO는 시간 차원뿐만 아니라 공간 차원의 신호처리를 결합한 것
　ⓒ 1990년대 초 벨 연구소에서 처음 거론, BLAST(Bell Lab Layered Space Time) MIMO 개발
㉡ 다중 안테나 사용 시 얻을 수 있는 성능 이득(이점)
　ⓐ 공간 다이버시티 이득(Spatial Diversity Gain)
　ⓑ 페이딩 영향 감소, 다이버시티 효과 달성 등 신뢰성 제고됨
　ⓒ 공간 다중화 이득(Spatial Multiplexing Gain)
　　 – 대역폭 증대 없이도 고속화, 대용량 전송 가능으로 수율 제고
　ⓓ 빔포밍 이득(Beamforming Gain) : 어레이 이득(Array Gain) 및 간섭 제거 이득(Interference Reduction) 등이 있다.
㉢ 상용 표준 중 사용 가능한 MIMO 안테나 구조의 예
　ⓐ 802.11n(Wi-Fi)　　　　: 4 × 4
　ⓑ 802.16e(WiMAX)　　　: 4 × 4
　ⓒ HSDPA+　　　　　　　: 2 × 2
　ⓓ LTE　　　　　　　　　: 4 × 4
　ⓔ LTE-Advanced　　　　: 8 × 8
　ⓕ 802.11ac(Wi-Fi)　　　: 8 × 8
㉣ MIMO는 다이버시티 기법에 이용된다.

Answer
03.②

04 다중 안테나를 사용하는 MIMO(Multiple Input and Multiple Output)에 대한 설명으로 옳지 않은 것은?

① 다중경로 페이딩 특성을 이용하여 공간 다중화(Spatial Multiplexing) 구현이 가능하다.
② 전체의 전송속도는 낮추고 각 안테나에서의 전송속도는 높여 전체의 채널용량을 증가시킨다.
③ 통신 링크의 채널 상태를 송·수신기 모두가 아는 경우, 송신기에서 안테나별 송신전력을 적절히 조절하여 더 높은 채널용량을 얻을 수 있다.
④ 송신 안테나들을 통하여 전송되는 신호들은 서로 다른 디지털 변조 방식을 사용할 수 있다.

해설 ✛ 다중 안테나 또는 MIMO 기술 ✛
㉠ 송수신 양단 또는 한쪽에 2 이상의 복수의 안테나를 사용
　ⓐ 페이딩 영향 감소, 대용량, 고속, 커버리지 증대 등의 효과를 얻는 다중 안테나 기술
　ⓑ 주파수 대역폭 및 송신전력을 증가시키지 않아도 채널용량을 크게 할 수 있음
㉡ 기존의 디지털통신은 주로 시간 차원만의 신호처리 위주이었으나, MIMO는 시간 차원뿐만 아니라 공간 차원의 신호처리를 결합한 것이다.
㉢ MIMO 기술을 사용하면 병렬전송으로 낮은 전송률로서 전체적으로 높은 전송률을 얻을 수 있다.

05 다중입출력안테나(MIMO) 통신시스템에 대한 설명으로 옳은 것은?

① 여러 개의 안테나를 사용해 데이터를 여러 경로로 전송한다.
② 공간 다중화 기법에서 복호 가능한 공간 스트림의 최대 개수는 송신기와 수신기 안테나 개수 중 큰 수이다.
③ 다이버시티 기법에서 페이딩의 영향을 증가시킨다.
④ 빔형성 기법에서 수신신호의 전력이 최소가 되도록 전송한다.

Answer
04.② 05.①

해설
㉠ MIMO 기술은 여러 송수신 안테나를 이용하여 다중경로로 전송하는 기술이다.
㉡ 공간 다중화 기법에서 복호 가능한 공간 스트림의 최대 개수는 송신기와 수신기 안테나 개수 중 작은 수이다.
㉢ 다이버시티 기법에서 페이딩의 영향을 줄일 수 있다.
㉣ 빔형성 기법에서 수신신호의 전력이 최대가 되도록 전송한다.

06 무선통신에서 무선채널 또는 안테나 특성에 대한 설명으로 적절하지 않은 것은?
① 송수신기 사이의 거리가 멀어질수록 신호감쇄(Attenuation)가 커진다.
② 송신하는 전파의 주파수가 낮을수록 신호감쇄가 커진다.
③ 송수신에 필요한 안테나의 크기는 일반적으로 주파수가 높을수록 작아진다.
④ 송신기 또는 수신기의 이동성이 커질수록 무선 채널의 특성은 시간에 따라 빨리 변한다.

해설
② 송신하는 전파의 주파수가 낮을수록 신호의 감쇄는 작아진다.
㉠ 경로손실 $= \left(\dfrac{4\pi d}{\lambda}\right)^2$
  ⓐ 송수신 사이의 거리의 제곱에 비례하고 사용 파장의 제곱에 반비례한다.
  ⓑ 송수신 사이의 거리의 제곱에 비례하고 사용 주파수의 제곱에 비례한다.
㉡ 송신하는 전파의 주파수가 낮을수록 신호감쇄가 작아진다.
㉢ 안테나의 크기는 사용주파수에 반비례하고 파장에 비례한다.
㉣ 무선채널 특성은 송수신기의 이동성이 커질수록 무선채널 특성은 빠르게 변한다.

07 와이브로(Wibro) 시스템에 사용되고, MIMO(다중입력 다중출력) 신호처리 기술과 결합하여 안테나 빔 방사 방향을 컴퓨터 프로그램으로 자유롭게 제어할 수 있는 안테나는?
① 슬롯 안테나 ② 루프패치 안테나
③ 스마트 안테나 ④ 접시 안테나

Answer
06.② 07.③

해설

㉠ 스마트 안테나 시스템은 IEEE 802.11n 표준같은 MIMO 시스템의 특징을 정의하고 있다.

㉡ 통상적으로 스마트 안테나는 무선통신 시스템의 일부이고 복수의 안테나로 공간 신호 처리를 수행한다.

㉢ 복수의 안테나는 송신기 또는 수신기로 동작하게 된다.

㉣ 최근의 기술은 송신과 수신에 모두 복수의 안테나를 사용하도록 확장되었으며, 이를 다중입력-다중출력(MIMO, Multiple-Input Multiple-Output) 시스템이라고 부른다.

㉤ 스마트 안테나의 최신 연구 경향이 무선 채널에서의 공간 신호 처리를 이용하여 빔포밍 효과를 제공하는 데에 초점을 맞추고 있다는 점에서, MIMO는 공간 정보 처리를 지원한다고 말할 수 있다.

㉥ 공간 정보 처리는 빔포밍뿐만 아니라 공간 다중화와 다이버시티 코딩 같은 공간 정보 코딩을 포함한다. 스마트 안테나는 크게 스위치 빔 스마트 안테나와 적응 배열 스마트 안테나로 나뉜다.

㉦ 스위치 빔 시스템은 몇 개의 사용가능한 고정 빔패턴을 가지고 있다. 임의 지점에서 시간 안에 어떤 빔을 사용해 접속할지에 관해서는 시스템 요구사항에 근거해 결정된다.

㉧ 적응 배열 안테나는 도착방향 예측 기법의 임의의 방향으로 빔을 향하게 할 수 있도록 한다.

㉨ 빔포밍(beamforming)은 원하는 이동 단말이나 목표물의 방향에서 신호의 위상을 구조적으로 더하고, 원하지 않거나 방해하는 목표물이나 이동단말의 패턴은 제거하면서 안테나의 방사 패턴을 만드는 기법이다.

㉩ 이것은 delay line filter를 이용한 간단한 FIR를 사용해 수행된다. FIR filter의 가중치는 상황에 따라 변경될 수 있고, 이상적인 빔패턴과 실제 형성되는 빔패턴 사이에서 MMSE를 줄여준다는 점에서 최적의 빔포밍을 제공하는 데 사용된다고 할 수 있다.

㉪ 전형적인 알고리즘은 급강하법 그리고 LMS 알고리즘이다.

㉫ 스마트 안테나(smart antenna, 또는 어댑티브 배열 안테나, 다중 안테나 그리고 최근에는 MIMO로 알려짐)는 신호의 도착방향(direction of arrival, DOA)과 같은 공간적 신호 특징을 구분하기 위해 사용되는 지능적인 신호 처리 알고리즘을 가지고 있는 안테나 배열이다.

㉬ 빔포밍 벡터를 계산하거나 이동 단말 또는 목표물을 추적 또는 안테나 빔을 위치시키기 위해 이 알고리즘을 이용한다.

공기업(교통공사)
통신일반
적중예상문제집